생산운영관리

홍관수 김남영 이도희 저

Strategic Operations Management

經文社

머리말

다변화되는 글로벌 환경에서 제조산업의 재부흥 요구가 최근 주목받고 있다. 선진국을 중심으로 해외의 생산기지를 자국으로 모셔가기 위해 다양한 유인정책을 제시하고 있다. 현재도 마찬가지로 우리나라는 제조산업을 중심으로 국가경쟁력을 높이고 있으나, 최근 국내 제조기업의 성장률은 2012년부터 빠르게 둔화되면서 제조산업이 재조명받고 있다. 이는 새로운 변화에 민첩하게 대응하고 적응하여 변화를 유도해야만 생존경쟁에서 살아남을 수 있음을 의미한다. 독일이 인더스트리 4.0(Industry 4.0)을 선언하고 제조산업의 혁신을 통해 경쟁우위를 확보하고자 하는 노력은 이러한 사실을 뒷받침해 주고 있다. 우리의 경우 오늘의 현실은 제조산업의 재부흥을 위한 다양한 전략과 전술이 필요하다. 이에 따라 생산운영관리는 고객의 요구를 정확히 제품 또는 서비스에 반영하여 생산하기 위해 생산시스템의 유연성을 확대하고 지속적인 개선 노력을 통하여 고객가치를 창출해야 하는 새로운 도전환경에 놓여 있다.

이러한 다변화된 환경에 대응하기 위하여 경영학 분야의 전공학생들이 필수적으로 학습해야 될 생산운영관리 분야에 대한 지식 및 사례 또한 변화되어야 한다. 따라서 본 저서는 시대적 변화에 맞추어 생산운영관리에 대해 체계적으로 이해하고 연구하고자 하는 경영관련 학과와 대학원의 학생 및 산업현장의 관리자를 대상으로 저술되었다.

본 저서의 목적은 글로벌 경쟁환경 속에서 지속가능 경쟁우위를 위한 생산운영관리 기법을 제시함으로써 교육기관에서는 실제적인 교육자료 활용으로, 기업에서는 기업경영전략으로 활용되도록 하는 데 목적이 있다. 따라서 본 저서는 생산운영관리에 대한 기본적인 개념, 전략 및 활용방안 등을 중심으로 기업에서 어떻게 활용되고 또는 활용될 수 있는지에 대하여 설명하였다. 세부적으로는 다음과 같이 분류하였다.

제1부에서는 생산운영관리의 초점설정과 협력적 경영기반 구축에 관하여 기본적인 개념과 전략 및 품질경영을 제시하였다. 제2부에서는 생산시스템의 설계부문으로 예측, 제품 개발 및 공정설계, 배치, 입지선정 및 시스템 등에 관하여 제시하였다. 제3부는 생산시스템의 운영 및 관리부문으로 총괄계획, 일정계획, 재고관리, 프로젝트, 품질관리 등을 제시하였다. 제4부에서는 생산시스템의 개선 및 통합부문으로 공급사슬관리, 6-시그마와 ERP 시스템 등을 제시하였다.

이 책의 차별화된 특징은 다음과 같다.

첫째, 각 장의 시작과 끝에 가능한 최신의 실제 사례를 인용하여 독자들이 실제로 생산운영관리에서 제기되는 문제들을 사례를 통하여 토의하고 고민해 봄으로써 의사결정과 문제해결능력 배양 및 해당 장의 내용이 정리될 수 있도록 구성하였다.

둘째, 최근의 주요 이론과 동향, 핵심적인 개념 및 트렌드에 대한 이해력을 높이고자 본문 곳곳에 표와 그림을 삽입하였다.

셋째, 최근의 주요 이론과 동향 등을 포함하였다.

그러나 저자들의 여러 가지 부족함 때문에 의도와는 달리 내용과 이론전개에 다소 무리와 과오가 있으리라 생각되며 이러한 점들은 앞으로 계속하여 수정·보완할 것을 약속드린다. 본 저서의 출판을 위해 여러 가지 지원을 아끼지 않으신 경문사 한헌주 대표님께 감사를 드린다. 또한 편집에 많은 정성을 기울여 주신 편집부 직원 분들께도 감사드린다.

2015년 8월
저자 일동

차 례

제1부 생산운영관리의 초점설정과 협력적 경영기반 구축

제 3 장 종합적 품질경영 — 53

제 2 부 생산시스템의 설계

제 4 장 수요예측 — 77

생산운영관리

Production · Operations · Management

제 1 부

생산운영관리의 초점설정과 협력적 경영기반 구축

CHAPTER 01

생산운영관리의 이해

- 생산의 기본기능과 목적
- 생산운영관리의 정의
- 생산시스템의 구성요소
- 생산운영관리의 발전
- 제조업과 서비스업의 차이
- 생산운영관리의 역사적 이정표
- 현대 생산운영관리의 목표
- 생산운영관리의 현대적 접근법

[도입사례] 유럽의 솔루션 공장들

제조산업의 경쟁력은 최근 새로운 국면으로 전환되고 있는데, 그 중 가장 큰 역할을 한 것이 정보통신기술의 발전이라 볼 수 있다. 선진국 제조업체들은 새로운 경쟁방법을 찾아 첫 단계를 내딛고 있으며, 몇몇 리더격 기업들은 이미 발전단계에 진입하고 있다. 인도, 중국, 멕시코, 브라질 같은 거대 신흥국에 있는 공장들은 낮은 인건비, 높은 품질기준, 대량 생산능력, 제조기술 보유 등으로 경쟁우위를 갖추고 있다.

서유럽 국가들은 노동력, 시설, 장비 측면에서 까다로운 규제를 갖고 있지만, 산업우수상을 받은 공장들은 경쟁이 치열한 산업 환경 속에서 모두 번창해왔다. 이들 기업을 분석한 결과 다음 네 개의 전략 중 최소한 하나를 사용하고 있는 것으로 조사되었다.

1) 데이터의 흐름을 잘 관리해 공급사슬 파트너와 밀접한 통합 관계 구축

독일의 트럭, 트레일러 제조업체인 슈미츠카고불(Schmitz Cargobull)이 그런 사례이다. 슈미츠카고불의 주 고객들은 대부분 유럽에 기반을 둔 트럭과 트레일러 운송업자들이다. 슈미츠카고불은 텔레매틱스(통신과 데이터의 통합 애플리케이션)를 활용해 자사가 생산한 트레일러의 상태를 모니터링하여 이를 통해 운전자, 운송업체, 고객 등에게 주요 정보를 끊임없이 제공한다.

수도계량기 제조회사인 아이트론(Itron)은 이와 유사한 방식으로 정보흐름을 이용하여 무선기기로 원격검침이 가능한 지능형 수량계를 개발했다.

2) 전체 공급사슬에 걸쳐 고객가치 최적화

테크닙(Technip)의 플렉시 프랑스(Flexi France) 생산공장은 고객사에 가치를 더할 수 있는 혁신적인 방안을 찾아냈다. 이 회사는 석유가스 산업에서 쓰는 해저용 휘어지는 파이프를 생산한다. 플렉시 프랑스 공장의 기존 서비스는 북극에서 아라비아만에 이르는 세계 전역에 파이프를 설치, 점검, 유지보수, 수리하는 일이었는데, 송유관의 온도를 측정, 제어할 수 있는 지능형 파이프를 개발했다. 지능형 파이프는 일정한 온도 유지, 해저 시추의 복잡성 완화 및 파이프 설치시간을 줄여준다.

3) 부품 공급자들이 생산 프로세스를 빠르게 향상시킬 수 있도록 지원

네덜란드의 ASML은 반도체 생산 프로세스에 필수적인 첨단 이미징 솔루션을 제공하는 회사다. 반도체 생산 기술이 점점 더 복잡해짐에 따라 ASML은 고객사들이 더욱 작고 성능이 좋은 반도체를 더욱 빠르게 생산하도록 리소그래피(lithography) 장비를 정교화하고 있다.

독일 란츠후트(Landshut)에 위치한 BMW공장은 2년 만에 사내 플라스틱 부품 공급자에서 자동차 전체 섀시(chassis)를 만드는 공급자로 탈바꿈함으로써 기초 연구 수행, 새로운 생산 방식의 개발, 새로운 제조시설의 시험가동, 프로세스 개선점의 빠른 확산 등이 가능했다. 생산 프로세스 진화와 선진기술 보급에 중점을 뒀기 때문에 BMW는 높은 생산 원가에도 불구하고 상대적으로 낮은 가격에 전기차를 출시할 수 있었다.

4) 맞춤형 제품 생산제공

다수의 유럽 제조업체들은 작은 규모의 맞춤형 제품의 공급에 집중함으로써 성공을 이뤄왔다. 다임러그룹이 프랑스 함바흐(Hambach)에 가지고 있는 '스마트(Smart)' 시리즈 차량 공장은 맞춤생산의 또 다른 예를 보여준다. 이 공장은 콘티넨털(Continental), 마그나(Magna), 플라스탤(Plastal), 티센크루프(Thyssen Krupp) 등 7개 공급업체와의 협력 네트워크로 스마트 차량을 생산한다.

<table>
<tr><th>기업 명</th><th>회사소개 및 내용</th><th colspan="2">성과</th></tr>
<tr><td rowspan="6">슈미츠
카고불
(독일)</td><td rowspan="6">트럭과 트레일러를 만드는 회사로 복잡한 IT를 제품에 결합해 운영 효율성 향상</td><td colspan="2">생산시간</td></tr>
<tr><td>2002년 vs. 2013년</td><td>120분 vs. 12분(90% 감소)</td></tr>
<tr><td colspan="2">내부 불량률(화물차량당)</td></tr>
<tr><td>2002년 vs. 2013년</td><td>35건 vs. 3건(92% 감소)</td></tr>
<tr><td colspan="2">사고</td></tr>
<tr><td>2002년 vs. 2013년</td><td>85건 vs. 5건 (95% 감소)</td></tr>
<tr><td rowspan="4">테크닙
(프랑스)</td><td rowspan="4">지능형 가스, 정유 파이프를 생산하는 해저사업 부문의 매출 향상</td><td colspan="2">매출</td></tr>
<tr><td>2011년 vs. 2012년</td><td>36% 증가</td></tr>
<tr><td colspan="2">영업이익</td></tr>
<tr><td>회사전체 vs. 해저사업부문</td><td>50% 높음</td></tr>
<tr><td>ASML
(네덜란드)</td><td>반도체 산업에서 쓰이는 리소그래피(Lithography) 시스템 공급사</td><td>2011년(신기록)</td><td>매출액 56억 유로</td></tr>
<tr><td>BMW
(독일)</td><td>란츠후트(Landshut)에 있는 BMW 공장은 2년 만에 사내 플라스틱 부품 공급자에서 자동차 전체 섀시(chassis)를 만드는 공급자로 탈바꿈</td><td colspan="2">• 기초 연구 수행, 새로운 생산 방식의 개발, 새로운 제조시설의 시험가동, 프로세스 개선 등의 성과
• 공급업체가 뛰어난 품질을 유지하고 납기일을 준수 달성
• 혁신주기 단축
• 제품 예: 초경량, 첨단 플라스틱 및 탄소섬유 차체 부품</td></tr>
<tr><td rowspan="2">ITRON
(프랑스)</td><td rowspan="2">수도계량기 제조회사로 지능형 수량계 개발</td><td>호주 칼굴리(Kalgoorlie)</td><td>물 손실 10% 감축</td></tr>
<tr><td>캐나다 브리티시 컬럼비아의 스마트 수도 계량시스템 도입</td><td>향후 20년간 16억 달러 절약</td></tr>
</table>

기업의 생존은 급변하는 환경변화에 유연하고 민첩하게 대응하여 이러한 변화에 맞는 제품 및 서비스를 제공함으로써 경쟁우위를 유지할 수 있다. 위의 사례에서 나타나듯이 선도적인 기업들은 내부적인 시스템 변화에서부터 혁신을 추구하여 적극적이고 공격적이며 협력적인 변화를 기업생태계에서 찾고 있다. 또한 가치창출 과정에서의 비용 최적화, 공급업체들의 통합을 통한 제조 역량의 빠른 조정 및 고도의 맞춤화 제품을 내놓을 수 있는 능력 등이 요구되고 있다. 기업은 지기 기업에 맞는 전략을 강조(예 나이키 – 공급망 강조)하고, 전략을 잘 설계(예 파타고

니아－신 생산방식{(에코서클(EcoCircle: 폐회로 생산 시스템)}]해야 미래에 경쟁력이 있다.

위의 사례에서 생각해 보아야 할 주요한 포인트는 다음과 같다.

- 위의 사례에서 제시된 기업 이외에 기업들(예 구글, 나이키, 삼성, 엑손모빌 등)에서는 자사의 경쟁력 강화를 위해 어떠한 특성이 나타나는지 알아보라.
- 위와 같은 전략실행에 있어서 최고경영자의 역할은?
- 기업에 맞는 전략실행에 있어서 IT의 역할은?

<출처 : Huchzermeier, A., Chick, S., and Netessine, S., "Europe's Solution Factories", HBR, 92(4), pp.111-115, 2014.>

재화나 서비스를 생산하는 활동은 기업의 핵심적 기능으로, 자원을 이용하여 제품이나 서비스를 산출하는 활동을 생산이라 말한다. 기업이 생산을 얼마나 능률적으로 수행하느냐보다는 고객이 제품이나 서비스에 어느 정도 만족하는가에 따라 기업의 생존이 좌우되는데, 고객의 범위는 이제 전 세계인이 되었다. 일반적으로 자동차나 TV와 같은 유형의 제품을 산출하는 활동을 관리하는 것을 생산관리라 하고, 항공권 예약이나 의료서비스 등과 같은 무형의 서비스를 산출하는 활동을 관리하는 것을 운영관리라 하며, 위의 둘을 합쳐 생산운영관리라 한다. 현대 기업이 고객만족을 실현하기 위해서는 생산운영기능이 핵심적 기능임을 인식하여야 한다. 본장에서는 생산운영관리의 기본개념, 범위, 발전과정, 목표 등에 대하여 살펴본다.

본장에서 다룰 내용은 다음과 같다.

- 생산운영의 기본기능과 목적은?
- 생산운영관리란 무엇인가?
- 생산시스템이란 무엇인가?
- 생산운영관리는 어떻게 발전되어 왔는가?
- 제조업과 서비스업의 차이는 무엇인가?
- 현대생산운영관리의 목표는?
- 현대 생산운영관리의 접근법은?

생산의 기본기능과 목적

드럭커(P. Drucker)에 의하면 기업의 목적은 고객의 가치 창조이다. 사회가 기업에게 부(富)의 생산을 위하여 자원을 위탁하는 것은 고객이 가치 있다고 생각하는 재화와 서비스를 공급하도록 하는데 있다는 것이다. 또한 최근에 기업의 책임 중 하나로 사회적 책임(CSR: corporate social responsible)이 중요한 사회적 이슈로 등장하면서 고객가치 창출 및 지속가능경영을 위한 생산운영전략이 요구되고 있다.

생산은 마케팅, 재무와 더불어 기업의 세 가지 핵심기능 중의 하나로, 생산요소를 투입하여 제품이나 서비스를 만들어내는 활동을 말한다. 기업의 존재 이유의 일부가 고객에게 가치가 있는 재화나 서비스의 공급을 통하여 수익을 창출하는 것임을 감안하면 이러한 생산활동이 기업의 핵심기능임을 쉽게 알 수 있다.

그러나 한 가지 유의해야 할 것은 생산을 단순히 시방서(specification)대로 제품이나 서비스를 산출하는 것으로만 생각해서는 안 된다는 것이다. 현대의 생산운영관리(production and operations management)는 고객관계에 대한 새로운 인식에서부터 출발하여야 한다. 세계경제의 글로벌화와 경쟁의 심화는 소비자중심의 시장경제체제를 더욱 공고히 하게 되고, 이러한 경영환경에서 고객의 요구변화에 신속하게 대응하지 못하고 고객이 원하는 제품이나 서비스를 적기 적소에 공급하지 못하게 되면 기업은 도태될 수밖에 없다. 따라서 생산기능은 고객의 요구를 실질적으로 충족시켜 주는 활동이 되지 않으면 안 된다. 즉, 현대의 생산기능은 고객만족을 실현할 수 있어야 한다. 이를 위해 고객의 요구를 신속하게 파악하여 경쟁사보다 품질 좋은 제품이나 서비스를 원하는 요건에 맞게 제공할 수 있도록 지속적인 개선이나 혁신노력이 필요하다.

생산운영관리의 정의

생산이란 생산요소(노동력, 원자재, 기계, 기술 등)를 소비자에게 가치가 있는 재화나 서비스로 변환하는 활동이라고 할 수 있으며, 이러한 활동을 관리하는 것을 생산운영관리라 한다. 즉, 생산운영관리는 [그림 1. 1]에서와 같이 투입물을 산출물로 변환하는 생산시스템을 관리하는 것이다.

여기서 한 가지 유의해야 할 것은 생산시스템의 변환활동은 그 자체가 중요한 것이 아니라 변환과정을 통하여 고객의 욕구를 충족시키는 제품이나 서비스를 산출하여야 비로소 의미를 가진다. 즉, 생산시스템의 변환과정은 생산요소의 가치를 증식시키는 과정으로 이해될 수 있으며, 생산은 결국 고객만족을 실현시키는 가치증식의 변환활동인 것이다.

그러나 생산운영관리를 위와 같이 보는 시각은 협의적이라고 할 수 있다. 현대의 생산운영관리는 생산시스템 자체는 물론이고 생산시스템 밖에 존재하는 외부환경(정부, 고객, 경쟁기업, 국제적 환경 등)의 변화에도 적절히 대처할 수 있어야 한다.

생산시스템의 구성요소

[그림 1. 1]과 [그림 1. 2]에서 보는 바와 같이 생산시스템은 투입(input), 변환과정(conversion process), 산출(output), 그리고 통제시스템(control system)으로 구성

그림 1. 1 | 생산시스템

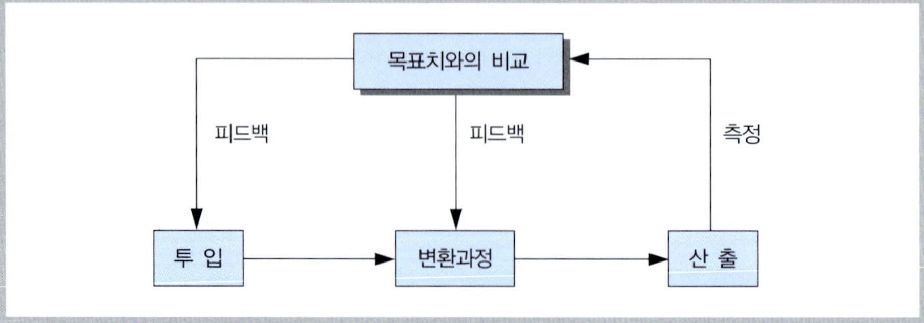

그림 1. 2 | 생산시스템의 기본구조

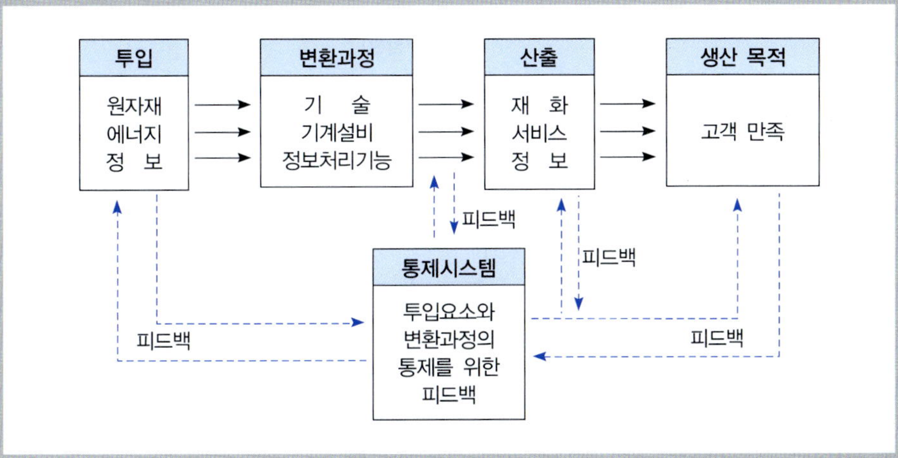

된다. 각각의 구성요소에 대하여 살펴보면 다음과 같다.

① **투입**: 생산에 필요한 여러 물적 또는 비물적 요소들, 예를 들어 노동력, 원자재, 기계, 정보, 경험, 지식 등을 포함한다.

② **변환과정**: 투입되는 생산요소들을 이용하여 재화나 서비스를 생성하는 과정을 말한다. 제조업에서는 이러한 변환과정을 생산공정이라 일컫는다.

③ **산출**: 변환과정을 거친 후에 생성되는 재화나 서비스를 말한다.

④ **통제시스템**: 실현하려는 생산목표와 차이가 나는 시스템행위가 있는지를 감시하고 이에 적절한 조치를 취하기 위하여 투입, 변환과정 그리고 산출을 통제하는 것이다. 즉 시스템 산출을 측정하여 이를 생산목표나 계획과 비교하고, 편차(deviation)가 발견되면 투입이나 변환과정을 조절하여 편차의 원인을 제거하는 것이다. 이의 전형적인 예는 품질관리에서 볼 수 있다.

[그림 1. 3]에서 보는 바와 같이 생산시스템의 경계 밖은 외부환경이 존재하고 생산시스템은 외부환경과 계속해서 상호작용하는데, 기업목적과 생산목표 그리고 이를 실현하는 제반 생산관리활동이 외부환경으로부터 수용되고 지원받지 못하면 생존할 수 없다. 따라서 생산기능이 기업의 경쟁적 무기가 되도록 하기 위해 현대의 생산운영관리는 생산시스템 자체는 물론이고 기업의 내부환경과 외부환경을 지속적으로 관찰하여 이들의 변화에 적절히 대처하고, 또한

그림 1.3 | 생산시스템과 외부환경

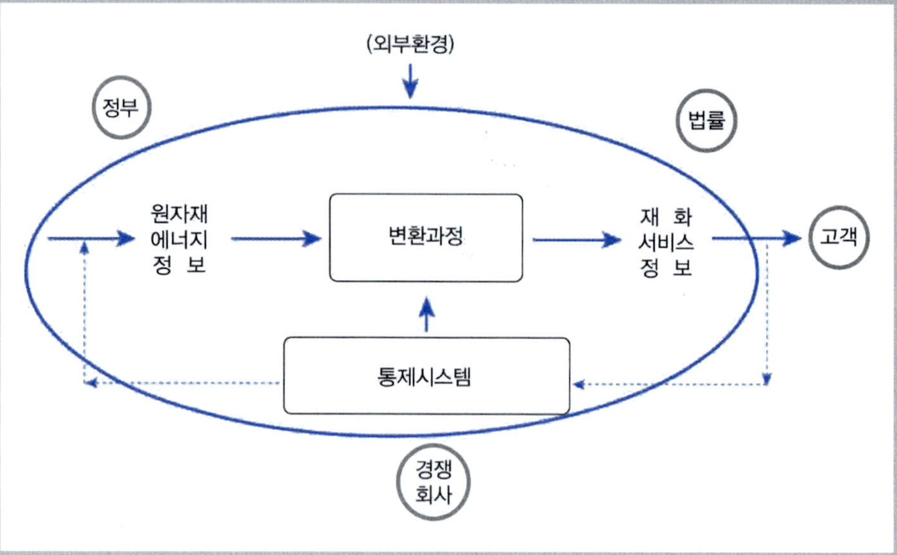

생산시스템의 설계, 운영, 관리에 이어 생산의 조사, 개선 및 종합에 이르는 일련의 순환과정을 다루어야 한다.

생산운영관리의 발전

과거의 생산운영관리는 산출된 재화나 서비스가 목표에 일치하는지의 여부를 측정하고 평가하여 만일 일치하지 않는 경우에는 투입요소나 변환과정에 조치를 취하는, 즉 생산시스템 자체의 관리에만 중점을 두었다. 이러한 경우의 생산운영관리는 협의의 생산운영관리라고 할 수 있으며, 생산통제(production control)라고 할 수 있다. 하지만 급진적인 기술의 발달과 시장의 급격한 변화 등과 같은 외부의 환경과 상호작용을 하여 기업의 생산기능이 기업전략과의 유기적 관계하에서 종합적으로 전개되도록 하는 것을 광의의 생산운영관리 혹은 생산경영(production management)이라 할 수 있다. 여기에 서비스업의 비중이 점점 더 커짐에 따라 서비스생산을 생산운영관리 영역에 포함하는 서비스운영관리(service and operations management)로 발전하였으며, 최근에는 서비스의 영역이 제조단계에서부터 도입되는 서비타이제이션(servitization) 형태가 가속화되고 있다. 서비타이제이션은 '제품+서비스', '서비스+서비스', '서비스의 상품화' 형태의 제품을 의미한다. 특히 인터넷, 스마트 디바이스의 발달로 제조업은 혁신을 통해 시간과 장소에 구애 받지 않는 제품생산과 설계가 요구되고 있다. 향후 서비타이제이션 형태의 기업은 2016년 125% 증가할 것으로 코스스(Robert Bob Kocis : PTC 아태지역 영업 및 채널 수석 부사장)는 예측하였다. 서비타이제이션은 다른 기업과 차별화될 수 있는 '서비스 차별화 포인트'가 있어야 시장에서 경쟁우위를 점할 수 있기 때문에 서비스를 접목한 다양한 노력이 필요하다.

제조업과 서비스업의 차이

제조업의 경우에는 생산시스템의 변환과정에서 산출되는 것이 실체성이 있는 유형의 제품인데 반하여 서비스업의 경우는 그 산출물이 실체성이 없는 무형인 것이 보통이다. 이 이외에도 제조업과 서비스업 사이에는 여러 가지 차이가 있는데, 특성별로 <표 1. 1>과 같이 간략히 요약될 수 있다. 그러나 이것은 일반적인 구분이며 서비스업종의 다양성을 고려할 때에 이러한 특성별 구분이 정확히 맞는다고는 할 수 없다.

제조업의 경우는 산출물이 유형이므로 실체성이 있으나 서비스업은 산출물이 무형이므로 실체성이 없다. 또한 제조업에서 제작한 제품은 오랜 시간에 걸쳐 그 성능을 발휘하도록 설계되어 소비자가 제품을 사용하는 기간이 길지만 서비스업에서 제공하는 서비스는 생산과 동시에 소비되는 것이 보통이다. 제조업의 경우는 자동기계 등이 많이 이용되어 상대적으로 노동집약도가 낮은 편이며, 서비스제공자와 소비자의 접촉 정도나 변환활동에서의 소비자 참여 정도도 낮다고 할 수 있다. 그리고 제조업의 경우에는 성과를 객관적으로 측정할 수 있는 제품이 있으므로 측정에 있어서 정교한 기법이 이용된다. 그러나 서비스업의 경우 생산된 서비스는 소멸되므로 성과측정이 설문지와 같은 단순한 기법이 이용된다.

〈표 1.1〉 제조업과 서비스업의 차이

특성	제조업	서비스업
실체성	있음	없음
소비기간	장기	단기
노동집약도	낮음	높음
소비자 접촉 정도	낮음	높음
소비자 참여 정도	낮음	높음
성과측정기법	정교	단순

생산운영관리의 역사적 이정표

생산운영관리의 발전에 영향을 주었던 주요 사건들을 살펴보면 <표 1. 2>와 같다.

- 생산운영관리의 출발점은 산업혁명으로 인한 산업기계의 등장, 특히 1764년 제임스 와트(James Watt)의 증기기관의 발명으로 노동시간이 기계시간으로 대체되었고, 노동자를 공장으로 유입하는 공장제 시스템의 성립으로 보는 것이 일반적이다.
- 1776년 아담 스미스(Adam Smith)의 국부론에서는 작업자들을 생산라인에서 전문적으로 세분화된 작업별로 할당하는 노동의 분업화 및 전문화의 이점을 강조하고 있다.
- 1798년 엘리 휘트니(Eli Whitney)는 소총 제작시에 호환 가능한 부품개념을 개발하였다.
- 1800년대에는 가솔린 엔진과 전기의 발명으로 산업혁명이 더욱 확대되었다.
- 1911년대 말에 프레드릭 테일러(Frederick Taylor)는 작업자의 효율성을 높이기 위한 과학적 관리기법을 제안하였다.
- 1900년대 초에 프랭크 길브레스(Frank Gilbreth)는 동작연구를, 헨리 간트(Henry Gantt)는 일정계획을 위한 간트 차트(Gantt chart)를 개발하였다.
- 1900년대 초에 헨리 포드(Henry Ford)는 과학적 관리기법의 요소들을 적용한 조립라인에서 자동차 'Model T'를 대량생산하였다.
- 1920년대 말에 시작된 엘튼 메이요(Elton Mayo) 등의 호손(Hawthorne) 연구에

서는 작업자의 효율성은 단지 작업장의 환경뿐만 아니라 정신적 · 사회적 요소들의 영향을 받는다는 것을 증명하였다.

- 1930년대에 월터 슈하트(Walter Shewart)는 통계적 품질관리법을 개발하였으며, 해롤드 닷지(Harold Dodge)와 해리 로믹(Harry Romig)은 샘플링기법을 개발하였다.
- 제2차 세계대전을 계기로 PERT/CPM을 비롯한 OR(operations research)과 같은 계량적 기법들이 개발되어 최적해를 찾는 데 기여를 하였다.
- 1947년에 조지 댄지그(George Dantzig)는 LP(선형계획법)를 개발하였다.
- 1970년대에는 JIT 생산시스템 개념이 등장하였다.
- 1980년대 이후에는 컴퓨터의 발달과 더불어 보다 정교한 방법들이 등장하게 되고 CAD/CAM, CIM 등의 개념이 등장하였다. 이와 더불어 6-시그마 프로그램, 전사적 자원관리(ERP : enterprise resources planning) 등의 효율적인 경영혁신 및 관리프로그램 등이 등장하였다.
- 1990년대 초에는 종합적 품질경영(TQM)이 생산운영관리의 주도적인 기법으로 활용되어 왔다.
- 1990년 이후 인터넷, 모바일 기술(mobile technology), 무선 기술(wireless technologies)과 계속되는 정보통신의 발전으로 새로운 글로벌 사업 모델의 등장하였다.
- 2000년 이후에는 전자상거래(인터넷, world wide web), 서비스 사이언스(서비스 생산성 향상을 위해 정보기술의 응용), SNS(social networking service) 등 ICT (information and communications technology)를 활용한 다양한 융합형태의 기술이 등장하고 있다. 새로운 제품 또는 서비스가 기술 융합(technology convergence) 또는 산업의 융합(industry convergence)에 의하여 창출되고 있다.

〈표 1.2〉 생산운영관리발전에 공헌한 인물 및 내용

연대	공헌한 내용	공헌한 인물
1764	증기기관의 발명	J. Watt
1770	방적기관의 발명	J. Hargreaves
1776	분업의 강조	J. Perronet & A. Smith
1780	직무설계와 작업의 표준화	J. Watt & M. Boulton
1798	호환성 부분품의 사용	E. Whitney

연대	공헌한 내용	공헌한 인물
1832	시간연구와 숙련수준에 의한 임금차별화의 개념을 소개	C. Babbage
1893	교류발전기와 무선조정의 로봇을 처음으로 사용	N. Tesla
1911	과학적 관리법과 정형화된 시간연구방법의 원리를 소개	F. Taylor & M. Cooke
1911	산업심리학의 개념과 동작연구 소개	F. Gilbreth & L. Gilbreth
1913	이동조립방법 사용	H. Ford
1913	종업원의 근로의욕 연구와 생산계획을 위한 간트차트 고안	H. Gantt
1915	경제적 주문량의 재고 시스템 사용	F. Harris
1916	대기행렬이론 소개	A. Erlang
1927	종업원의 동기부여에 대한 호손연구	E. Mayo
1931	통계적 품질관리기법 소개	W. Shewhart, H. Dodge, H. Roming & R. Fisher
1934	샘플링에 의한 작업측정기법 사용	L. Tippet
1941	수송방법 소개	F. Hitchcock
1947	선형계획을 위한 심플렉스법의 개발	G. Dantzig
1950	설비대체이론 확립	G. Terborgh & J. Dean
1957	PERT기법 개발	U.S. Navy
1957	CPM기법 개발	J. Keny & M. Walker
1958	그룹 테크롤러지(group technology)의 제안	S. Mitrofanov
1962	최초의 산업컴퓨터 개발 품질관리순환과 적시생산 시스템(JIT)의 개념 사용	H. Ernst unimation(U.S.) T. Ohno
1963	컴퓨터자원 설계 시스템(CAD)의 사용	I. Sutherland
1964	자재소요계획(MRP) 재고 시스템 개발	J. Orlicky
1965	유연 생산 시스템(FMS) 개발	Molin Ltd.(U.K.)
1977	가정용과 산업용을 위한 마이크로 컴퓨터 개발	S. Wozniak & S. Jobs
1982	일본의 적시생산 시스템(JIT)과 전사적 품질관리(TQC)의 개념을 미국에 도입	W. E. Deming, Y. Mondon & J. H. Juran
1985	컴퓨터 통합생산 시스템(CIM)을 위한 소프트웨어 개발	General Motors(U.S.)
1990 년대	컴퓨터 통합생산 시스템(CIM)과 컴퓨터 통합 서비스 시스템(CISS)의 사용 종합적 품질경영(TQM)의 발달/ 말콤 볼드리지/ ISO 9000	IBM, Hewlett Packard & Arthur Anderson W. E. Deming, J. H. Juran, P. B. Cosby
2000 년대	전자상거래 서비스 사이언스 SNS	Amazon, eBay

출처: 이상문. 『글로벌 시대의 초일류 기업을 위한 생산관리』. 형설출판사, 2011.

현대 생산운영관리의 목표

현대의 생산운영관리는 고객의 요구를 정확히 규명하고 고객의 요구에 맞는 제품 및 서비스의 생산에 노력을 기울여야 한다. 일반적으로 고객이 요구하는 것은 다음과 같다.

① **높은 수준의 품질** : 성능, 기능, 내구성, 신뢰도, 규격에의 일치도, 디자인, 고객인지도 등에서 우수한 제품이 경쟁력이 있다.

② **낮은 비용** : 제품이나 서비스가 경쟁사에 비하여 낮은 가격으로 제공되거나 혹은 가격은 같더라도 조사비용(search cost)과 같은 비금전적인 비용이 낮아야 경쟁력을 확보할 수 있다.

③ **짧은 조달기간** : 조달기간(lead time)이란 고객이 주문을 하여 이를 충족시키기까지 소요되는 시간을 말하는 것으로 고객은 기업의 조달기간이 짧은 것을 원한다.

④ **높은 유연성** : 수요변화에 맞추어 생산량을 조절할 수 있는 생산량유연성과 고객의 다양한 요구에 대처할 수 있는 제품유연성의 확보가 중요하다.

⑤ **낮은 변동성** : 품질에 있어서 변동이 없는 균질의 제품을 제공한다거나 고객과의 약속대로 제품이나 서비스를 제공하는 능력 등이 중요하다.

⑥ **높은 서비스 수준** : 고객의 편익과 만족을 위해 제공되는 것들의 수준이 높을수록 경쟁력이 있다.

비록 위의 여섯 가지 요구를 모두 만족하는 제품과 서비스를 제공하기는 어렵지만 경쟁우위의 확보를 위해서는 지속적인 노력을 하지 않을 수 없다. 또한 위의 여섯 가지 요구조건을 모두 충족시켰다고 절대적으로 경쟁우위가 확보되는 것은 아니기 때문에 기업 전략에 맞게 지속적인 개선 노력이 요구된다.

생산운영관리의 현대적 접근법

현대의 생산운영관리는 고객만족을 실현하기 위해서 고객의 요구를 정확히 제품 또는 서비스에 반영하고 그러한 제품 또는 서비스를 생산하기 위하여 인적자원이 주체가 되어 생산시스템의 유연성을 개선하고 확대하는 방향으로 접근해야 한다. 또한 생산운영관리는 변화과정에 국한된 관리노력이 아니라 투입자원의 창출에서부터 산출된 제품 또는 서비스를 최종소비자가 사용하는 과정까지의 고객연결고리(customer chain)의 전체적 부가가치활동에 대한 관리노력이 요구된다.

본서에서는 <표 1. 3>을 바탕으로 하여 [그림 1. 4]에서와 같이 생산운영관리의 초점설정과 협력적 기반구축, 생산시스템의 설계, 생산시스템의 운영 및 관리, 생산시스템의 개선 및 통합의 순환과정이 꾸준히 회전되어야 한다. 생산운영관리에서 다루는 내용은 <표 1. 4>에서와 같이 크게 네 분야로 나눌 수 있다.

그림 1. 4 | 생산운영관리의 접근법

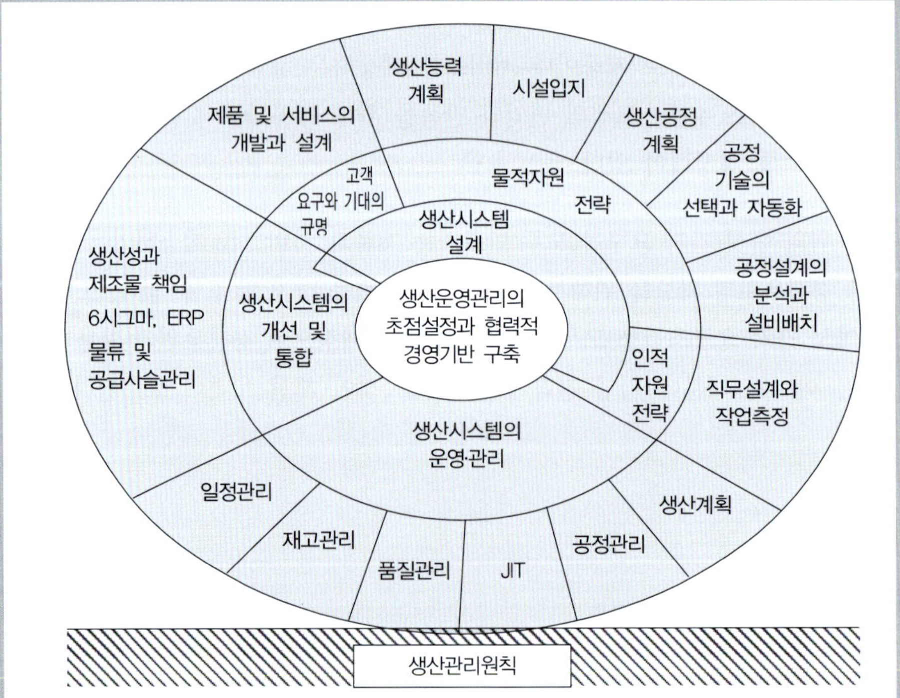

〈표 1. 3〉 생산운영관리원칙

생산운영관리기능	생산운영관리원칙
생산경영초점 설정과 협력적 경영기반 구축	1. 고객 • 고객(내부고객과 최종고객)을 확인하고 협동한다. • 고객만족 6가지 변수에 대한 지속적, 혁신적 개선에 전념한다. 2. 기업 • 변화와 혁신의 계획과 실천과정에 정보공유 및 협동을 통해 공동목표를 달성한다. 3. 경쟁자 • 경쟁자와 세계일류급 리더를 확인한다. 4. 사회 • 지역사회와 협력한다. • 사회적 공헌/공유를 지향한다.
생산시스템의 설계 및 운영·관리	1. 설계 및 조직 • 구성부품 및 작업의 수, 그리고 공급업자의 수를 소수정예로 축소한다. • 제품, 서비스, 그리고 고객중심의 부품가족(customer family)에 초점을 맞추어 고객의 다양한 연결고리(multiple customer chain)에 자신을 집중(조직)하라. 전통적인 제품, 서비스 또는 고객마다 단일의 작업장, 기계, 셀(cell) 및 흐름의 주축이 아니다. 작업흐름팀(work-flow team), 초점화 셀(focused cell), 그리고 공장내 공장(plant-within-plants)을 창조하라. 2. 능력 • 다기능 전문지식인 양성을 위해 순환훈련(cross-training), 교육, 직무와 경력의 순환(rotation), 그리고 건강, 안전 및 보호 등 인적자원에 지속적인 투자를 한다. • 새로운 설비를 고려하기 전에 보유설비와 인간작업의 보전과 개선에 노력을 기울인다. 공정변동(process variability)을 달리 개선할 수 없을 때 점진적으로 자동화를 도입한다. • 작업흐름팀, 초점화셀 및 공장내 공장에 설치·운영할 수 있는 단순하고 유연하며 이동이 용이한 저렴한 설비를 찾는다. 3. 공정 • 오차 또는 공정변동 없이 제품 및 서비스의 생산·제공이 용이하도록 한다. • 고객연결고리를 따라 흐름시간(대기시간), 거리, 재고를 단축·감소시킨다. • 모든 지연(delay)과 관련된 설정(setup), 전환(change-over), 사전준비 및 시작시간을 단축한다. • 고객사용률대로 운영하라. • 작업주기의 간격과 로트사이즈를 단축한다. 4. 문제해결과 관리 • 작업장에 품질·공정 및 문제의 자료를 기록·보관한다. 전문가 스태프에 우선해서 현장개선팀이 문제해결의 첫 주자임을 확신하게 한다. • 징후(symptom)에 의한 처리·보고를 지양하고 원인을 통제하기 위한 처리·보고가 되게 한다.
생산시스템의 개선 및 통합	• 모든 개선과 혁신의 결과가 구성원, 공급업자, 그리고 고객 모두에게 적절한 혜택으로 나누어지도록 하여 새로운 발판을 구축한다.

〈표 1.4〉 생산운영관리의 범위와 내용

생산운영관리분야	항목	내용
생산운영 관리의 초점설정과 협력적 경영기반의 구축	생산운영관리 입문	• 생산시스템의 개념 • 생산운영관리의 목표
	생산운영전략	• 생산운영전략의 개념 • 생산운영정책
	종합적 품질경영	• TQM의 개념 및 특성 • TQM의 성공요건 및 기대효과
생산시스템의 설계	수요예측	• 수요예측의 중요성 및 예측기법 • 예측오차 및 예측기법 선정
	제품개발 및 공정디자인	• 제품수명주기와 제품개발시기 • 제품개발단계 • 가치공학과 동시공학 • 생산공정 유형 • 생산의 자동화
	설비배치	• 공정흐름분석 • 설비배치 유형
	장기생산능력계획과 입지결정	• 생산능력의 개념과 측정기준 • 규모의 경제, 집중생산, 범위의 경제 • 손익분기점분석, 순현가법, 의사결정나무기법 • 입지선정의 기준, 요인평정법
	적시생산시스템과 통합시스템	• 도요타생산시스템의 근간이 되는 개념 • JIT • 자동화(autonomation) • 칸반시스템
생산시스템의 운영 및 관리	총괄생산계획과 주생산일정	• 총괄생산계획의 역할 및 수립절차 • 생산능력을 조절하는 방법 • 수요추적전략과 생산수준불변전략 • MPS 수립에 이용되는 항목 • MPS 작성법 • MPS의 안정성
	일정계획	• 부하결정방법 • 작업순위 결정 • 우선순위규칙 • 작업통제
	프로젝트관리	• 간트차트 • PERT/CPM 기법 • 주경로 결정
	재고관리	• 재고보유의 목적 • 재고비용 • 경제적 주문량 산출

생산운영관리분야	항목	내용
		• 재고모형 • 재주문점 산출 • 단일기간재고모형 • ABC 재고관리
	자재소요계획과 능력소요계획	• MRP의 내용 • MRP의 갱신 • 생산로트의 크기를 결정하는 방법 • 능력소요계획
	품질관리	• 관리도 • 샘플링검사 • 품질비용이론 • 품질분임조 • 지속적인 품질개선을 위한 방법 • 다구치방법 • 품질기능전개
생산시스템의 개선 및 통합	공급사슬관리	• 효율적 공급사슬과 시장대응적 공급사슬 • 채찍효과의 원인 및 대처방법 • 유통전략 • 전략적 제휴 • 대량 맞춤
	6-시그마와 ERP	• 6-시그마의 개념 • 6-시그마의 벨트시스템 • ERP 도입의 효과 • ERP 구축방법

첫째, 생산운영관리의 초점설정과 협력적 경영기반 구축과 관련된 내용이다. 여기에는 기업의 장기간 성장과 생존에 요구되는 생산운영관리의 목표 및 전략 설정, 협력적 기반구축을 위한 종합적 품질경영시스템의 도입·전개 등의 내용이 포함된다.

둘째, 생산시스템의 설계에 관련된 내용이다. 여기에는 수요예측, 제품개발과 공정디자인, 설비배치, 장기생산능력계획과 입지결정, 적시생산시스템과 통합시스템 등이 포함된다.

셋째, 생산시스템의 운영 및 관리에 관련된 것으로서 총괄생산계획과 주생산일정, 일정계획, 프로젝트관리, 재고관리, 자재소요계획과 능력소요계획, 품질관리 등이 포함된다.

넷째, 생산시스템의 조정 및 통합에 관련된 내용으로서 공급사슬관리, 6-시그마, ERP 등이 포함된다.

〈표 1.5〉 생산운영관리 원칙

1. 고객과 경쟁자가 누구인가를 구명하라.
2. 재공품재고(대기행렬), 생산조달기간, 공정거리와 공간을 단축하라.
3. 준비(setup)와 전환(changeover)시간을 단축하라.
4. 고객사용률대로 생산 및 배달하라.
5. 소수의 우수 업체로 공급자 수를 줄여라.
6. 제품 또는 서비스의 구성부품의 수를 줄여라.
7. 처음부터 과오(error) 없이 제품 및 서비스를 생산제공하기 용이하도록 하라.
8. 다원경로의 흐름을 단일경로의 공정(single-channel lanes)으로 바꾸어라. 셀(cell)과 흐름라인으로 만들어라.
9. 치구, 공구 등을 찾는 데 시간을 허비하지 않도록 작업장을 정돈하라.
10. 다기능을 습득할 수 있도록 순환훈련(cross-train)을 시켜라.
11. 작업장에서 산출량, 품질 등의 관련자료를 기록하고 보관하도록 하라.
12. 스탭전문가에 앞서 라인조직의 구성원이 문제해결의 첫 주자임을 확실히 하라.
13. 신규설비를 고려하기 전에 현 설비와 작업자의 직무를 보전하고 개선하라.
14. 단순하고 저렴하며 이동가능한 설비를 찾아라.
15. 공정의 불안정을 달리 제거할 수 없을 때는 점진적으로 자동화하라.
16. 제품, 서비스 또는 고객마다 단일의 작업장, 기계, 셀 및 흐름라인보다 복수의 것이 되도록 하라.
17. 지속적이고 혁신적 개선을 도모하라.
18. 환경친화적인 제품 및 서비스 모델을 개발하라.
19. 사회적 책임을 통한 지역사회와 연계하라.
20. 지속가능한 기업 – 이해관계자 – 환경생태계를 구축하라.

요 약

- 생산이란 생산요소(노동력, 원자재, 기계, 기술 등)를 고객에게 가치가 있는 재화나 서비스로 변환하는 활동이라고 할 수 있으며 이러한 생산시스템을 관리하는 것을 생산운영관리라 한다.
- 생산시스템은 투입, 변환과정, 산출, 그리고 통제시스템으로 구성된다.
- 생산운영관리는 생산시스템 자체의 관리에만 관심을 두는 생산통제에서 기업의 생산기능이 기업전략과의 유기적 관계하에서 종합적으로 전개되는 생산관리를 거쳐 서비스생산을 생산관리영역에 포함하는 생산운영관리로 발전되었다.
- 서비스업은 제조업과 달리 실체성이 없고, 즉시 소비되며, 노동집약도가 높고, 서비스제공자와 소비자의 접촉 정도나 변환활동에서의 소비자 참여 정도가 높다.
- 생산운영관리의 중요한 역사적 이정표에는 산업혁명, 과학적관리법, OR기법들의 개발, JIT 생산시스템의 등장, 컴퓨터의 발달과 더불어 CAD/CAM, CIM, ERP, TQM, 인터넷 기술 등의 등장이 포함된다.
- 일반적으로 고객이 요구하는 것은 높은 수준의 품질, 낮은 비용, 짧은 조달기간, 높은 유연성, 낮은 변동성, 높은 서비스 수준이며 현대 생산운영관리의 목표는 이러한 고객의 요구에 맞는 제품 및 서비스의 생산에 노력을 기울이는 것이다.
- 생산운영관리에서 다루는 내용은 생산운영관리의 초점설정과 협력적 경영기반의 구축, 생산시스템의 설계, 생산시스템의 운영 및 관리, 생산시스템의 개선 및 통합의 네 분야로 구분된다.

학습문제

1. 생산운영관리란 무엇인가?
2. 생산시스템이란 무엇이며, 생산운영관리에 왜 시스템 개념이 요구되는가?
3. 호텔, 슈퍼마켓, 은행본점, 냉동저온창고, 신문사의 투입과 산출물을 정의하라.
4. 제조업과 서비스업의 차이를 살펴보라.
5. 생산운영관리의 발전과정에 대하여 살펴보라.
6. 생산운영관리에 있어서의 역사적인 이정표에 대하여 살펴보라.
7. 생산운영관리에서 다루는 네 가지 주요 부분을 살펴보라.
8. 생산운영관리에서 정보통신기술의 역할을 살펴보라.

사례 오퍼레이션 글로벌화의 함정: 보잉 글로벌 생산시스템의 문제

보잉 787은 혁신적인 기술과 소재를 적용해 연료 효율이 기존의 비슷한 기종 대비 20%나 높아 '꿈의 항공기'라 불리며 전 세계의 주목을 받았다. 800대 이상의 주문을 받으며 시작됐지만 이후 거듭 지연되며 계획보다 3년 후에 첫 비행이 이뤄졌다. 그 과정에서 보잉은 수조 원의 손실을 본 것으로 추정된다.

적용이 어려운 기술을 써서 늦어진 것도 있지만 무엇보다도 글로벌 아웃소싱 생산시스템을 전격 도입한 것이 문제였다. 787기는 보잉사의 92년 역사에서 최초로 설계와 생산의 대부분을 아웃소싱한 항공기다. 전체 부품의 약 70%가 외주로 생산됐고 설계와 R&D도 전략적 파트너들에게 위임했다. 고도화된 컴퓨터 설계 시스템과 통신 시스템 덕택에 보잉사의 프로젝트 매니저들은 전 세계에 흩어져 있는 하도급 업체들을 진두지휘하면서 부가가치가 높은 시스템 통합자(system integrator)의 역할만 담당할 계획이었다.

그러나 글로벌 생산체제를 이용해 원가를 낮추고 납기를 단축시킨다는 계획은 쉽게 실행되지 않았다. 생산시스템의 운영효율성을 높이기 위해 보잉사는 2006년 하도급 업체를 3,800개에서 절반 이하로 줄이기로 했다. 그러나 선정된 하도급 업체들이 재하도급 계약을 주면서 보잉사는 전체 생산시스템에 대한 가시성(visibility)을 현저히 잃었다. 한 예로 보잉사의 주 공급업체인 보우트(Vought)사가 이스라엘 업체에 동체 바닥의 설계 및 생산을 재하도급을 맡겼는데 이게 문제가 됐다. 이 회사가 공급하는 6,000여 개의 부품이 보잉사의 설계 기준에 미달하자 각각의 부품을 재검토하고 승인하는 절차를 거쳐야 했다. 이를 위해 보잉사는 지구 반대편 이스라엘로 설계팀을 보내야 했고 또 중간에 있는 보우트사와도 조율해야 하는 등 한층 더 복잡한 상황에 직면했다.

그뿐만이 아니다. 2007년에 첫 787기를 최종 조립하기 위해 각각의 부품이 보잉의 에버렛 공장에 도착했을 때 엔지니어들은 경악을 금치 못했다. 1,200개의 모듈을 받아 조립하기로 한 계획과는 달리 여러 개의 구성품이 미완성으로 납품되어 3만여 개의 부품이 공장에 도착했다. 결국 보잉은 초도 항공기의 수천여 개의 부품을 자체 인력으로 생산할 수밖에 없었고 아웃소싱에 반대해왔던 보잉사 노조는 2008년 두 달 가까이 파업했다.

<출처 : DBR, 139(2), 2013>

토의문제

보잉사의 아래 전략을 중심으로 보잉사의 글로벌 생산시스템의 장점 및 단점에 대해 논의해 보자.

▶ 첫째, 보잉사는 고부가 가치의 시스템 설계와 통합에 집중하고 제조와 단순설계는 아웃소싱해 보다 효율적인 생산시스템을 갖출 수 있다.

▶ 둘째, 글로벌 아웃소싱은 시장 접근성을 높이는 중요한 수단이다. 787기 주문의 90% 이상이 미국 밖에서 왔다. 특히 개발도상국 정부들은 자국의 항공업을 발전시키고 고급인력을 위한 일자리를 창출하는 데 관심이 많다. 보잉의 비행기를 사주는 대신 자국 업체들로부터 부품을 사도록 주문하는 경우가 많다. 보잉사 입장에서 글로벌 아웃소싱은 인건비를 낮추면서 동시에 수주경쟁에서 우위를 차지할 수 있는 방편이다.

▶ 마지막으로, 보잉사는 글로벌 생산체계를 갖춤으로써 생산원가를 낮출 뿐만 아니라 개발에 드는 천문학적 비용과 시간을 획기적으로 줄일 수 있다고 보았다. 항공기의 신기종을 개발하는 일은 평균 6년의 시간과 10조 원 이상의 막대한 비용이 든다. 그런데 소재기술, 전기전자기술, 연료기술은 점점 더 빠른 속도로 진화하고 있다. 이 모든 기술발전을 보잉사 스스로 따라가기는 힘들다. 각 요소기술을 보유하고 있는 공급사와 파트너십을 체결함으로써 첨단기술을 신기종에 적용하고 막대한 초기 투자 비용과 재무적 리스크를 줄일 수 있다고 봤다.

참고문헌

이상문, "글로벌 시대의 초일류 기업을 위한 생산관리", 형설출판사, 2011.

전영일, 홍관수, 김남영, "전략적 운영관리", 경문사, 2003.

Buffa, E., *Operations Management*, 6th ed. John Wiley & Sons, Inc., 1977.

Chase, R., Jacobs, F., and Aquilano, N., *Operations and Supply Chain Management*, 13th ed. NY: McGraw-Hill, 2010.

Dervitsiotis, K., *Operations Management*, McGraw-Hills Inc., 1981.

Evans, J. and Lindsay, W. M., *Managing for Quality and Performance Excellence*. South-Western Cengage Learning, 2014.

Lee, D., Rho, B., and Yoon, S., "Effect of Investments in Manufacturing Practices on Process Efficiency and Organizational Performance," *International Journal of Production Economics*, 162, pp.45-54, 2015.

Lee, S., and Olson, D. *Convergenomics : Strategic Innovation in the Convergence Era*. Gower, Surrey, UK, 2010.

Schonberger. R., *World Class Manufacturing : The Lessons of Simplicity Applied*. The Free Press, 1986.

Skinner, W., "Manufacturing-Missing Link in Corporate Strategy," *Harvard Business Review*, 47, 1969.

Slack, N., Lewis, M., and Bates, H., "The Two Worlds of Operations Management Research and Practice: Can They Meet, Should They Meet?," *International Journal of Operations & Production Management*, 24:4, pp.372-387, 2004.

CHAPTER 02

생산운영전략

[도입사례] 도너기업(Donner Company)

도너(Donner)기업은 다양한 전자회로기판(PCB : printed circuit board)을 생산하는 기업으로 실험기구에 이용되거나 혹은 시험생산을 위해 필요한 PCB를 주로 제작하고 있으며, 경쟁자에 비하여 새로운 디자인이나 시험생산기법에 내재하는 문제 PCB는 전자제품에 있어 없어서는 안 될 부품이므로 PCB산업은 컴퓨터, 통신, 방위산업의 성장과 더불어 성장해 왔으며 그러한 산업의 경기에 영향을 많이 받는다.

PCB의 생산공정은 준비(preparation)단계, 이미지이전(image transfer)단계, 제작(fabrication)단계의 세 단계로 이루어진다. 준비단계에서는 고객으로부터 받은 회로도면에 대하여 음화를 생산하고 원자재판을 구입하여 표준크기로 절단한다. 이미지이전단계에서는 부품을 꽂을 구멍을 뚫고 회로패턴을 보드의 양면에 새긴다. 제작단계에서는 회로판을 원하는 크기와 모양으로 만든다.

고객의 주문의뢰에 대하여 비용을 추정하여 입찰을 하고 고객이 입찰가를 받아들이면 PCB 수가 1,000개 이하이면 3주 이내에, 그 이상이면 5주 이내에 납기를 약속한다. 납기일, 보드수, 필요 원자재, 작업순서 등을 상세히 기록한 공장 주문서가 작성되고 이것을 감독자와 구매부서로 전달한다. 구매부서는 하루나 이틀 이내에 원자재 주문을 한다. 만일 긴급주문이 있는 경우에는 (예를 들어, 4일 이내에 보드를 제작하여 납기해야 하는 경우) 정상적인 과정을 거치지 않고 이것을 처리하는 매니저가 직접 필요 원자재를 기록하여 구매부서로 보내고 원자재를 그 날이나 다음날 공급받을 수 있도록 한다. 감독자는 작업스케줄을 결정하며, 작업 우선순위와 작업자의 배치 등에 대하여도 결정한다.

설비배치: 화학물질을 사용하는 공정은 기계의 부식을 막기 위해 기계가 있는 곳에서 멀리 떨어지게 하였으며, 반대로 먼지를 일으키는 기계는 먼지에 민감한 공정으로부터 멀리 떨어지도록 설비를 배치하였다.

운영문제: 생산에 있어서 병목현상(bottle neck)이 심각하다. 주문크기가 다르고, 회로디자인이 다르며, 어떤 주문의 경우는 공정을 건너뛰기도 하기 때문에, 즉 개별 주문에 따라 각각의 공정에 할당되는 작업량이 다르기 때문에, 미리 어느 공정에서 병목현상이 생길 것인지를 예측하는 것은 어렵다. 게다가 긴급주문(1주일에 3번 정도)이나, 하나 혹은 두 개의 공정에서 재작업이 필요한 경우, 디자인 변경 등으로 인한 작업지연 등이 문제를 더욱 심각하게 만든다.

또한 기계가 놀고 있는 것이 예상보다는 빈번하게 발견되고 있으며 표준노동시간의 산출에 있어서도 문제가 있어 생산성에 대한 정확한 평가가 어렵다는 것이다. 예를 들어, 표준노동시간에 검사를 통과 못했거나 반품된 제품에 대한 재작업시간이 포함되지 않았고, 보드의 공정간 이동시간이 표준시간에 적절히 반영되지 않았다는 것이다. 작업방법에 있어서도 문제점이 발견되었는데, 예를 들어 어느 공정에서 작업을 하는 작업자의 경우 15%의 시간을 걸어다니는 데 낭비한다는 것이 발견되었다. 지금까지는 산출물에 대한 압박감, 작업자의 지속적인 작업 간 교대, 당장에 급한 문제해결 등으로 인하여 작업방법의 개선에 대한 새로운 아이디어를 실험할 여유가 없었다. 게다가 과거에 어느 한 공정에서의 작업방법 개선이 당해 공정의 생산성은 높였으나 다음의 공정에서 병목현상이 발생하는 문제가 있어 작업을 다시 스케줄한다든지, 작업자를 다시 할당한다든지 하여 혼란을 야기시키는 경우가 있었다.

최근에는 품질표준의 유지가 어렵고 납기일을 맞추는 데 어려움이 발생했다. 반품률이 1%에서 3%로 증가했으며, 납기는 평균적으로 9일이나 지연되었다. 이러한 현상이 지속되면 기업의 매출목표 달성은 어려워진다. 현재로서는 소량의 특별 PCB에 대한 주문에 대해서만 경쟁력이 있는 것으로 보인다.

품질표준을 명확하게 하여 그것을 철저하게 관리하는 것이 가능해 보이지 않는데 그 이유는 고객마다 품질기준이 다르며 주문별로도 차이가 있기 때문이다. 배송 전 품질문제가 있었던 제품의 1/10은 실제로 품질면에서 문제가 있는 경우였으며 나머지 9/10는 공정을 하나 또는 두 개를 거치지 않은 경우이다. 이러한 제품은 재작업하여 보내는 데 하루나 이틀이 걸린다. 현재 7% 정도가 품질에 문제가 있는 것으로 발견되며 그 중에 6%는 재작업을 하면 되는 경우이고, 1%는 완전한 손실이 발생하는 경우이다.

위의 사례에서 생각해 보아야 할 주요한 포인트는 다음과 같다.

- 도너기업의 운영상의 문제점은?
- 주문에서부터 배송까지의 정보의 흐름(information flow)에 대하여 다이어그램을 그려보라.
- 품질의 문제점은 어디에서 기인하는가?
- 납기지연의 원인은 무엇이며 이 문제를 해결할 수 있는 방안은?
- 병목현상은 왜 생기고 있는지에 대하여 살펴보고 그것을 제거할 수 있는 방안은?

<출처 : 전략적 운영관리, pp.20-21, 2003>

생산기능은 제품이나 서비스의 산출만이 아니라 경쟁력의 원천이 될 수 있음을 인지하여야 하며, 기업환경과 경쟁환경에 대처하기 위한 품질향상, 생산성향상, 원가절감 등의 내용이 포함되는 생산운영전략이 경쟁전략으로 이용될 수 있다. 따라서 경쟁력의 확보를 위해서는 생산운영관리의 전략적인 접근이 중요하다.

본장에서 다룰 내용은 다음과 같다.

- 생산운영전략이란 무엇이며 왜 중요한가?
- 생산운영전략과 사업전략과의 일관성은 어떻게 유지하는가?
- 생산운영전략 수립시에 우선적으로 고려되어야 할 사항은?

• 생산운영정책의 구체적인 내용은?
• 생산성이란 무엇인가?
• 생산성은 어떻게 측정하나?
• 생산성에 영향을 미치는 요인에는 어떠한 것들이 있는가?

생산운영전략의 개념

기업은 경쟁우위 확보를 위하여 생산을 단순한 재화나 서비스의 산출활동으로만 보지 말고 경쟁력의 원천이 될 수 있음을 인식할 필요가 있으며, 생산운영과 관련된 의사결정은 기업의 사업전략과 일관성이 유지되도록 전략적 차원에서 이루어져야 한다.

문헌상으로 생산운영전략에 대한 통일된 개념은 없다. 슈로드(R. Schroeder)에 의하면 생산운영전략이란 생산기능이 지향할 방향 또는 의사결정의 비전(vision)으로서 사명(mission), 생산목표(objectives), 차별적 능력(distinctive competence) 및 생산정책(production policy)으로 구성된다. 이러한 생산운영전략을 통해서 생산기능의 의사결정이 일관된 패턴이 되도록 함으로써 기업의 경쟁적 우위(competitive advantage)를 확보하려는 것이다.

헤이즈(R. Hayes)와 휠라이트(S. Wheelwright)는 생산운영전략을 생산의사결정의 일관된 패턴으로 본다. 그들은 생산의사결정이 일관되면 될수록 기업(사업)전략을 지원하는 정도가 더 크게 된다는 것이다.

메이어(R. Mayor)와 무어(J. Moore)에 의하면 생산운영전략이란 제품의 생산 및 배분방법을 서술한 계획으로서 공정기술의 선택, 수직적 통합정도, 설비대수와 입지, 초점화공장(factory focus) 및 생산하부구조(manufacturing infrastructure)의 결정을 규정한다는 것이다.

스키너(W. Skinner)는 생산운영전략을 생산기능의 의사결정과 기업전략 간의 연결성으로 보고 생산이 기업전략과 연결되지 않으면 생산의사결정이 일관되지 않고 단기적 관점의 결정이 되어 생산기능이 기업전략의 짐이 된다는 것이다.

이상의 생산운영전략에 대한 개념들이 서술상의 차이는 있으나 생산운영전략에 의하여 생산기능과 기업전략 간에 일관성과 생산운영의사결정의 일관된 패턴이 확보되어야 한다는 데는 일치한다. 이들의 견해를 종합하면 생산운영전략을 다음과 같이 정의할 수 있다.

생산운영전략이란 생산운영 기능과 관련된 의사결정의 방향을 제시하는 비전으로서 생산의사결정이 기업의 사업전략과 일관된 의사결정이 되도록 규정하여 기업의 경쟁우위를 확보하는 것이다.

생산운영전략과 환경

기업이 그들의 전략 목표를 실현하려면 무엇보다도 생산, 마케팅, 재무, 유통 및 공급사슬관리 등의 기본기능을 제대로 수행해야 한다. 이들 기본기능을 제대로 수행하려면 이들의 전략이 유효한 것이라야 한다. 유효한 기능전략이란 기능전략의 상위전략인 기업전략의 지배와 제약 내에 상호 양립되도록 설정되어야 함을 말한다.

그러므로 생산운영전략은 기업이 처한 내외환경을 고려하여 수립되어야 한다. 최근의 내외 경영환경을 살펴보면 다음과 같은 특성을 발견할 수 있으며, 그에 따른 생산운영전략 수립의 방향을 살펴보면 다음과 같다.

- 경쟁의 심화 : 경쟁이 심화되고 있으므로 기업은 품질, 가격, 서비스 면에서 앞서는 제품 및 서비스의 제공, 소비자의 요구에 신속히 대응할 수 있는 능력, 그리고 균등하고 높은 품질 및 비용절감을 위하여 선진 생산기술의 도입이 필요하다.
- 지속적인 서비스부문의 발전 : 서비스부문의 지속적인 발전으로 서비스부문에 적합한 운영시스템의 개발이 필요하다. 현재까지는 주로 제조부문에서 개발된 시스템을 서비스부문에 적용하였으나 제조부문과 서비스부문의 특성이 서로 다르므로 서비스부문에 적합한 새로운 시스템의 개발이 필요하다.
- 생산요소의 희귀성 : 생산요소의 희귀성으로 인하여 여러 사업 기회에 대한 자원의 배분문제가 중요하다.
- 기업의 사회적 책임에 대한 관심 고조 : 기업의 사회적 책임에 대한 관심의

고조, 소비자단체의 활동과 정부의 규제가 강화되고 있다는 점도 고려하여야 한다. 즉, 환경보호를 위한 노력, 종업원에 대한 공정한 대우, 여러 사회적인 문제해결을 위한 지원 등이 고려되어야 한다.

- **진보된 생산기술** : CAD(computer aided design), CAM(computer aided manufacturing), FMS(flexible manufacturing system), ASRS(automated storage and retrieval system) 등의 진보된 생산기술에 대한 투자 없이는 경쟁우위 확보가 불가능함을 인식하고 생산기술에 대한 투자를 생산운영전략의 하나로 고려하여야 한다.
- **지속가능한 생태계 조성에 대한 관심 고조** : 기업의 사회적 책임과 지속가능성의 중요성이 부각되면서 소비자뿐만 아니라 이해관계자 및 정부의 압력과 규제가 강화되면서 지속가능한 생태계 조성은 필수적 요인이 되고 있다.

기업 및 사업전략

[그림 2. 1]은 생산운영전략의 수립과정을 보여주고 있는데, 그림에서와 같이 기업전략은 최상위전략으로서 기업의 나아갈 방향을 제시하는 이념의 설정, 사업의 선택, 그리고 선택된 사업을 위한 자원의 획득과 배분에 관한 의사결정이다. 예를 들어, 월트 디즈니(Walt Disney)는 "사람을 행복하게 만드는 일"을 기업이념으로 정의하고, 디즈니랜드와 같은 테마파크뿐만 아니라 만화제작, 영화제작, 다양한 오락관계 사업을 했다.

이와 같이 기업전략의 초점이 기업이 어떤 사업에 참여하는가? 즉, 사업영역의 포트폴리오(portfolio)와 함께 사업수행에 요구되는 자원의 획득과 배분에 있다면, 사업전략은 기업전략에서 선정된 해당사업이 경쟁집단 내에서 어떻게 경쟁할 것인가를 규정하는 것이다. 포터(M. Porter)는 세 가지 일반경쟁전략을 제시하였는데, 차별화전략, 비용우위전략, 집중화전략이 그것이다.

- **차별화전략** : 경쟁자의 제품이나 서비스와 구별되어 독특하게 인식되도록 하는 전략을 말한다.
- **비용우위전략** : 규모의 경제, 경험의 축적, 비용낭비요소의 제거 등을 통한 원가절감으로 경쟁우위를 확보하는 전략을 말한다.

그림 2. 1 | 생산운영전략의 수립

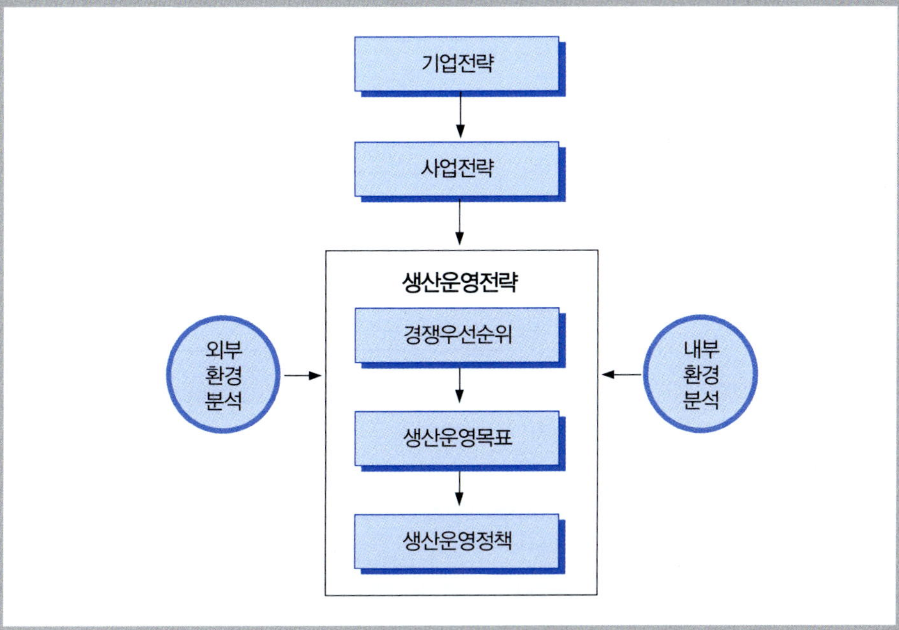

• **집중화전략** : 특정한 시장을 목표로 한정된 자원을 집중하여 효과적으로 차별화를 이루거나 비용상의 우위를 달성하는 전략이다. 앞의 비용우위나 차별화전략이 특정산업 전체를 대상으로 목표를 추구하고 있음에 반하여 집중화전략은 특정한 대상의 요구를 잘 충족시키도록 특정 목표시장에 한정된 자원을 집중하도록 하여 보다 효과적으로 차별화를 이루거나, 비용상의 우위를 달성하려는 것이다.

[그림 2. 2]는 이들 세 가지 본원적 전략의 차이점을 예시하고 있다.

사업전략은 기업전체에 영향을 미치는 문제, 즉 구성원, 시장, 고객, 자본, 이윤성, 경쟁, 대중의 이미지 등에 관한 것이다. 생산운영전략을 포함한 모든 기능전략은 이러한 사업전략의 지배와 제약하에 있다. 그러므로 생산운영전략이 수립되기 전에 기업(사업)전략이 마련되어야 함은 두말할 나위가 없다. 헤이즈(R. Hayes)는 기업(사업)전략이 생산운영전략에 상위하달적 방향의 직접적 관계만이 아니고, 기존공장을 가지고 있는 기업일 경우 특정 생산역량이 사업전략의 기반이 되므로 생산운영전략 또한 하위상달적 방향으로도 영향을 미친다고 하였다.

그림 2.2 | 세 가지 본원적 전략

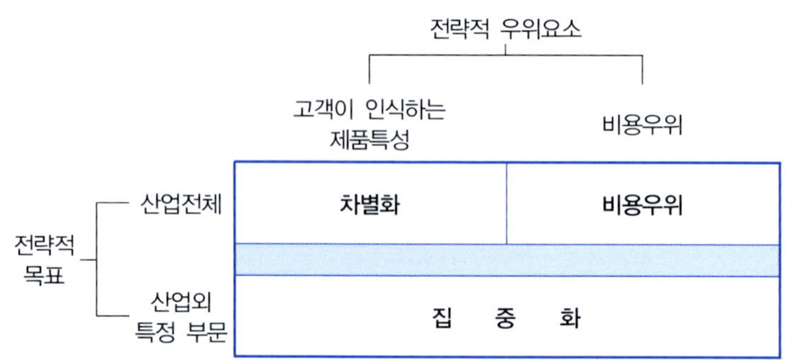

디지털시대의 차별화전략

1) 디지털 대기업(digital conglomerates)

디지털 재벌 혹은 디지털 대기업이라는 새로운 유형의 비즈니스 모델이다. 구글과 애플이 바로 이러한 예이다.

2) 데이터 프래킹(data fracking)

프래킹은 원래 석유 업계에서 사용하는 용어로, 석유 자원 채취를 위해 혈암층을 고압으로 액체를 주입하는 것을 말한다. 주로 수압 파쇄를 통해 셰일가스(shale gas)나 석유를 추출하는 기술이다. 그런데 이제는 데이터 프래킹을 하는 기업들이 나타났다. 그들은 엄청난 고압 증기를 데이터에 쏘아서 굉장히 많은 기회를 찾았다. 페이스북, 릴레이션십 사이언스 등이 대표적인 기업이다.

3) 새로운 어그리게이터(the new aggregators)

공유경제라고 볼 수 있는 개념이다. 최근 인기를 끌고 있는 서비스인 우버(Uber)를 비롯해 버즈카(Buzzcar), 리프트(Lyft)는 자동차를 대상으로 초과 용량을 모은다. 다른 사람의 차를 가지고 직접 운전할 수 있게 하는 것이다. 이들은 새롭고 혁신적인 무언가를 만드는 것이 아니라 스스로 새로운 집합 기관으로서 역할을 한다. 대표적인 기업으로, 태스크래빗은 아르바이트 중개 서비스업체, 에어비앤비는 전 세계 숙방 공유 서비스이다.

4) 피어 파이어니어(peer pioneers)

전 세계에 분산된 수많은 사람들이 자발적 참여를 통해 자본력이 막강한 대기업보다 훨씬 빠르고 혁신적인 프로젝트를 생산하는 피어 프로덕션 역량을 말한다. 리눅스가 대표적인 사례이다.

5) 이데아고라(ideagoras)

고대 아테네의 심장부에서 부흥했던 시장인 아고라에서 따온 개념이다. 현대의 이데아고라는 좀 더 구체적인 목적을 수행한다. 독특한 아이디어가 충분히 모이면 아고라가 되는데, 이 아고라에는 혁신에 굶주린 기업에 필요한 전 세계의 아이디어와 발명품, 과학적 전문 지식이 속속 모여든다. 기업은 독특하고 유능한 인재를 찾아내 새로운 제품과 서비스를 기존 방식보다 더 빠르고 효율적으로 개발하는 데 이 이데아고라를 활용할 수 있다. 이노360 같은 기업은 이 같은 개념을 바탕으로 혁신적 생태계를 만들었다.

6) 프로슈머(prosumers)

프로슈머란 소비자를 생산자로 전환하는 것, 혹은 생산자를 소비자로 전환하는 것이다. 우리는 고객이 네트워크 바깥에 존재한다고 생각하지만 프로슈머개념을 통해 고객을 네트워크 안으로 끌어들일 수도 있다. 고객에게 집중하고, 고객이 기업 활동에 참여할 수 있도록 해야 한다. 이것은 포커스와는 다른 것이다. 고객중신주의도 좋지 않다. 오직 고객과 함께 혁신하는 것이 필요하다.

스래들리스는 모든 디자인을 고객과 함께 만들고, 도리토스는 고객과 함께 광고를 디자인한다.

7) 새로운 악렉산드리안(new alexandrians)

고대 알렉산드리아 도서관은 모든 민족의 책과 역사서, 위대한 문헌, 희곡 작품, 수학 및 과학 논문을 수집해 놓은 그리스 시대 최고의 도서관이었다. 그리스인들은 이미 오래전에 나눔이 중요하다는 사실을 알고 있었던 것이다. 여기서 따온 "새로운 알렉산드리안"이라는 개념은 비용을 절감하고, 기술 발전을 가속화할 협업 모델이다. GSK 글랙소스미스클라인이라는 혁신적인 제약사도 여기에 앞장서고 있다.

8) 위키 일터(wiki workplace)

오늘날 대부분의 대기업은 지리적으로 분산되어 있다. 그 결과 사람들은 엄청난 거리를 두고 떨어져 있으면서도 함께 협력해야 한다. 업무의 본질도 변하고 있다. 일이 복잡해질수록 협업은 필수적이지만 같은 사무실에서 일할 필요는 없다.

<출처: http://zzaseup.blog.me/220358587993 발췌>

사업전략과 생산운영전략의 일관성

[그림 2. 1]은 생산운영전략이 기업 및 사업전략과 일관성이 있게 수립되어야 함을 보여준다. 예를 들어 사업이 비용우위전략을 추구한다면 생산운영전략의 초점도 비용절감에 맞추어져야 한다는 것이다. 즉, 효율적 공정, 통계적 공정관리, 규모의 경제, 설비의 자동화 강화, 인건비 절감, 재고수준 감축, 수직적 통합의 강화, 원가절감을 위한 품질보증의 강화 등에 노력을 기울여야 한다는 것이다.

다른 한편으로 만일 사업전략이 제품혁신을 통한 차별화전략이라고 한다면 생산운영전략은 탁월한 제품의 개발, 유연자동화(flexible automation), 변화에 대한 신속한 대응, 범위의 경제, 제품팀의 이용, 숙련된 노동자 등에 초점을 맞추어야 한다.

내 · 외부환경분석

기업 또는 사업전략과 마찬가지로 생산운영전략의 수립에는 반드시 내 · 외부환경에 대한 분석이 요구된다. 외부환경요인으로는 소비자욕구, 신기술, 노동시장, 원자재, 경쟁구조 등의 변화가 될 수 있다. 이러한 외부환경분석은 생산상의 기회와 위협을 파악하여 기회를 활용하고 위협을 감소하는 방안을 마련하기 위한 것이다.

가용자원의 양과 질, 조직문화, 인적자원의 능력과 기술, 입지, 설비의 노후화 정도 등과 같은 내부환경요인도 생산운영전략의 수립에 영향을 미친다. 내부환경분석은 생산상의 강점과 약점을 확인하여 약점을 극복하고 강점을 더 높이기 위한 것이다.

경쟁요소의 우선순위결정

경쟁자에 비해 우월한 능력, 즉 경쟁우위를 가지기 위해서는 사업전략과 내 · 외부환경분석에 근거하여 다음과 같은 경쟁요소들에 대한 우선순위를 부여하여야 한다.

- **원　가**: 저원가
- **품　질**: 고품질, 균일 품질
- **시　간**: 신속 납기, 정시 납기
- **유연성**: 제품유연성, 생산량유연성, 신제품 개발속도
- **제조업의 서비스화**: 제품과 관련하여 서비스를 동시에 제공

[그림 2. 1]에서와 같이 기업은 여러 경쟁요소들 중 우선순위 결정과 동시에 그 혼합(mix)을 결정해야 이를 바탕으로 생산운영전략을 수립할 수 있다. 위에 열거한 경쟁요소들에 대하여 살펴보면 다음과 같다.

원 가

생산비용의 절감이 시급한 것은 제품이나 서비스를 경쟁사에 비하여 경제적으로 공급하기 위함이며, 이를 위해 노임, 재료비, 경상비를 포함하는 단위당 생산비용을 낮추기 위한 노력이 요구된다. 생산비용의 절감을 위해 다음과 같은 방법이 이용될 수 있다.

- 제품의 재디자인
- 새로운 생산기술의 도입
- 생산율의 증대
- 폐기물(scrap)의 감소
- 생산공정의 합리화
- 재고의 감소 등

품 질

저렴한 가격, 신속한 공급과 더불어 중요한 것이 품질이며, 높은 품질수준 확보를 위하여 다음과 같은 방법이 이용될 수 있다.

- 불량률의 감소를 위한 지속적인 노력
- 성능과 기능의 개선
- 내구성 향상
- A/S 개선 등

시 간

제품을 저렴한 가격에 공급하는 것도 중요하지만 소비자가 원하는 제품을 원하는 시기에 공급하는 것도 중요하다. 신속하고 정시 배송을 위해 다음과 같은 방법이 이용될 수 있다.

- 완성품 재고를 많이 보유
- 생산율의 증대
- 더 신속한 수송수단의 이용
- 현실적인 납기일 제시
- 더 나은 주문생산의 통제
- 더 나은 정보시스템 등

유연성

소비자 요구의 변화 및 다양성에 대응하기 위한 생산의 유연성을 확보하는 것이 중요하며, 이를 위해 다음과 같은 방법이 이용될 수 있다.

- CAD/CAM 이용
- JIT(just in time) 도입
- FMS(flexible manufacturing system) 도입
- 다기능 작업자 양성
- 생산능력의 증대 등

제조업의 서비스화

제조업에서 서비타이제이션의 성공을 위해서는 제조업과 서비스업의 파트너십과 같은 다양한 것을 시도하려는 분위기 조성이 필요하다.

- 제품 자체 생산에서뿐만 아니라 서비스 업체임을 인식
- 사물인터넷(IoT: internet of things)에 의한 제품 다양화
- 제품 믹스와 같은 마케팅 서비스, A/S서비스 또는 패키지 상품 개발

생산운영목표

생산운영목표는 생산기능이 계획기간 동안 추구하고자 하는 경쟁요소들에 대한 구체적인 목표이다. 생산운영목표는 앞에서 언급한 경쟁요소, 즉 원가, 품질, 시간, 유연성에 대한 계량적이고 측정 가능한 조건으로 표현한 것이다. <표 2. 1>은 경쟁요소에 대한 생산운영목표의 예를 보여주고 있다.

〈표 2. 1〉 경쟁요소에 대한 생산운영목표의 예

경쟁요소	측정항목	현재	향후 5년의 목표	경쟁사의 현재수준
원 가	매출액에 대한 제조원가의 비율 재고회전율	55% 4.0	52% 5.5	50% 5.0
품 질	고객만족도 폐기물과 재작업비율 매출액 대비 품질보증비용	75% 15% 1%	85% 5% 0.5%	75% 10% 1%
시 간	재고로 주문을 충족시키는 비율 재고를 보충하는 데 소요되는 리드타임	90% 3주	95% 1주	95% 3주
유연성	생산능력의 20% 증설에 소요되는 시간 신제품 도입에 소요되는 시간	6개월 12개월	3개월 6개월	3개월 8개월

생산운영정책의 내용

생산운영정책이란 앞에서 정한 생산목표를 달성하기 위하여 다음의 열 가지 내용에 대해 방향을 결정하는 것이다. 생산운영정책의 내용과 실제로 우수한 기업들이 지향하는 정책을 살펴보면 다음과 같다.

품질(quality)정책

고객들이 기대하는 품질수준의 파악과 더불어 기업의 사명이나 마케팅목표와 일치하는 품질수준을 성취하기 위한 정책이 수립되어야 한다.

- 우수기업들의 정책 : 종업원 권한부여(employee empowerment)를 통한 시스템 개선 및 품질제고를 통한 비용절감과 주문확보, 불량률 감소를 위한 지속적인 노력 등

제품(product)정책

고객가치를 창출할 수 있는 제품의 디자인 및 생산을 할 수 있는 정책을 수립해야 한다.

- **우수기업들의 정책** : 하나 혹은 소수의 제품을 생산하고, 지속적으로 신제품을 개발하며, 제품정책을 시장점유율과 제품수명주기와 연관하여 수립

인적자원(human resources)정책

종업원들로부터의 헌신적인 노력을 얻기 위한 작업환경, 안정적인 고용환경, 보상체계 등에 대한 정책이 중요하다.

- **우수기업들의 정책** : 다기능 작업자 양성, 상호 신뢰와 존중을 통한 사기진작, 효과적인 직원모집 · 선출 · 훈련 · 유지관리를 통한 우수 직원 육성

공정(process)정책

저비용, 고품질, 좋은 작업환경 등의 조건을 만족하는 공정 디자인이 중요하다.

- **우수기업들의 정책** : 독특하게 효율적인 설비 및 공정 개발, 경쟁자에 비하여 상대적으로 낮은 자본투자 수준

스케줄링(scheduling)정책

효과적인 스케줄링을 통한 생산설비의 높은 이용률을 얻을 수 있는 정책이 필요하다.

- **우수기업들의 정책** : 높은 이용률을 추구하는 효과적인 스케줄링, 납기일 준수를 통한 주문확보, 효과적인 스케줄링을 통한 설비의 이용 제고, 안정적인 생산일정

입지(location)정책

기업, 종업원, 지역사회에 높은 가치를 제공하는 효율적이고 경제적인 설비의 디자인 및 입지 선정이 중요하다.

- **우수기업들의 정책** : 비용, 수입, 고객서비스, 시장진입 등에 유리한 입지 선정, 국제적인 기회 추구

재고(inventory)정책

고객서비스 수준 및 설비이용률을 높게 유지하면서 재고에 대한 투자는 최소

화하는 정책이 필요하다.

- **우수기업들의 정책** : 재고에 대한 투자 최소화, 재고통제와 품질의 균질화를 위하여 JIT기법 등 이용

설비배치(layout)정책

종업원에 대한 높은 수준의 작업환경을 지원함과 동시에 생산의 효율성과 효과성을 얻을 수 있도록 설비배치가 이루어져야 한다.

- **우수기업들의 정책** : 셀룰러 생산, 유연 생산시설 이용, 효율성과 가치를 높이기 위한 원자재 흐름의 원활화

조달(procurement)정책

안정적이고 효과적이며 효율적인 자원의 공급을 위하여 구매자와 공급자 간의 상호 존중 및 협력을 포함한 여러 방안이 마련되어야 한다.

- **우수기업들의 정책** : 공급자에 대한 평가 및 개발, 공급자와의 생산시스템 통합

유지(maintenance)정책

시설 및 설비의 높은 이용률을 위해 효과적인 예방 및 신속한 보수를 위한 실행계획이 수립되어야 한다.

- **우수기업들의 정책** : 제품의 변동성을 감축하기 위한 효과적인 예방과 보수, 설비의 검사, 예방, 보수를 할 수 있도록 종업원 훈련

대량맞춤생산(mass customization)

대량생산과 맞춤생산의 장점을 결합한 대량맞춤생산은 원가가 적게 들어가는 대량생산 체제를 유지하면서도 고객들의 다양한 욕구를 충족시켜 주는 생산 방식이다.

[대량맞춤생산을 이용한 생산전략 사례]

❶ 나이키

나이키는 주문생산에 의해 제품을 생산한다. 고객들은 Nike iD라는 방식을 통해 자신이 원하는 사이즈 및 색깔, 그리고 문자 등을 지정하여 인터넷을 통해 주문할 수가 있다. 기존 제품의 원형을 바탕으로 하여 일부만이 변경 가능하기 때문에

완전한 맞춤은 아니지만 약 $10 정도의 추가 비용으로 자신만의 제품을 만들어 낼 수가 있다는 점에서 젊은 층 고객의 호응도가 높다.

❷ 리바이스

청바지 메이커로 유명한 리바이스는 이미 오래전부터 대량맞춤생산 방식을 적용해 온 바 있다. 다만 고객 불편을 최소화하면서 신체 사이즈를 측정하는 것이 실제로 쉽지 않았기 때문에 맞춤 청바지 사업이 큰 성공을 거두지는 못한 것으로 알려져 있다. 그러나 최근 랜즈엔드(Lands' End) 의류 전문 기업은 인터넷이라는 매체를 활용하여 자신에 가장 잘 들어맞는 가상 모델을 설정해 두고, 청바지뿐 아니라 셔츠 등에도 개인별로 적합한 주문 제품을 제작, 배송해 줌으로써 리바이스에 비해 훨씬 포괄적인 대량맞춤 활동을 전개하고 있는 것으로 볼 수 있다.

생산운영전략의 전개

전략적 경영이 유효하게 되려면 생산운영전략은 기업전략과 일관성이 유지되어야 하며 다른 기능전략과도 일관성이 확보되어야 한다. 또한 생산운영전략 구성요소의 내용들은 사업전략뿐만 아니라 마케팅전략과 재무전략과도 일관성을 가져야 한다.

<표 2. 2>에서 보는바와 같이 사업전략이 시장여건상 저원가전략(low-cost)일 경우 생산사명은 원가가 될 것이다. 그러므로 생산정책은 설비의 자동화 강화, 인건비 절감, 재고수준의 감축, 수직적 통합의 강화, 원가절감을 위한 품질보증의 강화 등의 것이 될 것이다. 한편 마케팅전략도 이러한 노력에 보조를 맞추어 대량판매, 반복판매, 전국적 판매(national sales), 저비용 광고 등을, 재무전략도 저원가 사업전략에 일치되도록 대량자본의 조달, 낮은 자본위험, 낮은 이윤 폭 지향으로 될 것이다.

만약 사업전략이 저원가전략과 대치되는 제품혁신과 신제품도입전략이라고 한다면 어떻게 되어야 할 것인가? 이러한 전략은 도입기 및 성장기에서 소량의 고객주문과 짧은 기간 내에 뛰어난 제품으로 승부하려는 것이다. 그러므로 전자의 경우처럼 가격이 경쟁의 승패를 결정하는 것이 아니고 오히려 가격은 별문제가 되지 않는다. 가장 우선되는 생산목표는 신속하고 효과적인 신제품도입을

〈표 2. 2〉 생산운영전략의 전개 내용(예시)

사업전략	전략 A 저원가 생산자	전략 B 제품 혁신자
시장조건	가격에 민감 성숙시장 대량 표준화	제품특성에 민감 진입시장 소량 주문생산
생산사명	만족스러운 품질과 납기를 유지하면서 저가격을 강조	상당한 가격, 품질, 납기를 유지하면서 유연성을 강조
차별적 능력	뛰어난 공정기술과 수직적 통합을 통한 저원가	제품팀들과 유연자동화를 통한 신속하고 신뢰성 있는 신제품 도입
생산정책	탁월한 공정 통계적 공정관리 중심부 입지 규모의 경제 엄격한 재고관리 미숙련 노동자 고도의 자동화	탁월한 제품 유연자동화 변화에 대한 신속한 반응(대응) 범위의 경제 제품팀의 이용 숙련된 노동자 낮은 자동화
시장전략	대량유통 반복판매 판매기회의 최대화 전국적 판매 저비용 광고	선택적 유통 신시장 개발 제품설계 대리접촉을 통한 판매창조 고비용 광고
재무전략	대량자본이 필요 낮은 자본위험 낮은 이윤 폭	소량 자본이 필요 높은 자본위험 높은 이윤 폭

가능하게 하는 유연성이 될 것이다. 따라서 생산정책은 신제품 도입팀의 활용, 유연자동화, 유연성을 확보하기 위한 외주가공품의 확대 등이 될 것이다. 마케팅전략과 재무전략도 이러한 노력에 부합되도록 <표 2. 2>의 내용과 같은 전략을 추구하게 될 것이다.

이와 같이 생산운영전략을 수립할 때, 혹은 생산운영전략을 평가할 때는 기업전략과 생산의 사명, 차별적 능력 및 목표를 동시에 고려해야 한다. 사업전략이 다름에 따라 생산운영전략도 그에 따라 다르게 되어야 한다. 사업전략은 지금까지 논의한 원가전략이나 제품혁신을 통한 차별화 전략만이 아니고 고품질, 고서비스, 제품다양화, 저성장 또는 고성장 등을 초점으로 하는 전략이 있을 수 있다. 이러한 사업전략의 차이에 따라 생산운영전략도 사업전략에 일관되도록 전개되어야 하며 마케팅전략, 재무전략 등의 기타 기능부문의 전략과도 일관성이 있어야 한다. 그러므로 사업전략이 달라지면 생산운영전략의 내용도 다르게 전개되어야 할 뿐만 아니라 마케팅전략과 재무전략도 다르게 되어 사업전략과 일관성이 확보되어야 한다.

생산성

"측정 없이는 관리나 개선이 없다"라는 말이 있다. 생산성을 관리하려면 생산성이 측정되어야 하며 이를 목표치와 비교하여 평가하고 그 결과를 토대로 하여 생산성 향상에 대한 계획이 세워진다.

앞서 언급했듯이 생산시스템은 투입, 변환과정, 산출로 구성되며, 생산시스템의 능률은 투입과 산출을 비교한 생산성(productivity)으로 다음과 같이 나타낼 수 있다.

생산성 = 산출(output) / 투입(input)

위의 식으로부터 생산성을 높이기 위하여 어떻게 하면 되는지 쉽게 알 수 있다. 즉, 투입이 일정하다면 산출을 늘리면 생산성이 높아지며, 산출이 일정하다면 투입을 줄이면 생산성이 높아짐을 알 수 있다. 또한 투입이 증가하더라도 산출의 증가율이 더 높으면 생산성은 높아짐을 알 수 있다.

생산성 측정

생산성의 측정에 이용되는 기준이나 측정대상, 측정내용, 측정방법 등에 따라 다양하게 표시된다. 여기서 네 가지만 소개하면 다음과 같다.

① 노동(direct labor)생산성

산출(생산된 제품의 수) / 투입(투여된 노동시간)

② 자본(capital)생산성

산출(생산된 제품의 수) / 투입(투여된 자산의 가치)

③ 자재(materials)생산성

산출(생산된 제품의 수) / 투입(투여된 자재의 가치)

④ 다요소(multifactor)생산성

산출(생산된 제품의 수) / 투입(노동+자본+자재)

참고로 노동생산성, 자본생산성, 자재생산성과 같은 단일요소에 대한 생산성의 경우에는 다른 요소와의 간단한 대체를 통해 쉽게 증가시킬 수 있다는 문제점이 있다. 예를 들어, 자동화 기계의 도입으로 작업자 수가 감축되었음에도 불구하고 예전과 같은 생산수준을 유지할 수 있다면 노동생산성은 쉽게 높아짐을 알 수 있다. 이러한 문제점이 있기에 다요소생산성 접근법의 필요성이 더욱 부각된다.

생산성에 영향을 미치는 요인

노동생산성에 영향을 미치는 요소로서 작업자의 작업성과, 작업환경, 제품품질 등이 포함된다. 작업성과를 높이기 위해서는 동기부여(motivation)가 중요하다. 매슬로우(A. Maslow)가 제시한 5단계 욕구(생리적 욕구, 안전 욕구, 사회적 욕구, 존중 욕구, 자기만족 욕구)를 이해하고 동기부여를 위한 정책을 수립할 때에 이들 욕구를 고려해야 한다. 작업환경과 관련하여 자동화의 정도, 직무설계 및 배치 등이 중요하며 제품품질과 관련하여 불량품, 재작업, 폐기(scrap) 등을 감소시키면 생산성은 증가하게 된다.

일반적으로 생산성에 영향을 미치는 요인은 크게 통제가능 요인과 통제불가능 요인의 두 가지로 구분된다. 통제가능 요인은 다시 인적 요인과 기술적 요인으로 구분되며 그 내용은 다음과 같다.

① 인적 요인

작업자, 경영자, 인적관리와 관련된 것을 말한다. 작업자와 관련된 것으로는 작업자의 학력수준, 교육훈련 정도, 숙련도 등, 경영자와 관련된 것으로는 경영자의 자질, 경영자의 리더십형태, 경영자의 소유형태 등, 그리고 인적관리와 관련된 것으로는 임금수준, 종업원의 복지제도, 노사협조체제, 의사소통세도, 경영방침, 직무설계, 인사고과, 승진제도 등이 생산성에 영향을 미치는 요인으로 작용한다.

② 기술적 요인

자본, 기술, 물적 관리 등과 관련된 것을 말한다. 자본과 관련된 것은 자본집약도, 공장입지, 공장규모의 적정성, 효율적인 설비배치, 설비의 현대화 및 자동화, 사무자동화 등, 기술과 관련된 것은 기술수준, 기술인력의 양과 질, R&D의 조직과 투자 정도, 신기술도입 정도 등, 그리고 물적 관리와 관련된 것은 공정관리, 자재관리, 품질관리, 원가관리, 안전관리, 작업환경관리 등이 생산성에 직접적인 영향을 미친다.

통제불가능 요인은 정치적, 경제적, 사회적, 기술적 요인으로 구분되며 그 내용은 다음과 같다.

① 정치적 요인

정부차원에서의 기업활동에 대한 규제(공해방지정책 등), 정부의 경제시책(수출지향, 금융긴축 등), 정부의 생산성 향상정책(조세감면, 금융지원 등) 등이 생산성에 영향을 미친다.

② 경제적 요인

인구, 시장의 규모, 경쟁의 정도, 사회간접자본의 수준 등이 생산성에 영향을 미친다.

③ 사회적 요인

소비자의 의식구조, 수요패턴의 변화, 사회교육수준, 문화적 · 사회적 가치, 전통, 습관, 도덕, 가족제도, 가치관 등이 생산성에 영향을 미친다.

④ 기술적 요인

관련산업의 발달 정도, 정부의 연구개발에 대한 관심과 지원, 외국기술과 자본의 유입 규제, 연구기관의 설립과 지원 등이 생산성에 영향을 미치게 된다.

요 약

- 생산기능은 단순히 제품이나 서비스를 생산, 납기만 하는 것이 아니라 기업의 경쟁적 우위를 제공하는 원천이다. 생산운영전략이란 생산기능과 관련된 의사결정의 방향을 제시하는 비전으로서 생산의사결정이 사업전략과 일관된 의사결정이 되도록 하여 기업의 경쟁우위를 확보하는 것이다.
- 생산운영전략은 기업이 처한 환경, 즉 경쟁의 심화, 지속적인 서비스부문의 발전, 생산요소의 희귀성, 기업의 사회적 책임에 대한 관심 고조, 진보된 생산기술을 고려하여 수립되어야 한다.
- 생산운영전략은 기업 및 사업전략과 일관성이 있게 수립되어야 한다.
- 포터(M. Porter)는 세 가지 일반경쟁전략으로 차별화, 비용우위, 집중화전략을 제시하고 있다.
- 생산운영전략 수립에 있어서 원가, 품질, 시간, 유연성 등과 같은 경쟁요소들의 우선순위 결정과 동시에 그 혼합을 결정해야 이를 바탕으로 생산운영목표와 정책을 수립할 수가 있다.
- 생산운영목표는 생산기능이 계획기간 동안 추구하고자 하는 경쟁요소들에 대한 구체적인 목표이다.
- 생산운영정책의 내용으로는 품질, 제품, 인적자원, 공정, 스케줄링, 입지, 재고, 설비배치, 조달, 유지 등에 관한 정책이 포함된다.
- 생산성은 산출/투입으로 정의되며, 종류로는 노동생산성, 자본생산성, 자재생산성, 다요소생산성 등이 있다.
- 생산성에 영향을 미치는 요인으로 통제가 가능한 요인과 통제가 불가능한 요인이 있다. 통제가능 요인은 다시 인적 요인과 기술적 요인으로 구분되며 통제불가능 요인은 정치적 · 경제적 · 사회적 · 기술적 요인으로 구분된다.

학습문제

1. 생산운영전략을 수립하고 실행하는 이유는 무엇인가?
2. 다음 사업에 적합한 생산운영전략의 유형을 설명하라.
   a. 응급의료 서비스
   b. 표준모델의 자동차 배터리 생산
   c. 수명주기가 짧은 가전제품의 생산
3. 기업에 경쟁우위가 없다면 기업의 운명은 어떻게 될 것인가? 그 이유는?
4. 포터(M. Porter)의 일반경쟁전략에 대하여 살펴보라.
5. 신문이나 잡지에서 생산운영전략의 예를 찾아서 기업의 현상과 추구하는 전략을 정리하라.
6. 슈퍼마켓 운영의 경쟁우선순위가 원가 또는 품질인가에 따라 요구되는 생산운영정책은 어떤 차이가 있는가를 설명하라.
7. 생산에 있어서의 경쟁요소에는 어떠한 것이 있는지 살펴보고 생산운영전략 수립에 왜 경쟁우선순위를 정해야 하는지 알아보라.
8. 세계적인 우량기업들의 생산운영정책을 살펴보라.
9. 생산성이란 무엇이며, 어떻게 산출하는가?
10. 기업들이 생산성 향상에 관심을 두는 이유는?
11. 생산성 향상과 수익의 증대는 정의 관계에 있는가?
12. 기업의 생산성에 영향을 미치는 요소는 어떠한 것들이 있는가?
13. 생산성 측정에 있어서 서비스업을 하는 기업과 제조업을 하는 기업 간의 차이점은?
14. 생산성이 낮은 기업이 경쟁에 뒤떨어지는 이유는?
15. 기업들이 생산성 향상을 위하여 구체적으로 할 수 있는 일은?

연습문제

1. 다음 경우의 생산성은 어떻게 측정하는 것이 유용한지 살펴보라.
   1) 호텔
   2) 우체국
   3) 백화점
   4) 버스회사
   5) 응급실

2. ABC 기업은 사과주스를 만들어 슈퍼마켓에 판매한다. 현재 한 포대의 사과로는 24병의 사과주스를 만들며, 매일 100포대의 사과를 구입한다. 사과 한 포대를 처리하는 데 3시간의 노동시간이 필요하다. 그런데 이 기업이 만일 사과 판별전문가를 고용하면 좋은 질의 사과를 구입할 수 있기에 한 포대의 사과로 26병의 주스를 만들 수 있으며, 노동시간은 매일 8시간으로 증가한다. 사과 전문가를 고용하는 것이 생산성에 어떠한 영향을 미치는지 살펴보라.

3. 다음은 어느 기업의 2년간의 생산량에 관련된 자료이다. 각 항목별로 생산성이 증가하였는지 살펴보라.

	지난해	올해
생산량(개)	1,000	1,000
노동시간(시간)	300	275
투자된 자금(000)	10,000	11,000
에너지(BTU)	3,000	2,850

4. 기업 A는 세 종류의 노동자를 고용하고 있다. 보통 노동자의 경우 시간당 임금은 4,000원, 경기계를 다루는 노동자의 경우, 임금은 시간당 8,000원, 중기계를 다루는 노동자의 경우, 시간당 12,000원의 임금을 받는다. 다음은 2년간의 노동자 종류별 고용인원수를 나타낸 것이다. 만일 올해의 산출량이 전년도에 비하여 20% 증가하였다면, 생산성은 어떻게 변했는지 살펴보라.

	지난해(명)	올해(명)
보통 노동자	20	16
경기계 운전자	12	16
중기계 운전자	6	9

사례 도요타

일본 아이치현 도요타시에 위치한 도요타자동차 쓰쓰미공장은 97%의 공정이 자동화된 용접 공장과 조립 공장 등 1, 2라인을 합쳐 하루에 1,600여 대의 차량을 생산한다. 1970년 설립된 쓰쓰미공장은 도요타 하이브리드카의 핵심 생산 거점이다. 또 도요타 생산 방식과 노하우를 해외 공장에 전파하고 지원하는 마더 플랜트의 역할을 한다. 특히 2011년 도요타가 1달러당 75엔~80엔에 육박하는 사상 유례없는 '초엔고' 위기를 극복할 수 있도록 한 전진기지였다.

구분	2008	2009	2010	2011	2012
판매량	897	781	842	795	975
해외생산비중	48.3	47.2	53.6	55.0	56.3

도요타는 지난해 975만 대를 판매, 글로벌 자동차 시장 1위를 탈환했다. 또 올해 991만 대를 판매해 1위 자리를 공고히 한다는 계획이다. 이 와중에 일본 정부의 엔저 정책에 힘입어 수익도 급속도로 증가하고 있다. 하지만 도요타는 최근의 수익성 회복이 초엔고 당시 체질 개선의 효과에 따른 것이라고 밝혔다.

고키 고니시 도요타 상무는 "2013년 회계연도(2012년 4월~2013년 3월) 이익 중 엔저에 따른 효과는 10% 미만"이라며 "수익의 대부분은 생산 혁신, 생산 증대, 원가 절감 및 생산 합리화에 따른 것"이라고 강조했다.

도요타의 생산 혁신 중 핵심은 2010년 이후 본격화된 해외 생산 확대다. 도요타는 2010년부터 생산량의 절반 이상을 해외에서 생산하기 시작했다. 2010년 53.6%로 과반을 처음 돌파한 해외 생산 비중은 지난해 56.3%까지 확대됐다. 또 올 1분기에도 57.6%로 지속 상승 중이다.

이를 통해 시장 수요에 탄력적으로 대응하고, 국내외 공장이 유기적으로 연동할 수 있는 네트워크를 함께 구축했다. 실제 쓰쓰미공장을 비롯한 자국내 공장은 해외 공장을 지원하는 역할을 강화하고 있다. 도요타에 따르면 쓰쓰미공장은 영국, 터키, 중국, 미국 등의 글로벌 생산기지를 지원한다.

도요타는 2014년까지 일본 내 생산능력을 300만 대 수준으로 재편할 계획이다. 대신 해외 생산은 2015년까지 680만 대로 확대한다는 계획이다. 연간 1,000만

대 생산체제를 구축하고 있는 점을 감안하면 해외 생산 비중이 70%에 육박하는 셈이다.

해외 생산 확대와 함께 도요타는 부품 공용화가 용이한 플랫폼 단순화, 해외 부품 수입 확대 등의 생산전략으로 외부 상황 변화에 상관없이 좋은 자동차를 생산하고 지속가능한 성장을 위해 도약하고 있다.

<출처 : 전자신문, 2013년 5월 26일>

토의문제

1. 생산전략이 효율적으로 운영되기 위해서 요구되는 것은 무엇이라고 생각하는지 도요타의 사례를 통해 설명하라.
2. 고객이 요구하는 리드타임(lead time)을 맞추기 위해 유연한 생산체제를 구축하는 것이 현대사회에서 지속적으로 가치창출을 가능하게 하는 전략인지 설명하라.
3. 정보통신의 발달과 함께 여러 상황변화에 민첩하게 대응함으로써 고객의 요구를 파악할 수 있다. 이러한 시장 환경에서 생산운영전략을 차별화하기 위해 요구되는 것은 무엇인지 설명하라.

참고문헌

전영일, 홍관수, 김남영, "전략적 운영관리", 경문사, 2003.

Bhide, A., "Hustle as Strategic," *Harvard Business Review*, 64, pp.59-65, 1986.

Chase, R., Jacobs, F. and Aquilano, N., *Operations and Supply Chain Management*, 13th ed. NY: McGraw-Hill, 2010.

Caskey, C., *The Flexible Manager*. Cody Publications, Inc., Kissimmee, Fla., 1980.

Hayes, E., "Breakthrough Manufacturing", *Harvard Business Review*, 68, pp.75-81, 1987.

Hayes, R., "Strategic Planning-Foreword in Reverse?," *Harvard Business Review*, 63, pp.111-119, 1985.

Hayes, R. and Wheelwright, S., *Restoring Our Competitive Edge, Competing through Manufacturing*. Wiley, 1984.

Hill, T., *Manufacturing Strategy-The Strategic Management of the Manufacturing Function*. Macmillan, 1985.

Lee, D., Rho, B., and Yoon, S. "Effect of Investments in Manufacturing Practices on Process Efficiency and Organizational Performance," *International Journal of Production Economics*, 162, pp.45-54, 2015.

Mayer, R. and Moore, J., "Applying Manufacturing Strategy Concepts to Practice," *Operations Management Review*, Fall, 1983.

Moody, B., ed., *Strategic Manufacturing : Dynamic New Directions for the 1990s*. Dow Junes-Irwin, 1990.

Porter, M., *Competitive Strategy : Techniques for Analyzing Industries and Competitors*. Free press, 1980.

Ruule, D. and Skinner, W. "Reviving & Rust Belt Factory," *Harvard Business Review*, 68, pp.70-76, 1987.

Schroeder, R., Anderson, J. and Cleveland, G., "The Content of Manufacturing Strategy, An Empirical Study," *Journal of Operations Management*, 1986.

Skinner, W., "The Focused Factory," *Harvard Business Review*, 52, pp.113-121, 1974.

Skinner, W., "Manufacturing-Missing Link in Corporate Strategy," *Harvard Business Review*, 47, pp.136-145, 1969.

Wheelwright, S., "Japan-Whine Operations Really are Strategic," *Harvard Business Review*, 59, pp.67-74, 1981.

CHAPTER 03

종합적 품질경영

[도입사례] 알리안트 헬스 시스템(Alliant Health System)

알리안트(Alliant)는 켄터키 주의 루이빌에 위치한 비영리의료기관이며, Norton병원, Methodist Evangelical병원, Kosair 어린이병원이 합병된 조직으로 의료분야의 품질과 관련하여 항상 이름이 거론되는 기관이다. 알리안트는 "가치에 기반을 둔 탁월한 품질의 의료서비스 선두 제공자가 된다"는 것을 조직의 사명으로 하여 일찍부터 CEO의 품질에 대한 관심 및 지시에 의하여 TQM(total quality management)에 노력을 기울여 왔으며 그 결과 의료분야의 품질우수기관에게 수여하는 Healthcare Forum/Witt Commitment to Quality상을 수상했으며, TQM에 대한 산업시찰의 대상이 되는 기관이다.

그러나 문제는 오랫동안 TQM에 대한 노력을 기울여 왔음에도 불구하고 어느 한 분야에서도 경쟁자에 비하여 특별히 낫다고 할 수 없으며, 게다가 의료산업의 경영환경이 점차 어려워지고 있고, 비용절감에 대한 압박이 심화되고 있다는 것이다. 가장 강력한 경쟁자는 영리조직인 Humana이며 Humana는 최근에 Maxicare라는 HMO(health maintenance organization)를 구입하여 시장점유율이 40%까지 증가하였으며, 상대적으로 알리안트의 시장점유율은 12%나 감소하여 25%로 되었다. Humana에 비하여 알리안트는 상대적으로 운영면에서 고비용이다. 따라서 비용절감에 대한 대책이 시급하며 TQM이 이러한 상황에 어떻게 적용될 수 있는지에 대한 검토가 필요하다.

알리안트는 일찍부터 지속적인 품질개선이 필요함을 인식하고 TQM을 조직에 도입하기 위한 10가지의 활동지침을 마련하였다.

- 비전과 가치에 대한 선언문을 개발하고 품질정책을 명확히 한다.
- TQM에 대한 매니저의 전념도, 참여도, 활동을 측정하고 평가한다.
- 품질위원회를 설립하는 등의 TQM을 위한 조직을 갖춘다.
- TQM의 철학, 도구, 기법 등을 교육하고 훈련하는 프로그램을 마련한다.
- 고객을 확인하고 그들의 요구를 파악한다.
- 작업의 장애요소를 효과적으로 파악하기 위해 종업원에게 권한부여를 한다.
- 조직의 모든 분야의 품질을 측정하고 모니터한다.
- 우수종업원에 대한 보상 프로그램을 마련한다.
- TQM 계획 및 성취도를 조직 전체에 전달한다.
- TQM을 기존의 경영정책, 관습, 절차 등과 통합한다.

알리안트의 TQM 프로그램은 네 가지로 구성되어 있다.

- CARES+ : 다음과 같은 여섯 가지의 품질특성을 일컫는 것으로 ― 자격(credentials), 적절성(appropriateness), 자원이용(resource utilization), 효과(effectiveness), 안전/위험관리(safety/risk management), (환자만족 : patient satisfaction) ― 각 병원의 품질목표 설정 및 평가에 대한 기준으로 이용된다. 알리안트의 각 부서

는 CARES+에 기반을 둔 20개 정도의 성과 측정 척도를 마련하고 분기별로 측정평가한다.

- EQUIP(employee quality improvement process) : 종업원 제안프로그램이며, 수입증대, 비용절감, 작업방법개선 등에 대한 의견을 제안하면 그에 상응하는 보너스를 지급하는 프로그램이다.
- 품질개선팀(quality improvement teams) : 대기실의 공간부족문제, 검사실의 검사결과속도, 응급실의 긴 대기시간 등과 같은 특별한 문제해결을 위해 품질개선팀을 만들어 활동한다.
- 주요 치료과정(critical paths) : 질병에 대한 이상적인 치료과정 및 치료계획을 정하여 놓고 이 계획에 따라 환자를 치료하는 것을 말한다. 이 프로그램의 효과는 환자의 입원기간을 혁신적으로 줄인다는 것이다. 문제는 의사들의 일부는 거부반응을 보이고 있다는 것이다. 의사들의 적극적인 참여를 유도하기 위해서는 주요 치료과정 프로그램이 자원은 절약하면서 의료품질은 개선된다는 증거를 수집하여야 하는데 현재 그러한 시스템이 마련되어 있지 않다.

알리안트는 TQM의 성공에 IT(information technology)가 중요함을 인식하고 IT전략을 수립하였는데 가장 중요한 것은 기능중심보다는 환자중심의 시스템개발에 초점을 맞춘다는 것이었다. 기존의 시스템에 대한 사용자의 평가는 좋지 않았는데 그 이유는 정보를 필요할 때 얻을 수 없으며, 정보를 얻었다고 하여도 그 정보가 정확하다고 확신할 수 없다는 점이었다.

알리안트는 환자중심의 정보시스템을 통하여 의사, 의료지원자, 관리자 등이 정보를 공유하고 서비스의 지속적인 개선을 추구하고자 HELP시스템을 도입하였다. 알리안트에서 IT를 통해 추구하는 목표는 다음과 같다.

- 프로세스에 대한 측정시간을 감축하고 품질개선을 실행한다.
- 의료지원서비스의 성과를 제고한다.
- 교차훈련 및 직무순환을 촉진한다.
- 전체적인 비용구조를 감축한다.
- 주요 치료과정의 실행을 촉진한다.
- TQM 프로세스의 학습효과를 시스템이 신속히 통합한다.
- 이전에는 가능하지 않았던 환자치료 정보를 제공한다.

위의 사례에서 생각해 보아야 할 주요한 포인트는 다음과 같다.

- TQM의 특성에 대해서 알아보고 알리안트의 경우 그러한 특성이 잘 나타나는지 알아보라.
- TQM의 실행에 있어서 최고경영자의 역할은?
- TQM의 실행에 있어서 IT의 역할은?
- 알리안트의 경우 현재의 문제점은 무엇인가?

<출처 : 전략적 운영관리, pp.36-38, 2003>

고객이 무엇을 필요로 하는가를 확인하는 것에서 시작하여 제품이 고객에게 전달되어 사용함으로써 끝나게 되는 모든 단계가 품질 창출과정이다. 이 품질창출과정의 모든 단계에서 생산요소(men, material, machine, method)가 품질에 영향을 끼침은 물론이고 이러한 생산요소에 부가해서 시장(market), 동기부여(motivation), 관리(management)도 중요한 영향요인으로 꼽힌다. 이들 영향요인을 어떻게 설계하고 관리하느냐에 따라 고객의 만족이 결정된다. 따라서 품질경영은 생산과 마케팅의 순환과정 전반에 걸쳐 품질에 영향을 미치는 생산요소 및 경영자원의 활동을 기업의 공동목적(품질방침과 목표)에 집중되도록 전사, 전부문, 전 계층이 참가하여 종합적으로 계획하고 관리해야 하는 것이다. 이러한 측면을 강조하는 것이 종합적 품질경영이라고 할 수 있다.

본장에서는 TQM의 개념, TQM의 특성, TQM의 성공요건, TQM의 기대효과, TQM 도입의 장애요소, TQM 도구 등에 대하여 살펴본다.

본장에서 다룰 내용은 다음과 같다.

- TQM이란 무엇인가?
- TQM 도입 이전과 이후의 차이점은 무엇인가?
- TQM의 전술은 무엇인가?
- TQM의 성공요건은?
- TQM 도입에 있어서의 장애요소는 무엇이며 극복방안은?
- TQM 도구에는 어떠한 것이 있나?

품질의 개념

WTO체제의 출발은 세계경제가 국경 없는 범세계적 경제시스템으로의 변화를 예고한다. 그러므로 고객은 제품선택의 폭이 더욱 자유로워지고 명실상부하게 왕이 된다. 따라서 제품이나 서비스가 경쟁사의 것보다 고객의 요구를 잘 실현할 수 있는지 여부가 기업생존의 조건이다.

그러나 기업들이 품질개선을 위한 노력을 함에도 효율적 품질개선이 쉽게 이루어지지 않는다. 그 이유는 품질개념이 제대로 정립되지 않았고, 품질개선을 품질관리 분임조 중심의 정신개혁운동이나 공정관리만으로 생각하기 때문이다.

품질이란 무엇인가? 품질에 대한 분명한 정의는 없으며, 시대에 따라 다르게 정의되었다. 1900년대 초의 품질이란 검사(inspection)를 의미한다. 1940년대에 와서 품질의 개념은 통계적 의미를 함축한다. 통계적 품질관리 연구가들은 생산공정이 자연적인 우연원인 때문에 일정수준의 품질변동은 불가피하므로 통계적 방법을 통해 생산공정이 우연적 품질변동 수준 내에 있도록 품질을 관리하는 것이 품질관리자의 직무라고 주장한다.

1960년대에 들어서 품질은 생산기능의 영역 밖으로 확대되어 모든 기능을 다 포함한 종합품질관리(total quality control)의 개념을 갖기에 이르렀다. 오늘날에 이르러서 품질의 개념은 무결점(zero defects), 지속적 개선 및 고객에의 초점을 포함하며, 쥬란과 그리나(J. Juran and F. Gryna)가 표현한 용도에의 적합성(fitness for use)도 품질의 개념으로 포함된다. 이 개념에는 제품이나 서비스는 고객의 욕구(need)를 충족시킨다. 즉 제품 또는 서비스는 고객의 용도에 적합해야 함을 의미한다. 용도의 적합성은 고객에 의해 인식된 가치 및 만족과 관련된다. 품질은 생산자가 아니고 고객만이 결정할 수 있는 것이므로 용도의 적합성은 고객에 따라 다르게 되는 상대적 개념이다.

그러나 생산자 관점에서는 이러한 품질정의는 모호하고 혼란스러운 것이다. 따라서 생산자 관점에서는 객관적으로 측정할 수 있고 사용자의 요구조건을 구체적으로 명시한 요건에 대한 일치성(conformance)으로 품질을 정의한다.

이와 같이 품질정의에 있어서 사용자 관점의 것과 생산자 관점이 상충되는 것으로 보이나 기업이 높은 품질의 제품을 생산하고 전달하기 위해서는 어느 한쪽의 정의에 전적으로 편향되어서는 안 된다. 즉, 기업이 보다 나은 품질의 제품생산을 위해서는 상충되는 품질정의를 다 수용하여야 한다.

미국의 한 실내에어컨 제조회사의 경우에서 이를 이해할 수 있다. 이 회사의 제품은 고객들로부터 좋은 품질의 제품으로 평가받았다. 그러나 반품, 폐기품 및 보증비용이 너무 많이 들어서 큰 손실이 발생하여 급기야는 파산되었다. 이는 소비자의 관점에서 제품품질은 훌륭했으나 생산공정의 관리가 제대로 되지 못한 예이다.

용도의 적합성 품질 정의에 따르면 고객이 다양해지면 고객의 요구가 다양해지고 결국 용도에 대한 적합성은 많은 복합요소를 갖게 된다. 쥬란(J. Juran)에 의하면 용도에 대한 적합성은 아래의 다섯 가지 품질특성으로 이루어진다.

- 기술적 품질특성 : 예를 들면, 강도(strength)와 경도(hardness)
- 심리적 품질특성 : 예를 들면, 맛(taste), 아름다움(beauty), 지위(status)
- 시간지향적 품질특성 : 예를 들면, 신뢰성(reliability)과 보전성(maintainability)
- 계약적 품질특성 : 예를 들면, 보증조항(guarantee provisions)
- 도덕적 품질특성 : 예를 들면, 판매사원의 예절바름(courtesy), 정직(honesty)

일반적으로 이들 다섯 가지 품질특성 중에서 제품제조의 경우에는 기술적 품질특성, 계약적 품질특성 및 시간지향적 품질특성이 중요하나 서비스 기업의 경우는 모든 품질특성이 중요하다.

이러한 품질특성은 품질형성과정의 기준에서 다음과 같이 분류한다.

- 설계품질(quality of design)
- 적합품질(quality of conformance)
- 사용품질(quality of use)

품질경영의 접근

품질경영의 중요한 문제는 품질(다섯 가지 품질특성)을 경쟁사보다 뛰어나게 하는 것이다. 다섯 가지 품질특성 중 어느 하나를 경쟁업체보다 뛰어난 품질수준으로 개선하는 데는 이와 상충되는 다른 품질특성의 희생과 비용이 수반된다. 뿐만 아니라 해당 품질특성에 영향을 주는 요인들에 대해 구성원의 적극적 참여 아래 면밀한 계획과 관리가 요구된다.

파이겐바움(A. Feigenbaum)에 의하면 품질의 창출과정은 [그림 3. 1]에서 보는 바와 같이 산업순환(industrial cycle)의 8단계를 통해 이루어진다.

그림 3.1 | 산업순환과정의 8단계: 품질창출과정

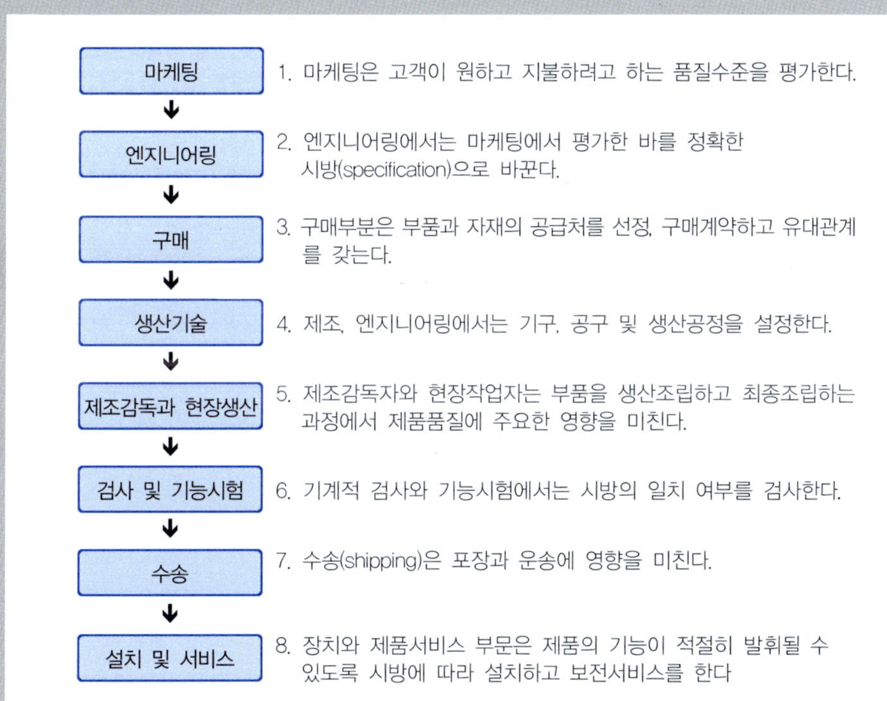

TQM의 개념

종합적 품질관리(TQM : total quality management)란 고객의 요구나 기대치를 상회하여 만족시키기 위해 인적자원과 계량적인 방법을 적용하여 기업의 모든 프로세스를 지속적으로 개선하는 철학 혹은 원칙이다. TQM의 목적은 고객에게 높은 품질의 제품을 제공하고 동시에 생산성 향상 및 비용절감을 달성하여 시장에서의 경쟁우위를 확보하는 것이다. TQM은 기업이 수익 및 성장목표를 달성하는 데 도움을 주고 작업자들에게는 만족스러운 작업환경을 제공한다. TQM의 도입 이전과 이후의 품질요소별 차이를 비교하면 <표 3. 1>과 같다.

〈표 3. 1〉 TQM 도입과 TQM 이전의 비교

품질요소	TQM 이전	TQM 도입
품질정의	제품에 기반을 둠	소비자에 기반을 둠
품질의 중요도	최우선이 아님	최우선
의사결정대상기간	단기	장기
강조점	탐지	예방
오류	운영오류	시스템오류
책임	품질관리부서	전사원
문제해결	관리자	팀
조달	가격	파트너십
관리자의 역할	계획, 할당, 통제, 강행	위임, 지도, 촉진, 조언

TQM의 전술

TQM을 전략적으로 시행하려면 조직은 필히 TQM 전술을 사용해야 하는데, 조직의 유형과 크기에 상관없이 모든 조직에게 적용되는 TQM의 기본전술은 다음과 같다.

TQM 문화

TQM은 제품개선에 초점을 맞추는 분석적인 면과 인적자원의 개발에 역점을 두는 조직 행동적인 면의 두 가지 측면이 있다. 많은 경우에 있어서 후자가 전자

보다 중요하며 후자의 시행과 목적달성이 더 어렵다. 효과적인 TQM의 시행을 위해서는 팀워크가 요구되며 조직의 목표달성을 향한 구성원의 일치된 노력이 필요하다. TQM의 성공적인 수행을 위해서는 조직의 모든 구성원이 TQM의 목적을 이해하고 품질과 관련된 문제들을 해결하기 위해 추가적으로 부가되는 책임을 받아들이려는 자세가 매우 중요하다.

최고경영자의 리더십

품질의 개선과 향상은 조직의 모든 관리계층(최고관리자, 중간관리자, 하부관리자)에서부터 시작될 수 있다. 그러나 TQM을 지속적으로 시행하기 위해서는 최고경영자의 적극적인 참여와 지원이 있어야 한다. 최고경영자는 고객만족이라는 TQM의 목표 달성을 위해 매진해야 하고, 품질향상은 이러한 목표를 달성하기 위한 기업운영의 기본원칙이 되어야 한다. 모든 관리자는 변화가 가능한 분위기를 조성하는 데 노력해야 하고 본인들의 행동 하나하나가 부하 조직원의 귀감이 될 수 있도록 지도력을 발휘해야 할 것이다. 이렇게 하기 위해서는 품질을 조직의 모든 영역의 경영전략으로 사용해야 할 것이다.

고객만족

품질향상의 가장 근본적인 목표는 고객만족(customer satisfaction)을 달성하는 데 있다. 여기서의 고객은 조직 외부뿐 아니라 조직 내부의 고객까지도 포함된다. 고객만족을 이끌어 내기 위해서는 제품과 서비스의 설계를 시작할 때 명시되어 있는 고객의 요구는 물론, 구체화되지 않은 고객의 요구도 함께 반영하는 것이 필요하다. 또한, 품질의 개선과 향상 노력에 대한 측정과 평가도 반드시 고객의 입장에서 행해져야 한다.

업무과정의 지속적인 개선

TQM은 업무과정의 지속적인 개선(continuous improvement of processes)을 강조한다. 여기서의 업무는 생산현장의 업무는 물론 전통적인 사무직원의 업무도 포함된다. 지속적으로 업무를 개선하는 조직은 TQM을 시행하지 않는 조직보다 업무의 향상과 개선이 월등히 빠르며 높다. 지속적인 업무개선을 성공적으로 추진하기 위해서는 통계적인 방법을 사용하여 품질목표와의 편차를 검사하는 품질관리차트와 같은 분석적인 방법을 사용하는 것이 필요하다.

벤치마킹

자기 기업의 경영성과와 동종 산업 및 다른 산업의 초일류 기업과의 경영성과를 비교하는 것이다. 벤치마킹(benchmarking)은 기업의 현재상태와 바람직한 상태와의 차이를 줄이는 데 유용하게 사용될 수 있다. 제록스(Xerox), IBM, 페덱스(Federal Express)와 같은 미국의 초일류 기업들은 그들 자신의 기업을 평가하기 위해 업계의 많은 기업들을 대상으로 벤치마킹을 운영하고 있다.

팀워크

TQM에서 조직 구성원은 조직의 목표를 위해 팀의 일원으로서, 소속된 부서의 한 구성원으로서, 업무과정상의 한 부분으로서 일을 한다. 그러므로 교육훈련과 더불어 채용, 업무평가, 경력관리, 보상 등의 인사관리 정책과 관행은 팀워크를 강조하는 방향으로 개정되어야 한다.

협력적 파크너십 관계

TQM을 성공적으로 운영하면 기존의 조직 내외의 적대적이고 비우호적인 분위기가 없어지고 협조적이고 우호적인 분위기가 형성된다. 이러한 협조적이고 우호적인 분위기는 상급관리자와 하부직원과의 관계, 조직 내의 부서 간 관계, 노사관계 등을 협조적인 관계로 발전시키고 결과적으로 기업 내부는 물론 기업 외부의 공급 업체, 고객, 경쟁 업체, 정부 기관 등과의 관계를 원활하게 해준다. 이러한 협조적인 관계는 상대방의 목표를 이해하고 존중하면서 양측을 모두 만족시키는 해결책을 찾는 과정 중에 발전될 수 있다.

종업원 참여

TQM은 전사적인 일이어서 모두가 참여해야 하며 종업원의 참여를 통하여 지속적인 품질개선 및 생산성 향상이 가능하다. 품질개선 및 생산성 향상을 위해 팀을 구성하여 활동하게 하는 것이 매우 효과적이므로 모든 사람이 프로젝트 팀에 효과적으로 참여할 수 있도록 동기부여를 해야 한다. 동기부여의 요인으로는 사기 진작, 작업기술의 개선, 의사소통, 안전한 작업환경, 직장보장 등이 포함된다. 종업원에 대한 권한부여(empowerment)도 중요한데, 종업원에게 의사결정에 참여하는 기회를 줌으로써 조직의 목표달성에 더욱 적극적이 되게 할 수 있다. 이 이외에도 TQM의 성공을 위해서는 종업원에 대한 교육 및 훈련, 성과향상을 위한 성과측정 및 평가시스템의 수립, 그리고 보상체제의 확립이 중요하다. 종업원 참여가 결과적으로 품질개선 및 생산성 향상에 효과가 있는 이유는 종업원들이 보다 나은 의사결정을 할 수 있고, 자신들이 의사결정에 참여한 경우 프로젝트의 실행 및 지원에 적극적이며, 품질개선이 필요한 부분에 대한 판단이 좋아지고, 또한 즉각적인 문제를 해결하려는 노력을 하게 되며, 경영진과 노동자와의 관계가 좋아지고, 종업원들이 조직에 꼭 필요한 사람이라는 느낌을 가지게 되므로 사기도 높아진다.

문제예방

TQM은 품질에 문제가 발생했을 때 이를 수정하는 데에만 초점을 두는 방어적인 접근방법이 아니라 전략적임과 동시에 문제예방(problem prevention)에 중점을 두고 있는 접근방법이다. 이런 점에서 TQM에서는 제품과 서비스 결함을 줄이기 위해 장래에 발생할 가능성이 있는 문제점을 적극적으로 규명한다. 또한, TQM은 작업자로 하여금 스스로 문제영역을 찾고 이를 경영진에게 인식시키도록 유도하는 전략적인 접근방법이다. 이를 위해서는 자신의 문제점이나 실수를 노출시키는 직원에게 문제해결방안을 스스로 발견하고 해결할 수 있도록 유도하고, 지속적인 품질관리정책에 적극적으로 참여할 수 있도록 방안을 마련해 주어야 한다.

성과측정

'측정 없이는 개선도 없다'라는 말이 있듯이 성과측정은 반드시 필요한 것이다. 성과측정의 목적은 여러 가지가 있을 수 있으며 추세의 확인, 개선대상 프로세스의 확인, 목표와의 일치 여부 판단, 개인 혹은 팀의 평가, 사실적 경영 등이 포함된다. 측정대상으로는 고객, 종업원, 생산, R & D, 공급자, 마케팅, 일반관리 등이 있다. 성과측정치를 나타내는 방법으로는 시계열그래프, 관리도, 공정능력지수, 다구치의 손실함수, 품질실패비용, MBNQA(Malcolm Baldridge national quality award)에 이용되는 기준 등이 있다.

TQM의 시행전략

TQM의 시행전략은 [그림 3. 2]처럼 5단계에 의해 설명될 수 있다.

1단계 : 품질방침 및 목표설정

TQM에서 품질은 고객의 기대를 만족시키거나 능가하는 데 있다. TQM의 성공적인 시행을 위해서는 이러한 품질에 대한 인식을 뚜렷이 하는 것이 선행되어야 하지만 더 중요한 것은 품질목표를 구체적으로 설정하는 것이다.

2단계: 품질조직 구축

이 단계에서는 최고경영진의 TQM 전략을 기업 내에 전파하고, TQM의 지원 및 확산을 위해 조직원의 자발적인 참여와 팀워크를 강화하는 단계이다. 이를 위하여 조직은 다음과 같은 사항을 준비하여야 한다. ① 모든 조직구성원들에게 품질은 조직 전체의 책임이라는 것을 인식시키고, ② TQM 전략을 수용할 인사정책을 수립하며, ③ TQM의 전략시행에 중추적인 역할을 할 조직원 혹은 부서를 선정한다. 이 단계에서 가장 중요한 것은 경영자가 이야기하는 것과 조직원들이 느끼고 생각하는 것과의 차이를 줄이는 것이다.

그림 3. 2 | TQM의 시행전략

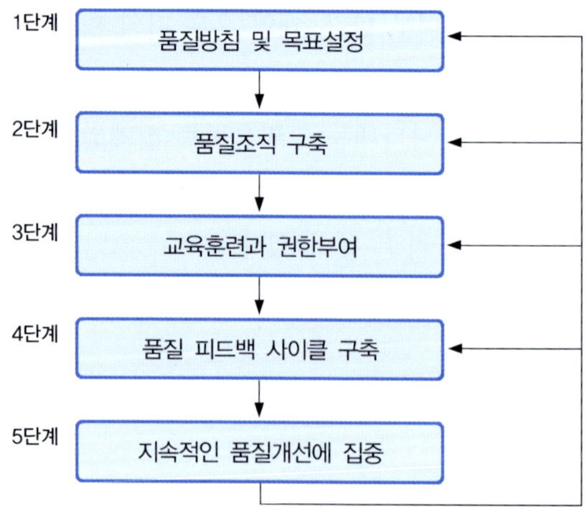

3단계: 구성원의 교육훈련과 권한부여

일반적으로 TQM의 성공을 위해서는 두 가지 필수적인 교육이 요구된다. 즉, 하나는 성과를 측정하고, 문제를 분석하며, 문제의 원인을 제거하기 위해 실시되는 통계적 기법의 교육이며, 다른 하나는 계량적인 방법으로 처리될 수 없는 문제를 해결하는 데 초점을 둔 교육이다. 이러한 교육을 통하여 그들로 하여금 보다 책임감을 가지고 일을 능동적으로 처리할 수 있도록 어느 정도까지의 권한을 부여해야만 소기의 성과를 달성할 수 있다.

4단계: 품질 피드백 사이클 구축

품질관련 문제는 그 원인이 알려져 해결책이 제시되기 전에 발견해야만 의미가 있다. 이렇게 하기 위해서는 제품 및 서비스를 생산하는 각 단계마다 품질관련 정보를 알 수 있도록 피드백 시스템이 설치되어야 한다. TQM을 시행하는 제조업체는 재공품(work in process)의 품질을 관리하기 위하여 생산공정의 각 단계마다 품질의 적합성에 대한 검사를 실시한다. TQM의 목표는 고객만족이므로 조직은 고객이 품질에 대한 의견을 조직에 쉽게 알릴 수 있는 피드백 제도를 설치하여야 한다.

5단계: 지속적인 품질개선에 집중

이 단계는 TQM의 시행에서 오는 어려움 때문에 또는 더는 변화가 필요 없다는 판단 하에 TQM의 시행을 중단해서는 진정한 TQM 시행효과를 거둘 수 없다는 것을 말한다.

이러한 TQM 시행전략의 다섯 단계는 조직이 TQM 프로그램을 단계적으로 시행하는 데 필요하다. 조직이 TQM을 성공적으로 시행하려면 최고경영진이 최고의 제품과 서비스에 대한 전략적 목표를 세워야 하며, 또한 이를 뒷받침할 수 있는 효과적인 인적자원관리가 무엇보다도 중요하다.

TQM의 성공요건

TQM의 개념은 어렵지 않으나 TQM이 성공하는 것은 그리 쉬운 일이 아니다. TQM의 도입을 위해서는 조직의 문화가 바뀌어야 되므로 상당한 저항이 있는 것이 당연하다. 따라서 인내심을 가지고 장기적으로 추진하여야 한다. TQM은 지속적인 개선을 추구하는 것이므로 급격하게 일을 추진하는 것보다는 순차적으로 추진하는 것이 좋다.

파이겐바움(V. Feigenbaum)은 TQM의 성공을 위해 다음과 같이 10가지 기본 지침을 제시한다.

- 품질은 전사적인 활동이다.
- 품질에 대한 최종평가자는 고객이다.
- 품질을 높이는 것이 항상 비용상승을 의미하는 것은 아니다.
- 품질향상을 위해서는 열정과 팀워크가 중요하다.
- 품질은 관리하는 것이다.
- 품질과 혁신은 상호 보완적이다.
- 품질은 보편적인 윤리이다.
- 품질은 지속적으로 개선하는 것이다.
- 품질은 비용을 절감하고 생산성을 향상시키는 지름길이다.
- 품질은 고객과 공급업자를 연결하는 토털시스템으로 운영되어야 한다.

TQM의 기대효과

TQM의 효과에 대해서는 일반적으로 매우 긍정적이다. 하지만 이러한 긍정적인 효과가 단기간에 발생할 것을 기대하는 것은 무리가 있으며 장기적으로 추진해야 한다. 또한 조직적으로 변화가 있어야만 TQM의 효과를 기대할 수 있다고 보는 것이 일반적이다. TQM을 도입하여 기대할 수 있는 효과는 다음과 같다.

- 제품의 품질향상으로 고객만족의 향상을 기대할 수 있다.

• 고객중심적인 시각을 가지게 되며 고객의 요구에 대해 신속하게 대처된다.
• 재고 등의 낭비요소를 제거하여 비용감소의 효과가 있다.
• 종업원의 동기부여 효과가 있다.
• 부품 공급업자와의 관계가 개선된다.
• 생산성 향상의 효과도 기대할 수 있다.
• 지속적인 개선의 효과가 있다.

TQM 도입의 장애요소

TQM은 새로운 변화를 요구하며 이러한 변화에 대한 가장 큰 적은 변화에 대한 저항이다. 변화에 대한 저항을 하는 이유로는 변화에 대한 이해부족, 불필요성, 기존방법과의 차이가 너무 큰 경우 등이 있다. 이러한 경우 사람들을 의사결정과정에 참여시키는 방법으로 설득을 해야 하며, 무엇보다도 변화가 기업과 종업원 본인에게도 좋다는 것을 이해시켜야 한다. 설득이 쉬운 것은 아니므로 TQM의 특성에도 언급이 되었듯이 최고경영층의 강력한 리더십이 필요한 것이다. 이 외에도 고객중심문화의 결여, 조직 내의 의사소통문제, 종업원 권한부여의 결여, 종업원과 경영진 간의 신뢰부족, 단기적인 성과에 대한 집착, 리더십문제, 급격한 추진 등이 장애요소로 작용한다.

TQM의 도구

TQM의 도구에는 통계적 공정관리(SPC : statistical process control), 벤치마킹(benchmarking), 품질기능전개(QFD : quality function deployment), 실험계획법(experimental design), 다구치방법(Taguchi's method) 등이 있다. 이러한 방법에 대한 자세한 내용은 제14장을 참고하기 바란다.

TQM 혁신

최근 소비자는 본인이 제공받는 제품이나 서비스에 직접 참여를 함으로써 생산자임과 동시에 소비자로써의 역할을 요구하고 있다. 이러한 요구는 경험, 참여, 공동 창조, 공유, 지속 가능성, 쾌락적 속성을 요구하고 있으며, 점진적, 파괴적, 급진적 품질혁신을 요구하고 있다. 쥬란(J. Juran)이 제시한 내용으로 little q가 제한된 용량/역량 등 제조공정에 중점을 두어 품질경영을 유도한다면, Big Q는 프로세스, 제품 및 서비스 등 비즈니스의 모든 측면을 고려한 조직 전체에 대한 TQM으로 품질혁신을 요구하고 있다.

요 약

- TQM이란 고객만족을 위하여 기업의 모든 프로세스를 지속적으로 개선하는 철학이며 목적은 고객에게 높은 품질의 제품을 제공하고 동시에 생산성 향상 및 비용절감을 달성하여 시장에서의 경쟁우위를 확보하는 것이다.
- TQM의 전술에는 TQM 문화, 최고경영자 리더십, 고객만족, 업무과정의 지속적 개선, 벤치마킹, 팀워크, 협력적 파트너십 관계, 종업원 참여, 문제예방, 성과측정 등이 있다.
- TQM의 효과에는 고객만족의 향상, 고객중심적인 시각, 고객요구에 대해 신속한 대처, 비용감소, 종업원의 권한부여, 부품공급업자와의 관계개선, 생산성 향상, 지속적인 개선 등이 있다.
- TQM은 새로운 변화를 요구하며 이러한 변화에 대한 가장 큰 적은 변화에 대한 저항이다. 이 이외에도 고객중심문화의 결여, 조직 내의 의사소통문제, 종업원 권한부여의 결여, 종업원과 경영층 간의 신뢰부족, 단기적인 성과에 대한 집착, 리더십문제, 급격한 추진 등이 TQM 도입의 장애요소로 작용할 수 있다.
- TQM의 도구에는 통계적 공정관리, 벤치마킹, 품질기능전개, 실험계획법, 다구치방법 등이 있다.
- TQM 혁신은 제조공정 중심의 품질경영(little q)이 조직 전체의 필수 명제(Big Q)로의 품질 혁신을 의미하는 관점이다.

학습문제

1. TQM이 현대기업의 경쟁우위를 확보하는 데 어떻게 공헌할 수 있는지를 설명하고 예를 들어라.

2. 서비스기업에 TQM이 필요한가? 그 이유를 설명하라.

3. 현대적 관점에서 품질경영에 추가되어야 할 품질 개념들은 무엇이며 그 이유는 무엇인가?

4. TQM의 전술에는 어떠한 것이 있는가?

5. 기업의 인적자원이 TQM 프로그램에 어떤 역할을 수행하는가를 설명하고, TQM 프로그램에 적극 도입되고 실천되도록 하는데 고려되어야 할 관리상의 주요 내용은 무엇이지 설명하라.

6. 지속적 품질개선이 필요한 이유를 설명하라.

7. 종업원의 권한부여가 TQM에 왜 필요한가?

사례 ㈜선일다이파스 : 기업의 문화가 품질을 만든다

최근 몇 년 전부터 경영혁신이라는 단어가 조금 주춤하면서 떠오르고 있는 용어가 품질경영이다. 품질의 중요성이 점차 부각되면서 제품만의 품질에서 경영의 질, 사람의 질, 작업환경의 질, 업무의 질을 넘어 시스템적 품질을 요구하고 있다. 자동차의 A/S 기간이 10년 10만 마일로 변경된 후 자동차 부품의 내구품질의 중요성을 체감하고 있다. 그러므로 제품의 품질은 과거의 개발품질, 제조품질, 고객품질을 넘어서 이제는 사회적 품질, 즉 내구품질로 확산되고 있다고 할 수 있다. 그동안 자동차 부품품질은 신제품 개발품질인 APQP(advanced production quality planning) 단계를 수행하면서 양산성을 확보하고 양산부품승인(PPAP: product part approval process)을 통해 양산성을 보증하여 왔다.

(주)선일다이파스는 "체결 및 정밀성형기술을 통한 Total Solution을 제공하여 고객가치를 창출하는 Global 선도기업"을 기업의 비젼으로 제시하며 "기본으로 돌아가고 혁신으로 도약하자"라는 구호로 일과를 시작하고 마무리하고 있다.

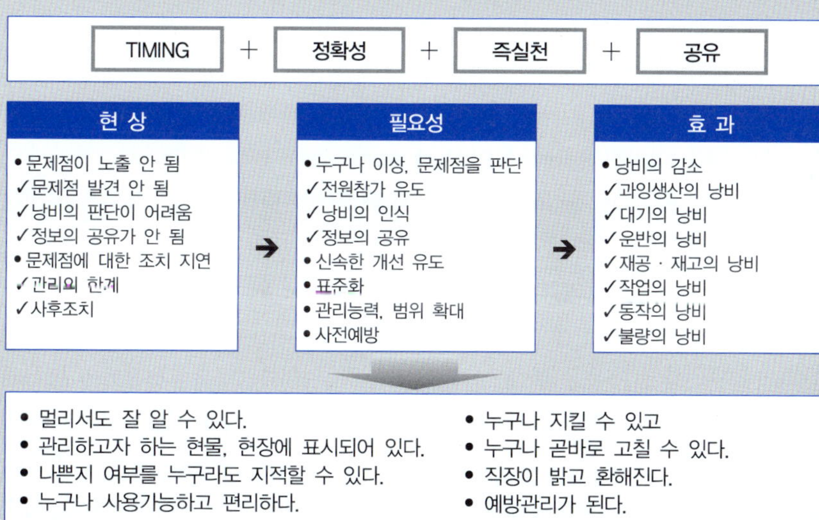

그림 1. 눈으로 보는 관리

처음부터 거창한 혁신구호보다 기초품질관리의 변화부터 시작하여 제조현장의 눈으로 보는 관리로 이어지면서 문제가 발생될 경우 시정조치 및 부적합처리 프로세스를 준수하며 즉실천으로 이루어지는 품질경영시스템 접근방법이 현장에 접목된다면 고객의 요구품질을 만족할 수 있을 것이라 생각하여 1단계로 "기초품질확보 100일 작전"을 2014년 3월에서 5월 말까지 진행했으며, 2단계로 "습관화"

를 추진하고 있다. 2단계 습관화는 1단계에서 실행한 기초품질 3개 항목(3불, 3M3S, 10대 기본원칙)의 준수와 실천이 체질화되어 기업의 문화로 정착하는 것이 목적이다.

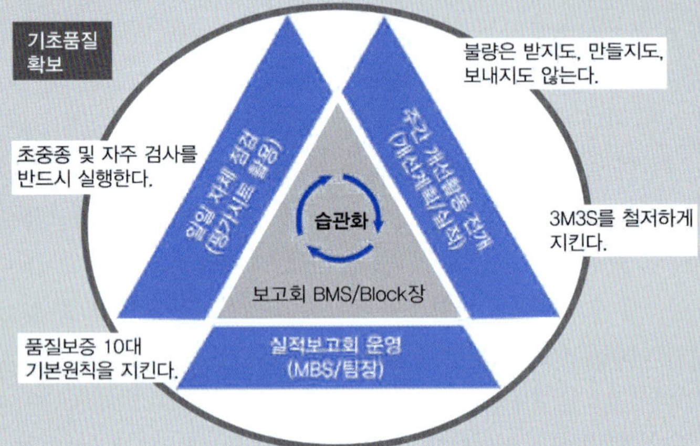

그림 2. 습관화 방법

자연스럽게 체질화될 수 있도록 수행하기 위하여 자율관리 체계를 가동한다. 우선 자율관리 기간을 선정하여 예상되는 문제를 도출하여 경영자의 지원을 받아 환경변화로부터 마음의 변화를 이끌며, 모니터링을 통해 계층적 공정감사를 통한 즉실천과 매주 경영진의 BMS투어[block management system(현장 자율관리체제) : 현장을 구역으로 구분 관리하는 방법]를 통해 진행현황을 보고하고 부족한 점은 경영진이 지원한다. 또한 눈으로 보는 관리는 "타이밍(정보제공 시기의 적절성) + 정확성(판단, 부주의, 망각의 방지) + 공유(정보공유의 투명성) + 즉실천(행동, 반응의 스피드화)" 4가지 항목으로 구분하여 실행한다. 이를 통해 당사에서는 현장의 자율관리체계 구축을 통해 문제에 대해 즉실천하는 소분임조활동이 당사의 문화로 정착되어 자율적인 품질확보 및 제조현장의 낭비제거로 생산현장의 이익창출과 품질 미확보로 발생되는 손실비용감소로 기업의 이익을 창출할 것이다. 현재 품질경영 활동의 연장선상에서 저비용 고효율 공장을 실현하기 위한 전략으로 퀄리티비티[qualitivity=품질(quality) + 생산성(productivity) 합성어]를 시행하고 있다.

<출처 : 산학연구원, 280호, 2014년 8월>

토의문제

1. 위의 사례기업이 품질경영을 위해 조직문화를 강조하는 이유는 무엇인지 설명하라.

2. 위의 사례기업에서 제시하고 있는 자율관리 기간을 지속적으로 유지하고 활성화시키기 위해 전제되어야 할 요인은 무엇인지 설명하라.
3. '퀄리티비티'의 다른 사례를 찾아보고 이러한 사례가 품질혁신을 유도할 수 있는 전략인지 설명하라.

참고문헌

이순용, "품질경영론", 법문사, 1995.

전영일, 홍관수, 김남영, "전략적 운영관리", 경문사, 2003

Berry, L., Zeithaml V. and Parasuraman, A. "Five Imperatives for Improving Service Quality," *Sloan Management Review*, 31:4, 1990.

Besterfield, D., Besterfield-Michna, C., Besterfield, G., and Besterfield-Sacre, M., *Total Quality Management*. Prentice Hall, NJ., 1995.

Chase, R., Jacobs, F., and Aquilano, N., *Operations and Supply Chain Management*. 13th ed. NY: McGraw-Hill, 2010.

Cook, B., "In search of Six Sigma : 99.9997 Defect-Free," *Industry Week*, October 1, 1990.

Evans, J. and Lindsay, W., *Managing for Quality and Performance Excellence*. South-Western Cengage Learning, 2014.

Feigenbaum, A., *Total Quality Control : Engineering and Management*, 3rd ed. McGraw Hill, 1983.

Garvin, D., "How the Baldrige Award Really Works," *Harvard Business Review*, 69, pp.80-93, 1991.

Garvin, D., "Quality on the Time," *Harvard Business Review*, 61, pp.65-75, 1983.

Garvin, D., *Managing Quality : The Strategic and Competitive Edge*. The Free Press, NY., 1988.

George, S. and Weimerskirch, A., *Total Quality Management : Strategies and Techniques Proven at Today's Most Successful Companies*. John Wiley & Sons, Inc., 1994.

Gilmore, H., "Continuous Incremental Improvement : An Operations Strategy for Higher Quality, Lower Cost and Global Competitiveness," *Advanced Management Journal*, pp.21-25, 1990.

Goetsch, D. and Davis, S., *Quality Management*, International Edition. Prentice Hall, NJ 2000.

Hostage, G., "Quality Control in a Service Business," *Harvard Business Review*, 53, pp.89-106, 1975.

Ishikawa, K., *Guide to Quality Control*. Asian Productivity Organization, 1972.

Juran, J. and Gryna, F. Jr., *Quality Planning and Analysis*, 3rd ed. McGraw Hill, 1980.

Juran, J., *Turn on Planning for Quality*. Free Press, New York, 1988.

Krantz, K., "How Velero Got Hooked on Quality," *Harvard Business Review*, 67, pp.34-40, 1989.

Lee, S., "The age of Quality Innovation," *International Journal of Quality Innovation*, 1:1, pp.1-7, 2015.

Pall, G., *Quality Process Management*. Prentice Hall, Inc., 1990.

Schonberger, R., *World Class Manufacturing : The Lessons of Simplicity Applied*. The Free Press, 1986.

Snyder, N., Dwd, J. and Houghton, D., *Vision, Values & Courage : Leadership for Quality Management*. The Free press, 1994.

Takeuchi, H. and Quelch, J., "Quality is more than Making a Good Products," *Harvard Business Review*, 59, 1981.

Talley, D., *Total Quality Management*. SAQC Quality Press, 1991.

Thurow, L., "Who Owns the Twenty-First Century?," *Sloan Management Review*, 33:3, pp.5-17, 1992.

Weaver, C., *Total Quality Control : A Step-by-step Guide to Implementation*. ASQC Quality Press, 1991.

Production . Operations . Management

제2부

생산시스템의 설계

CHAPTER 04

수요예측

[도입사례] World Co., Ltd

World기업은 의류를 제작·판매하는 회사이다. 의류산업은 특성상 제품의 수명주기는 짧고 수요는 극도로 불확실하므로 잘못된 수요예측으로 인한 손실이 무척 크다. World에서의 수요예측은 두 단계로 되어 있다. 첫 단계는 초기수요예측을 하는 단계이고 두 번째 단계는 초기수요예측치를 수정하는 단계인데 실제로 판매가 시작된 후의 초기판매자료를 고려하여 수요예측치가 업데이트된다.

초기수요예측은 다음과 같이 이루어진다. World에서 사용하는 수요예측방법의 특징은 특정 제품 카테고리(예 여성용 의류)의 각 SKU (stock keeping unit)에 대한 개별수요예측을 하는 것이 아니라 SKU를 모두 합친 통합수요에 대한 예측(aggregate demand forecast)을 한다.

예측방법 중의 하나는 판매기간 동안의 특정 카테고리에 대한 개별점포의 판매계획을 이용하는 방법이고, 다른 하나는 단위기간 동안의 카테고리별 점포 전체의 통합수요를 이용하는 방법이다.

판매기간 동안의 특정 카테고리에 대한 개별점포의 판매계획을 이용하는 방법은 과거 판매자료, 성장률, 계절요인, 경쟁자의 활동, 경제상황의 변화 등을 고려하여 각 판매점별로 총매출액에 대한 예측을 하고, 특정 카테고리에 대한 매출액 예측은 특정 카테고리가 판매점 전체 매출의 몇 %를 차지하느냐에 의해 결정된다. 이러한 개별점포의 매출액을 합하여 특정 카테고리의 전체 수요를 예측한다. 단위기간 동안의 카테고리별 전체 점포의 통합수요를 이용하는 방법은 판매자료, 시장추세, 광고비용 등을 고려하여 특정 카테고리에 대한 단위기간 동안의 점포 전체에서의 통합수요에 대한 예측을 하고 이 예측치에 판매기간을 곱하여 최종수요를 결정한다. 이러한 두 가지 방법으로 계산된 두 가지의 예측치 중에서 World에서는 큰 것을 수요예측치로 선택한다.

이렇게 통합수요에 대한 예측이 끝나면 다음으로는 개별 SKU 수준의 수요예측이 필요하다. 이를 위해 World에서는 제품을 ABCD의 네 종류로 분류한다. A는 전체 SKU의 상위 10%, 총매출의 40%를 차지한다. B는 전체 SKU의 다음 20%, 총매출의 30%를 차지한다. C는 전체 SKU의 다음 30%, 총매출의 20%를 차지한다. 나머지는 D로 분류된다. ABCD로 분류하는 방법은 다음과 같다. 20명의 점포매니저와 점원을 본사로 초대하여 개별적으로 여러 제품에 대한 평가를 하여 점수(1~7)를 부여하도록 한다. 가장 매출액이 높은 점포로부터 온 매니저와 점원들의 점수에 가중치를 부여하여 제품별 가중평균을 구하고 또한 표준편차를 구한다. 가중평균을 기준으로 제품을 정렬한 뒤 ABCD로 분류한다.

다음은 A에 속한 특정 SKU에 대한 수요예측을 가상적으로 보여준다.

단계 1 : 통합수요예측

(방법 1 : 개별점포의 판매계획 이용)

• 한 점포의 판매기간 동안의 특정 카테고리에 대한 판매계획 ························· $200,000

• 옷 한 벌의 평균가격 ······················ $100
• 총점포수 ·· 110개
• 통합수요예측치=($200,000 · 110)/$100
=220,000벌

(방법 2 : 단위기간 동안의 카테고리별 점포전체 통합수요 이용)

• 특정 카테고리의
통합수요/주 ···························· 45,000벌/주
• 판매기간 ·· 4주
• 통합수요예측치=45,000벌/주 · 4주
=180,000벌

두 개의 예측치 중에서 큰 것 선택:
예측치=Max(220,000, 180,000)=220,000

단계 2 : SKU 수준의 예측(A에 속하는 SKU의 경우를 예를 들어 설명)

• 특정 카테고리에 속하는
SKU의 수 ······································ 400개
• A에 속하는 SKU의 수
(ABCD 규칙 적용: 전체의 10%)
······································ 400 · 10%=40개
• A에 속하는 SKU가 차지하는 매출량
(ABCD 규칙: 전체의 40%)
························ 220,000 · 40%=88,000벌

따라서 A에 속하는 하나의 SKU에 대한 수요예측치는 88,000/40=2,200벌이다.

이상의 사례에서 생각해 보아야 할 주요한 포인트는 다음과 같다.

• 두 개의 예측치 중에서 큰 것을 택하는 이유는?
• 개별수요예측과 통합수요예측의 차이점은 무엇이며 통합수요예측의 상대적 장점은?
• ABCD 규칙에 대한 타당성은?
• 과거 판매자료, 성장률, 계절요인, 경쟁자의 활동, 경제상황의 변화 등을 고려하여 각 판매점별로 수요에 대한 예측을 하는 방법은?

<출처: 전략적 운영관리, pp.52-54, 2003>

경쟁이 심화되는 현대의 경영환경에서 경쟁우위 확보를 위해서는 고객 욕구에 대해 신속하게 대응해야 하며 이를 위해 필수적인 것이 예측을 통하여 대응책을 미리 마련하는 것이다. 미래를 예측한다는 것은 어떤 의미에서는 가장 불확실한 일 중의 하나이기는 하나 예측 없이는 계획이라는 것이 있을 수 없다. 본장에서는 생산운영계획에 있어서 가장 기본이 되는 수요예측의 방법에 대하여 살펴본다.

본장에서 다룰 내용은 다음과 같다.

• 수요예측은 어디에 이용되며 그 중요성은?
• 수요변동의 원인은 무엇인가?
• 수요예측기법에는 어떠한 것들이 있는가?
• 정성적 방법과 계량적 방법의 차이점은?

• 예측오차란 무엇인가?
• 다양한 예측기법 중에서 어떠한 기법을 선정할 것인가?

수요예측의 의의

환경이 안정적이면 예측이라는 것이 필요 없다. 그러나 현대와 같이 급변하는 환경은 기업의 경영활동에 크게 영향을 미치므로 환경변화에 대한 예측을 통해 그에 적절한 대책을 강구해야 한다. 특히, 고객의 다양한 요구를 충족시킬 수 있는 생산시스템을 갖추어야 하는 생산운영관리의 영역에서 예측은 생산운영관리의 의사결정에 주요한 투입요소가 된다.

이러한 의미에서 예측이란 기업과 환경 사이를 연결시키는 역할을 하는 것이다. 그러므로 생산운영관리자는 다음과 같이 환경변화에 적절히 대응하여야 한다.

(1) 생산운영의 성과에는 영향을 미치지만 통제할 수 없는 중요 환경요인을 결정한다.
(2) 이러한 환경요인이 생산시스템의 계획, 운영, 관리에 미칠 영향을 예측할 수 있는 예측시스템을 구축한다.
(3) 예상되는 변화와 추세를 고려하여 최적의 성과를 가져올 대안을 강구한다.

생산운영관리자가 환경변화에 적절한 대책을 강구함에 있어서 항상 다음과 같은 사실을 염두에 두어야 한다.

첫째, 경영환경은 시간이 흐름에 따라 변한다.

둘째, 기업이 생존·발전하려면 미래 환경변화를 정확하게 예측할 수 있는 능력을 갖추고 또한 환경변화에 생산시스템이 적용될 수 있는 유연성을 갖도록 해야 한다.

기업은 고객의 요구와 욕구를 충족시킬 수 있는 생산시스템을 계획, 운영, 관리하는 것이 주관심사이다. [그림 4. 1]에서 보는 바와 같이 수요예측은 이러한 생산운영의 의사결정에 중요한 투입요소가 된다.

그림 4.1 | 생산운영 의사결정을 위한 수요예측

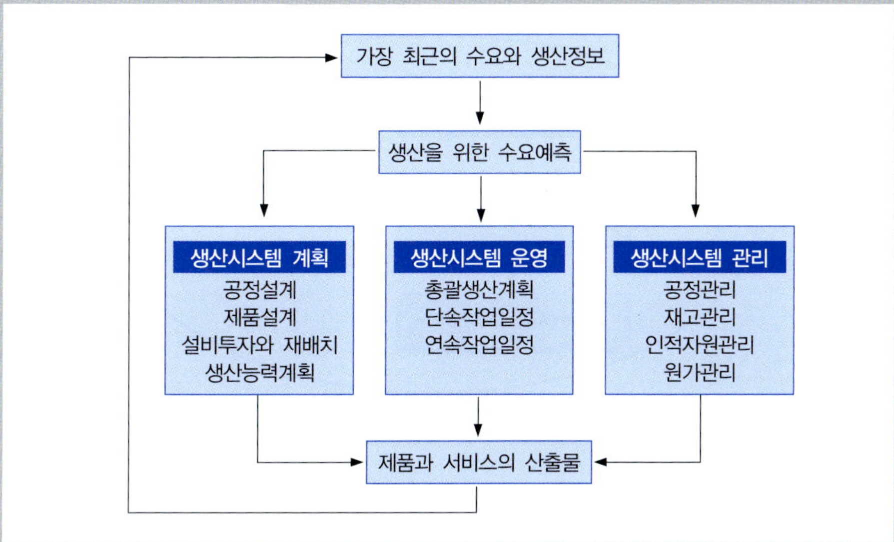

① **생산시스템의 계획** : 예를 들면, 제품설계, 공정자동화 또는 생산능력결정 등과 같은 의사결정에 요구되는 예측은 앞으로 2년에서 10년에 이르는 기간 동안의 미래 총수요(future aggregate demand)이다. 이러한 경우에는 일반적으로 총수요의 추세가 어떠한가에 초점을 두는 예측이 된다. 이러한 장기예측에 근거하여 제품, 공정 및 생산능력 등이 결정되고 나면 어떤 특성(parameter)을 갖는 생산시스템으로 고정된다. 그리므로 장기예측과 실제수요 간에 차이가 많이 나면 고객요구와 동떨어진 제품이나 서비스, 과소 또는 과대생산, 잘못된 설비투자 등을 초래하여 장기간에 걸쳐 경영에 심대한 영향을 미치게 된다.

② **생산시스템의 운영** : 기존의 생산시스템을 어떻게 운영해야 할 것인가? 수요가 계절적 또는 순환적 변동을 보일 때 수요변화를 예측해서 기존의 생산시스템에 필요한 조업수준, 노동력 규모 및 재고수준 등을 설정하는 것 또한 중요하다. 이러한 예측은 1개월에서 24개월에 이르는 기간의 개별제품별 또는 제품군별 수요변화를 월별 또는 분기별로 실시하는 중기예측이다. 중기예측이 정확하면 생산시스템의 운영은 보다 효과적으로 된다.

③ **생산시스템의 관리** : 생산경영자가 공정관리, 재고관리, 원가관리 및 설비관리의 문제점을 의사결정하려면 대개 일주일에서 5주간에 이르는 개별

그림 4.2 | 수요예측과 생산운영

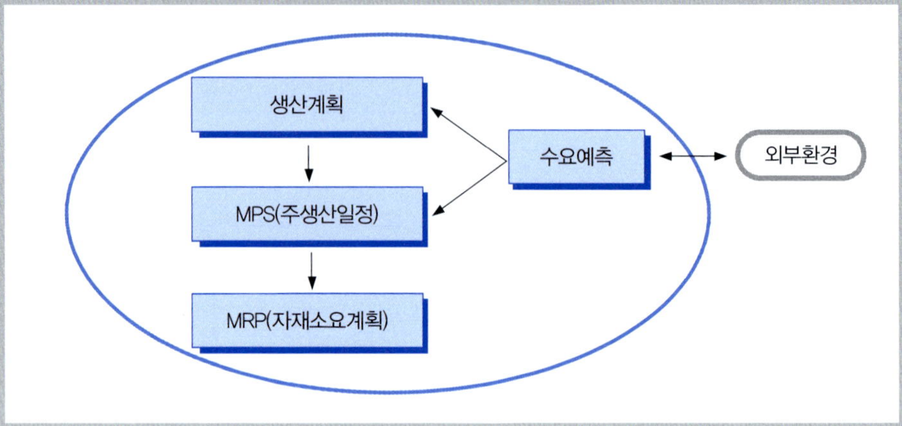

제품품목별 또는 제품군별로 시간별, 일별 또는 주별로 정확한 수요예측이 요구된다. 현대는 생산된 것이 모두 팔리는 시대가 아니다. 잘못된 단기예측으로 인한 완제품의 재고는 생산문제에 대한 완충적 역할은커녕 손실 바로 그것이다. 이와 같이 시스템 관리문제에서 요구되는 수요예측은 특히 정확성이 강조된다.

수요예측이란 제품이나 서비스에 대한 미래의 수요를 예측하는 것을 말하며, 수요예측은 [그림 4.2]에서 보는 바와 같이 생산시스템에 있어서 가장 기본이 되는 것이다. 미래의 수요가 얼마나 되는지 알아야 그에 맞는 생산계획을 세울 수 있고 또한 수요예측을 바탕으로 주생산일정 및 자재소요계획이 세워질 수 있다.

수요변동의 원인

제품이나 서비스에 대한 고객의 요구는 변하기 쉽다. 이러한 수요변화의 원인을 쉽게 찾을 수 있다면 수요예측은 한결 쉽고 정확하게 될 수 있을 것이다. 그러나 보통 수요변동을 유발하는 원인은 복잡하고 다양하다. 그러므로 수요예측은 그리 쉬운 일이 아니다. 그것은 변동이 심하기 때문이며 그 변동에 영향을 미치는 요인들은 <표 4. 1>에서 보는 바와 같이 무수히 많다. 따라서 수요예측을 하는 데 있어서 이러한 요인들에 대하여 일일이 조사·분석하여 종합한다는 것은 무리가 있다. 그러므로 수요예측을 위해 주로 과거자료를 이용하는데, 이것은 과거의 자료가 위에서 언급한 수요변동 요인의 영향을 모두 반영한 것으로 간주할 수 있기 때문이다.

우선 경영자가 통제할 수 없는 외적요인으로는 경제 상황, 변덕스러운 고객의 기호, 제품에 대한 고객의 이미지, 경쟁사의 가격, 광고, 신제품, 정부정책 등이 있다. 통제가능한 내적요인도 수요에 복잡하게 영향을 미친다. 제품이나 서비스의 설계, 가격, 광고, 포장 디자인, 판매원의 의욕, 지역시장의 확대 또는 축소 등을 경영자가 어떻게 결정하는가에 따라 수요가 달라지게 된다. 경영자는 이러한 내적요인을 통해서 신제품이나 기존제품의 미래 수요의 양과 발생 시점을 조정하거나 수요변화에 대응하게 된다.

〈표 4. 1〉 수요변동의 요인

수요변동의 요인	내 용
통제가능 요인	제품 및 서비스의 디자인
	가격정책
	판매촉진정책
	판매원 할당량 및 인센티브
	미납주문정책(backlog)
통제불가능 요인	경제상황
	고객의 기호
	제품 이미지
	경쟁자의 대응
	정부의 정책
	대체 가능성

수요시계열의 구성요소

수요변화에 영향을 미치는 요인들이 다양하고 복잡하므로 그들의 주요 요인을 밝히기보다는 이들 영향을 반영한 것이 과거의 수요데이터라고 간주한다. 즉 과거수요변동에 미친 요인들의 영향이 미래수요변동에도 그대로 지속된다

그림 4. 3 | 수요패턴

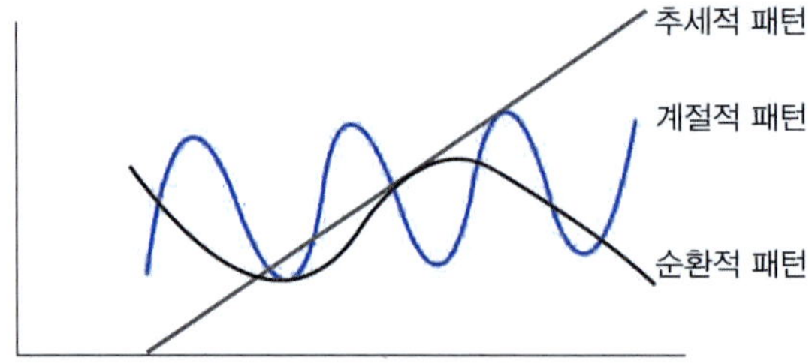

고 가정하므로 과거수요패턴이 미래수요패턴이라는 것이다. 과거의 수요변화를 시계열로 관찰하여 나타나는 패턴을 이용하여 미래의 수요예측이 가능하다. 수요시계열은 수요데이터를 발생한 순서대로 타점한 것을 말하며, [그림 4. 3]에서 보는 바와 같이 추세적(trend) 변동, 순환적(cyclical) 변동, 계절적(seasonal) 변동, 우연(random) 변동으로 구성된다고 보는 것이 일반적이다.

추세적 패턴이라는 것은 점진적으로 상승하거나 하강하는 변동을 나타내며, 순환적 패턴이란 경기순환의 영향으로 수요가 사이클곡선을 그리며 변동하는 것을 말한다. 계절적 패턴이란 봄, 여름, 가을, 겨울 혹은 분기별 변동 등을 말하며, 우연 변동이란 돌발적이거나 원인불명일 경우의 변동을 말한다.

수요변화를 시계열로 관찰한 수요패턴은 추세적 패턴, 순환적 패턴, 계절적 패턴 또는 소음의 단순 패턴일 경우라기보다 대개 이들 패턴의 혼합으로 일어난다. 즉 수요패턴은 추세변동, 순환변동, 계절변동 그리고 우연변동 등의 구성요소의 혼합으로 본다. 이러한 구성요소들의 상호작용(혼합) 여부를 나타내는 모형으로 가법모형과 승법모형이 있다.

가법모형(additive model)에서는 실제수요를 시계열 요소들의 합으로 보는 견해이다.

$$Y = \underbrace{T + C + S}_{\text{수요패턴}} + \underbrace{R}_{\text{우연}}$$

Y: 수요
T: 추세
C: 주기적 변동
S: 계절적 변동
R: 우연변동

이 경우 모든 요소들은 동일한 측정단위로 표현되어야 하는데 실제로 그렇게 하는 것이 불가능하여 결점이 많다. 그러므로 승법모형(multiplicative model)이 널리 이용된다. 승법모형은 실제수요를 다음과 같이 각 요소들의 곱셈값으로 본다.

$$Y = T \cdot C \cdot S \cdot R$$

이 경우 추세변동은 물량이나 금액으로 나타내고 나머지 요소들은 추세변동의 백분율(%)로 나타낸다.

예측기법의 유형

예측기법은 [그림 4. 4]과 같이 크게 정성적 방법과 계량적(정량적) 방법의 두 가지로 구분된다. 정성적 방법이란 경험이나 견해 등의 주관적 요소가 주가 되는 예측방법이며, 계량적 방법이란 과거의 데이터를 이용하여 예측을 하는 방법이다. 정성적 방법에는 델파이법(Delphi method), 시장조사법, 수명주기유추법, 역사적 유추법 등이 포함되며, 계량적 방법에는 단순이동평균법, 가중이동평균법, 지수평활법, 시계열회귀분석법, 분해법, 회귀분석법 등이 포함된다.

그림 4. 4 | 예측기법의 유형

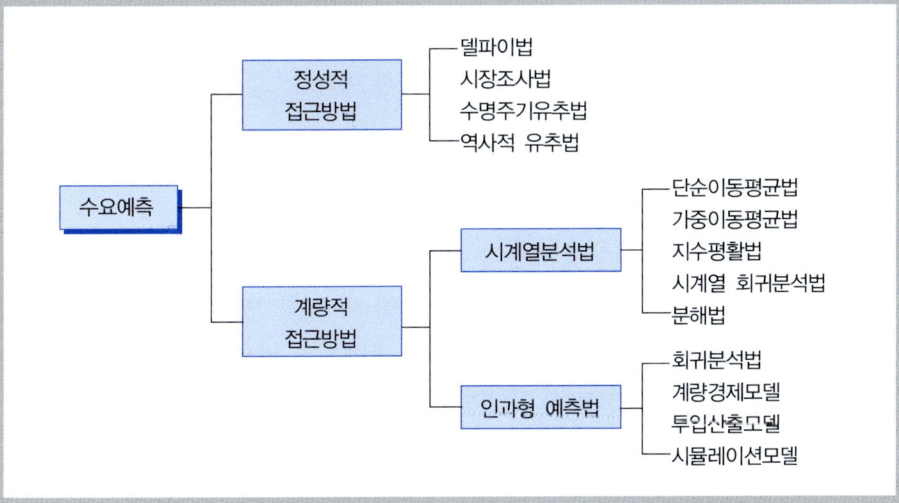

정성적 예측방법

델파이법

전문가들로 구성된 위원회를 만들어 전문가들의 합의를 도출하는 방법이다. 특이한 것은 전문가들이 어느 한 곳에 모여 토론하는 것이 아니라 전문가들에게 개별적으로 설문지를 보내어 그들의 응답을 수집하고, 수집된 의견을 종합정리한다. 정리한 자료를 바탕으로 만든 새로운 설문지를 다시 위원들에게 보내어 그들의 새로운 응답을 수집한다. 이렇게 하면 전문가들은 그룹 전체의 의견을 참고로 자신의 의견을 수정할 기회를 가지게 되는 것이며 이러한 과정을 합의적인 예측치가 나올 때까지 되풀이한다.

이 방법의 장점은 전문가들이 비공개적으로 답을 하기 때문에 개별 전문가의 의견이 어느 특정인이나 혹은 소그룹의 위원들로부터 영향을 받지 않는다는 것이다. 하지만 합의가 이루어질 때까지 설문지를 보내고 회수하는 것을 여러 번 반복하여야 하므로 시간과 비용이 많이 소요된다는 것이 단점이다. 또한 위원회를 구성하는 전문가들이 누구인가에 따라 상이한 예측치가 나올 수 있는 단점이 있다.

시장조사법

소비자들의 표본집단으로부터 설문지, 전화조사, 면담 등을 이용하여 의견을 수집한 다음 통계적인 분석을 통해 예측하는 방법이다. 비용과 시간이 많이 소요된다는 단점이 있으나 상당히 정확한 예측정보를 얻을 수 있다는 것이 장점이다.

수명주기유추법

제품의 판매량이 제품의 수명주기(도입기, 성장기, 성숙기, 쇠퇴기)와 밀접한 관련이 있다는 사실에 근거하여 판매 및 이윤 변동에 관한 자료분석을 통하여 수명주기를 판단하여 예측을 하는 방법이다. 비용이 적게 드는 반면 수명주기에 대한 판단이 전문가나 경영자의 경험에 의하여 이루어지므로 예측이 잘못될 가능성이 높다.

역사적 유추법

예측의 대상이 되는 제품 및 서비스와 유사한 기존제품이나 서비스의 과거자료를 이용하여 예측하는 방법이다. 예를 들어, 음료시장에 진입하는 새로운 음료의 미래 수요를 예측하는 데 기존 음료의 과거자료가 이용될 수 있다는 것이다. 비용은 적게 드나 자료를 쉽게 얻을 수 있는지의 여부가 문제이다.

계량적 예측방법

단순이동평균법

단순이동평균법(simple moving average)은 예측시점으로부터 거꾸로 몇 기간 동안의 평균값을 예측치로 이용하는 방법이다. 예를 들어, 3개월 단순이동평균법이라면 예측시점을 기준으로 거꾸로 3개월간의 평균을 예측치로 이용한다.

계산식은 다음과 같다.

$$\text{단순이동평균 : } A_t = \frac{D_t + D_{t-1} + D_{t-2} + \cdots + D_{t-n+1}}{n}$$

$$\text{예측: } F_{t+1} = A_t$$

여기서 D_t = t기의 실수요
n = 이동평균의 기간
A_t = t기의 계산된 평균
F_{t+1} = $t+1$기의 예측치

예제 4.1

다음과 같이 2014년도의 월별 판매자료가 있고 2015년도의 1월의 예측치를 3개월 단순이동평균법을 이용하여 구해보라.

월	1	2	3	4	5	6	7	8	9	10	11	12
판매실적	250	210	223	270	245	261	212	226	241	252	261	229

해답 2015년 1월의 예측치는 2014년 10월, 11월, 12월의 평균값으로 구할 수 있다. 즉, $(252+261+229)/3 \approx 247$이다.

단순이동평균법을 이용하기 위해서는 몇 기간의 평균을 이용할 것인지를 정해야 하는데 해당 기업에 적합한 기간을 정하면 된다. 이것을 정하는 하나의 방법으로 다음 절에서 설명할 지수평활법에서와 같이 기간수에 따른 절대평균편차(MAD: mean absolute deviation)값을 계산하고 비교하여 MAD값을 최소화시키는 기간수를 택할 수도 있다.

가중이동평균법

단순이동평균법에서는 과거의 자료에 동일한 가중치를 부여한다. 예를 들어, 3개월 단순이동평균법의 경우에는 각각의 월별 자료에 가중치 1/3을 부여하는 셈이 되는 것이다. 이에 반하여 가중이동평균법(weighted moving average)에서는 그 가중치를 달리하자는 것이며 예측시점에 가까운 자료일수록 높은 가중치를 부여하자는 것이다. 물론 가중치의 합은 1이 되어야 한다.

계산식은 다음과 같다.

평균: $A_t = W_1 D_t + W_2 D_{t-1} + \cdot \cdot \cdot + W_n D_{t-n+1}$

예측: $F_{t+1} = A_t$

단, $\sum_{i=1}^{n} W_i = 1$ (W_i : 가중치)

예제 4.2

[예제 4.1]의 자료를 가지고 3개월 가중이동평균법을 이용하여 예측시점에 가까운 자료부터 비율을 3 : 2 : 1로 부여한다고 가정하고 2015년 1월의 예측치를 구하라.

해답 예측시점에 가까운 자료부터 비율을 3 : 2 : 1로 부여한다고 했을 경우 그 가중치는 다음과 같이 구한다. 가까운 자료부터 가중치는 $3/(3+2+1)=3/6$, $2/(3+2+1)=2/6$, $1/(3+2+1)=1/6$이다. 따라서 2015년 1월의 예측치는 다음과 같다.

$$252 \cdot (1/6) + 261 \cdot (2/6) + 229 \cdot (3/6) \approx 244$$

지수평활법

지수평활법(exponential smoothing)은 예측하려는 시점에서 가장 가까운 자료에 높은 가중치를 부여하고 오래된 자료일수록 낮은 가중치를 부여하여, 그 가중치를 지수함수적으로 부여하는 방법이다. 즉 지수평활법에서 가중치의 부여는 예측하려는 기간에 가까운 시계열 자료일수록 지수함수적으로 증가한다. 그러므로 가중치가 예측하는 기간에 가까울수록 크게, 점차 멀어질수록 점진적으로 가중치가 작게 부여된다.

이 기법은 다음과 같은 이유로 단기예측에 가장 많이 이용된다.

① 지수적 모형은 정확성이 있다.
② 지수적 모형의 설정이 비교적 쉽다.
③ 사용자가 모형을 쉽게 이해할 수 있다.
④ 모형을 사용하는 데 필요한 계산이 많지 않다.
⑤ 제한된 역사적 자료의 사용으로 컴퓨터 기억장소를 많이 요구하지 않는다.
⑥ 모형이 잘 기능하고 있는지 정확성을 테스트하기가 쉽다.

지수평활법에 의한 예측식은 다음과 같다.

$$F_{t+1} = F_t + \alpha \cdot (D_t - F_t)$$

여기서, F_t : t시점의 예측치
D_t : t시점의 실제수요
α : 지수평활계수$(0 < \alpha < 1)$

지수평활계수는 수요가 불안정적일 경우 1에 가까운 값, 즉 0.7, 0.8, 0.9를 이용하고 수요가 안정적인 경우에는 0에 가까운 0.1, 0.2, 0.3을 이용하는 것이 보통이다. [그림 4. 5]는 α에 따른 예측치의 변화를 보여준다. 지수평활계수(α)는 기업마다 그 기업에 적합한 값을 선택해야 하는데, 지수평활계수를 정하는 방법 중의 하나를 소개하면 다음과 같다.

과거의 자료를 이용하여 여러 가지 지수평활계수를 적용하여 지수평활계수 값에 따른 MAD(본장의 예측오차부분 참조) 값을 계산하고 이 MAD 값을 비교하여 MAD 값이 제일 작은 경우의 지수평활계수를 선택하는 것이다.

그림 4.5 | α 값과 수요예측의 추이

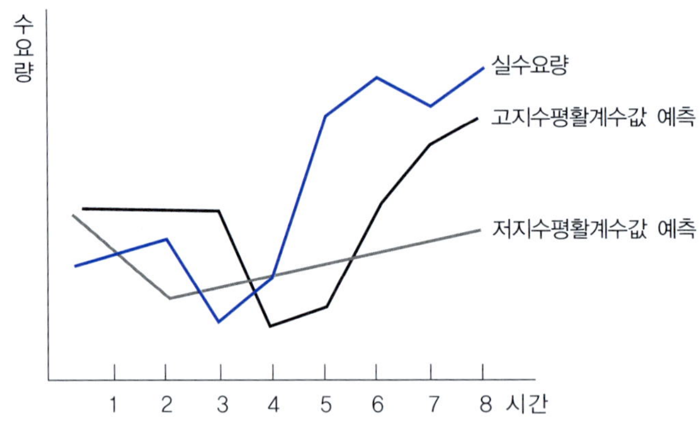

예제 4.3

다음과 같은 연도별 판매실적자료가 있다고 가정하고 $\alpha = 0.5$를 사용하여 2016년의 예측치를 구하라.

연 도	판매실적
2008	490
2009	487
2010	492
2011	478
2012	461
2013	475
2014	472
2015	458

해답 지수평활법에서 한 가지 주의할 것은 예측치를 계산함에 있어 초기 예측치가 필요하다는 것이다. 즉, 위의 경우 2009년도의 예측치는 지수평활법의 공식에 의하면 $F_{2009} = F_{2008} + \alpha(D_{2008} - F_{2008})$이다. 여기서 보듯이 2009년도의 예측치를 구할 때에 2008년도의 예측치가 필요한 것이다. 이 예측치는 다음과 같은 방법으로 정하는 것이 보통이다. 일반적으로 과거자료 중 앞에서부터 반 정도의 자료의 평균을 이용하기도 하고 혹은 앞에서부터 몇 개의 자료의 평균을 이용하기도 한다.

위의 예의 경우에는 앞에서부터 반 정도(4개)의 자료의 평균을 이용하기로 한다. 즉, 2008년도의 예측치 $F_{2008} = (490 + 487 + 492 + 478)/4 \approx 487$이다. 다음의 표는 지수평활계수가 0.5일 경우의 예측치를 구하는 계산과정을 보여준다.

연 도	판매실적	예 측 치
2008	490	$(490+487+492+478)/4\approx487$
2009	487	$487+0.5(490-487)=488.5$
2010	492	$488.5+0.5(487-488.5)=487.75$
2011	478	$487.75+0.5(492-487.75)\approx489.88$
2012	461	$489.88+0.5(478-489.88)\approx483.94$
2013	475	$483.94+0.5(461-483.94)\approx472.47$
2014	472	$472.47+0.5(475-472.47)\approx473.73$
2015	458	$473.73+0.5(472-473.73)\approx472.87$

$\alpha=0.5$일 때의 2016년도의 예측치는 다음과 같이 계산된다.

$$F_{2016}=F_{2015}+\alpha(D_{2015}-F_{2015})=472.87+0.5(458-472.87)\approx465.44$$

시계열회귀분석법

시계열회귀분석법은 독립변수와 종속변수와의 관계를 다루는 일반적인 회귀분석에서 독립변수가 시간(time)인 특수한 경우라고 생각하면 된다. 즉, 독립변수인 시간과 종속변수인 수요 간의 관계를 찾아내어 미래의 수요를 예측하는 것이 시계열회귀분석법이다. 시계열회귀분석법은 계절적 요소가 있는 경우와 없는 경우에 모두 적용이 가능하다. 연도별 자료와 같이 계절적 요소가 거의 없는 경우에는 추세에만 중점을 두는 추세선분석모형을 이용하고, 분기별 자료나 월별 자료 등과 같이 계절적 요소가 있을 가능성이 높은 자료의 경우에는 추세선분석모형에 더미(dummy)변수와 삼각함수를 추가한 모형을 이용한다. 계절적 요소가 있는 경우는 본장의 범위를 벗어나므로 여기에서는 추세선분석모형만 다룬다.

추세에는 선형추세(linear trend)와 2차곡선추세(quadratic trend) 등이 있다. 본장에서는 선형추세의 경우만 다룬다. 시간과 수요와의 관계가 직선인 경우에 다음과 같은 선형관계식을 생각해 볼 수 있다.

$$Y_t=\beta_0+\beta_1\cdot t$$

여기서, Y_t : t시점의 수요
t : 시점
β_0: 절편
β_1: 기울기

이러한 선형모델에서 β_0와 β_1값은 과거의 수요자료를 이용하여 일반 단순회

그림 4. 6 | 직선추세선

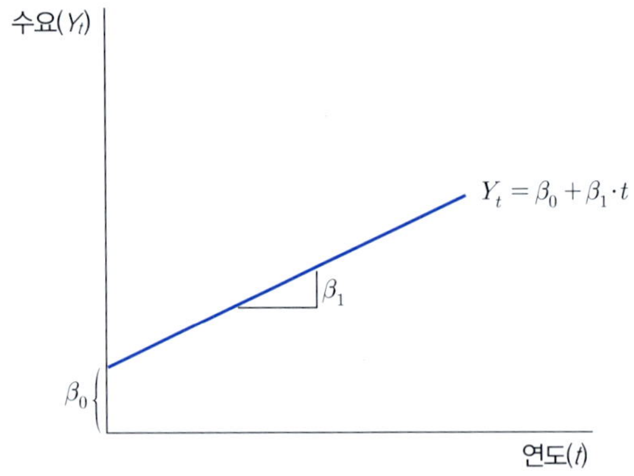

귀분석에서와 같이 최소자승법을 이용하여 구한다. β_0와 β_1값을 구하는 공식은 다음과 같다.

$$\beta_0 = \overline{Y_t} - \beta_1 \cdot \overline{t}$$

$$\beta_1 = \frac{\sum_{t=1}^{k} (t \cdot Y_t) - k \cdot \overline{t} \cdot \overline{Y_t}}{\sum_{t=1}^{k} t^2 - k \cdot \overline{t}^2}$$

공식을 이용하여 β_0와 β_1값을 구할 수도 있으나 컴퓨터 통계패키지의 회귀분석을 이용하면 β_0와 β_1값을 쉽게 찾을 수 있다. 이들의 관계를 그림으로 표시하면 [그림 4. 6]과 같다.

예제 4.4

다음은 어느 기업의 최근 7년 동안의 판매실적이다. 이 자료를 이용하여 2016년의 수요를 예측하라.

연 도	수 요
2009	74
2010	79
2011	80
2012	90
2013	105
2014	142
2015	122

해답 β_0와 β_1값을 구하는 공식을 이용할 경우, 계산을 간단히 할 수 있도록 자료상의 연도를 간단한 수로 변환한다. 즉, 위의 경우 연도가 2009년부터 2015년까지이므로 연도를 1부터 7까지의 수로 변환하면 계산을 간단히 할 수 있다(물론 연도를 그대로 이용하여도 되나 계산이 복잡하다).

연 도	t	Y_t	$t \cdot Y_t$	t^2
2009	1	74	74	1
2010	2	79	158	4
2011	3	80	240	9
2012	4	90	360	16
2013	5	105	525	25
2014	6	142	852	36
2015	7	122	854	49
합 계	28	692	3063	140

여기서 $\bar{t} = \frac{28}{7} = 4$, $\bar{Y}_t = \frac{692}{7}$ 이다.

따라서

$$\beta_0 = \bar{Y}_t - \beta_1 \cdot \bar{t} \approx \left(\frac{692}{7}\right) - (10.54) \cdot 4 \approx 56.7$$

$$\beta_1 = \frac{\sum_{t=1}^{7}(t \cdot Y_t) - 7 \cdot \bar{t} \cdot \bar{Y}_t}{\sum_{t=1}^{7} t^2 - 7 \cdot \bar{t}^2} = \frac{3{,}063 - 7 \cdot 4 \cdot \left(\frac{692}{7}\right)}{140 - 7 \cdot 16} \approx 10.54$$

그러므로 예측식은 $Y_t = 56.7 + (10.54) \cdot t$이다. 만일 2016년의 수요를 예측할 경우에 2016년은 $t=8$에 해당하므로 예측식에 $t=8$을 대입하면 나음과 같나.

$$Y_8 = 56.7 + (10.54) \cdot 8 \approx 141$$

분해법

이미 설명이 있었듯이 수요시계열은 추세적(T) 변동, 순환적(C) 변동, 계절적(S) 변동, 우연(R) 변동으로 구성된다고 보는 것이 일반적이다. 수요가 이러한 요인들의 합이라고 보는 것이 가법모형(additive : 수요=T+C+S+R)이며, 수요는 그러한 요인들의 곱이라고 보는 것이 승법모형(multiplicative : 수요=T · C · S · R)이다. 분해법(decomposition)은 수요자료를 이러한 구성요소별로 분리하여 요소별 추정치를 구하고 이 추정치를 예측에 이용하는 방법이다. 수요를 구성요소의 합으로 보느냐 곱으로 보느냐에 따라 구성요소별로 분리하는 방법과 요소별 추정치를 구한 후 예측하는 방법이 달라지게 된다.

회귀분석법

회귀분석법은 수요와 관련 있는 변수를 찾아 그 관계를 이용하여 예측을 하는 방법이다. 이 경우 수요가 종속변수가 되고 관련변수가 독립변수가 되어 종속변수와 독립변수 간의 관계식을 찾는 것이 회귀분석이다. 수요와 관련 있는 변수는 상당히 많을 수 있다. 독립변수가 하나인 경우를 단순회귀분석모형이라고 하고, 두 개 이상의 변수가 독립변수가 되는 경우를 다중회귀분석모형이라고 한다. 본장에서는 단순회귀분석모형에 대하여 살펴본다. 일반적인 단순선형회귀분석모형은 다음과 같다.

$$Y = \beta_0 + \beta_1 \cdot X$$

여기서, Y : 수요
X : 독립변수
β_0 : 절편
β_1 : 회귀식의 기울기

회귀분석은 과거의 자료를 이용하여 적합한 β_0와 β_1값을 찾는다. β_0와 β_1값을 찾는 방법은 시계열회귀분석법에서와 같이 최소자승법으로 찾을 수 있다. 일반회귀분석법이 시계열회귀분석법과 다른 점은 시계열회귀분석법은 일반회귀분석법의 특수한 경우로 독립변수가 시간이라는 점이다. 아래의 예를 가지고 회귀분석법을 이용하여 수요예측을 해보기로 한다.

예제 4.5

아래의 자료는 어느 기업의 분기별 광고비 지출과 판매실적에 대한 것이다. 2016년 1분기에 광고비를 15만 원 지출한다면 예상되는 판매수익은 어느 정도인지 예측하라.

분 기	광고비(만원)	판매수입(만원)
2013년 3	10	114
4	6	87
2014년 1	8	110
2	13	126
3	11	116
4	5	89
2015년 1	14	130
2	9	103
3	7	98
4	12	110

해답 단순선형회귀식에서의 β_0와 β_1값은 광고비(X)를 독립변수, 판매수입(Y)을 종속변수로 했을 때 다음의 식을 이용하여 구할 수 있다.

$$\beta_0 = \overline{Y}_i - \beta_1 \cdot \overline{X}_i \ , \qquad \beta_1 = \frac{\sum_{i=1}^{k} (X_i \cdot Y_i) - k \cdot \overline{X}_i \cdot \overline{Y}_i}{\sum_{i=1}^{k} X_i^2 - k \cdot \overline{X}_i^2}$$

여기서 중요한 것은 회귀식을 찾는 데 있어서 시간은 전혀 고려의 대상이 되지 않는다는 점이다.

분 기	X_i	Y_i	X_iY_i	X_i^2
2013년 3	10	114	1140	100
4	6	87	522	36
2014년 1	8	110	880	64
2	13	126	1638	169
3	11	116	1276	121
4	5	89	445	25
2015년 1	14	130	1820	196
2	9	103	927	81
3	7	98	686	49
4	12	110	1320	144
합 계	95	1083	10654	985

$$X_i = \frac{95}{10} = 9.5, \quad \overline{Y}_i = \frac{1083}{10} = 108.3$$이다.

따라서 β_1과 β_0는 다음과 같이 계산된다.

$\beta_0 = \overline{Y}_i - \beta_1 \cdot \overline{X}_i \approx 108.3 - (4.43) \cdot (9.5) \approx 66.21$

$$\beta_1 = \frac{\sum_{t=1}^{k} (X_i \cdot Y_i) - k \cdot \overline{X}_i \cdot \overline{Y}_i}{\sum_{t=1}^{k} X_i^2 - k \cdot \overline{X}_i^2} = \frac{10{,}654 - 10 \cdot (9.5) \cdot (108.3)}{985 - 10 \cdot (9.5)^2} \approx 4.43$$

그러므로 관계식은 $Y = 66.21 + 4.43X$이다. 따라서 만일 2016년 1분기의 광고비가 15만 원이라면 그 때 예상되는 판매수익은 $Y = 66.21 + 4.43(15) \approx 133$만 원이다.

예측오차

예측은 언제나 오차가 있다. 그러므로 어떠한 예측의 경우라도 예측오차를 평가해서 만족스러운 정도의 오차가 될 때 비로소 예측이 완료될 수 있다. 예측오차는 다음과 같이 실제수요와 예측치와의 차이를 말한다.

$$E_t = D_t - F_t$$

여기서, E_t : t기간의 예측오차
D_t : t기간의 실제수요
F_t : t기간의 예측치

이러한 예측오차는 예측방법의 정확성을 평가하는 척도가 된다. 예측오차를 측정하는 방법에는 평균자승오차(MSE: mean squared error), MAD 등이 있으며 다음과 같이 구한다. MSE는 다음과 같이 개별오차를 제곱하여 합한 것을 평균한 것이다. 개별오차를 제곱하기 때문에 오차가 작은 경우보다 큰 경우에 더 영향을 받는다. MAD는 다음과 같이 개별오차의 절대값을 합한 것을 평균한 것이다.

$$MAD = \frac{\sum_{t=1}^{k} |D_t - F_t|}{k}, \quad MSE = \frac{\sum_{t=1}^{k} (D_t - F_t)^2}{k}$$

MAD 값이나 MSE 값이 작을수록 예측기법의 정확성이 높다고 할 수 있다. MAD는 오차값의 방향(음의 값, 양의 값)을 무시하고 오차의 크기만 측정하기 때문에 예측오차가 평균값이 0인 정규분포일 경우 표준편차(σ)는 MAD와 다음과 같은 관계가 있다.

$$1\sigma = 1.25\ MAD(\text{또는 } 1MAD = 0.8\sigma)$$

예제 4.6

다음과 같은 자료가 있을 경우 MAD와 MSE를 구해보라.

실제수요	예측수요	예측오차(E_t)	$\lvert E_t \rvert$	E_t^2
20	18	2	2	4
24	21	3	3	9
26	27	−1	1	1
		합계	6	14

해답

$$MAD = \frac{\Sigma \lvert E_t \rvert}{3} = \frac{6}{3} = 2, \quad MSE = \frac{\Sigma E_t^2}{3} = \frac{14}{3}$$

예측오차의 통제

예측오차와 관련하여 또 다른 중요한 문제는 현재의 예측기법이 현실을 적절히 반영하는가를 점검하고 적절히 기능이 수행되도록 하는 것이다. 이러한 예측오차의 통제 문제에 있어서 예측기법이 현실을 적절히 반영한다는 것은 그 예측기법으로 예측할 때 생기는 오차는 우연오차만 있음을 말한다. 그러므로 특정 예측기법의 예측오차가 우연오차의 범위내에 머무는지의 여부를 점검해서 현재의 예측기법이 제대로 예측하고 있는지를 확인할 수 있다. 이러한 예측오차를 점검하는데 추적지표(TS: tracking signal)에 의한 관리도가 유용하다.

추적지표는 다음과 같이 개별예측오차의 합을 MAD로 나눈 값이다.

$$\text{추적지표}(TS) = \frac{\sum_{t=1}^{k}(D_t - F_t)}{MAD}$$

특정 예측기법이 제대로 기능을 수행하고 있다면 관측되는 오차는 평균이 0인 정상분포를 이루는 우연오차이다. 그러므로 이때는 개별오차를 합하는 과정에 양의 값의 오차와 음의 값의 오차가 상쇄되므로 개별오차의 합은 0에 가깝게 되고 따라서 추적지표의 값도 0에 가깝다. 만약에 추적지표의 값이 0에서 크게 벗어나면 예측에 편의(bias)가 있음을 시사한다. 추적지표가 계속 양의 값을 가지고 있으면 과소예측, 즉 비관적 경향에 있다는 것이다. 반대로 음의 값일 때는 과대예측, 즉 낙관적 경향에 있다는 것이다.

그러므로 추적지표는 편의의 상대적 크기를 측정하는 지표라고 할 수 있다. 추적지표에 의한 관리도법에서는 관리한계선을 대개 ±4 *MAD*에서 ±8 *MAD* 사이로 한다. 품질관리의 관리도의 합계가 ±3σ라는 점에서 편의상 추적지표의 관리한계선을 ±4*MAD*로 하는 경우가 많다. 왜냐하면 1*MAD*=0.8σ이므로 관리한계선인 ±4*MAD*는 ±3.2σ에 해당되기 때문이다. 현실을 적절히 반영하고 있으면 예측오차의 99.8%가 ±4*MAD*의 관리한계선 범위에 포함된다. 예측기법이 적절히 기능을 수행함에도 불구하고 추적지표의 값이 이 관리한계선을 벗어날 확률은 겨우 0.2%이므로 추적지표의 값이 ±4*MAD*의 한계선을 벗어나면 예측기법에 문제가 있다는 것이다.

그러나 관리한계선을 설정하는데 예측대상의 특성과 중요도 역시 중요한 고려사항이 된다. 예를 들어, 종합병원에서의 환자급식 예측과 무궁화열차의 승객 예측에서 예측오차의 과소 또는 과대는 해당 조직체의 서비스 성과에 중요한 영향을 미칠 수 있다. 제품이나 서비스의 특성에 따라 예측오차의 방향과 크기가 사업 또는 생산의 성과에 크게 영향을 미칠 수도 있다. 중요도가 높은 것은 높은 예측오차 비용을, 중요도가 낮은 것은 낮은 예측오차 비용을 수반한다.

높은 비용을 수반하는 예측오차는 그 관리한계가 좁아야(±3～±4) 예측오차가 엄격하게 통제되어 예측오차 비용의 발생을 최소로 할 수 있다. 중요도가 낮은 예측대상은 관리한계를 느슨하게 하여야 예측오차의 점검을 빈번하게 점검하지 않아도 된다.

<표 4. 2>는 추적지표의 계산을 보여주고 있다. 6개월의 예측기간에서 절대평균편차(*MAD*)가 10.3개이기 때문에 월평균 예측오차의 크기가 10.3개라는 것이다. [그림 4. 7]에서 ±4*MAD*의 관리한계선으로 예측오차를 통제할 경우 12월의 예측에 예측기법이 제대로 기능을 발휘하지 못함을 시사하고 있다.

〈표 4. 2〉 추적지표의 산출

월	예측치	실적치	오차	예측오차누계(RSFE)	절대오차	절대오차누계	MAD	TS
7	100	94	−6	−6	6	6	6	−1
8	100	108	+8	+2	8	14	7	0.3
9	100	110	+10	+12	10	24	8	1.5
10	100	96	−4	+8	4	28	7	1.1
11	100	115	+15	+23	15	43	8.6	2.7
12	100	119	+19	+42	19	62	10.3	4.1

그림 4.7 | 추적지표에 의한 관리도

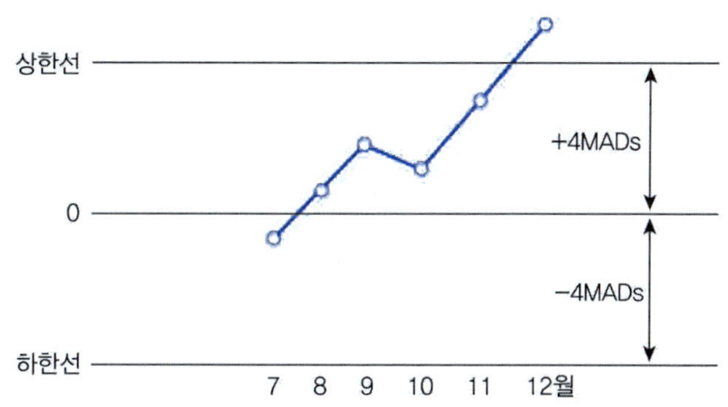

추적지표에 의한 관리도법으로 이와 같이 예측오차를 점검해 나갈 때 추적지표가 관리한계선을 벗어나면 수정조치를 요구하는 것이다. 이때 *MAD*가 최신의 데이터로 갱신(updating)되어 최신의 예측오차를 충분히 반영하고 있다면 추적지표에 의한 예측오차의 통제가 보다 효과적일 수 있다. 이와 같이 *MAD*를 계산하는 데는 앞에서 살펴본 지수평활법의 개념에 따라 다음과 같은 공식을 사용한다.

$$MAD_t = \alpha|D_{t-1} - F_{t-1}| + (1-\alpha)MAD_{t-1}$$

예측기법의 선택

다양한 예측기법 중에서 적합한 기법을 선택하는 기준으로 휠라이트와 클락(S. Wheelwright and K. Clark)은 사용자의 수준, 시간과 자원, 용도, 데이터의 양과 질의 정도, 데이터의 패턴 등을 제시하고 있다.

- **사용자 수준** : 사용자들은 그들이 이해하지 못하는 예측기법으로 예측한 결과를 이용하지 않으려는 경향이 있기 때문에 사용자가 이해할 수 있는 예측기법을 선정하는 것이 중요하다.
- **시간과 자원** : 기업이 가지고 있는 시간과 자원을 고려하여야 하는데 시간과 예산이 충분하지 못한 경우 간단하고 비용이 적게 드는 예측방법을 선택할 수밖에 없다.
- **예측용도** : 예측의 용도 또한 예측기법의 선정에 중요한 기준이 된다. 예를 들어 정확한 단기예측이 요구되는 경우에는 시계열분석법이 주로 이용되고 정확성이 덜 요구되는 중장기예측이 요구되는 경우에는 정성적 혹은 회귀분석과 같은 모형이 주로 이용된다.
- **데이터의 양과 질** : 데이터의 양과 질이 충분한 경우에는 시계열분석법이나 회귀분석모형이 이용될 수 있으나 그렇지 않은 경우에는 정성적 방법을 이용해야 한다.
- **데이터의 패턴** : 데이터의 패턴이 안정적인 경우 단순이동평균법이나 지수평활법 등이 유용하며, 패턴이 추세나 계절적 요인을 포함할 경우에는 분해법 등이 유용하고, 패턴이 안정적이지 못한 경우에는 정성적 기법을 이용하는 것이 유리하다.

<표 4. 3>은 생산시스템의 계획과 운영관리에 관련된 주요 의사결정들과 이에 요구되는 예측기법들을 정리한 것이다. 예측기법의 선정과 관련해서 흥미로운 문제는 직관에 의한 정성적 예측의 정확도와 계량적 모형의 정확도에 관한 것이다. 에버트(R. Ebert)의 연구에 의하면 데이터상에 많은 소음이나 비선형적 계절적 패턴이 있을 경우 계량적 모형의 예측이 인간의 직관에 의한 정성적 예측보다 우수하였다. 그러나 임의적 지수평활계수의 값을 갖는 단순지수평활법보다는 직관에 의한 정성적 예측이 보다 우수하였다. 이 연구가 시사하는 바

〈표 4. 3〉 생산시스템의 의사결정과 예측기법

생산시스템의 의사 결정	계획대상 기간	요구되는 정확도	제품의 품종	의사결정 계층	예측 기법
제품-공정의 선정	장기	중간	단일 또는 소수	최고 경영층	정성적 및 인과형
생산능력 및 결정	장기	중간	단일 또는 소수	최고 경영층	정성적 및 인과형
총괄생산계획	중기	정확	소수	중간 경영층	인과형 및 시계열
일정계획	단기	매우 정확	많음	하위 경영층	시계열
재고관리	단기	매우 정확	많음	하위 경영층	시계열

는 계량적 예측기법이 항상 인간의 정성적 예측기법보다 우수하지는 않다는 것이다.

예측성과의 평가

유효한 예측은 어떤 조건에 부합되어야 하는가? 일반적으로 예측성과의 평가기준에는 정확성, 안정성과 감응도, 객관성, 예측준비에 요구되는 시간 등이 있다.

(1) 정확성

예측이 정확해야 함은 가장 중요한 조건이다. 정확성(accuracy)의 정도를 대개 예측오차의 크기로 표현한다. 예측오차는 고객불만과 비용을 발생시킨다. 예측치가 실적치보다 크게 되면 유휴설비, 과잉재고, 유휴노동력 등의 비용을 초래하고, 실적치가 예측치보다 크게 되면 재고부족, 납기지연, 판매기회 상실 등을 초래한다. 실적치에 일치되는 예측이란 불가능하지만 예측오차로 인한 고객불만과 비용의 발생이 최소가 될 정확한 예측이 요구된다.

(2) 안정성과 감응도

예측은 실제수요변동에 포함되어 있는 불규칙 변동을 잘 평활해서 적절한 안전성을 갖는 수요의 경향을 나타내도록 함이 바람직하다. 만약 불규칙 변동을 적절히 평활하지 못하면 수요의 기본구조에 불규칙 변동이 포함되어 예측도 덩달아 변동하게 된다. 이러한 경우 제거되어야 할 불규칙 변동에 영향을 받게 되므로 예측의 안정성이 결여되는 것이다. 그렇다고 안정성 때문에 수요의 순변동조차도 관측할 수 없도록 과대 평활되어서는 곤란하다. 불규칙 변동이 아닌 다른 구조적 변동을 민감하게 반영하는 적절한 감응도 역시 예측에 요구된다. 보통 예측의 안정성(stability)과 감응도(responsiveness)와는 상충적이다. 안정성을 높이려면 보다 강력한 평활로 감응도가 떨어지게 되고 감응도를 높이려면 보다 낮게 평활하여 안정성을 떨어뜨려야 한다. 그러므로 바람직한 예측성과가 되려면 안정성과 감응도 간의 적절한 균형이 요구된다. 일반적으로 수요가 안정적일 경우에는 예측의 안정성을 높이는 경향이고, 수요가 역동적일 경우는 예측의 감응도를 요구한다.

(3) 데이터의 객관성

예측에 사용하려는 데이터가 환경요인의 변화로 현재의 변화를 설명하기에 너무 동떨어지거나, 과거의 데이터를 임의로 변조하거나, 정해진 예측절차를 마음대로 변경해서는 안 된다. 우선 데이터의 선정, 처리 그리고 예측기법의 적용을 객관적으로 처리하고 이렇게 얻어진 예측결과에 대해 현재의 변화를 반영하여 수정하는 것이 바람직하다. 자의적으로 예측에 필요한 데이터를 선정하거나 조작함은 현실을 왜곡하는 것이 된다.

(4) 예측준비에 요구되는 시간

예측은 그것이 필요한 의사결정에 제때에 제공될 수 있어야 유효한 것이다. 아무리 정확한 예측이라도 의사결정의 투입요소가 되지 못하면 기업의 성공을 담보로 한 예측의 연습에 지나지 않는다. 그러므로 예측준비에 소요되는 시간이 중요한 기준이 된다.

이상에서 살펴본 평가기준 외에 하나의 종합적인 단일평가기준으로서 비용과 정확도의 비교를 들 수 있다. 이는 비용과 정확도의 상충적관계의 분석을 요구하는 것이다. 여기서 정확도는 MAD 등으로 측정되는 예측오차의 정도를 말한다.

예측성과와 예측기법의 선정에 관련된 비용에는 예측기법 도입비용, 예측기법 운영비용, 그리고 예측오차비용이 포함된다.

예측기법 도입비용에는 예측기법의 프로그램비, 교육훈련비, 새로운 것의 도입에 따른 역기능적 비용 등이 포함된다. 예측기법 운영비로 생각할 수 있는 비용은 예측기법의 모니터비, 예측시스템의 보전비, 예측에 따르는 소요시간 등이다. 예측오차비용은 평가하기가 까다롭다. 불규칙 변동의 정도, 수요패턴의 형태, 예측대상기간의 장단, 예측오차의 정도여하에 따라 예측오차비용의 평가가 달라진다.

예측오차와 예측기법의 선정은 기본적인 수요패턴에 달려 있다. 예측오차비용은 생산운영비와 다음과 같은 관계에서 이해되어야 한다.

$$\begin{aligned}\text{생산운영비} &= \text{예측오차의 함수}\\ &= C_1[f(MAD)] + C_2[f(BIAS)]\end{aligned}$$

여기서 C_1 = 비용에 대한 MAD 오차의 중요도
C_2 = 비용에 대한 BIAS 오차의 중요도

예측오차비용은 기업의 특성에 따라 오차의 크기보다 오차의 방향이 생산운영비에 더욱 큰 영향을 미칠 수 있다. 예를 들어, 상급의료원 환자식당의 경우 과대생산보다 과소생산이 2배의 비용으로 평가된다면 다음과 같은 수식으로 예측오차비용을 나타낼 수 있다.

$$\text{예측오차비} = C_1(\text{과대생산}) + 2C_2(\text{과소생산})$$

요 약

- 수요예측이란 제품이나 서비스에 대한 미래의 수요를 예측하는 것을 말하며, 미래의 수요가 얼마나 되는지 알아야 그에 맞는 생산계획을 세울 수 있고 또한 수요예측을 바탕으로 실제 주생산일정 및 자재소요계획이 세워질 수 있다.
- 수요시계열은 수요데이터를 발생한 순서대로 타점한 것을 말하며, 추세적 패턴, 순환적 패턴, 계절적 패턴, 우연변동으로 구성된다.
- 예측기법은 크게 정성적 방법과 계량적 방법의 두 가지로 구분된다. 정성적 방법은 경험이나 견해 등의 주관적인 요소가 주가 되는 예측방법이며, 계량적 방법은 과거의 데이터를 이용하여 예측을 하는 방법이다.
- 정성적 방법에는 델파이법, 시장조사법, 수명주기유추법, 역사적 유추법 등이 포함되며, 계량적 방법에는 단순이동평균법, 가중이동평균법, 지수평활법, 시계열 회귀분석법, 분해법, 회귀분석법 등이 포함된다.
- 예측오차라는 것은 실제수요와 예측치와의 차이를 말하며, 예측오차를 측정하는 방법에는 MSE, MAD 등이 있다.
- 특정예측기법의 예측오차가 우연오차의 범위내에 머무는지 여부를 점검하여 현재의 예측기법이 제대로 예측하고 있는 지에 관하여 예측오차를 확인하는 것을 추적지표(tracking signal)라 한다.
- 다양한 예측기법 중에서 적합한 기법을 선택하는 기준으로는 사용자의 수준, 시간과 자원, 용도, 데이터의 양과 질의 정도, 데이터의 패턴 등이 포함된다.

학습문제

1. 수요예측을 위해 과거데이터를 이용하는 이유는?

2. 수요예측은 부정확한 것이 일반적이다. 그러면 수요예측치를 기본으로 하여 생산계획을 세우는 것은 잘못된 것이 아닌가?

3. 정성적 예측기법과 계량적 예측기법의 근본적인 차이점은?

4. 객관적인 과거데이터를 이용하는 계량적 예측기법이 정성적 예측기법에 비하여 더 정확하다고 할 수 있는가?

5. 지수평활법이 단순이동평균법과 가중이동평균법보다 나은 점은 무엇인가?

6. 다음 품목을 예측하는 데 시계열의 어떤 구성요소를 중요하게 볼 것인가?
   a. 꽃 소매점의 월 매출량
   b. 슈퍼마켓에서 월 우유매출량
   c. 전화교환소의 일일 수요량
   d. 신문보급소의 월 구독량

7. 지수평활법의 평활계수 α의 크기는 어떻게 정하는가?

8. 시계열회귀분석법은 일반회귀분석법과 어떤 차이가 있는가?

9. 예측오차는 어디에 이용되는가?

10. 서비스업에서도 수요예측은 필요한가?

11. 수요예측기법 중에서 어느 기법을 선택하는 것이 좋은가?

연습문제

1. 다음과 같은 수요예측모델에 의거하여 아래 물음에 답하라.

$Y = 36 + 4.3X$ (여기서 X = 온도, Y = 제품 A의 수요)

1) 온도가 30℃일 때의 제품 A의 수요예측치는?
2) 온도가 35℃일 때의 제품 A의 수요예측치는?

2. 지난 5년 동안 제품 B의 수요는 아래 표에서 보여주듯 지속적으로 증가하였다. $\alpha = 0.3$, 1998년의 예측치=410이라고 가정하고 2016년의 수요예측치를 지수평활법을 이용하여 구하라.

연도	실제수요	예측치
2011	450	410
2012	495	
2013	518	
2014	563	
2015	584	

3. 다음은 어느 제품의 8년간의 수요에 대한 자료이다. 2016년의 수요예측치를 구하고자 한다. 첫 년도의 수요예측치가 490이라고 가정하고 MAD를 최소화하기 위하여 지수평활법의 $\alpha = 0.1$, $\alpha = 0.5$, $\alpha = 0.9$ 중에서 어느 것을 사용하여야 하는지 결정하라.

연도	2008	2009	2010	2011	2012	2013	2014	2015
수요	490	487	492	478	461	475	472	458

4. 다음은 어느 부품의 주별 수요에 대한 자료이다. 지수평활법을 사용하여 수요를 예측하는 데 있어 $\alpha = 0.25$를 사용하기로 하였다. 만일 11주의 수요예측치가 170.76이라고 가정하고 13주의 수요예측치를 구하라.

주	1	2	3	4	5	6	7	8	9	10	11	12
수요	169	227	176	171	163	157	213	175	178	158	188	169

5. 다음의 제품 C의 11년간의 수요에 대한 자료이다. 3년 단순이동평균법에 의한 수요예측치와 3년 가중이동평균법에 의한 수요예측치를 구하고 어느 방법이 더 우수한지 살펴보라. 단 가중치는 아래와 같다(Hint : MAD를 사용하라).

기간	가중치
1년 전	0.5
2년 전	0.3
3년 전	0.2

연도	제품 C의 수요(단위 : 천)
2005	4
2006	6
2007	4
2008	5
2009	10
2010	8
2011	7
2012	9
2013	12
2014	14
2015	15

6. 문제 5의 자료를 이용하여 2년, 3년, 4년 단순이동평균법 중에서 어느 것이 MAD(과거 4년간)를 최소화하는가?

7. 다음은 어느 종합병원이 과거에 필요로 했던 간호사 수에 대한 자료이다. 2016년의 1분기에 필요한 간호사의 수를 2분기, 4분기, 8분기 단순이동평균법을 이용하여 각각 예측하라.

연도	분기	간호사 수요
2013	1	114
	2	110
	3	106
	4	114
2014	1	116
	2	114
	3	111
	4	112
2015	1	115
	2	113
	3	110
	4	116

8. 다음은 어느 호텔의 객실수요에 대한 자료이다. 최소자승법을 이용하여 2016년의 객실수요를 예측하라.

연도	2007	2008	2009	2010	2011	2012	2013	2014	2015
객실수요 (단위 : 천)	17	16	16	21	20	20	23	25	24

9. 다음은 어느 제품의 7년간의 수요에 대한 자료이다. 최소자승법을 이용하여 2016년의 수요를 예측하라.

연도	수요
2009	74
2010	79
2011	80
2012	90
2013	105
2014	142
2015	122

10. 다음은 어느 자동차 수리센터의 월별 오일교환 횟수에 대한 자료이다. 단순회귀분석을 이용하여 다음 달의 수요를 예측하라.

월	오일교환횟수
5	21
6	26
7	37
8	32
9	39
10	31
11	40
12	42

11. 다음은 과거의 석유 수요(백만 리터)와 기상지수에 대한 자료이다. 예를 들어, 기상지수가 4일 경우 석유의 수요는 4백만 리터였다. 기상지수를 독립변수로 하는 석유수요의 회귀방정식을 구하라.

석유 수요(백만 리터)	기상지수
4	2
1	1
4	4
6	5
5	3

12. 다음은 13명의 학생들의 GMAT성적(경영대학원 입학을 위한 시험)과 대학원 성적에 대한 자료이다. GMAT성적이 800인 경우 그 학생의 대학원성적은 얼마로 예상되는지 알아보라. 또한 GMAT성적과 대학원성적 간에 밀접한 관련이 있는가를 알아보라.

학생	GMAT성적	대학원성적
1	421	2.90
2	377	2.93
3	585	3.00
4	690	3.45
5	608	3.66
6	390	2.88
7	415	2.15
8	481	2.53
9	729	3.22
10	501	1.99
11	613	2.75
12	709	3.90
13	366	1.60

13. 다음은 어느 K-은행에서 과거 7년간의 연별 이자율과 대출수입에 대한 자료이다. 이자율을 독립변수로 하는 회귀방정식을 구하고, 만일 2016년의 이자율이 12%일 것으로 예상한다면, 대출수입은 얼마나 될 것으로 예상되는지 살펴보라.

연도	이자율(%)	대출수입(억)
2009	9.5	20.1
2010	10.1	20.9
2011	12.5	19.8
2012	14.2	18.3
2013	12.0	17.9
2014	11.1	19.4
2015	10.2	21.6

사례 동운아나텍

동운아나텍의 목표는 "기업공개(IPO)를 통해 우수 인력을 확보하고 세계 시장 점유율을 50%"로 끌어올리는 것이다. 스마트폰 카메라용 자동초점(AF: auto focus)칩 전문 업체인 동운아나텍은 전 세계 시장 점유율 36%로 1위 기업이다. 사진을 찍을 때 자동으로 초점을 맞춰주는 기능을 가진 반도체 칩을 설계하는 기술을 처음으로 국산화했다.

2006년 삼성테크윈, 삼성전기, LG, 이노텍, 큐리텔(현 팬택)에 제품을 납품하기 시작해 2년 뒤 까다롭기로 유명한 일본 소니를 뚫으면서 회사 성장이 본격화되었다. 중국 샤오미, 화웨이, ZTE, 레노버 등에도 제품을 공급하면서 지금은 해외 매출 비중이 전체의 83%에 달한다.

동운아나텍은 상장을 통해 50억 원을 공모할 예정이다. 신규 자금 조달 규모보다는 우수 인재 유치에 의미를 두고 있다. 중국 내 스마트폰 시장이 점차 확대되면서 AF칩 수요도 폭증하고, OIS(광학식 손떨림 방지) 기능 칩으로도 제품 확대가 필요한 시기이기 때문이다. 2015년 4분기에 OIS 시제품이 출시되면 내년부터 매출에 본격적으로 반영될 전망이다. 김동철 대표는 "팔 수 있는 제품이 많은데 개발 인력이 부족한 상황"이라며 "중국 선전 · 상하이, 일본 도쿄, 대만 타이베이, 미국 실리콘밸리에 있는 지사를 대대적으로 키울 것"이라고 말했다.

과거에는 스마트폰 후면에만 AF칩이 장착됐지만 '셀카' 열풍을 타고 전면에도 AF칩을 넣는 제조업체가 늘어나고 있는 것도 호재다. 중국 업체들은 최근 후면에 카메라 2개를 장착하는 '듀얼 카메라' 모델을 개발 중이다. 카메라 개수가 늘어날수록 이 회사 납품량도 늘어나 매출 증대로 이어질 수 있다. 또한 "핀테크 활성화로 본인 확인 등 보안을 위해 전면에 카메라 2개를 장착하는 사례"가 나오면 "AF칩 수요는 향후에도 더 늘어날 것"이라고 예측하고 있다.

후발업체들의 진입장벽이 높은 점도 매출 안정성에 기여할 전망이다. AF칩 설계가 극도로 고도화한 기술은 아니지만 스마트폰 전체 제조단가에서 차지하는 비중이 1%도 안 돼 후발 주자로 시장에 뛰어들기 어려운 여건이다.

동운아나텍은 "스마트폰 제조사들이 제조단가의 극히 일부분에 해당되는 AF칩 납품단가를 낮추기 위해 수급이 불확실한 신규 업체들 제품을 쓸 이유가 없다"면서 "기존 업체들과의 가격 협상 수단으로 쓸 수는 있지만 후발업체들 진입에 따른 경쟁력 상실 위험은 작은 편"이라고 설명한다.

동운아나텍 개요

주력제품	스마트폰 카메라 AF칩
시장점유율	36%(세계 시장 기준)
판매처	삼성, LG, 샤오미, 화웨이 등
매출비중	해외 83%, 국내 17%
예정 공모가	1만~1만2000원
공모 청약일	22~23일
상장 예정일	30일
매출액	445억원
당기순이익	57억원

*실적: 지난해 기준

<출처: MK 뉴스, 2015년 6월 16일>

토의문제

1. 동운아나텍이 AF칩 수를 예측하는 데 있어서 사용한 예측기법은 무엇인지 토의하여라.
2. 1번 문항에서 적용된 예측기법이 적절하다고 생각하는가? 아니면 그렇지 않다고 생각하는가? 각각에 대하여 그 이유를 설명하여라.
3. 보다 정확한 수요예측을 위해 요구되는 것은 무엇인지 위의 사례를 통하여 토의하여라.

📖 참고문헌

전영일, 홍관수, 김남영, "전략적 운영관리", 경문사, 2003.

Adam, E., Ebert, R., *Production and Operations Management*, 2nd ed. Prentice Hall International, Inc., 1982.

Adam, E., Jr., "Individual Item Forecasting Model Evaluation," *Decision Sciences*, pp.458-470, 1973.

Armstrong, J. and Grohman, C., "A Comparative Study of Methods for Long-Range Market Forecasting," *Management Science*, pp.211-221, 1972.

Basu, S. and Schroeder, R., "Incorporating Judgements In Sales Forecast : Application of the Delphi Method at American Hoist & Derrick," *Interface*, pp.18-27, 1977.

Brown, R., *Statistical Forecasting for Inventory Control.* New York, McGraw-Hill, 1959.

Chase, R., Jacobs, F., and Aquilano, N., *Operations and Supply Chain Management*, 13th ed. NY: McGraw-Hill, 2010.

Chambers, J., Murrick, S., and Smith, D., "How to Choose the Right Forecasting Technique," *Harvard Business Review*, 49, pp.45-74, 1971.

Ebert, R., "A Comparison of Human and Statistical Forecasting," *AIIE Transactions*, 8, March 1976.

Georgoff, D. and Murdick, R., "Manager's Guide to Forecasting," *Harvard Business Review*, 64. pp.110-120, 1986.

Hogarth, R. and Makridakis, S., "Forecasting and Planning : An Evaluation," *Management Science*, 27, pp.115-138, 1981.

IBM, *Forecasting Reference Manual*. IBM System/36 MAPICS Version 2, January 1985.

Krajewski, L. and Ritzman, L., *Operations Management*, 2nd ed. Addison-Wesley Publishing Company, 1990.

Lee, D., Rho, B., and Yoon, S., "Effect of Investments in Manufacturing Practices on Process Efficiency and Organizational Performance," *International Journal of Production Economics*, 162, pp.45-54, 2015.

Makridakis, S., Wheelwright, S., and McGee, V., *Forecasting : Methods and Application*, 2nd ed. John Wiley & Sons, New York, 1983.

Wheelwright, S. and Charlee, D., "Corporate Forecasting : Promise and Reality," *Harvard Business Review*, 54, pp.40-60, 1976.

Winter, P., "Forecasting Slaes by Exponentially Weighted Moving Averages," *Management Science*, pp.324-342, 1960.

CHAPTER 05

제품개발 및 공정디자인

[도입사례] 기단식품

서대구공단의 한 귀퉁이에는 2013년에 설립된 기단식품이라는 어묵생산 공장이 있다. 이 공장의 대표인 김동하 사장은 형과 함께 수성구 중동에서 30여 년 전 어묵공장을 시작하여 오뎅하면 떠오르는 부산오뎅으로 제품을 만들어 납품하며 출발하게 되었다. 하지만 그 누구도 피할 수 없었던 IMF 구제금융의 시련은 김 사장의 형제에게도 예외는 아니었다. 이로 인하여 차별화된 제품에 눈을 돌려 수성구 중동에서 중리동으로 미주식품이라는 공장을 만들어 이전하였고, 수제어묵이라는 전문어묵을 생산하게 되었다. 그리고 또 하나의 생각은 즉석에서 만들어 먹는 즉석어묵에 이르게 되었다.

감자볶음 어묵을 개발하여 대구백화점, 동아백화점에서 판매하게 되었고, 이게 널리 알려져 즉석어묵이 전국으로 퍼지게 되었다. 미주식품은 대구지역 백화점, 유명 홈쇼핑에서까지 판매되는 성장에 성장을 거듭하였으며, 기단식품 김동하 사장은 형님의 배려로 미주식품에서 독립하게 되어 그동안 몸소 겪고 체험했던 경험을 바탕으로 섬유공장 약 60여 평을 임차, 전면 수리하여 직원 2명과 가족이 함께 가족중심으로 창업하게 되었다. 그리고 친환경 인증인 HACCP인증도 받았다. 어묵의 공정과정은 ① 양질의 어육을 엄선, ② 식염과 얼음을 투입하여 미세하게 분쇄, ③ 기타 부재료 컷팅 및 배합, ④ 배합된 연육을 성형기에 성형, ⑤식물성 유지에 140℃~160℃에서 충분히 가열, ⑥탈유기를 이용, 탈유과정을 거친다. ⑦ 냉동, 냉풍기를 장착한 냉각기를 거친 다음, ⑧ 포장 후 금속검출기를 거쳐 이물질 확인, ⑨ 제품에 따라 기준에 맞춰 보관 및 출고가 이루어진다.

특히 외골수다운 김동하 사장의 고집은 부산어묵을 버리고 이름이 생소한 해담어묵으로는 이 시장에서 어필하기 어렵다는 우려를 불식시키고 소비자들의 신뢰를 쌓아가기 시작했다. 그것은 30여 년의 경험에서 오는 철학, 원재료인 어육의 선도와 품질을 직접 체크하여 입고 할 정도로 깐깐하고, 직원들에게 반죽을 믹스하는 과정, 부재료를 컷팅하는 것조차 맡기지 않고 직접 수행한다.

재료의 선택, 입고, 부재료 커트, 반죽 가공 등 모든 일련의 과정이 김동하 사장의 손을 거쳐야만 질 좋은 어묵인 기단식품의 해담어묵의 이름을 달고 시중에 판매되는 것이다. 해담어묵을 한번 드셔보신 고객은 다른 어묵을 먹지 못하겠다며 지속적으로 재구매가 발생하고 있는 실정이다.

시설과 규모면에서 대형 어묵업체와 경쟁에서 불리하나 30여 년 동안의 경험지식은 짧은 시간 안에 어묵시장에서 두각을 나타내기에 충분했다. 특히 딸의 아이디어와 아버지의 경험이 어우러져 젊은 세대가 거리낌 없이 접근할 수 있는 메뉴를 개발하게 되었다. 경쟁에 있어서 차별화만큼 중요한 것은 없다는 판단 아래 품질제일주의를 천명하고 품질과 맛에 앞서가는 제품을 만들어 나갔다. 어묵제조공정이나 어묵의 레시피에 대해 특허를 낼 법도 하나 특허를 내는 순간 아이디어가 노출되어 빠르게 비슷한 다른 제품으로 시장에 나오기 때문에 특허는 전혀 의미가 없다고 한다.

기단식품은 해담어묵이라는 브랜드로 시장에 입소문으로 전국에 판매되고 있다. 해담어묵은 기단식품을 대표하는 브랜드로 바다의 맛을 담았다는 의미를 가지고 있다고 한다. 그리고 기단식품의 목표는 어묵이라고 하면 흔히 일본을 떠올리게 되는데 일본 고유의 어묵의 기술은 배우되 한국적인 맛과 한국적인 이미지를 구축하는 것을 목표로 하고 있다. 개발한 어묵의 종류로는 해담어묵 주력상품인 파프리카 가마보꼬, 해담은 보글어묵, 해담은 보글이면, 해담고로케 등 고급어묵이 주종을 이루고 있다.

창업한 지 1년 조금 지났을 뿐인데 벌써 매출이 3억 원을 넘어섰다. 대구 서구청에서 서구청 관내 우수제조업소 프로그램에 채택되어 서구청 주선하에 국내 대기업인 CJ, 대상, 베네스코, 장보고식자재 담당자들과 미팅과 프레젠테이션으로 좋은 인상과 사업계획을 통해 거래성사 단계에 이르게 되었다. 여기에 그치지 않고 저렴하고 값싼 반찬용, 간식용이 아닌 감사를 전하는 선물, 귀한 손님을 대접하는 대접용, 고급간식, 고급요리의 재료로 여겨지는 아이디어를 얻어 '행복한 물고기'라는 프랜차이즈를 세상에 내어놓기 위한 구상을 마쳤다.

여기에는 튀긴 어묵이라는 기존 고정관념에서 벗어난 탕숙이라는 과정을 공정에 넣음으로서 전분이나 조미료에 의존하지 않고 흰살 생선육 고유의 맛을 극대화시켜 젊은이의 입맛에 맞추었다.

이제 기단식품은 작은 가내공업의 짧은 역사로 시작하여 발전과 지속적 성장을 이루어 나갈 것이다.

위의 사례에서 생각해 보아야 할 주요한 포인트는 다음과 같다.

- 기단식품의 새로운 제품개발과정은 과거와 비교하여 어떻게 다른가?
- 식품이라는 제품개발과정의 장점과 단점은?
- 기단식품이 지속적인 경쟁우위를 유지하기 위해 제품개발과정에서 고려해야 될 사항은 무엇인가?

<출처: 산학연구원, 283호, 2014년 11월>

최근의 경영환경에서 경쟁우위를 확보하기 위해서는 탁월한 품질을 가진 혁신적인 신제품의 신속한 개발 및 기존제품에 대한 지속적인 개선 노력이 중요하다. 또한 거의 완벽한 품질을 가지는 제품을 저렴한 비용으로 생산할 수 있고 고객욕구의 변화에 신속하게 대응할 수 있는 유연생산시스템을 갖추는 것도 중요하다. 본장에서는 이러한 목표달성을 위해 필요한 제품개발 및 공정디자인과 관련된 내용을 다룬다.

본장에서 다룰 내용은 다음과 같다.

- 제품수명주기란 무엇이며 제품개발시기와의 관계는?
- 신제품을 개발할 것인가, 기존제품을 개량할 것인가?
- 제품개발단계는?
- 동시공학이란 무엇이며 그 유용성은?
- 모듈러 설계와 표준화의 필요성은?
- 가치공학이란 무엇이며 제품디자인에의 유용성은?
- 생산공정유형 결정시에 고려해야 할 것들은?
- 생산공정의 유형에는 어떠한 것들이 있나?
- 생산 자동화의 중요성은?
- 자동화와 관련된 생산기술에는 어떠한 것이 있나?

제품 및 서비스의 개발전략

제품 및 서비스의 개발은 생산운영관리의 출발점이다. 그것은 생산에 관련된 모든 의사결정이 제품 및 서비스와 일관성이 있도록 이루어져야 하기 때문이다. 동시에 기존의 생산설비 및 생산능력 또한 제품 및 서비스의 개발에 영향을 미치므로 생산기능은 제품 및 서비스의 개발 초기단계에서부터 적극적인 참여가 요구된다.

제품수명주기

제품수명주기(product life cycle)는 도입(introduction), 성장(growth), 성숙(matur-

그림 5. 1 | 제품수명주기(product lifecycle)

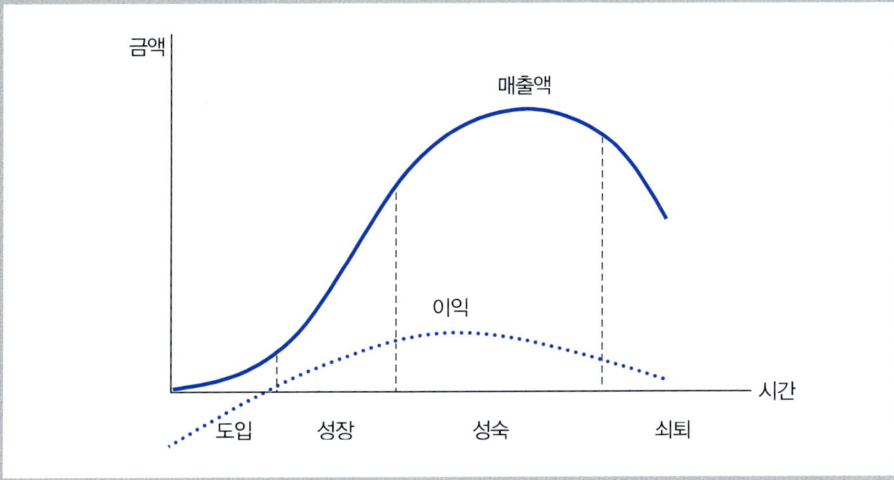

ity), 쇠퇴(decline)의 4단계로 이어진다. 기존의 제품이 현재 어느 단계에 있는지는 보통 매출액과 수익을 가지고 판단한다. [그림 5. 1]은 제품의 수명주기단계를 나타낸다. 각 단계별 특징을 살펴보면 다음과 같다.

- **도입** : 시장진입단계이므로 생산능력의 부족, 기술적인 문제, 유통문제, 고객의 구매패턴 변화에 대한 거부 등의 이유로 성장은 느리다. 이 단계에서는 매출액에 비해 상대적으로 높은 유통 및 판매촉진비용으로 인하여 손실이 발생하거나 낮은 수준의 이익을 기대할 수 있다. 경쟁사는 거의 없으며, 제품은 초보적인 수준이고, 가격은 높게 책정되는 것이 보통이다. 가격이 높게 책정되는 이유는 낮은 생산율과 유통 및 판매촉진비용 마련에 기인한다.
- **성장** : 매출의 급격한 증가가 일어나고 이익도 증가하며 경쟁자가 진입한다. 추가적인 기능 및 모델들의 소개로 시장은 확대되고 경쟁자 수의 증가로 유통망도 확산된다. 가격은 수요가 급격히 증가하는 한 약간 하락하게 되고 단위당 생산비용은 경험효과로 인하여 가격하락보다 더 빠른 속도로 감소하게 된다. 매출의 성장률은 처음에는 가속적으로 증가하나 점차 낮아지게 된다.
- **성숙** : 매출액의 증가율이 점점 낮아지다가 시장포화상태가 되어 매출액이

일정한 수준을 유지하게 되고 다른 대체품의 등장으로 매출액이 결국 감소하기 시작한다. 매출 성장률의 감소로 생산능력의 과잉이 초래되며 경쟁은 심화된다. 가격할인, 광고증가, 제품개선 등을 통한 경쟁이 심화되고 약한 경쟁자들은 시장에서 탈락하게 되며 결국 경쟁력 있는 기업들만 살아남게 된다.

- **쇠퇴** : 매출액이 감소한다. 매출액이 감소하는 이유로는 기술적인 진보, 고객 기호의 변화, 경쟁의 심화 등이 있으며, 이러한 것들은 생산능력의 과잉, 가격하락, 이익감소를 초래한다. 시장에서 탈락하지 않고 남은 기업들도 제공하는 제품의 종류를 줄이거나, 작은 규모의 시장과 약한 유통채널은 포기를 하게 되며 판매촉진 예산도 감소하게 된다.

제품개발전략

신제품 개발에 주력할 것인가 혹은 기존제품의 개량에 집중할 것인가 문제와 이러한 것을 어떻게 효과적으로 접근해야 할 것인지가 제품개발전략에 있어서의 핵심문제이다.

신제품을 개발할 것인지 혹은 기존제품을 개량할 것인지에 대한 결정은 제품의 수명주기와도 관련이 있다. 신제품 및 서비스는 기존제품의 성숙기 후반에 시장에 도입되는 것이 일반적으로 유리하다. 또한 패션제품 등과 같이 제품의 수명주기가 짧은 경우는 신제품의 개발이 바람직하며, 반대로 가전제품 등과 같이 제품의 수명주기가 긴 경우에는 기존제품의 개량이 지속적으로 일어나는 것이 바람직하다.

이러한 제품개발에 대한 접근법으로 다음의 세 가지를 고려할 수 있다.

- **시장지향(market pull) 접근법** : 고객의 요구에 맞는 제품을 개발해야 한다는 마케팅기능에 초점을 둔 고객지향적 접근법이다. 기존의 기술과 생산공정을 전혀 고려함이 없이 신제품은 시장에 의해서 결정된다고 보는 것이다. 고객의 필요가 신제품 도입의 유일한 근거이다. 시장조사나 고객조사를 통해서 신제품의 유형을 결정하고 생산하는 것이다.
- **기술지향(technology push) 접근법** : 공격적인 R & D 또는 생산을 통해 신제품에 대한 새로운 시장을 창조하자는 R & D와 생산기능에 초점을 둔 접근법이다.

• **통합(interfunctional) 접근법** : 위의 두 접근법의 통합, 즉 마케팅, R & D, 생산기능의 통합적인 접근법을 말한다. 최근에는 고객이 신제품개발과정에 참여하여 고객의 요구를 최대한 반영하고자 노력한다.

신제품개발은 어느 특정기능에만 초점을 둔 접근방법은 바람직하지 않으며 마케팅, R & D, 생산기능의 각 기능별 유기적 협동 및 협업을 통한 통합이 중요하다.

신제품개발과정

신제품개발은 [그림 5. 2]와 같은 단계를 거쳐 이루어진다.

• **아이디어 창출(idea generation) 단계** : 시장의 요구파악, R & D부문의 연구 등을 통해 신제품에 대한 새로운 아이디어가 창출된다. 예를 들면, 간편한 조리로 먹기 쉽고 저칼로리인 조식에 대한 요구(예 오트밀 제품류), 항상 젊

그림 5. 2 | 신제품 개발과정

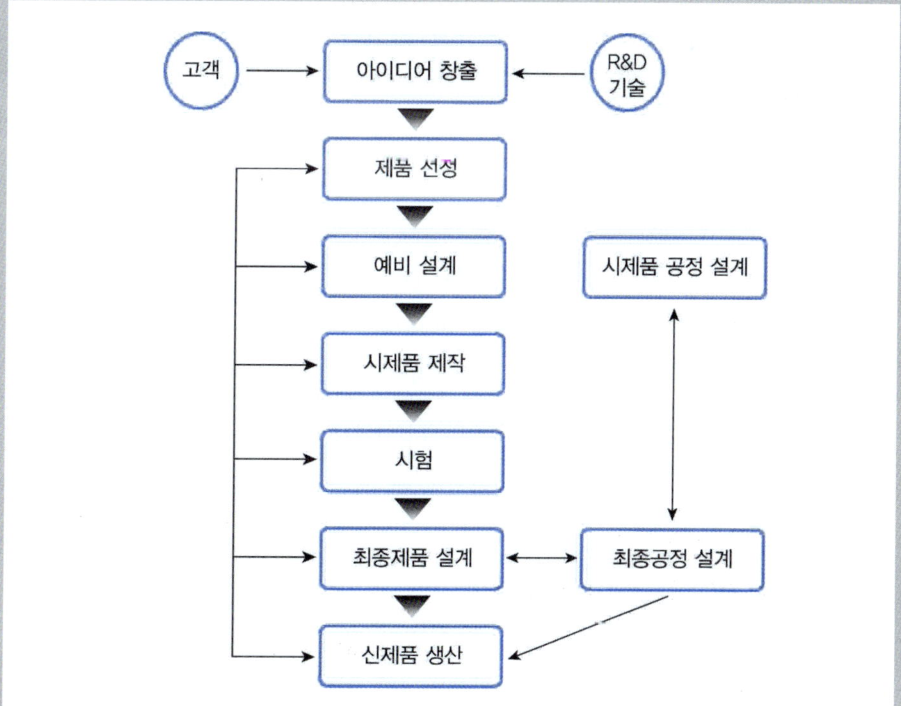

〈표 5. 1〉 체크리스트에 의한 제품선정 분석

제품특성	좋지 못하다	그저 그렇다	좋다	약간 좋다	아주 좋다	가중치
판 매 가 격		✓				15%
제 품 품 질				✓		10%
판 매 수 량			✓			20%
생 산 용 이 성	✓					10%
경 쟁 적 우 위				✓		10%
기 술 적 위 험		✓				15%
기업전략과의 일치성				✓		20%
좋지못하다=1, 좋다=3, 아주좋다=5						100%

은이의 얼굴과 같은 피부유지 요구(예 유-수분 공급 제품), 짧은 시간의 운동으로 혈당치를 정상적으로 떨어뜨릴 수 있는 운동의 요구(예 발목펌프운동) 등과 같은 시장의 요구가 신제품과 신기술을 낳게 된다. 또한 과학 및 정보통신기술 분야의 기초연구와 공학분야의 새로운 기술연구가 신제품 아이디어의 주요 원천이 되기도 한다. 기존제품의 연구를 통해서 장점과 단점을 철저히 분석하여 매우 성공적인 새로운 제품을 만들 수도 있다. 또한 기존의 기술로부터도 제품 아이디어를 얻을 수도 있다.

- **제품선정(product selection) 단계** : 시장잠재력과 재무적 타당성 등을 고려하여 여러 아이디어 중에서 가장 적합한 것을 선정한다. 신제품개발을 위해 제안된 아이디어들은 적어도 다음의 세 가지 조건에 대한 검토를 거쳐야 한다.

  (1) 시장잠재력(market potent)

  (2) 재무적 타당성(financial feasibility)

  (3) 제조/배달 가능성(operations compatibility)

제품선정 기법 중에 널리 사용되는 체크리스트 점수 방법(checklist scoring method)이 있다. 이는 제품선정을 할 때 고려되어야 할 요소와 그 요소들의 가중치를 매긴 <표 5. 1>과 같은 체크리스트를 만든다. 체크리스트상에 각 요소들에 대한 등급이 매겨지고 이 값에 각 가중치를 곱한 값이 해당요소의 득점이며, 각 요소들의 득점을 모두 합한 것이 각 아이디어의 총점수인 것이다. 총점수가 어떤 수준 이상일 경우 신제품개발 아이디어로 선정될 수 있다.

- **예비설계(preliminary product design) 단계** : 제품선정의 결과가 제품의 골격을 정하는 것이라면 예비설계는 그 제품을 구체화하는 것이다. 즉, 선정된 아이디어 개념을 구체화시키기 위해 크기, 형태, 색상, 품질, 성능, 수명, 고객요구 반영 등과 같은 제품윤곽을 구체화하는 설계로서 시험제작에 앞서 이루어지는 것이라 하여 제작설계라고도 한다. 예비설계단계에서는 원가, 품질 그리고 제품성능 간의 트레이드오프(trade-off)가 이루어진다. 이러한 트레이드오프를 통하여 시장에서 경쟁적이고 제조/배달 가능한 제품설계가 가능하게 된다.
- **시제품 제작(prototype construction) 단계** : 다음 단계의 시험을 위하여 예비설계를 바탕으로 시제품을 제작한다. 즉 최종제품과 거의 같은 제품원형을 만든다. 또한 필요하다면 고객요구를 보다 충실히 실현하도록 고객을 참여시켜 시제품을 수정하게 된다.

  맥도날드의 크로크(R. Kroc) 사장은 캘리포니아의 샌버나디노(San Bernardino)에서 프로토타입 식당(prototype restaurant)으로 출발했다. 깨끗한 외관, 빨간색과 흰색의 배열, 제한된 메뉴, 저렴한 가격 등을 갖춘 식당이었다. 크로크 사장은 이 프로토타입 식당의 시설을 그대로 본 따서 맥도날드 프랜차이즈로 확대 보급시켰다.
- **시험(testing) 단계** : 기술적 성능의 검증 및 시장에서의 판매 가능성의 점검이 시험단계의 목적이다. 예를 들면, 모든 신형 군용기는 시제품을 이용하여 시험한다. 여섯 대 이상의 원형비행기를 제작하여 관리자의 최종생산설계를 승인하기까지 엄격한 시험을 거쳐야 한다. 시제품시험의 결과는 최종설계에서 반영된다.
- **최종제품 설계(final product design) 단계** : 시험결과를 반영한 설계도 및 시방서가 만들어지며, 최종제품설계시에 공정설계도 동시에 이루어진다. 그러나 연구개발(R&D)의 기술부문만으로 생산을 위한 설계시방서를 만들지 못하기 때문에 신제품의 생산가능성을 확실히 할 수 있는 정보 패키지가 개발되어야 한다. 이 정보패키지에는 신제품 생산에 요구되는 세부적 관련공정기술, 품질관리데이터, 제품성능의 시험절차 등과 같은 것이 포함되어야 한다.

효과적인 제품 및 서비스 개발

지금까지 살펴본 바와 같이 제품개발은 여섯 단계의 과정을 거친다. 수많은 제품개발 아이디어가 결국 시장에 도입되는 것은 몇 개 또는 한 개에 불과한 것이다. 이와 같이 위험부담이 큰 제품개발을 좀 더 효과적으로 수행하기 위하여 다음과 같은 점을 고려해야 한다.

첫째, 제품개발노력을 통합하라.

제품개발기능과 생산기능의 관계는 전통적으로 비협력적이다. 제품개발부문이 작성한 신제품의 설계도면을 생산부문으로 넘기면 생산부문은 그것을 생산해야 한다. 만약 생산이 불가능하면 제품개발부문으로 '설계변경을 요함'이라는 꼬리표를 달아서 넘긴다. 제품개발부문은 이를 받아서 설계변경을 하여 생산부서로 다시 보낸다. 그래도 생산이 불가능하면 두 번째의 설계변경이 이루어지는 악순환이 반복된다. 종전에는 제품개발부문을 생산, 마케팅, 재무 등과 분리된 별개의 것으로 취급하였다. 뿐만 아니라 기업이 제품개발절차, 제품설계절차에 대한 통제와 유효성 측정에 관심을 두지 않았다. 그러나 더욱 치열해지는 글로벌 경쟁환경에서 시간이라는 전략변수의 중요성이 인식됨에 따라 생산 가능한 제품설계, 품질을 위한 제품설계, 환경을 고려한 제품설계 등에 관심을 갖기에 이르렀고 최근에는 사회적 책임 특히 환경친화적 재품설계를 요구하고 있다. 그 결과 제품개발 기능의 수행에 관리와 통제가 가해지고, 연구개발자는 관련 타기능의 사람들과 팀(team)을 이루어 제품개발을 하고, 제품개발의 유효성을 측정하게 되었다.

둘째, 제품개발의 다음 공정, 즉 고객은 생산이다.

제품개발부문의 고객은 생산부문이다. 신제품 설계가 생산 가능한 것이 되려면 제품개발자는 기계설비에 대한 이해가 있어야 한다. 이러한 이유로 IBM은 조기 제조 개입(early manufacturing involvement) 프로그램을 통해 기계, 설비에 대한 필요한 정보를 제품개발 연구자에게 제공한다. 이 프로그램에서는 제품개발 프로젝트에 제조 엔지니어가 한 팀으로 일을 한다. 최근에는 고객을 생산공정에 참여시켜 유기적 협조체제의 구축을 시도하고 있다.

셋째, 마케팅과 긴밀한 관계를 유지하라.

제품개발, 설계기술자는 마케팅을 통해서 외부고객과 밀접한 관계를 맺어야 한다. 크라이슬러가 좋은 사례가 된다. 크라이슬러가 회생이 가능했던 것은 설계기술자와 마케팅 담당자의 협력이 큰 역할을 했다는 것이 일반적인 평가이다. 자동차의 색상을 제외하고도 약 8만 개의 조합이 가능한 선택사양을 새로운 설계개념으로 42개 조합의 선택사양으로 대폭 축소하였으나 더욱 다양한 선택사양이 있는 것처럼 보이는 제품라인을 개발한 것이다.

넷째, 공급자와 협력관계를 구축하라.

제품개발부문은 공급자와 협력관계를 구축하고 유지해야 한다. 제품개발기술자는 개발될 제품의 자재를 선택하는 권한을 갖는다. 따라서 개발기술자가 공급자 공장을 방문하고 공급자의 능력을 숙지하도록 한다. 오늘날은 이에 머물지 않고 제품개발과정에 생산기능과 마찬가지로 공급자의 조기개입을 꾀한다. 이는 고객이 기대하는 제품 또는 서비스를 생산하는 데 필요한 그들의 원자재나 부품의 기능을 개선하기 위한 좋은 제안을 유도하기 위한 것이다. 따라서 공급자의 설계기술자와 구매회사의 설계기술자가 협동으로 제품개발, 설계 프로젝트를 수행하는 경우도 많다. 나아가서 구매회사는 핵심적 성능기준(critical performance criteria)만 명시하고 상세한 시방은 공급자 설계기술자가 마련하기도 한다. 이렇게 하려면 공급자나 구매자 간의 협력관계가 훌륭해야 한다.

다섯째, 동시공학을 활용하라.

동시공학(CE : concurrent engineering)이란 기업의 각 분야에서 모인 전문가로 구성된 팀이 제품의 디자인 및 개발을 담당하는 것을 말한다. [그림 5. 3]은 제품개발에 있어서의 동시공학과 순차적 공학(sequential engineering)의 차이를 보여준다. 순차적 공학의 경우 디자인, 검증, 시제품제작을 반복한다. 그 이유는 첫 번째 디자인과정에서 고려해야 할 사항들을 모두 한꺼번에 고려하지 못하기 때문이다. 예를 들어, 처음에는 성능, 비용, 시장성, 미를 고려한 디자인을 했다가 다시 생산 가능성을 비롯한 여러 다른 사항들을 고려해야 한다면 디자인과정을 다시 거쳐야 하기 때문이다. 이러한 상황이 발생되는 주된 이유는 제품의 정의단계에서 모든 관련기능 혹은 기관들이 참여하지 않기 때문이다.

그림 5.3 | 동시공학과 순차적 공학의 차이

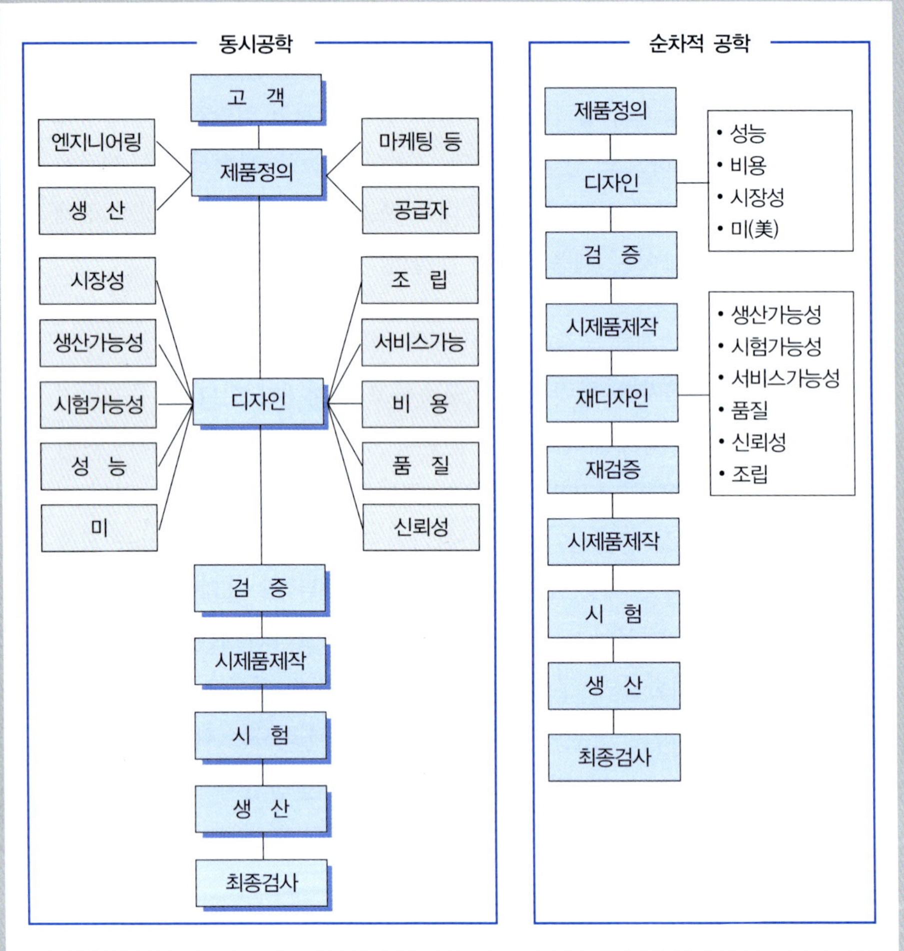

반면에 동시공학에서는 제품의 정의단계에서부터 모든 관련기능 혹은 관련기관들이 참여하므로 첫 번째의 디자인과정에서 모든 사항들이 한꺼번에 고려되어 디자인과정을 반복할 필요가 없음을 보여준다. 동시공학을 수행함으로써 얻을 수 있는 이점은 제품개발기간의 단축, 품질향상, 디자인 수정횟수의 감소, 생산성 향상, 비용절감 그리고 다음과 같은 효과를 기대할 수 있다.

- 제품개발시간을 단축함으로써 신제품의 신속한 시장도입이 가능해진다.
- 문제점이 초기에 반영되므로 신제품이 생산되기 전 또는 고객에게 배달되기 전에 문제를 해결할 수 있게 해준다.

- 여러 분야의 관계자들이 참여하기 때문에 정보와 지식의 공유를 통한 새로운 아이디어 창출을 가능하게 해준다.

제품설계시 고려사항

제품설계과정에서 고려해야 할 사항들은 기업의 특성과 전략에 따라 다양하고 상이하다. 여기서는 일반적으로 중요하게 고려되는 다음과 같은 사항들을 주요요인으로 살펴본다.

① 요구되는 자재와 생산방식
② 제품명세서와 공차
③ 모듈화 설계와 표준화
④ 사용에 적합한 제품설계
⑤ 제품다양성
⑥ 가치공학

이 요인들을 충분히 배려한 제품설계가 제품설계의 목적 즉, 가장 경제적으로 고객의 요구를 충실히 실현시킬 수 있는 제품명세서를 낳게 된다. 이 요인들을 충분히 배려할 수 있는 정해진 공식은 없다. 많은 시행착오과정을 거치는 길밖에는 없다.

① 요구되는 자재와 생산방식

많은 자재 중에서 적절한 것을 선정할 때는 설계하려는 제품 및 서비스가 어떤 품목이며, 어떤 생산기술을 이용하는가, 선정하려는 자재의 장점은 무엇인가를 검토해야 한다. 제품에 따라 그 선택범위가 매우 제한되거나 선택의 여지가 없을 수도 있지만, 일반적으로 자재의 선택범위는 넓고 보통 다음과 같은 세 가지 단계를 거쳐서 자재선정을 하게 된다.

첫 번째 단계에서는 어떤 자재가 고객의 요구를 가장 잘 충족할 수 있는가에 촛점이 모아지게 된다. 제품설계 기술자는 고객이 요구하는 기능은 물론이고 스타일과 심리적 요구까지도 충족시킬 수 있도록 제품설계를 해야 한다. 그러므로 자재선정에 강도, 무게, 내구성, 색상, 속성 등이 제품의 외관과 포장에 미치는 영향 등도 고려되어야 한다. 이러한 점에서 제품설계 기술자는 마케팅요원과 유기적 협조가 되어야 한다. 이와 같이 제품설계 기술자는 먼저 고객이 요구하는 기능적 요구 즉, 비단 성능만이 아닌 형태적, 심리적 요구를 충족시킬 수 있는 가장 적합한 자재를 선정하여야 한다.

두 번째 단계에서는 첫 번째 단계에서 선정된 자재의 공급원을 고려하게 된다. 여기서 공급원의 검토는 품질, 납기 그리고 가격의 조건에서 공급원을 분석하게 된다. 이 단계에서의 분석은 공급처의 가격, 품질, 납기 중의 트레이드오프(trade-off)의 문제이다.

마지막 단계에서는 선정된 자재가 제품생산의 제조원가에 미치게 될 영향을 검토하게 된다. 그러므로 이 단계의 분석에는 선정된 자재의 경도(hardness), 신축성(flexibility) 등의 정도와 이 자재로 생산하는 데 요구되는 생산공정의 기술과 역량에 대한 상세한 정보와 지식이 요구된다. 강철이나 유리는 기계작업을 할 때 비용이 많이 들고 작업에 어려움이 많다. 그러나 나무나 알루미늄은 상대적으로 그러하지 않다. 필요한 생산설비, 생산공정, 작업자 등의 결정은 제품품질의 허용공차(tolerance)가 어느 정도인가에 따라 좌우된다.

② 제품명세서와 공차

고객만족의 실현은 고객이 기대하는 이상의 품질이 제공되었을 경우이다. 이러한 고객만족의 제품 및 서비스의 산출은 무엇보다도 제품 및 서비스의 설계가 그렇게 되어야 한다.

제품설계의 결과가 제품명세서(product specification)이다. 이는 고객이 지각하는 품질특성을 유지할 수 있는 제품의 크기, 무게, 형태, 재료, 성분, 강도, 겉칠 등의 대용(代用)품질 특성으로 정의한 것을 말한다. 이것은 정밀하게 계량적으로 표현한 것에서부터 언어로 표현된 지침에 이르기까지 다양한 형식이 있다. 서비스의 경우에는 병원에서 의사의 처방, 식당에서의 식단(menu), 대학에서의 교과과정(curriculum)과 같은 것이 제품명세서에 해당된다.

제품명세서는 고객이 지각하는 품질특성을 유지하기 위해 정밀한 수치로 부품의 규격을 설정하는 것이라고 할 수 있다. 즉, 개개의 부분품이나 조립품에 적용되는 기준치와 공차를 규정하는 것이다. 공차는 주로 치수공차를 의미하는데 위 허용치와 아래 허용치의 차이로 표현된다. 그러므로 기준치에 대해 허용되는 산포를 의미한다. 이 공차의 정도는 조립공정의 정밀도, 품질수준, 신뢰성의 정도를 결정하게 된다. 부분품이나 조립부품은 예를 들어, 모터샤프트(motor shaft)의 규격이 4.00±0.001cm처럼 표현된다. 이때 4.00의 값은 모터샤프트의 직경의 기준치이고 기준치의 허용할 수 있는 오차의 범위인 공차가 ±0.001cm임을 의미한다. 그러므로 이 모터샤프트는 최소직경이 3.999cm이고 최대 직경이 4.001cm이다. 허용공차는 제품의 조립과 제조를 용이하게 할 뿐만 아니라 완제품이 기능을 잘 수행할 수 있도록 한다. 제품명세서에서 공차의 결정은 제품특성은 물론이고 생산공정의 능력이 어떠한가에 따라 결정된다.

서비스명세서의 경우 서비스는 인간적 요소가 강하므로 제품의 규격에 비해 불명확하다. 식당, 항공권 발권창구, 은행창구 등에서 서비스시간이 고객마다 상당한 차이가 있다. 이는 고객마다 요구하는 서비스내용, 서비스제공자의 상태, 대기상태 등의 차이에 기인된다. 서비스가 더욱 표준화되고 서비스제공자가 기계로 대체됨에 따라 서비스의 균질화의 정도가 높아진다.

③ 모듈화 설계와 표준화

기업이 생산한 제품에 대하여 제품의 표준화(standardization)와 부품의 호환성(interchangeability)을 빼놓고서는 생각할 수조차 없다. 왜냐하면 표준화는 우리의 생활을 단순화 및 공정화하는 기틀을 제공하기 때문이다. 제품과 부품의 표준화는 동일한 작업의 반복가능 정도를 의미하는 반복성(repeatability)의 정도를 결정하게 된다. 반복성의 정도가 높으면 단위당 원가가 감소되고 균질의 품질과 저원가를 가능하게 한다.

표준화는 기업의 전략변수 중 원가변수와 품질변수의 경쟁력을 결정하게 된다. 그러나 표준화 정도를 높일수록 다른 경쟁전략변수, 예를 들면, 제품다양성(product flexibility)과 생산량유연성(volume flexibility: 수요변화에 적응할 수 있도록 생산율을 조정할 수 있는 능력) 변수의 희생을 요구하게 된다.

특히 다양한 고객의 요구충족에 필요한 유연성(flexibility)은 표준화와 다양화를 동시에 추구하는 소위 모듈화(modularizations)가 요구된다. 모듈화란 값이 싸면서 다양한 제품이라는 고객요구를 실현하기 위해 완제품의 최종조립에 사용되는 중간조립품(subassembly)을 단위모듈로 설계하는 활동이다. 이의 기본개념은 다양한 제품을 조립할 수 있도록 일련의 기본구성품(basic product component), 즉 모듈을 개발하는 것이다.

자동차는 2만여 개의 부품으로 조립된다. 그러나 이러한 수만 개의 부품이 모듈화되어 있어 조립되는 데 걸리는 시간은 불과 1분여이다. 자동차의 경우 엔진, 변속기 등이 모듈에 해당된다. 자동차 생산에서의 모듈설계방식의 예를 살펴보자. 엔진크기가 3종류, 변속기 종류가 2가지, 외부색상이 5가지라면 모듈의 수는 3+2+5=10가지이나 생산가능한 제품은 총 3×2×5=30가지나 된다. 이와 같이 모듈설계의 개념을 이용하면 생산자가 만들어야 하는 구성품의 수는 한정되지만 고객에게는 다양한 제품을 공급할 수 있게 된다.

이와 같이 모듈을 여러 가지 다르게 결합하여 최종제품의 다양성을 높일 수 있다. 생산의 표준화와 단순화로 생산원가와 간접비를 절감시키며 고장수리시 고장모듈만 교체함으로 수리가 용이하다는 것이 또한 장점이다. 그러므로 모듈화는 제품의 다양성, 저원가의 경쟁전략변수를 동시에 얻게 되는 제품설계기법이다.

그러나 고장수리 시 모듈을 구성하는 부품집단 전체를 교체함으로 기능상실이 된 특정 부품의 교체보다 많은 비용이 요구된다는 것이 결점일 수 있다. 예를 들면, 콘트롤패널은 여러 개의 부품으로 구성된다. 이들 부품 중 어느 것이 기능상 장애로 TV가 켜지지 않을 때 이 콘트롤패널 전체를 빼내고 새것의 콘트롤패널로 대체한다. 이 때 콘트롤패널은 단위모듈로 설계된 것이다. 그러나 이러한 부품의 호환성이 곧 모듈화를 의미하는 것은 아니다. 부품의 호환성은 동일한 제품을 구성하는 부품에 존재하는 것이라면 모듈화는 이종(異種)제품까지 호환성을 확대한 것이라 할 수 있다.

모듈설계는 오늘날은 비단 제품생산에만 국한되는 것이 아니라 식당, 은행, 보험, 연예 등의 서비스산업에도 모듈화의 아이디어가 적용되고 있음을 쉽게 볼 수 있다.

④ 인간의 사용에 적합한 제품설계

인간의 사용이라는 점을 소홀히 취급할 때 그 신제품은 성능발휘가 불량할 뿐만 아니라 사용자에게 상해를 입히거나 생명까지도 앗아가는 결과를 빚게 된다. 그 좋은 예가 지난 2014년 4월 세월호 사고이다. 이익창출을 위한 구조물 변경이나 안전관리를 위한 유지점검 및 관리 등 전 과정이 무시되었기 때문이다. 세월호 사고가 우리에게 큰 충격으로 남는 것은 건축물의 선박 설비안전검사에서 세월호의 증축 등에 대하여, 2차례에 걸쳐 문제가 없다고 평가한 점과 승선 규정보다 많은 차량 및 화물이 실렸다는 점이다(위키피디아). 이는 이용자가 시민이라는 것을 망각하였을 뿐만 아니라 건축공학기술적 측면에서의 실현 가능성마저도 무시된 채 오직 비용과 수익의 경제적 관점에서만 설계가 변경되고 형식적 검사를 진행했다는 것을 의미한다. 세월호뿐만 아니라 삼풍백화점, 성수대교 붕괴 등과 같은 경험에서 얻은 교훈은 제품설계가 사람이 사용하기에 적합하지 않게 설계되거나 변경되었다는 점이다. 이러한 문제점을 예방하기 위하여 제품 및 서비스의 안전에 대한 생산자 내지 판매자의 배상책임을 제품책임 법률로 정하고 있다.

현대는 인간이 제품 및 서비스의 품질특성에 맞추어 사용하는 시대는 아니다. 제품 및 서비스가 인간의 특성에 맞추어서 설계되고, 안전하고, 사용이 편리하고, 보전이 용이하고, 고성능이라야 한다. 인간특성에 맞추어진 제품 및 서비스 설계는 인간공학(ergonomics)의 영역으로서 2차 세계대전 후 급속한 성장을 보게 되었다. 인간공학의 주요기능은 인체기관의 능력과 한계에 대한 과학적 측정과 통계적 분석이라고 할 수 있다. 이러한 정보가 제품설계에 중요한 투입정보가 된다.

⑤ 제품다양성

제품다양성의 정도 또한 제품설계의 주요 요인이다. 제품다양성은 직무의 전문화와 부품의 표준화를 제약하며 생산의 반복성 정도를 결정하는 요인이다. 제품의 다양성은 새로운 설계와 생산의 준비를 요구하므로 생산흐름을 단절시켜서 생산능률을 저하시킬 수 있다. 그러므로 다양성이 높으면 준비비, 불량률과 재작업 비용이 증가되고 균질의 품질확보가 어렵게 된다. 이러한 관점이 제품의 다양성에 대한 생산의 입장이다. 그렇다고 제품의 다양성이 무시되면 시장을 잃게 된다.

제품다양성에 대한 마케팅의 관점은 제품다양성이 높게 되면 고객에게 보다 많은 선택기회를 주게 되므로 경쟁사보다 더욱 다양하고, 고객이 원하는 만큼 다양한 제품라인(product-line)이 되어야 한다는 것이다. 그러나 제품의 다양성이 너무 높으면 고객에게 혼란이 오게 되고, 판매사원의 교육, 훈련이 용이하지 않고, 광고비가 많이 들고, 판매증대는 완만하게 되어 결국 매출감소로 이어져 결국 마케팅 전략에서 초점화가 불가능하게 된다. 제품다양성에 대한 생산과 마케팅의 관점은 이렇게 상반된다. 따라서 이 문제는 생산과 마케팅의 관점에서 종합적으로 파악되어야 한다.

⑥ 가치공학

가치공학(value engineering)이란 제품이나 서비스의 기능에 대한 체계적인 분석을 통하여 불필요한 기능을 제거하고 또한 필요한 기능을 더욱 경제적으로 개선하여 제품이나 서비스의 가치를 높이는 것을 말한다. 가치공학이라고 하면 가치분석(value analysis)과 가치공학(value engineering)을 모두 지칭하기도 하고 이들을 구분하기도 한다.

구분하는 경우 가치분석이 1950년대 GE(General Electric)사의 구매부서에서 개발한 구매품의 경제적 관점의 분석을 의미하고, 가치공학은 이 GE사의 가치분석을 미 해군과 공군에서 도입하여 경제적인 것보다 기술적 관점의 분석에 치중한 것을 말한다. 가치공학은 제품 및 서비스의 가치나 기능에 기여하지 않는 비용발생을 제거한다는 것이 그 철학이다. 제품성능요건(product performance requirement)과 고객요구(customer need)를 가장 낮은 비용으로 실현하려는 것이다.

다음의 식에서 알 수 있듯이 가치를 높이는 방법에는 두 가지가 있다. 즉, 하나는 기능은 그대로 두고 비용을 감소하는 방법이고, 다른 하나는 비용은 그대로 두고 기능을 향상하는 것이다.

$$가치(value) = \frac{기능(function)}{비용(cost)}$$

이 경우 가치는 기능이 일정할 경우 비용에 반비례하고 비용이 일정할 경우에는 가치와 기능은 비례한다. 그러므로 제품 및 서비스의 가치는 제품의 기능을 동일하게 두고 비용을 낮추는 것으로 달성될 수도 있으며 또한 동일한 비용에서 품질개선이나 기능향상을 통해서도 가능하다.

가치공학에서 제품 및 서비스의 가치를 높이기 위해 기능분석을 하려면 제품 및 서비스의 목적과 이 목적을 수행하는 데 요구되는 기능의 개념에 대한 이해가 요구된다. 여기서 목적은 제품 및 서비스가 존재하는 이유를 말한다.

가치공학에서 사용할 수 있는 체크리스트는 다음과 같은 것들이 있다.

- 그것은 꼭 필요한가?
- 유용성에 비해 비용은 합당한가?
- 다른 방법으로 그 기능을 수행할 수는 없는가?

- 2개 이상의 부품을 하나로 결합할 수는 없는가?
- 비용이 덜 드는 재료로 대체할 수는 없는가?
- 지나치게 정교하지 않은가?
- 설계를 변경함으로써 단순화와 표준화를 이룰 수는 없는가?

자동차 부품 모듈화: 2만개 부품들

자동차 조립의 과정

자동차 생산 역사에 가장 큰 혁신은 포드의 컨베이어벨트 시스템이다. 1903년 자동차 회사를 설립한 헨리포드는 'T형 포드' 제작에 컨베이어벨트 시스템을 도입했다. 당시에는 혁신적인 시스템이었다. 50여 개의 자동차 회사가 있었지만 마치 조각가가 조각하듯이 수공으로 만들던 시절이었는데, 이것을 대량생산이 가능한 방식으로 바꾸는 계기가 됐다. 한 줄로 지나가는 벨트에 차를 놓고 공정에 따라 필요한 부품을 하나씩 조립하는 방식이다. 이후 포디즘으로 불리며 자동차 생산 방식의 표준으로 자리 잡았다. 하지만 재고문제가 골치였다. 포드의 방식으로 차를 조립하려면 조립자의 손이 닿는 가까운 거리에 그날 조립할 모든 부품을 적재해야 하는 문제점이 있었고, 산더미처럼 쌓인 부품은 공간의 효율성을 떨어뜨리고 재고관리에 문제점을 야기했다.

▲포드의 생산라인. 벨트 위에서 작업자들이 순서대로 부품을 조립하고 있다.
〈출처: rmhermen at en.wikipedia.com〉

이런 문제점을 1980년대 도요타에서 개선했다. 부품업체와 완성차업체가 분업을 하면서 가능해진 일이다. 일명 JIT(just in time)라고 불리는 방식이다. 쉽게 말하면 필요한 부품을 필요한 시간에 부품업체에서 가져다 놓는 것이다. 완성차 제작 업체에서는 부품의 재고관리에 대한 부담을 덜 수 있었고 작업 공간도 절약됐다. 최근 현대차에서는 JIT방식을 개선해 JIS(just in sequence)시스템을 도입했다. 부품업체에서 시간에 맞춰서 공급하는 것뿐만 아니라 조립순서에 따라 여러 옵션의 부품을 공급하는 방식이다. 다양한 옵션을 가진 자동차를 생산하는데 적합한 방식이다. 차에 조립될 부품들을 옵션에 따라 순서대로 부품업체에 주문을 한다. 그리고 순서대로 조립하면 각기 다른 옵션을 가진 자동차들이 같은 생산라인에서 제작된다.

자동차 메이커와 부품계열구조

철을 녹여서 차체를 만들고 첨단 전자부품을 조립해야 하는 자동차는 원자재 생산부터 조립까지 계열화가 필요했다. 현대차를 예로 들면 현대제철에서 차체를 만들고 현대모비스에서 섀시, 운전석을 비롯한 부품을 만든다. 그 외 수백 개의 협력업체에서 만들어온 부품을 조립해 자동차가 완성된다.

미국의 자동차 전문지 <오토모티브 뉴스>에서 발표한 '세계 100대 자동차 부품회사'에는 낯선 이름이지만 우리가 타고 있는 차에 들어가는 부품을 만드는 회사들이 있다. 2009년 매출액 1위를 차지한 '덴소'는 일본 도요타에 부품을 공급한다. 2008년에만 매출 46조 원을 기록했다. 또 2위를 차지한 '보쉬'는 독일차를 비롯한 여러 완성차 업체에 부품을 공급한다. 현대기아차에 부품을 공급하는 '현대모비스'도 12위에 이름을 올렸다. 이밖에도 GM에 전기차 배터리를 공급하는 'LG케미컬'은 6위로 첫 등장해 깜짝쇼를 펼쳤다. 대부분의 부품업체는 연관된 완성차 업체의 흥망에 따라 성과가 나뉜다. 미국차의 극심한 부진 속에 '델파이'는 꾸준히 3위권에 들다가 순위가 크게 하락했다.

▲ 현대차에 납품되는 현대모비스의 섀시모듈
〈출처: 현대모비스 제공〉

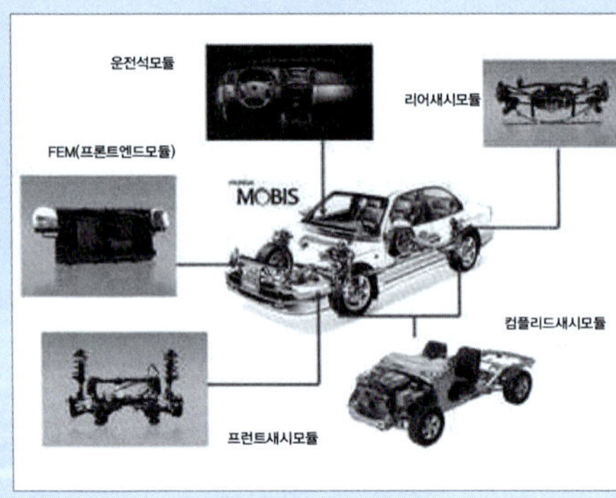

▲ 현대모비스가 제작하는 모듈
〈출처: 현대모비스 제공〉

자동차 부품업계의 미래, 모듈화

자동차 부품업계는 크게 OEM(주문자상표부착생산)시장과 A/S(사후관리)시장으로 나뉜다. 현대모비스의 경우 7:3 정도의 비율로 OEM사업 비중이 높다. 즉 완성차에 부품을 납품하는 일이 주된 사업이다. 초기에는 완성차 회사에서 요구하는 설계대로 만들어 제품을 납품했다. 하지만 납품에서 그치지 않고 부품의 수요, 공급 예측과 물류관리까지 맡아 하면서 부품업계의 역할은 더욱 커졌다. 최근에는 자동차에 필요한 부품을 볼트나 너트의 단위가 아닌 엔진, 변속기, 섀시 같은 큰 단위의 조립품을 만들어 납품한다. 이것을 '모듈'이라고 부른다. '모듈화'

는 세계 자동차 업계의 핫이슈로 떠오르고 있다.

'모듈화'의 장점은 크게 두 가지다. 부품업체에서 1차 조립을 통해 모듈을 만들기 때문에 불량률을 낮추고 조립시간이 줄어든다. 따라서 자동차 업계에서는 모듈화의 척도를 경쟁력으로 삼기도 한다. 현대차의 쏘나타는 40% 정도를 모듈화했고 르노삼성의 경우에도 모듈화를 확장해 가고 있으며 폭스바겐에서는 평균 17개의 모듈을 사용하고 있다.

▲현대모비스의 미국 오하이오 공장 메인라인 〈출처 : 현대모비스 제공〉

모듈 시스템이 자동차에 처음 도입된 때는 1990년대 초반. 독일 자동차 업계의 불황기였다. 폭스바겐의 3세대 '골프' 모델에 독일 부품회사 'Hella'의 '프론트엔드(앞 범퍼를 포함한 전방 부품)' 모듈로 생산비용과 불량률을 낮추기 위해 적용됐다. 이후로 폭스바겐은 '모듈화'를 회사의 기치로 내세우고 있다. 엔진, 변속기 등의 모듈을 폭스바겐의 여러 모델이 공유한다. 뿐만 아니라 회사의 애프터서비스센터 건물도 모듈화에서 차용한 디자인으로 꾸몄다. 국내에서는 현대모비스가 1999년 국내 최초로 섀시 모듈을 공급한 것을 시작으로 덕양산업, 성우하이텍, 만도, 현대위아 등 다양한 업체가 자동차에 들어가는 각종 모듈을 생산하고 있다.

현대모비스의 경우 현대차에 주로 납품하지만 ECU를 비롯한 전장 모듈을 크라이슬러에도 수출하고 있다. 지프 랭글러에는 4년 전부터, 최근에는 그랜드체로키, 닷지 듀랑고에도 모듈 공급을 진행하고 있다. 또한 BMW에도 브레이크, 에어백과 같은 주요 부품을 납품하기로 했다. 부품업체의 당면과제가 바로 수직적 계열화를 탈피해 글로벌 회사가 되는 것이기 때문이다.

모듈화가 도입되면서 생산 공장의 모습도 바뀌고 있다. 과거에는 부품업체 공장에서 만든 모듈을 차에 싣고 완성차 공장으로 납품했다. 물류비용도 만만치 않을 뿐더러 JIT, JIS 방식에 따라 시간과 순서에 맞춰 부품을 공급해야 했다. 그래서 최근에는 완성차 공장과 부품공장이 근거리에 위치한다. 현대차의 체코공장, 미국 조지아공장 바로 옆에는 현대모비스의 공장이 있다. 공장 내부 컨베이어 벨트를 통해 부품업체의 모듈이 완성차 공장으로 운반된다. 구조상으로는 마치 한 회사처럼 움직이지만 가장 효율적인 생산과정을 찾아가는 과학이 숨어 있다.

완성차업체와 부품업체가 계열화되어 가니 단점도 드러났다. 완성차 회사에 의존도가 절반을 넘는 경우도 많기 때문이다. 2009년 자동차 부품매출 세계 1위를 차지한 덴소는 도요타와 장기계약을 통해 안정적 협력관계를 이어가고 있다. 하지만 49%에 이르는 도요타 의존도가 약점으로 지적된다. 한국의 현대모비스도 마찬가지다. 현대기아차그룹은 세계 5대 자동차 회사에 진입했지만 부품업체 12위에 머물러 독자기술 개발과 글로벌화가 당면과제다.

<출처: http://m.blog.daum.net/sss2115/17048633 발췌 2015>

공정디자인

제품 및 서비스가 개발되면 그것을 생산하여 공급할 수 있도록 공정이 마련되어야 한다. 공정은 생산시스템에서의 변환과정을 의미하는 것이며, 공정의 디자인은 공정을 구성하는 기술, 설비, 작업방법 등의 구성내용과 이들의 결합방식을 구상하는 것이라고 할 수 있다. 공정디자인에는 구체적으로 공정유형의 결정, 공정기술의 선정 등이 포함된다.

공정유형 결정시 고려사항

공정의 유형을 결정할 때에 다음과 같은 사항을 고려해야 한다.

수직적 통합의 정도

원재료의 획득에서부터 최종제품의 판매에 이르기까지 전체의 공급사슬 중 어느 정도를 기업의 소유 및 통제하에 두느냐에 따라 공정계획 및 디자인의 범위가 정해진다. 기업이 공급사슬의 많은 과정을 소유하고 통제할수록 수직적 통합의 정도가 높다고 할 수 있다. 수직적 통합에는 두 가지가 있는데 하나는 전방통합이고 다른 하나는 후방통합이다. 후방통합은 생산업자가 공급의 신뢰성과 비용절감을 위하여 원자재 공급처를 소유하는 것과 같이 투입요소 방향으로 소유와 통제를 확대하는 것을 말한다. 반면 전방통합은 생산업자가 수요의 신뢰성을 확보하기 위하여 유통채널을 기업의 통제하에 두는 것과 같이 시장의 방향으로 소유와 통제를 확대하는 것을 말한다.

생산유연성

생산유연성은 제품유연성과 생산량유연성으로 분류할 수 있는데, 제품유연성이란 제품 A를 생산하다가 얼마나 신속히 제품 B로 바꾸어 생산할 수 있는지에 대한 생산시스템의 능력을 말한다. 이러한 능력은 다품종 소량생산의 경우 혹은 신제품이 신속히 생산되어야 하는 경우에 필요하다. 생산량유연성이란 제품의 생산량을 얼마나 신속히 증가 혹은 감축할 수 있는지에 대한 생산시스템의 능력을 말한다. 이러한 능력은 제품이나 서비스의 재고를 보유할 수 없거나 혹은 재고를 보유하는 것이 바람직하지 않은 경우에 필요하다.

자동화 정도(자본집약도)

자동화 정도란 공정의 기계설비와 노동력 간의 구성비를 말한다. 어떤 작업을 작업자가 수행하고, 어떤 작업을 기계설비에 의하여 수행할 것인지에 대한 결정이 자동화의 정도에 영향을 미친다. 일반적으로 다량의 동일작업인 경우에는 자동화를 추진하고 소량의 동일작업인 경우에는 노동력을 이용하는 것이 보통이다. 주로 높은 품질을 원하거나, 원가절감이 필요한 경우에는 자동화가 도움이 된다. 컴퓨터의 발달과 기술의 진보로 자동화의 폭이 더욱 확장되고 있으며 경쟁력 확보 차원에서 자동화가 추진되는 추세이다.

자원유연성

범용설비는 유사한 여러 작업을 할 수 있도록 설계된 설비이므로 여러 종류의 작업을 하는 데 유용하며, 전용설비는 특정작업만을 하도록 설계되어 있으므로 특정작업을 능률적이고 신속하게 하는 데 유용하다. 자원의 유연성과 관련하여 기계설비 유연성 문제와 더불어 노동력의 유연성 문제도 중요하다. 노동력의 유연성과 관련하여 다기능 노동자의 경우 다양한 과업을 수행하는 데 있어서 생산성과 생산능력의 향상에 도움이 된다. 하지만 과업의 성격이 고도의 지식과 기술을 요하는 경우에는 노동의 유연성보다는 속도와 경제성을 위해 고도로 전문화된 작업만을 수행하는 전문가가 필요할 경우도 있다. 일반적으로 제품의 다양성과 생산의 유연성이 생산목표라면 노동력이 다기능이고 설비도 범용적이어야 한다.

고객참여도

고객참여도는 고객의 생산공정에 대한 상호작용 정도를 말한다. 고객참여도가 높다는 것은 고객의 주문에 의한 생산이 이루어짐으로써 생산의 흐름이 고객마다 단절된다. 따라서 고객참여도가 높은 공정은 자본집약도가 낮고 자원유연성이 보다 높은 경향을 보인다. 고객참여도가 낮다는 것은 이와 정반대의 특성을 갖게 되어, 생산흐름의 단절 없이 물 흐르듯 연속적인 흐름 특성을 갖게 된다. 따라서 참여 정도가 낮을수록 자본집약도가 높고 자원유연성은 낮게 된다.

공정유형

공정유형은 프로젝트(project)공정, 주문생산(job shop)공정, 묶음생산(batch)공정, 조립생산(assembly line)공정, 연속생산(continuous)공정의 다섯 가지로 분류할 수 있으며 각 유형별 특징에 대하여 살펴보면 다음과 같다.

프로젝트공정

프로젝트공정은 건축 등과 같이 한 단위의 비반복적이고 독창적인 품목을 생산하는 데 이용되는 공정으로 다양하고 표준화되지 않은 작업을 수행하므로 설비나 노동력의 유연성이 매우 요구된다. 프로젝트공정의 경우 공정의 흐름이라는 것은 없고 생산순서가 있다고 할 수 있다. 가공대상이 되는 제품은 한 위치에 고정되고 설비와 작업자가 이동하면서 작업이 진행된다.

주문생산공정

다양한 제품을 소량으로 생산하는 경우 제품마다 각각 다른 공정이 요구되는 경우에 이용되는 공정으로 다양한 작업을 할 수 있는 범용 기계설비와 노동력의 유연성이 요구된다. 유사한 작업을 수행하는 공정을 하나의 그룹으로 만드는 것이 보통이므로 공정중심이라고 한다. 각각의 제품은 필요한 공정순서에 따라 작업을 하게 되며 필요하지 않은 공정은 거치지 않게 된다.

묶음생산공정

이 공정은 주문생산공정과 조립생산공정의 중간형태로 조립생산공정과 같이 특정제품의 생산을 위한 전용설비가 갖추어질 정도는 아니지만 다양한 종류의 제품을 소량으로 생산하는 데 이용되는 공정이다. 즉, 특정제품을 한동안 생산한 뒤 다른 제품을 또 한동안 생산하는 방식의 공정이다.

조립생산공정

표준화된 특정제품의 생산을 위해 전용설비를 갖추고 대량생산을 하는 공정으로 생산이 고정경로를 따라 순서적으로 이루어진다. 생산이 능률적으로 이루어지기는 하나 생산의 유연성이 낮다. 생산시스템이 특정제품의 생산을 위한 것이므로 제품중심의 공정이다.

연속생산공정

화학, 정유, 제지, 음료 등과 같은 소위 프로세스산업에서 이용되는 공정으로 제품이 매우 표준화되어 있으며 생산의 흐름이 중단 없이 연속적이며 공정은 조립생산공정과 비교하여 더 자동화되어 있다.

대표적인 세 가지 공정유형을 여러 측면에서 비교한 것이 <표 5. 2>이다.

〈표 5. 2〉 공정유형의 특성비교

특 성	프로젝트공정	주문생산공정 묶음생산공정	조립생산공정 연속생산공정
공정흐름	없음	혼잡	연속
제품의 다양성	고	중	저
생산량	단일	중간	대량
노동집약	고	중	저
생산유연성	고	고	저
품질	다양	다양	균일
자본집약	저	중	고
기계설비용도	범용	범용	전용
노동유연성	고	고	저

헤이즈와 휠라이트(R. Hayes and S. Wheelwright)는 제품의 유형과 일치하는 공정유형을 선택해야 경쟁우위를 확보할 수 있다고 주장하면서 [그림 5. 4]와 같은 제품-공정유형 매트릭스를 제시하였다. 예를 들어, 자동차 조립산업의 경우와 같이 몇 개의 주력제품을 대량생산하는 경우에 적합한 공정유형은 조립생산 공정 유형임을 보여준다.

그림 5.4 | 제품-공정유형 매트릭스

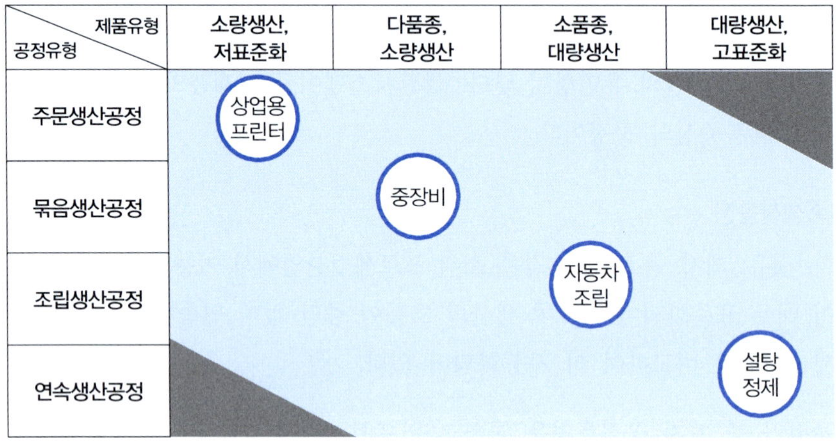

자동화 및 공정기술의 선택

공정유형이 결정되고 나면 구체적으로 각 작업단계에서 사용될 생산기술을 결정해야 한다. 생산기술을 결정함에 있어 첨단기술의 도입과 활용을 통한 생산의 자동화를 실현하는 것이 경쟁에 이기기 위한 전술적 무기가 되고 있음을 간과해서는 안 된다. 기술의 개선과 혁신은 생산유연성의 향상, 생산성 향상, 품질향상 등을 통한 원가절감으로 이어져 경쟁우위 확보에 중요한 역할을 한다.

작업장에 필요한 생산설비의 선택은 초기투자, 생산능률, 작업 유연성, 품질의 균질성, 생산비용, 준비시간(setup time) 등을 고려하여 결정되어야 한다. 라인(조립생산과 연속생산)공정에서는 전용설비를 선택하는 것이 보통이고 단속(주문생산과 묶음생산)공정에서는 범용설비를 선택하는 것이 일반적이다. 이러한 기준에서 두 설비를 비교하면 <표 5.3>과 같다.

생산기술 선정문제와 관련하여 생산의 자동화를 합리적으로 실현하려면 공정의 단순화와 저비용 자동화의 노력부터 이루어져야 한다. 공정의 단순화는 여러 가지 방법으로 가능한데, 예를 들어 특정공정을 아웃소싱하여 아예 공정 자체를 제거하는 방법과 공정의 낭비적인 작업요소를 제거하는 방법, 작업준비시간을 단축하는 방법 등이 있다.

〈표 5.3〉 범용설비와 전용설비의 비교

평가기준	범용설비	전용설비
초기투자	낮음	높음
생산능률	낮음	높음
작업유연성	용도 다양	용도 제한적
생산비용	높음	낮음
품질	안정적이지 못함	균질하고 안정적
준비시간	많음	적음

저비용자동화(LCA : low cost automation)란 저비용의 부분자동화 내지는 간이자동화를 일컫는 것으로 자동화를 저렴한 비용으로 얻으려는 것이다. 예를 들어, 자동공구교환장치(automatic tool changer), 가공 대상물의 착탈장치(loader and unloader), 기계시동 및 정지장치(machine start and stop device), 실패－안전장치(fail-safe device) 등이 이에 속한다.

자동화 생산기술

자동화와 관련된 여러 가지 생산기술을 소개하면 다음과 같다.

- **그룹 테크놀로지**(GT : group technology)와 **셀생산방식**(cellular manufacturing) : 다품종소량생산의 비능률성을 개선하기 위한 기법으로 유사한 부품을 그룹화하여 설계, 생산준비, 가공, 조립 등의 일련의 생산과정이 합리적으로 이루어지도록 하는 방법이다. 이렇게 하면 생산 로트의 크기가 증대되고 생산기계설비의 공통화, 전용화, 자동화가 가능하게 된다. GT 접근법의 하나로 셀생산방식이 있다. 셀생산방식은 GT의 환경에서 유사부품군별로 하나의 셀을 형성하여 작업이 진행될 수 있도록 하는 방식으로 셀 내에서 부품군의 가공순서대로 설비배치가 이루어지므로 생산의 흐름이 조립생산공정유형과 같이 된다.
- CAD(computer aided design)/CAM(computer aided manufacturing) : CAD란 컴퓨터를 이용하여 디자인을 하는 것이며 제품개발기간의 단축으로 시간과 비용이 많이 절감된다. CAD 프로그램을 이용하여 제작된 디자인은 전자적으로 생산분야로 전달된다. CAM은 생산설비를 통제하는 데 있어서 컴퓨터프로그램을 이용하는 것이다. 요즈음은 CAD와 CAM을 합쳐

CAD/CAM이라 한다.

- **수치제어(NC : numerical control)기계와 머시닝(machining) 센터** : NC 기계란 기계설비에 제어장치를 부착하여 작업에 대한 통제가 컴퓨터프로그램을 통하여 자동적으로 이루어질 수 있도록 만든 수치제어기계를 말한다. NC기계는 일반적으로 한 가지 기능의 작업을 수행하는 것이 보통인 데 반하여 머시닝센터는 기계설비에 자동공구교환장치를 부착하여 여러 가지 공구를 이용하여 다기능의 작업을 할 수 있도록 한 것이다.
- **유연생산시스템(FMS : flexible manufacturing system)** : FMS는 가공을 담당하는 머시닝센터, 가공대상물의 운반을 담당하는 AGV(automated guided vehicle : 자동유도차량), 가공대상물을 가공기계에 착탈하는 시스템(loading and unloading system) 등 세 가지로 구성되는데 모든 작업이 컴퓨터로 통제된다. FMS는 설비가동률의 최대화를 통한 생산성 향상을 가능하게 해주며 컴퓨터 통제에 의해 모든 것이 이루어지므로 다품종 소량생산에 적응할 수 있는 유연성도 보장한다.
- **자동저장 및 회수시스템(ASRS : automated storage and retrieval system)**: 생산공정으로부터 자재 주문을 받아 자재창고에서 자재를 수집하여 생산공정으로 자동적으로 운반되도록 하며 또한 자재의 저장도 자동적으로 이루어질 수 있도록 컴퓨터에 의해 자동화된 시스템을 말한다.
- **컴퓨터 통합생산시스템(CIM : computer integrated manufacturing)** : CIM이란 컴퓨터에 의해 제품 및 서비스의 생산계획, 설계, 제조 및 분배 등의 제활동을 계획하고 통제하는 시스템이다. 공장 전체의 정보흐름을 자동화하여 설계비용절감, 품질향상, 생산성 향상, 조달기간의 단축 등의 효과가 있다.
- **자동운반시스템(auto material handling)** : 가공 대상물을 기계 간 혹은 공정 간 이동하는데 자동유도차량을 이용하는 것을 말하며 자동유도차량의 조정은 컴퓨터를 통하여 이루어진다.
- **로봇(robot)** : 로봇은 작업현장에서 반복적으로 이루어지는 작업을 할 수 있도록 구동장치(action unit), 제어장치(control unit), 검출장치(sensing unit) 등이 동력원에 연결되어 작업을 대신하여 주는 유연성이 뛰어난 자동화기계이다. 로봇을 산업현장에 적용함으로써 품질향상, 작업환경의 개선, 생산관리의 향상, 비용절감 등의 효과를 얻을 수 있다.

요 약

- 생산에 관련된 모든 의사결정이 제품 및 서비스와 일관성이 있도록 이루어져야 하기 때문에 제품 및 서비스의 개발은 생산운영전략의 출발점이다.
- 신제품 개발에 주력할 것인가 혹은 기존제품의 개량에 집중할 것인가의 문제와 이러한 것을 어떻게 효과적으로 접근해야 할 것인지가 제품개발전략에 있어서의 핵심문제이다.
- 제품수명주기는 도입, 성장, 성숙, 쇠퇴의 4단계로 이어지며 신제품 및 서비스는 기존제품의 성숙기 후반에 시장에 도입되는 것이 일반적으로 유리하다.
- 패션제품 등과 같이 제품의 수명주기가 짧은 경우는 신제품 개발이 바람직하며, 반대로 가전제품 등과 같이 제품의 수명주기가 긴 경우에는 기존제품의 개량이 지속적으로 일어나는 것이 바람직하다.
- 제품개발에 대한 접근법으로는 시장지향접근법, 기술지향접근법, 통합접근법이 있다. 제품개발은 어느 특정기능에만 초점을 둔 접근방법은 바람직하지 않으며 마케팅, R & D, 생산기능의 통합이 중요하다.
- 신제품 개발은 아이디어창출단계, 제품선정단계, 예비설계단계, 시제품제작단계, 시험단계, 최종제품설계단계를 거쳐 이루어진다.
- 동시공학이란 기업의 각 분야에서 모인 전문가로 구성된 팀이 제품의 디자인 및 개발을 담당하는 것을 말한다.
- 모듈러 설계는 소품종 대량생산시스템의 장점인 원가와 균일품질을 유지하면서 단점인 제품다양성을 극복하게 해주는 방법이다.
- 가치공학이란 제품이나 서비스의 기능에 대한 체계적인 분석을 통하여 불필요한 기능을 제거하고 또한 필요한 기능을 더욱 경제적으로 개선하여 제품이나 서비스의 가치를 높이는 것을 말한다.
- 공정은 생산시스템에서의 변환과정을 의미하는 것이며, 공정의 디자인은 생산공정을 구성하는 기술, 설비, 작업방법 등의 구성내용과 이들의 결합방식을 구상하는 것이라고 할 수 있다.
- 공정디자인에는 공정유형의 결정, 공정기술의 선정 등이 포함된다.

- 공정의 유형을 결정할 때에 수직적 통합의 정도, 생산유연성, 자동화 정도, 자원 유연성 등을 고려하여야 한다.
- 공정의 유형은 프로젝트공정, 주문생산공정, 묶음생산공정, 조립생산공정, 연속 생산공정의 다섯 가지로 분류할 수 있다.
- 라인공정에서는 전용설비를 선택하는 것이 보통이고 단속적 공정에서는 범용설비를 선택하는 것이 일반적이다.
- 자동화와 관련된 여러 가지 생산기술로서 그룹 테크놀로지와 셀생산방식, CAD/CAM, 수치제어기계, 유연생산시스템, 자동저장 및 회수시스템, 컴퓨터 통합생산시스템, 자동운반시스템, 로봇 등이 포함된다.

학습문제

1. 제품의 개발시기는 언제가 적합한지 제품의 수명주기와 관련하여 설명하라.
2. 제품 및 서비스의 개발에 관련되는 기능부문 간의 장벽을 어떻게 해소할 것인가?
3. 신제품을 개발할 것인지 기존의 제품을 개량할 것인지에 대한 결정과 제품의 수명주기와의 관계에 대해서 살펴보라.
4. 제품 및 서비스 개발의 세 가지 접근방법은 무엇이고 각 접근방법은 어떠한 환경일 때 가장 최적이 되는지 설명하라.
5. 제품개발의 단계에 대하여 알아보라.
6. 동시공학이 무엇인지 설명하고 순차적 공학과의 차이점이 무엇인지 설명하라.
7. 모듈러 설계의 장단점을 살펴보라.
8. 가치공학이란 무엇이며 가치공학에 의한 제품설계는 어떻게 하는 것인가?
9. 공정유형의 종류를 열거하고 특성을 비교하라.
10. 경쟁력 확보를 위한 제품과 공정유형과의 조합에 대하여 살펴보라.
11. 전용설비와 범용설비를 비교하라.
12. FMS란 무엇이며 왜 유연생산이 가능한가?
13. 자동화는 인간노동을 기계로 대체한다는 것이 전통적인 견해이다. 이러한 전통적 견해를 비판하라.
14. GT는 무엇이며 셀생산과는 어떤 관계인가? GT가 어떻게 다품종소량생산의 자동화에 기여하는가?

사례 현대모비스

■ 이미지 뷰어

현대모비스가 지난 2006년부터 미국 빅3 자동차메이커 중 한곳인 크라이슬러사에 공급해 온 지프 랭글러 차종 컴플리트 섀시모듈의 누적 생산대수가 2013년 5월 17일 기준으로 100만 대를 돌파했다. 현대모비스가 본격적인 자동차 부품사의 골격을 갖춘 것은 1999년 말과 2000년 초다. 1999년에 자동차사업부문을 현대차에 이관하고, 2000년 2월엔 현대차에서 애프터서비스(AS) 부품 사업을 가져왔다. 같은 해 11월 사명을 현대정공에서 현대모비스로 바꿨다. 한 달 뒤 기아자동차의 AS사업도 인수했다.

자동차 부품 사업을 꾸준히 확장하여 2003년 10월 중국 베이징에 모듈 공장을 짓고 같은 해 12월 천안에 잠김방지 제동시스템(ABS) 공장을 준공했다. 2006년과 2007년엔 미국 오하이오와 경남 창원에 새 공장을 지었다. 2009년 4월에는 헤드램프용 발광다이오드(LED) 사업에 뛰어들었고 2010년엔 LG화학과 자동차 배터리 합작사를 세웠다.

현대차그룹을 제외한 다른 거래처도 늘려갔다. 2012년 9월 미국 제너럴모터스(GM)로부터 1억 6,000만 달러 규모의 통합형 스위치 모듈 납품 계약을 따냈다. 2013년엔 미국 크라이슬러에 공급해 온 자동차 하부(섀시) 모듈량이 100만 대분을 돌파했다. 일본 스바루도 거래처로 끌어들였고 독일 3대 완성차 브랜드인 폭스바겐과 BMW, 메르세데스벤츠에 모두 부품을 공급하고 있으며, 친환경 · 지능형 부품으로 자동차 시장을 선점하고 있다.

현대모비스와 크라이슬러는 이를 기념하기 위해 지난 2013년 5월 27일(현지시간) 미국 오하이오주에 위치한 현대모비스 오하이오 모듈공장(MNA-OH)에서 '크라이슬러 컴플리트 섀시모듈 공급 100만 대 돌파 기념식'행사를 가졌다.

컴플리트 섀시모듈(complete chassis module)은 차량의 뼈대를 이루는 섀시프레임에 엔진, 변속기, 제동장치, 조향장치 등 부품을 장착한 모듈로 완성차 전체 부품의 약 50%를 차지한다. 크라이슬러는 현대모비스의 모듈을 공급받아 조립공정 단축, 제조원가 절감, 품질개선 등의 효과를 얻는다. 특히 이번 크라이슬러 지프 랭글러 모듈 누적생산 100만 대 돌파는 현대모비스 모듈화가 글로벌 시장에서도 경쟁력을 갖고 있다는 뜻으로 해석되며, 아울러 단일 부품이 아닌 모듈 방식으로 세계적 완성차 브랜드로부터 인정받고 있다는 점에서 앞으로 다양한 긍정적 파급효과도 기대할 수 있다.

현대모비스는 오하이오 공장(MNA-OH)과 미시간 공장(MNA-MI)을 통해 크라이슬러 지프 브랜드의 랭글러, 그랜드 체로키 그리고 닷지 브랜드의 듀랑고 차종에 컴플리트 섀시모듈을 공급하고 있으며, 연간생산 규모는 총 52만 대 수준이다. 현대모비스 오하이오 공장은 지난 2006년 크라이슬러에 모듈을 공급하기 위해 현대모비스가 설립한 현대기아차를 제외한 최초의 글로벌 브랜드 공급 모듈공장으로, 이곳에서는 크라이슬러의 주력차종인 지프 랭글러의 컴플리트-섀시모듈을 생산하고 있다. 또 미시간 모듈공장은 크라이슬러 그랜드 체로키와 닷지 듀랑고 차종의 프론트 및 리어섀시모듈 공급을 위해 2010년에 지어졌다. 이 공장은 현대모비스가 톨레도 모듈공장에서 입증한 우수한 모듈생산능력과 품질기술력을 바탕으로 수주한 두 번째 크라이슬러 모듈공급 공장이다.

글로벌 부품업체로 도약

현대모비스는 모듈을 주력 사업으로 키우고 있다. 협력사로부터 부품을 받아 조립해 부품 덩어리 형태로 현대・기아차를 비롯한 완성차 회사에 납품한다. 자동차의 3대 핵심 모듈인 섀시모듈과 운전석 모듈(계기판, 오디오를 비롯한 운전석 부근 구성품), 프런트엔드 모듈(램프를 비롯한 앞범퍼 주변의 구성품)을 모두 생산하고 있다. 전체 매출의 60%를 모듈 부문에서 올리고 있다. 2011년 26조 원대였던 연 매출은 지난해 36조 원대로 늘어났다. 2005년 이전엔 세계 부품 시장에서 30위 안에 들지 못했지만 2009년 19위에 오르며 처음 20위권 안으로 들어왔다. 2011년 10위를 차지한 데 이어 2012년엔 8위, 2014년에는 6위로 상승했다.

현대모비스는 생산 물량을 늘리고 품질을 향상시키기 위해 신공장을 건설하고 미래 자동차인 자율주행차와 친환경차 관련 기술 개발에 힘을 쏟고 있다.

<출처 : 1) http://blog.daum.net/rotel/13496746, 2) 한국경제, 2015년 5월 22일>

토의문제

1. 현대모비스가 글로벌 부품업체로 도약하는 데 있어서 가장 중점적으로 두었던 전략은 무엇인지 토의하여라.
2. 미래 지능형 안전차량과 친환경자동차에 적용되는 신기술 개발 등이 자동차 모듈화에 어떤 영향을 미칠 것이라 생각되는지 토의하여라.
3. 자동차 모듈화의 향후 전략 방안은 무엇이며, 그 이유를 설명하여라.

참고문헌

이면우, "W이론을 만들자", p.33. 2004.

이학종, "한국의 기업문화", p.284, 1993.

조규갑, 차성운, "생산시스템 공학", p.248, 2000.

전영일, 홍관수, 김남영, "전략적 운영관리", 경문사, 2003.

한국과학기술원, "생산자동화기술의 진전확산에 대한 연구", 1988.

Abernathy, W., "Production Process Structure and Technological Change," *Decision Science*, 7:4, pp.107-619, 1976.

Alden, P., "Managing Flexibility," *California Management Review*, 30:1, 1988.

Avishai, B., "A CEO's Common Sense of CIM : An Interview with J. Tacy O'Rourke," *Harvard Business Review*, 67, pp.110-117, 1989.

Ayres, R., "Future Trends in Factory Automation," *Manufacturing Review*, 2, pp.93-103, 1988.

Bahrami, H. and Evans, S., "Strategy Making in High Technology Firms," *California Management Review*, 31:2 pp.107-128, 1989.

Brown, P. and Gibson, D., "A Quantified Model for Facility Site Selection Application to a Multiplant Location Problem," *AIIE Transactions*, 1972.

Buffa, E., *Meeting the Competition Challenge*. Irwin, Hornewood, IL., 1984.

Buzzell, R., "Is Vertical Integration Profitable," *Harvard Business Review*, 61, pp.92-102, 1983.

Chase, R., Jacobs, F., and Aquilano, N., *Operations and Supply Chain Management*, 13th ed. NY: McGraw-Hill, 2010.

Gaither, N., Frazier, G., and Wei, J., "From Job Shop to Manufacturing Cell," *Production and Inventory Management Journal*, 31:4, pp.33-36, 1990.

George, W., "Task Teams for Rapid Growth," *Harvard Business Review*, 55, pp.71-121, 1977.

Gerwin, D., "Dos and Don'ts of Computerized Manufacturing," *Harvard Business Review*, 60, pp.107-116, 1982.

Gluck, F. and Foster, R., "Managing Technological Change : A Box of Cigars for Brad," *Harvard Business Review*, 53, pp.139-150, 1975.

Hayes, R. and Wheelwright, S., "Link Manufacturing Process and Product Life Cycles," *Harvard Business Review*, 57, 1979.

Hayes, R. and Arbernathy, W., "Managing Our Way to Economic Decline," *Harvard Business Review*, 58, pp.67-77, 1980.

Hudson, R., Chambers, J., and Johnstone, R., "New Product Planning Decision under Uncertainty," *Interface*, pp.82-96, 1977.

Jaikumar, R., "Post Industrial Manufacturing," *Harvard Business Review*, 64, 1986.

Jenkins, K. and Raedels, A., "The Robot Revolution, Strategic Considerations for Managers," *The Production and Inventory Management*, pp.107-116, 1982.

Johnson, D. and McCutcheon, D., "Planning the Implementation of New Technology," *Operations Management Review*, 6, 1988.

Kaplan, R., "Must CIM Be Justified by Faith Alone," *Harvard Business Review*, 64, pp.87-95, 1986.

Kumpe, T. and Bolwijn, P., "Manufacturing : The New Case For Vertical Integration," *Harvard Business Review*, 66, pp.75-81, 1988.

Leonard-Barton, D. and Krans, W., "Implementing New Technology," *Harvard Business Review*, 63, pp.102-110, 1985.

McClain, J., Thomas, L., and Mazzola, J., *Operations Management*. Prentice-Hall, 1992.

Monroe, J., "Strategic Use of Technology," *California Management Review*, pp.91-110, 1989.

Nevins, T., Summe, G., and Uttal, B., "Commercializing Technology : What the Best Companies Do," *Harvard Business Review*, 68, pp.154-163, 1990.

Rosenthal, S., "Progress Toward the Factory of the Future," *Journal of Operations Management*, pp.203-229, 1984.

Schmenner, R., "Every Factory Has a Cycle," *Harvard Business Review*, 61, pp.121-129, 1983.

Schonberger, R., "Frugal Manufacturing," *Harvard Business Review*, 68, 1987.

Schroeder, R., Scudder, G., and Elm, D., "Innovation in Manufacturing," *Journal of Operations Management*, 1989.

Skinner, W., "Manufacturing-Missing Link in Corporate Strategy," *Harvard Business Review*, 47, pp.136-145, 1969.

Skinner, W., "Operations Technology : Blind Spot In Strategy Mana- gement," *Interfaces*, pp.116-125, 1984.

CHAPTER 06

생산공정 및 설비배치

[도입사례] 도레도레(Dore-Dore)

도레도레(Dore-Dore)는 1819년 Jean-Baptiste 형제가 설립한 양말류(총매출의 88%)와 아동니트의류를 생산하는 프랑스 기업이다. 도레도레의 사업은 크게 두 부분으로 나뉘어져 있다. Troyes에서 20km 떨어져 있는 Mery 공장은 모든 어린이들의 니트웨어를 생산한다. Troyes에서 10km 떨어져 있는 Gres 공장단지는 회사의 본사와 메리아스류 및 양말(hosiery) 등을 제조하는 중앙 공장을 포함하고 있다. 뜨개질 세공공장과 바느질 공장은 둘 다 Gres 공장단지 내에 있다. 도레도레의 메리아스류의 1/4은 Gres 공장에서 뜨개질 세공된다. 나머지 3/4은 Gres 근처에 위치하고 있는 11개의 작은 뜨개질 세공 공장에서 만들어진다. 이 가게들은 개인적인 가족 사업으로서 운영되고 있다. 모든 양말 및 메리아스류의 뜨개질 세공 생산물들은 모든 뜨개질 세공 생산물을 바느질하고, 세탁하고, 다림질하고, 검사하고, 포장하는 Gres의 바느질 공장으로 보내진다. 이러한 공장시스템을 거쳐, 매일 37,000쌍의 양말과 2,000벌의 어린이 옷이 생산된다.

1990년대 들어오면서 도레도레는 수요의 불확실성으로 인하여 발생하는 재고부족 혹은 재고과잉의 문제에 대처하기 위하여 생산 리드타임의 단축에 대한 노력을 기울이게 되었다. 고객서비스 전략의 주요한 요소는 대량의 기본적인 양말류 제품에 대한 재보충 주문에 대한 즉각적인 충족이므로 생산과 실제수요를 더욱 긴밀히 연결시켜 주는 "QR(quick-response)"전략을 조사하기 시작하였다. 이는 수요예측을 통하여, 생산일정을 짜는 것을 포함하며, 제조납기를 줄이고, 그리고 보충주문은 실제 판매자료에 근거하고 그로 인해, 공급사슬이 효율적으로 고객의 요구를 맞추고자 하였다.

양말류 부문에서의 재고문제가 심각하기는 하지만 우선적으로 아동니트 의류부문에서 새로운 생산방식을 시험하기로 하고, 여기서 얻은 결과를 양말류 부문의 개선에 이용하기로 하였다. 니트의류는 200가지의 스타일을 생산하고 있으며 각 스타일별로 색상과 크기가 다른 의류를 생산하고 생산주기는 다음의 다섯 단계로 구성되어 있다.

- 단계 1 : 방사 조달(리드타임 : 10주)
- 단계 2 : 천짜기(knitting)(리드타임 : 2주) : 염색된 실로 짜진 니트천은 재단실로 보내지고 염색이 되지 않은 실로 짜진 니트천은 외부의 염색업자에게 먼저 보내진다.
- 단계 3 : 염색(리드타임 : 5주)
- 단계 4 : 재단(리드타임 : 1주)
- 단계 5 : 재봉 및 마감(리드타임 : 3주)

재봉실에는 55대의 재봉틀이 있고 42명의 작업자가 작업을 하며 평균 생산배치 크기는 동일한 스타일, 동일한 색상으로 200벌이며, 하나의 배치에 8가지의 사이즈를 생산한다. 작업자당 하나의 재봉틀을 사용하며 여분의 재봉틀은 특수재봉틀이거나 성수기에 이용되는 것이다. 의류 한 벌에 대한 재봉틀 작업은 10분 정도 걸리지만 의류가 재봉틀 공정을 완전 통과하는 데에 걸리는 시간은 3주이므로 상당한 차이가 있다. 따라서 생산리드타임 단축을 위한 운영상의 변화가 필요하다. 그래서 하나의 옵션으로 고려하게 된 것이 셀생산방식(cellular manufacturing system)이다.

도레도레에서는 셀생산방식의 도입을 다음과 같이 시행하였다. 6명의 작업자와 서로 다른 기능성을 가진 12대의 재봉틀을 하나의 셀에 배치하였다. 과거에는 작업자를 특정 재봉틀에 할당하여 작업하므로 재봉틀이 고장나게 되면 작업자는 고쳐질 때까지 앉아서 기다렸지만 셀방식에서는 재봉틀이 고장나면 고장나지 않은 다른 재봉틀을 이용하여 작업을 계속한다. 셀생산방식에서는 선행공정에서 작업이 완료된 제품은 하나씩 바로 다음 공정으로 이동된다. 또한 만일 어느 특정공정 앞에 작업할 제품이 많이 쌓이게 되면 시간적 여유가 있는 다른 작업자가 도와준다. 이러한 방식으로 공정 간의 균형이 유지되고 작업이 빠르게 진행된다.

셀의 기계, 작업자, 작업흐름에 대한 배치는 편자(horseshoe)모양이었으나 이것이 방해가 되는 것으로 판명되어 배치를 바꾸게 되었는데 그 이유는 편자모양은 생산의 흐름이 한 방향일 경우에는 효과적이지만 재작업이나 추가적인 작업을 위해 선행공정으로 자주 되돌아가야 하는 경우에는 비효율적이며, 또한 작업자들 간의 의사소통을 원활하게 하기 위해서는 작업자들이 마주 보고 작업을 하는 것이 좋은데 편자모양에서는 그것이 가능하지 않다. 도레도레에서는 셀생산방식을 통하여 다음과 같은 효과를 얻었다. 리드타임이 3주에서 하루로 단축되었으며 불량률은 5%에서 2.5%로 감축되었다.

이러한 시험결과를 바탕으로 양말류의 생산에 셀생산방식의 적용이 가능한지를 알아보기 위하여 현재의 운영상황을 아래와 같이 분석하였다. 양말류는 동일한 색상, 동일한 스타일, 다양한 크기의 120켤레의 배치크기로 생산한다. 양말류 생산에 있어 필요한 공정은 크게 네 가지이며 다음과 같다.

- 공정 1 : 짜기(knitting)(1주/배치, 6~8분/켤레)
- 공정 2 : 발끝마무리(closing the toe)(1주/배치, 1분/켤레)
- 공정 3 : 다림질(ironing)(1주/배치, 1분 15초/켤레)
- 공정 4 : 품질관리 및 포장(quality control and packaging)(2~3주/배치, 1~4분/켤레)

생산담당 이사는 만일 생산리드타임이 1주 단축되면 양말류의 완성품재고가 30~40% 감축될 것으로 믿고 있다. 셀방식의 적용에 있어서 공정 2, 3, 4를 그룹으로 하나의 셀에 배치하는 것이 바람직하다고 생각하고 있다. 이렇게 생각하게 된 배경은 다림질 기계가 무척 비싸고 전문적인 기계라서 모든 의사결정이 현재 보유하고 있는 두 대의 다림질 기계를 고려하여 결정되어야 하기 때문이다. 두 대의 다림질의 생산능력을 평준화하는 의미에서 하나의 셀에 배정하는 작업자의 수는 36명이다. 생산담당 이사는 작업자들을 다기능작업자로 만들 필요가 없다고 생각하는데 그 이유는 작업자들이 소요하는 시간의 약 80%는 특정작업을 위해 이용되며 단지 20% 정도만 교차 훈련된 작업에 이용되기 때문이다.

위의 사례에서 생각해 보아야 할 주요한 포인트는 다음과 같다.

- 전통적인 운영방식과 셀생산방식과의 차이점은?
- 셀생산방식의 성공을 위해 필요한 것은(예 다기능 작업자)?
- 셀생산방식의 장단점은?
- 셀생산방식은 어느 경우에 효과적이며 어느 경우에 부적합한가?
- 양말류의 생산에 셀생산방식이 적합한가?

<출처 : 전략적 운영관리, pp.106-108, 2003>

제품이나 서비스의 생산운영이 효과적으로 이루어질 수 있도록 하려면 공정설계 및 흐름에 대한 구체적인 분석 및 공정흐름에 맞는 물리적 시설들의 배치에 대한 분석이 요구된다. 생산공정계획은 생산시스템의 기본적 구조와 특성을 결정하는 문제이고, 설비배치는 공정흐름에 따른 배치설계라 할 수 있다. 본장에서는 우선 생산공정계획의 전체적 윤곽과 결정과정을 소개하고 생산공정유형의 결정문제, 생산흐름에 따른 특성, 생산량의 크기와 생산공정의 유형, 그리고 생산공정유형 결정 방법에 대하여 살펴본다. 이어서 공정흐름분석을 통하여 효율적인 공정흐름을 찾는 방법과 공정유형에 맞는 물리적 설비배치 방법에 대하여 살펴본다. 제5장은 제품 및 서비스 개발 시 요구되는 공정디자인을 중심으로 공정유형을 설명하였다면, 제6장은 생산공정을 중심으로 공정유형 및 배치에 대하여 다루게 된다.

본장에서 다룰 내용은 다음과 같다.

- 생산공정유형의 결정은 어떻게 이루어지나?
- 생산단계 및 생산방법의 결정에는 어떠한 것들이 있나?
- 설비배치를 통하여 얻고자 하는 운영상의 효과는?
- 공정흐름분석은 어떻게 하나?
- 설비배치의 유형에는 어떠한 것들이 있나?

생산공정계획의 내용과 단계

생산공정계획을 통해서 제품 및 서비스의 특성과 특정 생산방법을 구상하게 된다. [그림 6. 1]에서 보는 바와 같이 투입을 원하는 산출로 변환하는 데는 변환과정이 있어야 한다. 이 변환과정은 연속적 단계로 이루어지는 일련의 작업(operations)으로 구성되어 있다. 원하는 제품이나 서비스를 산출하는 데 요구되는 각 작업들은 기술(technology), 설비(equipment) 및 작업방법(work method)을 이용한다. 변환과정의 기술적 의미가 생산공정이다. 따라서 생산공정계획은 생산공정을 구성하는 기술, 설비 및 작업방법의 구성내용과 이들의 결합방식을 구상하는 것이라고 할 수 있다. 광의의 생산공정계획을 일련의 활동으로 세분한다면 생산공정계획은 다음과 같은 세 가지 단계의 연속적 과정으로 볼 수 있다.

- 단계 1. **생산공정유형의 결정** : 거시적으로 생산공정의 윤곽을 그린다. 윤곽을 그린다 함은 기업전략의 자원집중방향과 자원획득능력에 부합되도록 기술, 설비 및 작업방법의 배합을 최적화하는 것이 포함된다.
- 단계 2. **생산단계의 결정** : 기술, 설비 및 작업방법을 어떤 순서에 따라 결합하여 어떤 흐름의 변환과정이 되도록 할 것인가를 결정한다. 이 결정은

그림 6. 1 | 생산시스템과 생산공정

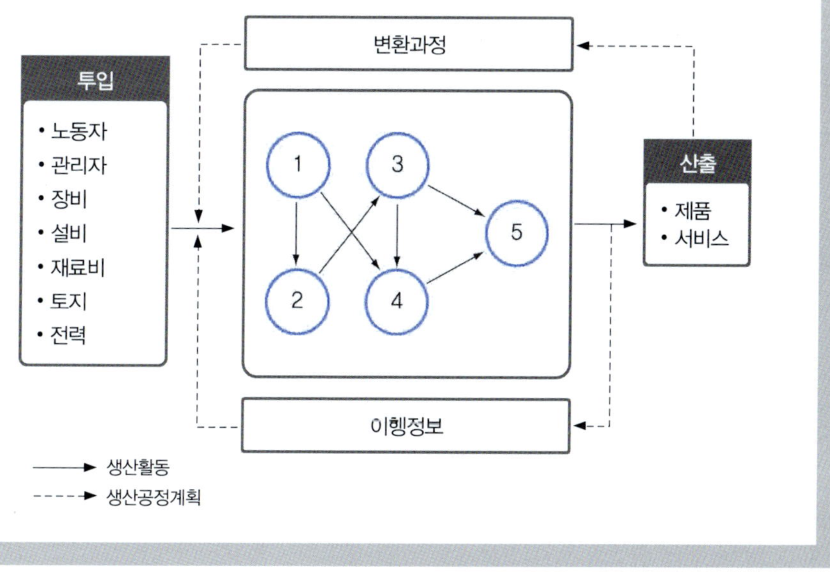

〈표 6. 1〉 생산공정계획 시스템

투 입	공정계획/설계	산 출
1. 제품 및 서비스의 정보 수요예측, 가격, 생산량, 수요패턴, 경쟁환경, 고객의 요구와 기대, 바람직한 제품 및 서비스의 특성	공정유형의 결정 생산전략과 일치	생산공정의 유형의 결정 특정공정의 설계, 공정 간의 연결성
2. 생산시스템의 정보 자원의 이용가용성, 생산의 채산성, 현재의 기술과 획득가능기술	제품분석 및 공정흐름분석 자동화수준, 장비의 검토와 도구화, 기계의 일관성	설비 건물설계, 설비배치, 장비의 선정
3. 생산전략 생산사명, 요구되는 경쟁적 차별성, 자원할당	설비배치의 연구 건물설계, 설비배치	인적자원의 평가 요구기능수준, 노동력 규모, 교육훈련 및 재교육의 요구, 감독의 유형과 강도

투입요소인 원자재 또는 고객이 일련의 연속적인 작업단계를 어떻게 흐르게 되는가를 결정하는 것이다. <표 6. 1>은 이러한 생산공정계획을 시스템개념으로 정리한 것이다.

- 단계 3. 생산방법의 결정 : 어떤 일이 작업자에 의해 수행되고 어떤 일이 기계에 의해 수행되는지를 결정해야 한다. 대개 산출할 제품이나 서비스 또는 원재료의 성질에 의해 결정된다.

생산공정계획에는 생산전략은 물론이고 제품이나 서비스의 설계, 생산시스템의 기술 및 시장상황에 대한 정보가 투입요소가 된다. 이 투입요소에 의해서 거시적 수준의 생산공정의 유형을 결정한다. 생산공정의 유형을 구체화 하는 데는 제품분석과 공정흐름분석을 통해서 생산단계, 즉 일련의 연속적 작업단계를 어떤 순서에 따라 배치하고 결합할 것인가를 결정한다.

또한 결정된 생산단계에는 각 단계마다 생산방법이 결정되어야 한다. 각 생산단계마다 어떤 기술, 기계설비, 그리고 노동력(작업방법)으로 할 것인가를 구체적으로 결정한다.

생산경영자는 다음과 같은 경우에 생산공정계획문제를 결정하여야 한다.

• 신제품 또는 상당히 개량된 제품이나 서비스를 제공할 때
• 경쟁우선순위가 변경될 때
• 제품이나 서비스의 수요가 변화할 때
• 현재의 생산성과가 만족스럽지 못할 때
• 새로운 공정이나 기술에 의해 경쟁자가 이득을 보고 있을 때
• 투입요소의 비용이나 확보가능성이 변할 때

생산공정의 유형과 특성

생산의 흐름은 자재의 흐름과 같다. 제품생산에서는 자재가 여러 단계와 과정의 흐름을 통해서 제품으로 변환된다. 서비스산업에서는 자재의 흐름이라기보다는 참가하는 고객의 흐름이라고 할 수 있다. 생산의 흐름 차원에서 볼 때 생산공정의 기본유형에는 라인흐름공정, 단속흐름공정 그리고 프로젝트공정이 있다.

라인흐름공정

라인흐름공정(line-flow operations 또는 product-focused production)은 자동차 조립공정에서 볼 수 있는 바와 같이, 제품이나 서비스를 생산하는데 요구되는 자재들이 고정경로를 따라 연속적인 순서로 흐르는 것이다. 라인흐름공정의 생산에는 반드시 제품이 표준화 되어야 하고, 생산의 흐름은 제품이 만들어지는 방법에 의해 미리 정해진 순서에 따라 흘러가야 한다. 작업자의 과업은 잘 연결되고 균형이 잡혀서 한 작업이 다음 공정에서 지체되는 일이 없다. 라인흐름공정의 전형적인 흐름의 패턴은 [그림 6. 2]에서 보는 것과 같다. 제품이나 서비스의 생산은 라인흐름공정의 시작 작업장(선반)에서 마지막 작업장(포장기계#2)으로 연속적 순서대로 흐르면서 변환, 제조 또는 배달되는 것이다.

이러한 라인흐름공정은 조립생산공정과 연속생산공정으로 분류할 수 있다.

그림 6.2 | 라인흐름공정

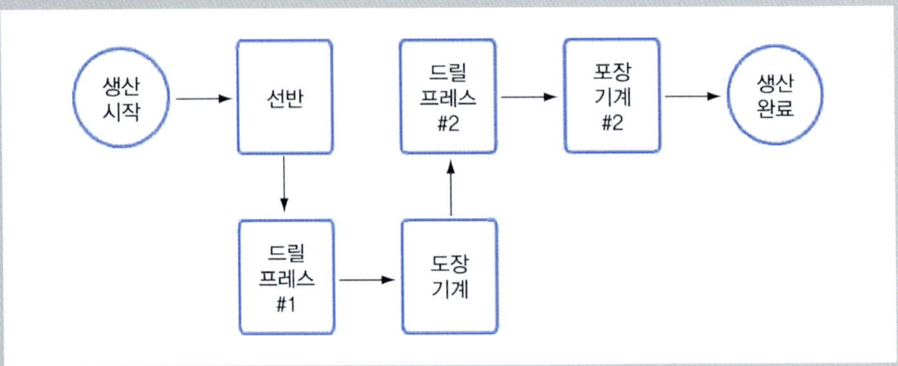

조립생산공정은 자동차공장의 조립공정이 좋은 예가 된다. 연속생산공정은 화학, 제지, 음료, 철강, 전기, 전화와 같은 소위 프로세스 산업에서 찾아볼 수 있다. 조립생산공정이나 연속생산공정 모두 선형의 연속적 흐름의 특성을 갖고 있으나 연속생산공정이 조립생산공정에 비해 공정이 더 자동화되고 제품도 더 표준화되어 있다.

라인흐름공정은 생산이 매우 능률적이지만 유연성을 희생하고 있다. 능률성은 노동력을 자본으로 대체하여 과업을 고도로 표준화함으로써 얻어진 것이다. 높은 능률성을 확보하기 위해 전용시설 및 설비의 투자가 요구되고 이를 충족시키려면 생산량이 대량이어야 한다. 따라서 안정적인 제품라인이 요구된다. 제품의 표준화와 작업의 전문화 때문에 제품의 변경이나 생산량을 조정하는 것이 어렵고 비용이 많이 든다. 즉 라인흐름공정은 상대적으로 유연성이 낮다. 최근에는 컴퓨터기술과 준비기간의 개선노력으로 라인흐름공정도 상당히 유연성이 개선되고 있다. 그러나 아직 라인흐름공정은 한정된 범위의 제품라인에서 흐름생산이 능률적으로 수행되는 수준이다.

라인흐름공정의 일반적 조건은 대량의 표준화된 제품이나 제품군을 생산하기 위한 것이다. 만일 시장조건이 이러한 것이라면 경쟁조건이 생산의 효율성에 있게 되어 라인흐름생산의 선정이 불가피하다. 그러나 생산공정유형의 선정문제가 전략적 문제이기 때문에 생산의 능률성에만 근거하여 결정되어서는 안 된다. 제품수명의 쇠퇴기에서 오는 위험, 생산의 표준화에 따른 작업자의 소외와 불만족, 새로운 공정기술의 변화 위험들뿐만 아니라 시장의 다른 특성이 동시에 고려되어야 한다.

단속흐름공정

단속흐름공정(job shop, intermittent flow 또는 process-focused production)은 생산의 흐름이 단절되는 공정이다. 같은 종류의 제품 생산에는 생산흐름이 연속되나 서로 다른 종류의 제품을 생산하기 위해서는 종류가 바뀔 때마다 생산준비를 하여야 하므로 생산의 흐름이 단절된다. 그러므로 이 공정은 다양한 제품을 생산하는 단속적 간격의 묶음(batch)생산이 특징이다.

기계설비는 제품의 종류와 크기의 변화에 충분히 적응할 수 있는 유연성을 필요로 할 뿐만 아니라 작업자도 그러해야 한다. 이러한 유사한 기술과 기능을 갖는 기계설비와 노동력을 한 작업장으로 조직한다. 왜냐하면 라인흐름공정에서처럼 표준화된 제품이나 과업이 아니므로 적절한 순서의 작업 패턴을 가질 수 없기 때문이다. 제품의 종류와 크기가 다름에 따라 작업의 흐름이 달라져야

그림 6. 3 | 단속흐름공정

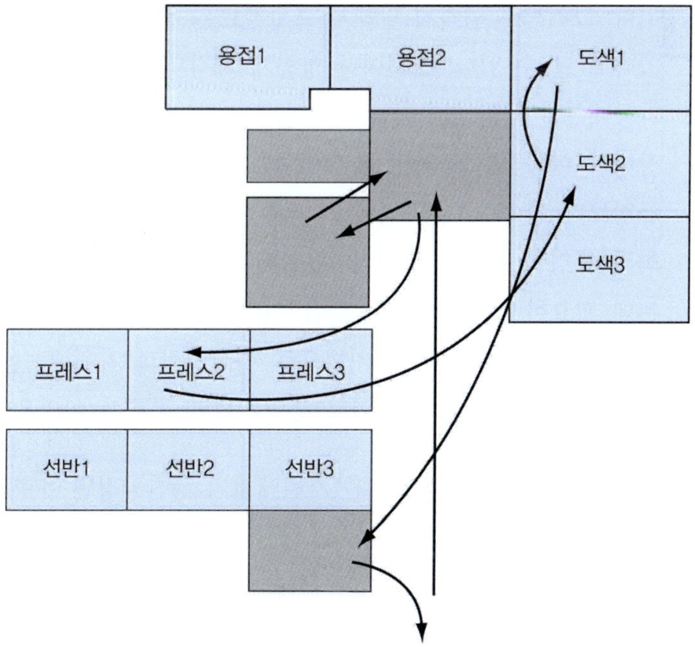

하므로 제품과 과업은 필요한 작업장만 경유하고 나머지 작업장은 건너뛰게 된다. 그러므로 [그림 6. 3]에서 보는 것과 같이 작업의 흐름이 혼합된 흐름의 패턴이 된다.

범용적 기계설비와 숙련노동력에 의하여 생산되기 때문에 제품의 변경에 유연성을 갖고는 있으나 라인흐름공정보다는 비능률적이다. 제품의 다양성과 생산흐름의 혼합으로 재고관리, 일정계획 및 품질관리가 용이하지 않게 된다.

단속흐름공정의 중요한 특징은 유사한 기술과 기능을 가진 기계설비와 기능을 한 그룹으로 조직하는 공정중심배치이다. 이에 반해 라인흐름공정은 제품중심배치라고 한다. 왜냐하면 기계설비와 노동력이 제품을 만드는 방법과 순서에 따라 배치되기 때문이다. 단속흐름공정은 수량이 적고 표준화가 덜된 제품의 생산에서 가장 경제적이고 투자위험이 최소가 된다.

프로젝트공정

프로젝트공정은 빌딩건축, 영화제작, 음악콘서트의 작업과 같이 생산단위 규모가 크고 비반복적인 독창성과 특성을 가진 제품을 생산하는데 사용된다. 한 프로젝트는 대개 한 단위의 제품이 되고 독창적인 유일한 품목으로 생산된다. 그러므로 엄격히 말해서 프로젝트는 공정의 흐름은 없고 생산의 순서는 있다고 할 수 있다. 조선이나 항공기 제작의 경우에서 볼 수 있는 바와 같이 가공대상이 되는 철판이나 선체는 특정위치에 고정되고 반면에 작업자, 기계, 장비가 이동하면서 작업을 수행하게 된다. 프로젝트공정의 특성은 라인흐름공정보다 단속적흐름공정에 가까운 편이라 다른 공정에 비해 표준화와 자동화의 도입이 용이하지 않다. 프로젝트공정관리는 프로젝트의 목표를 달성하는데 필요한 개별적인 작업들을 연결한 [그림 6. 4]와 같은 네트워크를 대상으로 PERT/CPM과 같은 기법으로 생산일정과 자원배정을 관리한다. 프로젝트는 단위당 가격이 고가이고 경영계획과 통제가 어려운 것이 특징이다.

이상에서 살펴본 생산흐름 차원에서의 생산공정별 유형과 특징을 정리하면 다음 <표 6. 2>와 같다.

그림 6.4 | 프로젝트 흐름도

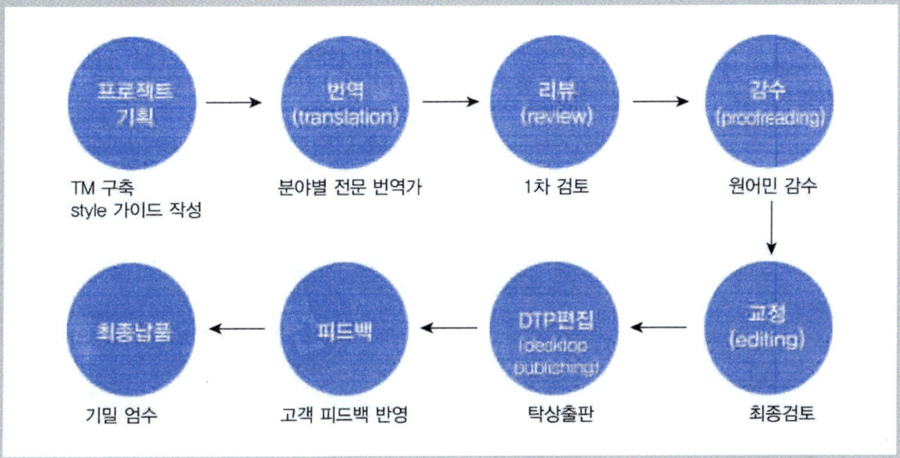

〈표 6.2〉 생산흐름 차원의 생산공정유형과 특징

특성	라인흐름공정	단속흐름공정	프로젝트공정
제품주문 형태	연속 및 대량	묶음,다발(batch)	단일
제품 흐름	연속	혼잡	없음
제품 다양성	저	고	매우 높음
시장 형태	대중	고객	소수
생산량	대량	중간	단일
노동력	저	고	고
기술	저	고	고
과업형태	반복	비반복	비반복
임금	저	고	고
자본투자	고	중	저
재고	저	고	중간
장비목적	전용	범용	범용
유연성	저	중	고
원가	저	중	고
품질	균일	다양	다양
납기	고	중	저

생산공정유형의 결정 및 매트릭스

[그림 6. 5]는 생산량에 근거하여 생산공정의 유형을 결정하는 데 고려해야 할 네 가지 변수, 즉 자본집약도, 수직적 통합 정도, 고객참여도, 자원유연성 등의 조건을 보여주고 있다. 그러므로 [그림 6. 5]는 네 가지 변수의 조건하에서 적절한 생산공정의 선정에 효과적인 분석수단이 된다.

생산량의 크기가 변함에 따라 생산공정이 어떻게 진화되는가(또는 생산공정의 진화가 생산량크기에 어떻게 작용하는가?)를 헤이즈와 휠라이트(R. Hayes and S. Wheelwright)는 [그림 6. 6]의 제품공정 매트릭스를 가지고 설명하였다.

기업들은 대개 이 매트릭스의 대각선에 위치한다. 이 매트릭스의 하단 오른쪽은 프로젝트 공정으로 빌딩건축을 하는 건설업이다. 대각선을 따라 위로 가면 중장비생산자가 제품을 일정크기의 묶음(batch)으로 단속적 공정에서 생산한다. 좀 더 올라가면 표준화된 제품을 조립생산공정에서 생산하는 자동차회사

그림 6. 5 | 생산량의 크기와 자본집약도와의 관계에서 가능한 공정위치

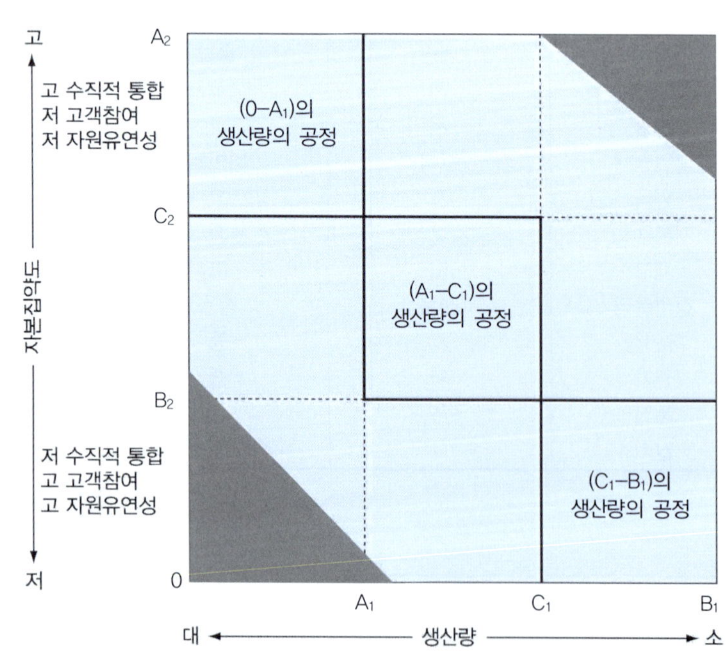

그림 6.6 | 제품공정 매트릭스

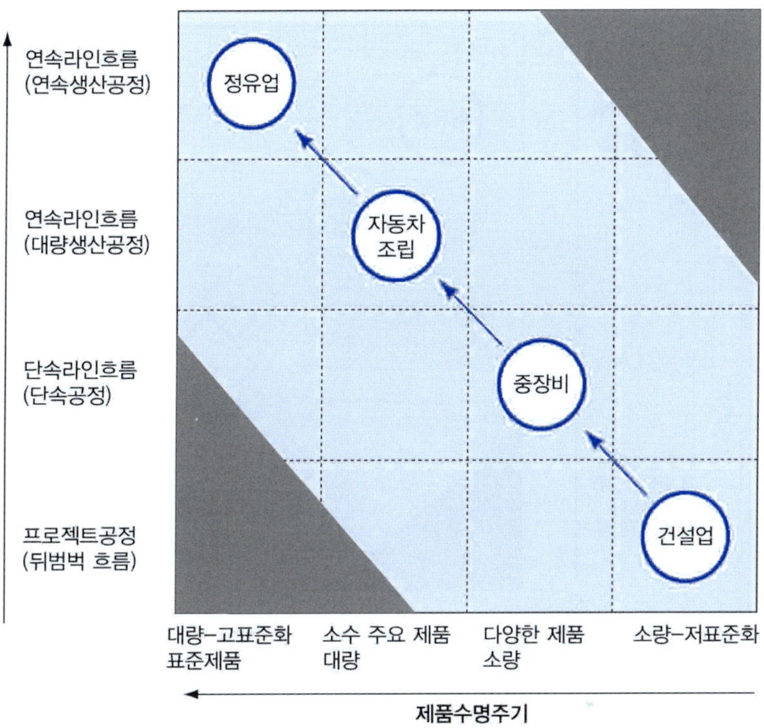

이고, 이 매트릭스의 상단 왼쪽에는 정유회사가 연속적 공정으로 정유를 한다.

이 매트릭스를 공정-제품 매트릭스라고 한다. 공정-제품 매트릭스상의 공정의 진화는 자본집약도의 낮음에서 높음으로의 변화이고, 제품수명주기의 변화는 생산량의 적음에서 많음으로 이행되는 과정이라 할 수 있다. 따라서 [그림 6. 7]과 같은 생산량에 근거한 생산공정유형의 선정 매트릭스를 그릴 수 있다.

이 매트릭스의 행(row)은 실현가능한 생산역량과 특징을 그리고 매트릭스의 열(columm)은 생산량이 소량에서 대량으로 증가함을 나타낸다. 따라서 이 매트릭스는 생산량과 생산역량의 조건하에서 적절한 생산공정유형의 결정이 용이하도록 한다. 예를 들어, [그림 6. 7]의 매트릭스에 의해 생산량의 크기가 A1이고 실현가능한 생산역량이 A3이라면 (A1, A3)지점이 결정하려는 생산공정의 유형이 된다.

그림 6.7 | 생산공정 선정 매트릭스

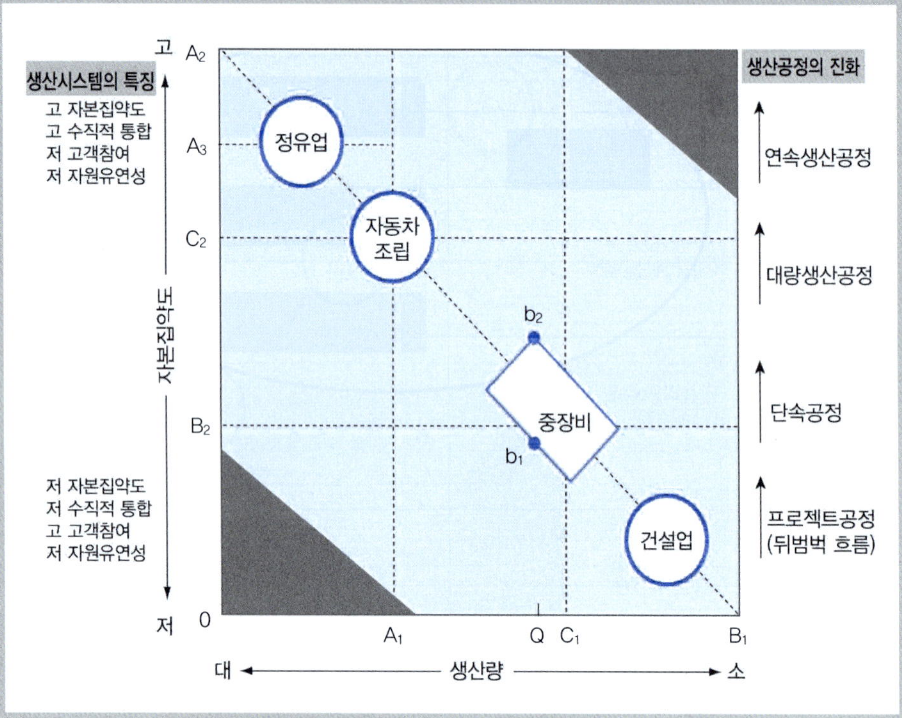

헤이즈와 휠라이트(R. Hayes and S. Wheelwright)가 지적하는 바와 같이 기업들의 생산공정은 공정-제품 매트릭스의 대각선에서 크게 벗어나지 않는 범위에서 대각선의 위나 아래로 이동한다. 즉, 대각선을 중심으로 일정 범위에 생산공정이 존재한다. 그러므로 Q의 생산량에서 b1 위치 또는 b2 위치의 생산공정을 상정할 수 있다. b1은 b2에 비해 보다 단속적 흐름공정의 특징이 있고 b2는 b1보다 연속적 공정의 특징을 띠게 된다.

여기서 새로운 유연자동화 공정을 생각해 볼 필요가 있다. 이는 동일한 생산공정에서 제품다양성을 높일 수 있는 기술의 도입 또는 공정의 개선이라고 할 수 있다. 이 경우는 동일한 공정에서 표준화된 대량생산이 가능할 뿐만 아니라 관련되는 특수한 제품도 생산할 수 있게 된다. 이러한 유연자동화 기술은 이 매트릭스의 대각선상의 상하로 이동이 아닌 이 매트릭스를 가로지르는 수평적 이동을 의미한다. 그러나 이러한 유연자동화도 한계를 갖고 있고 많은 비용이 요구된다.

설비배치의 개념 및 목적

설비배치란 기계, 작업구역, 고객서비스구역, 원자재보관구역, 복도, 화장실, 내벽, 사무실, 컴퓨터실 등의 위치에 대한 계획 및 원자재나 사람의 흐름패턴에 대한 계획을 세우는 것이다. 설비배치는 제5장의 공정디자인과 관련하여 고려되어야 하며 생산운영을 위한 설비배치, 창고운영을 위한 설비배치, 서비스운영을 위한 설비배치, 사무실운영을 위한 설비배치 등의 종류가 있다. 본장에서는 생산운영을 위한 설비배치에 초점을 맞춘다. 생산운영을 위한 설비배치의 목적을 살펴보면 다음과 같다.

- 충분한 생산능력 확보
- 원자재 및 부품 취급비용의 감소
- 위치 및 건물의 제약조건 충족
- 생산기계 설치공간 확보
- 생산성 제고 및 기계, 노동, 공간 이용률의 향상
- 안전하고 건전한 작업환경 제공
- 감독 및 통제의 용이성 확보
- 설비보전의 용이성 확보
- 투자비용의 최소화

공정흐름분석

설비배치를 위해서는 구체적으로 공정흐름을 어떻게 할 것인지를 결정하는 공정흐름분석을 해야 한다. 자재 및 재공품재고의 흐름을 분석하기 위하여 자재흐름분석을 하여야 하는데 이를 위해 조립도면(assembly drawing), 조립도표(assembly chart), 공정절차도(routing sheet or operation process sheet), 제품공정표(product process chart or flow process chart) 등의 흐름도(flow chart)를 작성하고 분석하여 효율적인 생산공정흐름을 찾아야 한다.

조립도면이란 제품의 조립에 필요한 부품 및 조립방법을 그림으로 나타낸 도면을 말하고, 조립도표란 조립도면만으로는 조립순서가 명확하지 않으므로 조립순서를 도표로 나타낸 것을 말한다. 공정절차도는 개별 부품의 생산에 필요한 가공 및 조립절차를 상세히 설명하는 표이며, 제품공정표는 [그림 6. 8]에서와 같이 작업(◯), 검사(□), 이동(⇨), 저장(▽), 지연(D) 등을 나타내는 표준기호를 이용하여 자재흐름을 한눈에 볼 수 있도록 한 것이다.

그러나 일반적으로 자재흐름분석만으로는 공정흐름분석의 목적을 충분히 달성할 수 없기 때문에 사무처리가 어떻게 진행되는지를 분석하는 정보흐름분석

그림 6. 8 | 제품공정표의 예

프로세스 차트

차트대상 부품 A의 생산

부서 부품 A의 작업장

날 짜 2015. 5. 1.
작 성 자 ○ ○ ○
차트번호 1
페이지번호 1

거리	시간	차트기호	프로세스 내용
50		⇨	프레스기계로부터 작업장의 저장소로
	3	▽	저장소
5		⇨	기계 1로 이동
	4	◯	기계 1에서 작업
4		⇨	기계 2로 이동
	2.5	◯	기계 2에서 작업
4		⇨	기계 3으로 이동
	3.5	◯	기계 3에서 작업
4		⇨	기계 4로 이동
	4	◯	기계 4에서 작업
20		⇨	용접으로 이동
	포카요케	□	용접에서 포카요케 검사
	4	◯	용접
10		⇨	도색으로 이동
	4	◯	도색
97	30		합 계

◯ : 작업 ; ⇨ : 이동 ; □ : 검사 ; D : 지연 ; ▽ : 저장

을 병행하는 것이 보통이다. 그 이유는 자재흐름분석은 자재의 흐름에 대한 정보만 제공할 뿐 공정의 효율적인 관리 및 통제를 위한 정보는 제공하지 않기 때문이다. 정보흐름분석을 위하여 정보흐름도(information flow chart)를 작성하여 분석하고 정보흐름을 통합하고 단순화하는 작업이 필요하다.

설비배치의 유형

생산운영을 위한 설비배치는 공정유형과 밀접한 관련이 있으며 기본형태에는 제품별 배치, 공정별 배치, 위치고정형 배치 등이 포함된다. 주문생산공정의 경우는 설비배치의 관점에서 공정별 배치이며, 조립생산공정은 설비배치의 관점에서 제품별 배치이다. 그리고 프로젝트공정의 경우는 설비배치의 관점에서 위치고정형 배치이다. 하지만 실질적으로는 설비배치의 유형이 혼합되어 있는 혼합형 배치를 이용하는 것이 일반적이며 최근 논의되는 셀생산 설비배치에 대해서도 살펴보기로 한다.

제품별 설비배치

제품별 설비배치(조립생산공정의 설비배치)는 [그림 6.11]과 같이 제품이 만들어지는 순서대로 이루어지면 된다. 따라서 제품별 설비배치는 공정별 설비배치와 달리 어떠한 공정들이 인접해야 하는지가 중요한 것이 아니라 생산의 흐름을 어떻게 능률적으로 하는가가 중요하다. 따라서 전체 생산공정의 능력을 작업

그림 6.11 | 제품별 설비배치

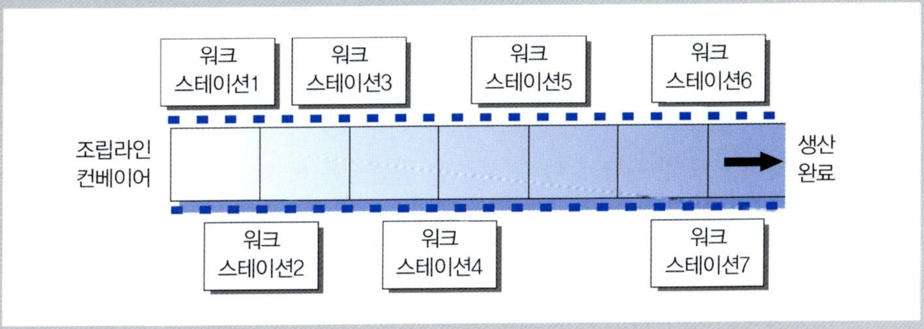

그림 6. 12 | 분업과정

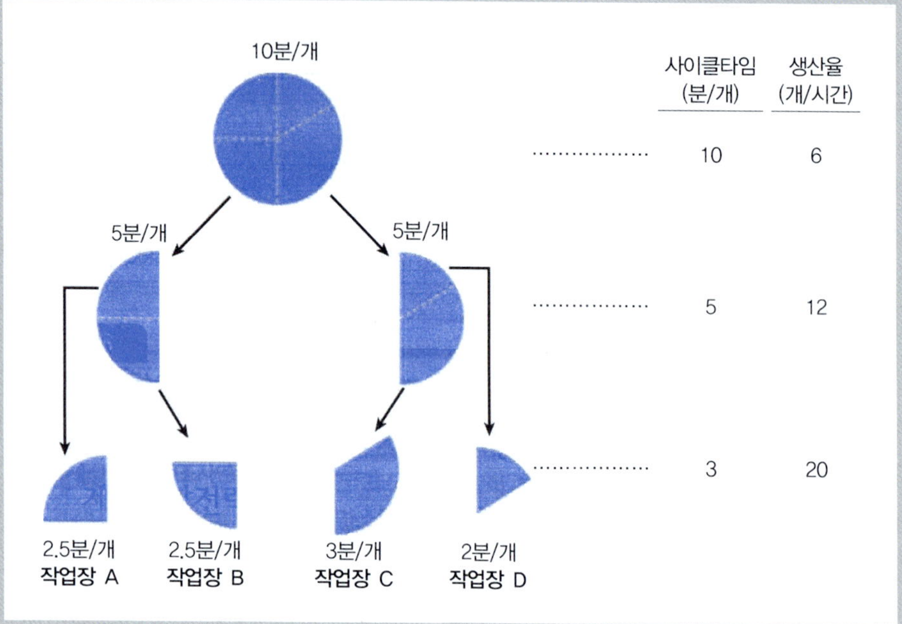

장별로 균형 있게 배열하는 공정균형(line balancing) 문제가 중요하다는 것이다.

공정균형이란 각 작업장의 단위당 작업소요시간이 균형이 되도록 작업장마다 과업의 양을 균등하게 할당하는 것을 말한다. 작업장마다 할당된 작업의 양이 균등할 경우에는 작업이 동시에 이루어지므로 생산의 흐름이 효율적이다. 그러나 예를 들어, 어느 작업장의 작업소요시간이 다른 작업장에 비하여 길 경우에는 그 작업장 앞에는 재고가 쌓이게 되고 그 작업장의 후행 작업장에서는 일거리가 올 때까지 기다려야 하는 비효율성이 존재하게 된다.

[그림 6. 12]는 하나의 일을 둘, 넷으로 분업되어 가는 과정을 보여준다. 작업장 하나로 전체의 일을 한다면 개당 10분이 소요되어 시간당 생산량은 6개이다. 이를 두 개의 작업으로 분업하면 각 작업장의 개당 소요시간은 5분이고 시간당 생산량은 12개이다. 일감이 균등하게 나누어진다고 가정하면 작업장이 1, 2, 4, 8 ……로 증가함에 따라 시간당 생산량은 6, 12, 24, 48 ……로 증가하게 되고, 1단위 전체를 생산하는 데 소요되는 시간을 나타내는 주기시간(cycle time)은 10분, 5분, 2.5분, 1.25분 ……이 된다. 그러나 [그림 6. 12]처럼 일감이 균등하게 나누어지지 않으면 작업장 A와 B는 2.5분, C는 3분, 반면 D는 2분을 배분받게

된다. 이들이 하나의 조립라인에서 A－B－C－D의 순으로 작업이 진행된다면 1단위 전체의 일감이 생산되는 데에 필요한 시간은 3분이 되어, C는 항상 바쁘지만 A와 B는 0.5분, D는 1분의 개당 유휴시간을 가진다. 모든 작업장이 균등된 일감을 배분받을 때 총유휴시간은 0이 되어 완전한 공정균형을 이루게 된다.

공정균형은 다음의 순서로 이루어진다. 우선 다음과 같이 주기시간을 구한다.

$$\text{주기시간} = \text{총가용생산시간}/\text{목표생산량}$$

최소로 필요한 작업장의 수를 다음과 같이 구한다.

$$\text{최소작업장 수} = \text{제품단위당 총작업소요시간}/\text{주기시간}$$

작업장 수가 결정되면 공정균형이 되도록 작업장에 작업을 할당한다. 작업장에 작업을 할당하는 방법에는 작업소요시간이 긴 작업을 우선적으로 할당하는 방법, 후행작업의 수가 많은 작업을 우선 할당하는 방법, 후행작업시간의 합이 큰 작업을 우선 할당하는 방법, 선행작업의 수가 작은 작업을 우선 할당하는 방법 등이 포함된다. 마지막으로 주어진 작업시간 중 실제작업시간을 나타내는 조립공정효율은 다음과 같이 구한다.

$$\text{효율} = \frac{\text{제품단위당 총작업소요시간}}{\text{작업장수} \cdot \text{주기시간}}$$

예제 6.1

어느 계전기 생산업체의 경우 시간당 목표생산량은 50개이며, 작업자는 55분 작업에 5분간의 휴식시간을 가진다. 계전기는 총 8개의 공정을 거쳐 완성되며 각각의 공정에 대한 선행공정 및 작업소요시간 자료는 다음과 같다. 공정균형을 이룰 수 있는 방안을 구하라.

작업	선행작업	작업소요시간(분)
a		0.9
b	a	0.4
c	b	0.6
d	c	0.2
e	c	0.3
f	d,e	0.4
g	f	0.7
h	g	1.1
		합 계 4.6

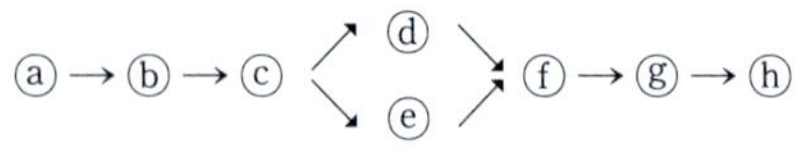

해답

• 주기시간과 최소작업장수의 결정

$$\text{주기시간} = \frac{\text{총가용생산시간}}{\text{목표생산량}} = \frac{55\text{분/시간}}{50/\text{시간}} = 1.1\text{분}$$

$$\text{최소작업장수} = \frac{\text{제품단위당 총작업소요시간}}{\text{주기시간}} = \frac{4.6\text{분}}{1.1\text{분}} \approx 4.18 \rightarrow 5\text{개}$$

• 작업할당

작업배정방법 중에서 작업소요시간이 긴 작업을 우선 배정하는 방법을 이용하여 배정한다.

작업장	작업할당	작업소요시간 합계
1	a	0.9
2	b, c	0.4+0.6=1
3	e, d, f	0.3+0.2+0.4=0.9
4	g	0.7
5	h	1.1

Note 작업소요시간의 합계가 모든 작업장에서 주기시간(1.1분)보다 작음을 알 수 있고 작업장 3의 경우 d, e, f가 아니라 e, d, f인 것은 d와 e는 선후행관계가 없으므로 작업소요시간이 긴 e를 우선 할당함을 나타내기 위함이다.

• 조립공정효율

$$\text{효율} = \frac{\text{제품단위당 총작업소요시간}}{\text{작업장수} \cdot \text{주기시간}} = \frac{4.6}{5 \cdot 1.1} = 0.836$$

따라서 전체 작업장에 작업을 위해 주어진 총시간 중 83.6%는 실제작업에 이용되고 나머지 16.4%는 유휴시간이다.

공정별 설비배치

공정별 설비배치는 작업흐름이 표준화되어 있지 않은 경우에 적합하다. 즉, 공정흐름은 주문에 의해 생산하는 것처럼 제품의 종류와 크기가 다른 것을 하나의 기계설비와 작업자로 생산하므로 단일 흐름 패턴이 될 수 없다. 제품의 종류와 크기가 다름에 따라 생산흐름이 다르게 되므로 제품은 필요한 작업장만 경유하고 나머지 작업장은 건너뛰는 혼합흐름의 패턴이 된다. 예를 들어, 제품별로 다양한 작업흐름이 요구되는 경우에 적합하며 대학병원, 대학교, 사무실,

그림 6. 9 | 의료시설의 공정배치

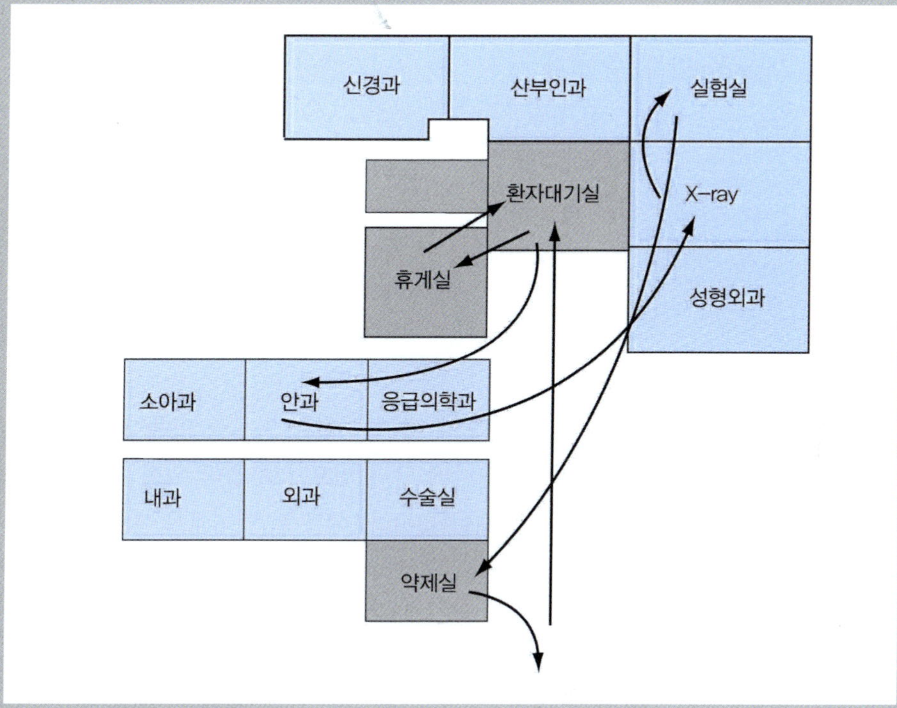

주문생산 등의 경우 이러한 설비배치가 이루어진다.

[그림 6. 9]는 병원의 공정배치를 보여준다. 제조업의 경우에도 이와 비슷하게 용접, 도색, 프레스, 선반 등으로 구분하여 유사한 기계설비가 한 그룹으로 조직되는 공정별 배치를 구축하게 된다. 즉 제품의 종류와 크기가 다르고 제품별 생산량이 적으므로 범용의 기계설비를 기능별, 즉 기계종류별로 배치하는 공정별 배치이다. 공정별 배치의 효율성을 제고하려면 설비배치의 목적을 달성하는데 유리하도록 기계설비와 작업자의 위치를 정하여야 한다. 그러므로 설비배치의 평가기준으로는 자재운반비의 최소화, 이동거리의 최소화, 또는 관련 부서와의 근접성(proximity)의 최대화 등이 된다.

공정별 설비배치기법으로는 계량적 분석방법인 운행거리분석(load-distance analysis)과 정성적 분석방법인 체계적 기법(systematic layout planning) 등이 있다. 이러한 방법들과 현재 개발되어 있는 컴퓨터프로그램을 이용하는 방법에 대하여 살펴보면 다음과 같다.

운행거리분석

운반비용을 최소화하기 위한 배치문제를 해결하기 위하여 다음과 같은 계량모델을 만들 수 있다.

$$\text{최소화} \quad TC = \sum_{i=1}^{k} \sum_{j=1}^{k} X_{ij} \cdot C_{ij} \cdot D_{ij}$$

TC: 총운반비용
X_{ij}: i공정에서 j공정까지의 운반횟수
C_{ij}: i공정에서 j공정까지의 단위거리당 운반비용
D_{ij}: i공정에서 j공정까지의 운반거리
k: 공정수

위의 식에서 X_{ij}와 C_{ij}는 현재 가지고 있는 자료를 이용하여 알 수 있으나 D_{ij}는 설비배치를 어떻게 하느냐에 달려 있으므로 결국 위의 모형은 TC를 최소화하도록 D_{ij}를 결정하는 문제인 것이다. 예를 들어, 6개의 공정이 있을 때 가능한 배치대안은 6!(=720)이다. 이 중에서 다음과 같은 세 가지 대안만을 살펴보자.

대안 1		
공정 1	공정 2	공정 3
공정 4	공정 5	공정 6

대안 2		
공정 4	공정 1	공정 2
공정 5	공정 6	공정 3

대안 3		
공정 5	공정 6	공정 3
공정 2	공정 1	공정 4

공정 간의 운반횟수, 운반비용, 운반거리가 서로 다르므로 어느 대안을 선택하는가에 따라 총비용은 달라지므로 공정별 배치에서는 어느 공정을 어디에 위치시켜야만 하는가를 결정하는 것이 중요하다. 공정의 수가 작을 경우에는 공정의 위치를 변경해 가면서 최적해를 구할 수 있겠으나 공정의 수가 많아지면 컴퓨터를 이용한 시뮬레이션방법으로 만족해를 구할 수 있다.

체계적 기법

공정 간의 운반횟수 등과 같은 계량적 자료를 얻기 힘들거나 또는 공정 간의 관계에 의해 특정공정들은 인접하여야 하고 또는 특정공정들은 멀리 떨어져야 한다든지 하는 경우에는 정성적 방법인 체계적 기법이 사용될 수 있다.

체계적 기법에 의한 설비배치를 분석하려면 먼저 공정들이 인접해야 할 필요정도와 그 이유를 [그림 6. 10]과 같은 부호를 사용하여 활동관련도표(activity relationship chart)를 작성해야 한다. 활동관련도표에는 먼저 두 공정의 인접선호도를 절대 필요함, 특히 중요함, 중요함, 보통임, 중요하지 않음, 바람직하지 않

그림 6.10 | 부문별 활동관련도표

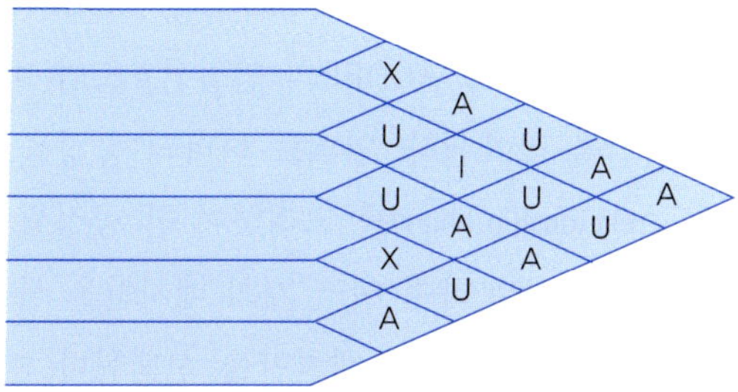

부호	인접선호도
A	절대 필요
E	특히 중요
I	중요
O	보통
U	중요하지 않음
X	바람직하지 않음

음으로 평가하고 기호를 사용하여 나타낸다. 이러한 활동관계도표를 근거로 만족스러운 활동관계도를 얻을 때까지 시행착오적인 방법으로 계속하여 최종배치를 결정한다.

컴퓨터에 의한 배치계획

설비배치에 있어서 공정의 수가 많으면 컴퓨터를 이용해야 한다. 공정별 배치를 위한 상당히 많은 수의 프로그램이 존재하나, 이 중에서 운반비용최소화에 의한 설비배치를 목적으로 개발된 CRAFT 프로그램과 정성적 기준에 바탕을 둔 설비배치를 위해 개발된 ALDEP와 CORELAP 프로그램에 대하여 간략히 살펴본다.

- ***CRAFT****(computerized relative allocation of facilities technique)* : 1963년에 아모르와 부파(Armour and Buffa)가 운반비용 최소화를 목적으로 개발한 프로그램이며, 1973년에 힉스와 코완(Hicks and Cowan)이 1982년에 존슨(Johnson)이 좀 더 개선된 프로그램을 개발하였다. 기본 배치안과 공정 간 운반횟수 및 단위거리당 운반비용, 공정 간의 거리, 작업장의 면적 등의 자료를 입력하면 기본 배치안에서 인접해 있고 면적이 비슷한 두 공정 혹은 세 공정의 위치를 바꾸어 운반비용이 감축되는지를 확인한다. 이러한 과정을 더 이상의 운반비용 감축이 없을 때까지 반복한다.
- ***ALDEP****(automated layout design program)* : 1967년 IBM에서 개발한 프로그램으로 무터와 휠러(Muther and Wheeler)가 개발한 SLP(systematic layout planning)의 인접필요 정도를 계량화하여 인접선호도를 계산하고 이 인접선호도를 최

대로 하는 배치안을 찾아낸다.

- ***CORELAP****(computerization relationship layout planning)* : 1967년 리와 무어(Lee and Moore)가 개발한 프로그램으로 ALDEP의 인접선호도와 비슷한 총인접평점을 최대로 하는 배치안을 찾아낸다. 임의로 하나의 공정을 먼저 배치하고 공정 간의 상관관계도(relationship chart)를 고려하여 한 공정씩 추가하여 배치안을 만든다. 이러한 과정을 반복하여 여러 개의 배치안을 산출하고 그 배치안 중에서 총인접평점을 최대로 하는 배치안을 선택한다.

위치고정형 설비배치

빌딩 건축, 우주선 발사 등과 같이 독특한 특성을 가진 프로젝트는 원자재 및 부품의 크기가 크고 무겁기 때문에 제품별 배치나 공정별 배치와 같이 작업물의 흐름을 통해서 건설 또는 제작할 수 없다. 제작물은 한 장소에 고정되고 공구, 장비, 설비, 작업자가 옮겨가며 생산되는 배치형태이다. 프로젝트 생산은 엄격히 말해서 공정의 흐름이 있는 것이 아니라 생산의 순서가 있는 것이다.

프로젝트 생산은 다른 것에 비해 생산단위의 규모가 크고 비반복적이다. 그러므로 선박건조, 비행기제작 또는 교량건설 등에서는 자재운반비가 설비배치 문제에 중요한 고려 대상이 된다. 이 경우 일상 사용하는 자재는 건설현장에 가깝도록 위치하고 사용이 빈번하지 않는 자재는 보다 먼 거리에 위치한다.

독창성과 유일성을 갖는 프로젝트의 설비배치에는 기술적 진행순서(technological precedence)가 주요 결정요인이 된다. 이 경우 자재의 위치는 프로젝트의 일정에 따라 결정된다. 따라서 프로젝트의 기술적 진행순서는 일정관리(scheduling)와 깊은 관련성을 갖는다. 이와 같이 위치고정형 배치의 결정에 있어서 주요 요인은 자재운반, 기술적 진행순서 그리고 일정관리 등이다.

셀생산방식 설비배치

셀생산방식이란 유사한 부품들을 하나의 부품군으로 묶어 부품군별로 셀이라 불리는 작업장에서 생산하는 방식이다. 셀 내에서의 설비배치는 제품별 설비배치와 비슷하게 이루어진다. 다음은 개별부품별로 어떠한 공정이 필요한지에 대한 자료이다.

공정 / 부품	공정 x	공정 y	공정 z	공정 α	공정 β	공정 γ	공정 δ
a					○	○	○
b			○			○	○
c				○		○	○
d			○			○	○
e				○		○	○
f					○	○	○
g			○			○	○
h	○	○					
i	○	○		○			
j		○		○			
k	○	○					
l					○	○	○
m	○					○	○
n	○					○	○
o				○		○	○

위의 부품을 필요한 공정이 같은 부품군으로 분류하면 다음과 같다.

부품군	부품	필요공정
1	a, f, l	β, γ, δ
2	c, e, o	α, γ, δ
3	b, d, g	z, γ, δ
4	m, n	x, γ, δ
5	h, k	x, y
6	j	y, α
7	i	x, y, α

부품군 수를 좀 더 줄여 셀을 만든다면 다음과 같다.

셀	부품	공정
1	a, f, l c, c, o	α, β γ, δ
2	b, d, g m, n	x, z γ, δ
3	h, k j, i	x, y, α

셀생산방식이 효과를 가지기 위해서는 셀에 속한 각 부품의 수요가 적절한 크기가 되어야 하고 수요가 안정적이어야 한다. 셀생산방식을 도입함으로써 얻을 수 있는 장점으로는 생산계획 및 일정계획이 용이하여 관리업무가 단순해지고 대량생산과 같은 흐름생산이 촉진되어 전용화나 자동화를 추진하는 것이 가능해진다. 반면 단점으로는 그룹화하는 데 소요되는 업무가 증가하고, 설비와 노동력의 중복투자가 발생하고, 그리고 설비고장으로 인한 생산의 정체가 클 수 있다는 것을 단점으로 지적할 수 있다.

U자형 설비배치

1인 또는 소수의 인원으로 작업 및 공간 효율성을 극대화하기 위한 배치방식이다. U자형 형태로 작업장이 배치되기 때문에 공간이 적게 소요되고, 작업자의 이동거리가 짧기 때문에 작업자들의 의사소통이 다른 배치보다 용이하다. U자형 배치는 제품의 생산량과 종류에 밀접한 관계가 있기 때문에 수량이 적고 다품종 생산인 경우에는 공정흐름에 큰 문제가 발생하지 않지만 소품종 대량생산일 경우에는 공정흐름에 어려움이 뒤따르게 된다.

이상에서 살펴본 설비배치의 유형별 특성을 요약하면 다음 <표 6. 4>와 같다.

〈표 6. 4〉 제품별, 공정별, 위치고정형 설비배치의 특성

특성	제품별	공정별	위치고정형
생산형태	연속/대량생산	개별/묶음생산	프로젝트생산
생산물의 흐름	제품별 연속흐름	주문별 다양한 흐름	생산물 고정, 설비이동
운반비용	낮음	매우 높음	높음
시설이용율	높음	낮음	낮음
생산설비	전용설비	범용설비	범용설비
배치/변경비용	매우 높음	비교적 낮음	낮음
배치 중점	라인 밸런싱	설비(작업장) 위치	일정관리
기타	낮은 생산원가 빠른 리드타임 낮은 재공품재고 단순한 일정계획 단순한 작업	변화대응 유연성 우수 직무만족도 증가 (다양한 작업경험)	크고 복잡한 제품 가능 탄력적인 일정계획

요 약

- 생산공정은 변환과정의 기술적 의미로 생산공정계획은 생산공정의 구성요소와 이들의 결합방식을 구상하는 것으로서 (1) 생산공정유형의 결정 (2) 생산단계의 결정 (3) 생산방법의 결정과 같은 세 가지 단계의 연속적 과정으로 볼 수 있다.
- 생산공정을 생산흐름의 기준에서 분류한다면 라인흐름공정, 단속흐름공정, 그리고 프로젝트 공정으로 나눌 수 있다.
- 설비배치란 기계, 작업구역, 고객서비스구역, 원자재보관구역, 복도, 화장실, 내벽, 사무실, 컴퓨터실 등의 위치에 대한 계획 및 원자재나 사람의 흐름패턴에 대한 계획을 세우는 것이다.
- 설비배치에는 생산운영을 위한 설비배치, 창고운영을 위한 설비배치, 서비스운영을 위한 설비배치, 사무실 운영을 위한 설비배치 등의 종류가 있다.
- 설비배치를 위해서는 구체적으로 공정흐름을 어떻게 할 것인지 결정하는 공정흐름분석을 해야 한다. 공정흐름분석을 위해서 자재흐름분석과 정보흐름분석을 병행하는 것이 일반적이다.
- 생산운영을 위한 설비배치는 공정유형과 밀접한 관련이 있으며 기본형태에는 제품별 배치, 공정별 배치, 위치고정형 배치 등이 포함된다.
- 설비배치의 관점에서 보면 주문생산공정의 경우는 공정별 배치이며, 조립생산공정은 제품별 배치이고, 프로젝트 공정은 위치고정형 배치이다. 하지만 실질적으로는 설비배치의 유형이 혼합되어 있는 혼합형 배치를 이용하는 것이 일반적이다.
- 제품별 설비배치는 제품이 만들어지는 순서대로 이루어지면 된다. 따라서 제품별 설비배치는 공정별 설비배치와 달리 어떠한 공정들이 인접해야 하는지가 중요한 것이 아니라 생산의 흐름을 어떻게 능률적으로 하는가가 중요하다.
- 공정균형이란 각 작업장의 단위당 작업소요시간이 균형이 되도록 작업장마다 과업의 양을 균등하게 할당하는 것을 말한다.
- 공정별 설비배치에 주로 이용되는 방법으로는 계량적 분석인 운행거리분석과 정성적 분석인 체계적 기법 등이 있다. 설비배치에 있어서 공정의 수가 많으면 컴퓨터를 이용해야 하며 개발된 프로그램에는 CRAFT, ALDEF, CORELAP 프

로그램 등이 있다.

- 셀생산방식이란 유사한 부품들을 하나의 부품군으로 묶어 부품군별로 셀이라 불리는 작업장에서 생산하는 방식이며 셀 내에서의 설비배치는 제품별 설비배치와 비슷하게 이루어진다.

학습문제

1. 생산공정유형의 결정이란 무엇이며 이러한 결정에 주요 고려 사항은 무엇인가?
2. 전방통합과 후방통합이란 무엇인가?
3. 생산공정유형 결정 매트릭스를 설명하라.
4. 생산공정의 유형을 설명하라.
5. 왜 라인흐름공정은 보통 단속흐름공정에 비해 능률적이지만 유연성이 떨어지는가? 그 이유를 설명하라.
6. 고층건물의 공사에 프로젝트 공정이 주로 이용된다. 프로젝트 공정 때문에 비용이 많이 발생하는가? 프로젝트 공정을 능률적으로 할 수 없는가? 어떻게 하면 능률적일 수 있는가?
7. 다음의 업종을 생산공정유형 결정 시 고려해야 하는 네 가지 사항으로 비교하라.
   – 고급식당, 패스트푸드, 카페테리아
8. 다음 기업들의 차별적 능력은 무엇인가?
   – 맥도날드, 휴렛팩커드, 도요타자동차, 삼성전자, 현대건설
9. 자재흐름분석과 정보흐름분석의 유사점과 차이점은?
10. 자재흐름분석과 정보흐름분석은 공정흐름분석을 위해 동시에 같이 분석되어야 하는가?
11. 흐름도란 무엇이며 이것이 어떻게 공정설계에 활용될 수 있는가?
12. 라인흐름공정, 단속흐름공정 및 프로젝트 공정들이 설비배치문제에서 어떻게 다른가?
13. 제품별 배치문제와 공정별 배치문제를 간략히 비교하라.
14. 종합병원의 설비배치문제를 해결하려고 한다. 환자와 병원 스태프들의 걷는 거리를 최소화하는 문제로 보면 적절한가?
15. 다음의 경우 설비배치결정의 기준은 무엇인지 설명하라.
    a. 호텔 객실　　b. 사무실　　c. 공장　　d. 햄버거식당

사례 조선해양플랜트 생산공정

해양플랜트/선박 건조는 수많은 공정들이 복잡하게 얽혀 있는 Complex Concurrent Engineering 산업이다. 생산비용을 절감하기 위해서는 각 공정요소들의 유기적인 흐름(생산)을 구성하게 된다. 해양플랜트/선박 생산공정 흐름화를 위한 가장 중요한 부분은 물류와 정도 부분으로 특히, 강재를 이용하는 해양플랜트/선박 건조의 특성상 정도관리는 흐름생산의 가장 중요한 요소가 된다.

해양플랜트/선박 건조는 프로젝트 공정으로 이루어지게 되는데 다음과 같은 문제점이 제기되었다.

1. 생산단계별 부재변형의 중첩

- 해양플랜트/선박의 생산과정은 크게 절단, 가공, 소/중조립, 대조립, 탑재의 과정으로 이루어짐.
- 생산의 각 단계별로 부재나 모듈(블록)에 변형이 발생하며 후행공정으로 갈수록 점점 중첩이 됨.

[절단]

[가공]

[소/중조립]

[대조립]

[탑재]

2. 모듈(블록) 조립/탑재 단계에서 블록 불일치 문제 발생

- 부재변형의 중첩으로 조립/탑재 단계에서 모듈(블록) 불일치 문제 발생함.
- 모듈(블록) 불일치 문제는 생산 전 과정에서 다양하게 나타남.

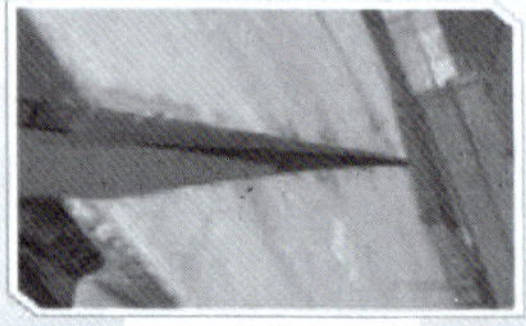
[선각 불일치]

[선각 불일치]

[선각 불일치]

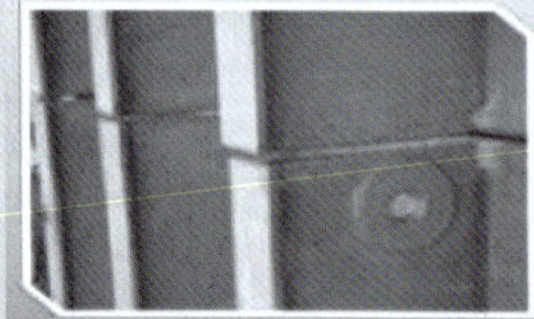
[내부재 불일치]

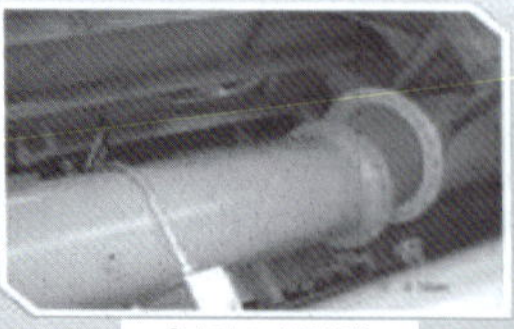
[파이프 불일치]

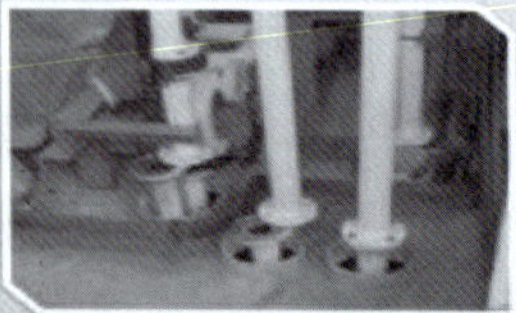
[파이프 불일치]

3. 불일치 문제 발생 시 수정작업

- 모듈(블록) 불일치 문제 발생시 절단/육성/곡직 등을 통해 수정
- 수정에 많은 양의 시간과 비용이 소모됨. (전체 조립작업양의 40% 차지)
- 생산공정의 흐름화에 가장 문제가 되는 것은 병목 구간임.
- 해양플랜트/선박 건조의 생산은 모듈변형 및 모듈 불일치 문제와의 싸움

[조립시 블록 수정(곡직)]

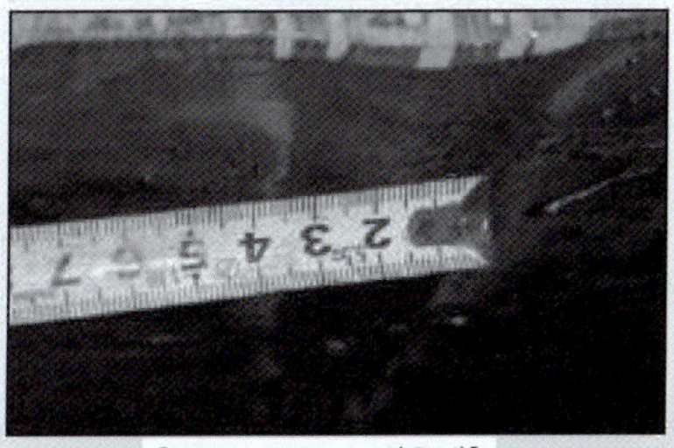

[조립시 블록 수정(육성)]

[탑재 시 외판 수정]

[탑재 시 내부재 수정]

생산공정흐름상에 발생하는 문제점을 최소화하기 위하여 모듈의 조립 공정에서는 모듈 검사(inspection) 작업을 수행하고, 탑재 단계에서는 As-Built 데이터 기반의 탑재시뮬레이션을 수행하여 불량을 최소화하려고 하고 있다.

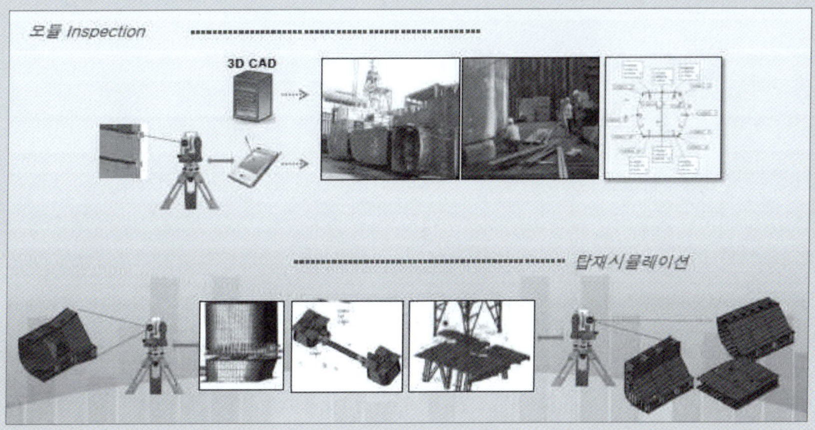

<출처 : 삼인정보시스템(주), 2013>

토의문제

1. 위의 예에서처럼 해양플랜트/선박 건조는 프로젝트공정으로 이루어지게 되는데 단계별 문제점이 등장하는 것으로 보고되고 있다. 생산단계별 부재변형의 중첩, 모듈(블록) 조립/탑재 단계에서 블록 불일치 문제 및 불일치 문제 발생 시 수정작업 등의 단계에 있어서 가장 큰 병목 현상이 일어날 수 있는 단계는 무엇이라 생각하며, 이러한 문제 해결을 위한 전략은 무엇인지 토의하여라.
2. 각 단계별 생산공정흐름상에 발생하는 문제점을 최소화하기 위하여 모듈의 조립공정에서 모듈 검사(Inspection) 작업을 수행하기 위한 전략적 방안은 무엇인지 토의하여라.
3. 향후 해양플랜트/선박 건조시 적용되는 프로젝트 공정을 대체할 수 있는 방안은 무엇이 될 수 있는지 그 이유를 설명하여라.

   예 스마트공정, 3D프린팅, 사물인터넷 등

참고문헌

이재관, "생산관리", 법문사, 1995.

전영일, 홍관수, 김남영, "전략적 운영관리", 경문사, 2003.

Baybars, I., "A Survey of Exact Algorithms for the Simple Assembly Line Balancing Problem," *Management Science*, pp.909-932, 1986.

Buxey, G., Slack, N., and Wild, R., "Production Flow System Design — A Review," *AIIE Transactions*, 5, pp.47-48, 1973.

Chase, R., Jacobs, F., and Aquilano, N., *Operations and Supply Chain Management*, 13th ed. NY: McGraw-Hill, 2010.

Chase, R., "Strategic Considerations in Assembly Line Selection," *California Management Review*, pp.17-23, 1975.

Gaither, N., Frazier, G., and Wei, J., "From Job Shop to Manufacturing Cell," *Production and Inventory Management Journal*, 31:4, pp.33-36, 1990.

Hayes, R. and Wheelwright, S., "Link Manufacturing Process and Product Life Cycles," *Harvard Business Review*, 57, 1979,

Hicks, P. and Cowan, T., "CRAFT − M for Layout Rearrangement," *Industrial Engineering*, 8:5, 1976.

Johnson, R., "Spacecraft for Multi-floor Layout Planning," *Management Science*, 28:5, 1982.

Schuler, R., Ritzman, L., and Davis, V., "Merging Perspective and Behavioral Approaches for Office Layout," *Journal of Operations Management*, pp.131-142, 1981.

Talbot, F. and Gehrlein, W., "A Comparative Evaluation of Heuristic Line Balancing Techniques," *Management Science*, pp.430-454, 1986.

CHAPTER 07

생산능력계획과 입지결정

[도입사례] 미디어텍(MediaTek)

미디어텍(MediaTek, 聯發科技)은 타이완(대만)의 팹리스 반도체 기업으로 무선통신기기, 광학 저장기기, HDTV, DVD 등의 칩셋을 설계, 판매하고 있다. 미디어텍은 1997년 설립되었으며 본사는 타이완에 있다. 중국, 싱가포르, 인도, 대한민국, 미국, 일본, 아일랜드, 덴마크, 영국에 지사와 연구소를 운영하고 있다. 대만 미디어텍은 국내 반도체설계(팹리스) 기업이 롤모델로 꼽는 세계적 팹리스다. 현지 벤처 기업으로 시작해 세계 반도체 시장 12위로 올라섰다. 2013년 매출은 57억 2,300만 달러(약 6조 4,000억 원), 지난해는 71억 4,200만 달러(약 7조 9,900억 원)로 25% 성장했다. 올해도 새로운 모바일 애플리케이션 프로세서(AP)와 고객 기업 확보 등으로 성장을 기대할 만하다.

국내 팹리스 업계는 미디어텍이 세계적 기업으로 빠르게 성장한 비결에 주목한다. 기업 성장 전략 자체도 중요하지만 파운드리와 전자 부품 시장이 견고하게 형성된 현지 산업 구조도 성장에 주효하다는 시각이다. 세계적인 전자 대기업이 없는 것도 성공 요인 중 하나다.

◇ 대량 생산·편리한 서비스로 부상

국내 1세대 팹리스가 1990년대 후반과 2000년에 집중적으로 창업한 것을 감안하면 출발은 비슷하지만 매출 5,000억 원을 넘긴 기업이 많지 않은 국내 상황과 대조된다. 미디어텍은 대만 파운드리 기업 UMC에서 분사했지만 종속성을 최소화하며 독립적으로 성장한 것으로 평가받는다. UMC에서 익힌 기술을 바탕으로 컴퓨터 DVD 장치와 DVD 플레이어 시장에 진출해 2002년부터 관련 분야 시장 1위에 올라섰다. 영상처리 기술을 확보하고 중국 휴대폰 단말기 시장에 진출해 빠르게 성장했다. 당시 아이서플라이 조사에 따르면 미디어텍은 2004년 베이스밴드 칩 점유율이 12%였으나 2005년 55%에 달할 정도로 빠르게 시장을 장악했다. 2006년 매출은 2조원을 돌파하고 영업이익률은 41.3%에 달하는 등 상당한 경쟁력을 갖추게 됐다.

미디어텍이 단기간에 빠르게 성장한 것은 규모가 큰 시장을 우선 겨냥했기 때문이다. 기존 시장에 진입한 미국 대형 기업과 경쟁하기 위해 개발 기간을 줄이고 양산 제품에 바로 적용할 수 있는 레퍼런스 디자인을 제공하는 전략으로 차별화한 것도 주효하다. 파운드리는 물론이고 패키징, 테스트 등 반도체 후공정 기업이 대만 현지에 고르게 분포한 것도 성장에 긍정적 영향을 미쳤다. TSMC와 UMC는 세계 반도체 기업이 생산을 맡길 정도로 전문 파운드리 기업으로 성장했다. 후공정 분야도 세계 시장 절반가량을 차지할 정도로 세계 시장에서 대만 점유율은 상당하다. 무엇보다 중소기업 위주로 형성돼 전문 분야에 집중하는 현지 산업 구조가 긍정적 영향을 미친 것으로 풀이된다. 미디어텍 관계자는 "대만에 삼성 · LG 같은 세트 대기업이 없는 것이 되레 반도체 산업 성장에 좋은 배경이 됐다"며 "한국은 대기업 위주로 시장이 형성돼 중소기업이 종속된 구조이지만 대만은 현지 대기업이 없다보니 처음부터 해외 시장을 타깃으로 삼아 중소기업끼리 긴밀한 생태계를 조성한 게 성장 비결 중 하나"라고 꼽았다.

◇ 다 갖추고도 못 크는 한국 시스템반도체

대만에 비해 한국 반도체 산업은 최적 성장 환경을 갖췄다. 세계적 전자 대기업 본사가 한국에 있어 협력하기 좋다. 삼성전자, 동부하이텍, 매그나칩반도체 파운드리 설비도 국내서 이용할 수 있다. 실제로 다수 중소기업은 국내 대기업과 함께 일하며 쌓은 경험을 발판으로 해외에 진출하는 성과를 거뒀다. 한 관계자는 "한국 이름 없는 중소기업 제품을 써줄 글로벌 기업이 몇이나 되겠느냐"며 "삼성 · LG에 제품을 공급한 사례가 있으면 해외 기업과 파트너십을 맺을 때 훨씬 유리한 것은 사실"이라고 말했다.

좋은 조건은 갖췄지만 상황은 녹록하지 않다. 삼성전자 파운드리는 대규모 물량 위주로 서비스를 제공해 실제로 이용할 수 있는 팹리스는 제한적이다. 기업이 필요한 공정이나 물량을 맞추지 못해 서비스 만족도가 떨어지는 파운드리도 있다. 국내 팹리스 대부분이 대만 TSMC나 UMC에 칩 생산을 위탁하는 이유다. 국내에서 한 대기업에 공급하면 다른 곳으로 판매처를 다변화하기 힘든 것도 문제다. 칩을 구매하는 기업이 다양하지 않으면 사업 변동성이 심해진다. 거래 관계가 끊기면 당장 생존에 직격탄을 맞는다. 종속성이 심해지는 것이다.

한 팹리스 기업 관계자는 "설계자산(IP)을 가진 파운드리와 긴밀히 협력해야 좋은 결과물이 나오는데 국내에서는 이 구조가 힘들다"며 "반면에 대만 파운드리는 아무리 적은 물량이라도 성심성의껏 대응하는 서비스 문화가 잘돼 있어서 대조적"이라고 평가했다.

이제 한국 시스템반도체는 스프레드트럼, 하이실리콘 등 중국에서 탄생할 제2, 제3 미디어텍과도 경쟁하고 있다. 인텔, 퀄컴 등 세계적 반도체 기업이 중국 시장을 장악하기 위해 이들과 적극적으로 협력하고 있어 기술력과 기업 규모 모두 빠르게 성장할 수 있는 기반까지 갖췄다. 최근 중국 파운드리와 팹리스는 반도체 IP를 확보하기 위해 협력하고 특허를 출원하는 등 활발히 움직인다.

위의 사례에서 생각해 보아야 할 주요한 포인트는 다음과 같다.

- 미디어텍의 성장전략은 무엇이었다고 보는가?
- 미디어텍이 지속적인 경쟁우위를 유지하기 위한 생산능력계획은 무엇인가?
- 한국 시스템반도체가 성장하기 위해 근본적으로 해결되어야 할 점은 무엇인가?

<출처 : 전자신문, 2015년 6월 18일>

제품이나 서비스의 미래 수요에 대한 생산능력 확보를 위한 대책을 수립하는 것이 생산능력전략이며, 기업의 생산 및 배분활동의 근거지를 결정하는 것이 입지결정이다. 생산능력전략에서 생산의 규모와 시기가 결정되면 반드시 어디에 그러한 생산능력을 설치할 것인가를 고려해야 하므로 생산능력전략과 입지결정은 매우 밀접한 관련이 있다. 본장에서는 생산능력확보 의사결정에 이용될 수 있는 여러 기법들에 대하여 살펴보고 또한 입지선정의 기준 및 기법들을 살펴본다.

본장에서 다룰 내용은 다음과 같다.

- 생산능력이란?
- 생산능력의 측정기준은?
- 여유생산능력이란 무엇인가?
- 규모의 경제, 집중생산, 범위의 경제란 무엇인가?
- 생산능력 의사결정에 유용한 기법에는 어떠한 것들이 있나?
- 입지선정의 기준은?
- 입지선정에 요인평정법이 어떻게 이용되나?
- 입지선정에 선형계획법이 어떻게 이용되나?

생산능력의 개념

생산능력이란 생산시스템이 정상적인 운영상태에서 일정기간 동안 정해진 제품이나 서비스를 산출하는 최대생산량을 의미한다. 이러한 생산능력을 측정하려면 우선 어떤 척도로 측정하느냐 하는 것이 중요하다. 또한 비상시에 확장된 최대생산량을 의미하는 것이 아니고 합리적으로 지속가능한 생산능력을 의미한다. 불충분한 생산능력은 제품이나 서비스의 배달에 차질을 빚고, 재공품 재고수준을 높인다. 반면에 과도한 생산능력은 감축할 수 있는 불필요한 비용을 지출한 셈이 되므로 기회비용이 발생한다. 따라서 적절한 생산능력을 가지는 것은 매우 중요하다.

생산능력의 측정

생산능력의 측정은 하나의 제품이나 몇 개의 동종제품을 생산하는 기업의 경우는 그 측정단위가 하나이므로 측정이 간단하다. 하지만 다양한 제품을 생산하는 기업의 경우는 제품마다 생산능력의 측정단위가 다양하여 통합이 쉽지 않다. 이 경우에는 월간 판매액 등과 같은 통합단위를 이용할 수 있다.

일반적으로 생산능력의 측정기준은 두 가지가 있다. 하나는 산출기준이며, 다른 하나는 투입기준이다. 자동차, 전자제품 등과 같이 제조업의 경우는 산출물의 양을 측정단위로 이용하고 병원, 항공사 등과 같은 서비스업의 경우는 투입기준을 이용하는 것이 보통이다.

생산능력의 측정과 관련해서 고려해야 할 또 다른 사항은 초과 작업, 추가 교대조 투입, 예방 설비보전의 일시 중지 등과 같은 비상시에 확장된 최대 산출량이 생산시스템의 최대 산출량을 의미하지 않는다는 것이다. 경영자는 합리적으로 지속가능한 생산능력의 수준에서 최대 생산량을 기준으로 하여야 할 것이다. 이러한 관점에서 볼 때 생산능력을 정확히 표시하려면 조업도, 사용빈도 등을 밝힘이 바람직하다. 예를 들면, 전자회사의 경우 기계대수, 항공사의 경우 비행기대수로 나타내기보다는 가용기계시간, 가용좌석마일(available seat mile; 좌석수×비행거리)로 나타내는 것이 바람직하다.

<표 7. 1>은 생산능력 측정단위의 몇 가지 예를 보여준다.

〈표 7. 1〉 생산능력 측정단위

	생산시스템	생산능력 측정단위
산출기준	자동차생산	자동차대수
	철강생산	제강톤수
	발전소	KW
투입기준	항공사	가용좌석마일
	병원	가용병상수(응급실, 진료실 병상 제외)
	영화관	가용좌석수, 상영횟수
	식당	가용좌석수
	대학	학생수, 교수수
	공작소	가용기계시간

생산능력전략

생산능력전략이란 미래의 수요를 충족시키기 위하여 소요생산능력의 크기와 시기를 추정하고 이에 대한 대책을 강구하는 것이다. 소요생산능력의 크기란 예측된 수요량에 요구되는 필요 생산능력의 크기와 현재 이용가능한 생산능력과의 차이를 말한다.

생산능력전략은 두 차원의 결정 문제로 볼 수 있다. 하나는 미래의 필요생산능력에 대처하기 위한 생산규모의 크기를 결정하는 것이다. 미래의 소요생산능력에 현재의 생산능력을 감안할 때 어느 정도의 여유가 있는지에 따라 어떻게 대처할 것인가를 결정하는 것이다. 다른 하나는 결정된 생산규모의 크기를 언제 확장할 것인가 하는 능력확장의 시기에 관한 것이 있다. 생산능력전략 수립과 관련하여 다음 사항들을 고려하여야 한다.

생산능력전략의 한 차원인 미래의 소요생산능력에 대처하기 위한 생산 규모의 크기와 관련해서 여유생산능력(capacity cushion), 규모의 경제(economies of scale) 및 최적 조업도 그리고 집중화 설비(focused facility) 등의 개념이 중요하다.

여유생산능력

여유생산능력(capacity cushion)이란 다음과 같이 예상수요를 초과하여 가지는 생산능력을 의미한다.

$$여유생산능력 = 생산능력 - 예상수요$$

[그림 7. 1]은 여유생산능력과 관련된 세 가지 유형의 전략을 보여주고 있다.

① **양의 여유생산능력 유지** : 확장전략으로 시장이 확대되거나 또는 생산능력의 초과비용이 부족으로 인한 비용보다 상대적으로 유리할 때 적절한 전략이 된다. 특수한 경우로 전기공급업체의 경우에는 정전사태나 전압저하사태를 막기 위해 이 전략을 채택한다. 양의 여유생산능력을 유지하는 이유는 다음과 같다.

- 경쟁자에 앞서 시장점유율을 확대하기 위해
- 수요가 예상수요보다 많을 경우를 대비하여
- 절정기의 수요를 충족시키기 위하여

그림 7.1 | 능력전략

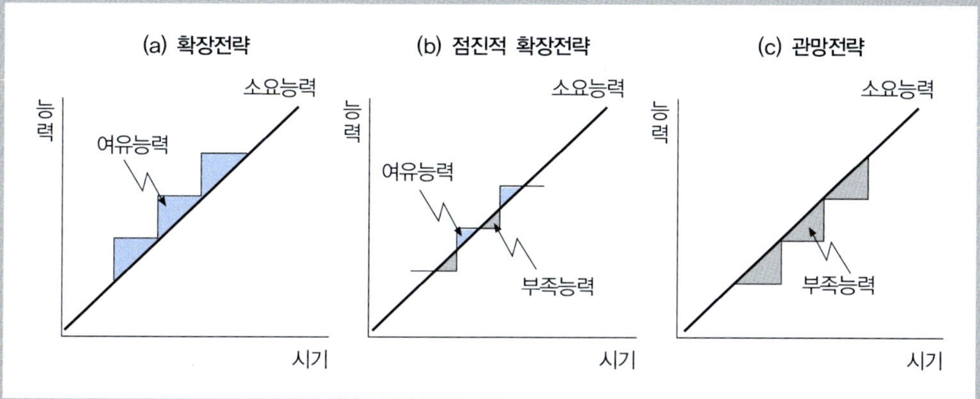

- 소비자의 요구(주문량 증가, 다른 제품 요구 등)에 신속히 대응하기 위하여
- 생산비용의 절감과 품질수준의 향상을 위하여(여유생산능력이 없으면 생산설비의 가동률이 높아지므로 설비의 혹사, 보전미비, 수리미비 등의 문제를 야기하므로)

② **0의 여유생산능력 유지** : 점진적 확장전략으로 평균수요만큼만 생산능력을 유지하는 전략으로 생산능력의 부족으로 인한 비용과 생산능력의 초과로 인한 비용이 비슷한 경우에 이용된다.

③ **음의 여유생산능력 유지** : 관망전략으로 설비이용을 최대로 하기 위해 소규모 또는 음의 여유생산능력을 유지하는 것이다. 정유공장, 제지공장 등의 자본집약적 산업과 같이 생산능력의 건설과 유지비가 높은 경우에 적절하다. 이러한 설비들은 90~100%의 이용률로 높아질 때만 수익성이 있다. 이 전략은 설비이용과 단기수익을 최대로 할 수 있으나 장기적으로 시장이 확대되는 경우에는 시장점유율에 부정적인 영향을 준다.

하청 네트워크

설비를 직접 갖추는 것보다 부품공급자와의 장기계약을 이용하는 것이 비용이 절감되고 또한 생산능력의 증감을 공급자가 일부 흡수할 수 있다는 장점이 있다. 최근에는 아웃소싱 형태로 생신능력을 강화한다.

그림 7.2 | 규모의 경제와 비경제

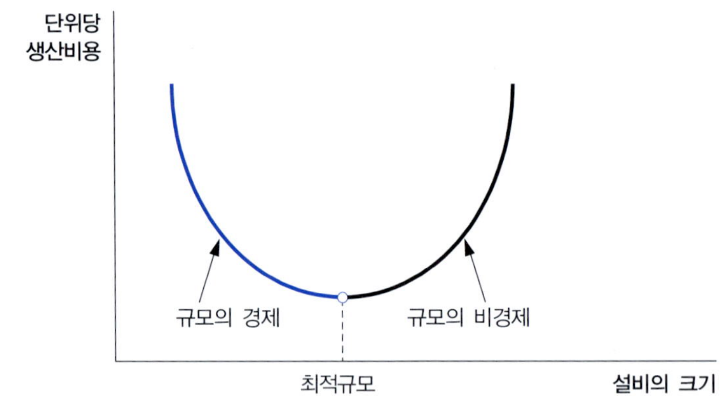

규모의 경제

생산량이 증가하면 단위당 평균비용이 감소한다. 따라서 여러 개의 소규모 설비보다는 하나의 큰 설비를 유지하는 것이 유리하다. 그러나 이러한 규모의 경제(economies of scale) 원리는 일정한 조건 또는 범위내에서만 나타난다. [그림 7.2]에서 단위당 생산비용이 최저가 되는 점을 지나면서부터는, 즉 과도한 크기의 규모는 복잡성, 초점의 상실, 비효율성 등으로 단위당 생산비용이 증가하는 규모의 비경제(diseconomies of scale)가 나타난다.

이와 같이 규모의 경제와 최적 조업도는 단위당 평균비용을 기준으로 함을 주목해야 한다. [그림 7.3]은 월 250만 개, 월 500만 개 그리고 월 750만 개 생산 규모의 자동차 부품공장의 규모의 경제를 동시에 보이고 있다. 월 500만 개의 규모일 때 단위당 생산비가 월 250만 개의 것보다 낮다. 그러나 월 750만 개의 생산 규모에서는 규모의 비경제 효과 때문에 오히려 단위당 생산비용이 500만 개의 경우보다 높다. 설비 규모의 최적 수준이 500만 개라는 것이다.

이와 같이 규모의 경제와 규모의 비경제는 동일한 비용곡선상에도 존재하며 설비 규모가 다름에 따른 상이한 비용곡선 사이에도 존재한다. 생산량이 설비의 최적 조업도에 근접하면 규모의 경제가 실현되고 이 수준을 넘어서면 비경제가 나타난다. 이와 같이 최적 규모나 최적 조업도는 단위당 평균비를 기준으로 하게 되나, 기업들은 비용만이 아니고 원가구조, 제품구조 및 전략 초점이 비용인가 유연성인가 또는 서비스인가 하는 등을 감안하여 최적 설비규모를 결정하게 된다.

그림 7.3 | 규모의 경제와 비경제

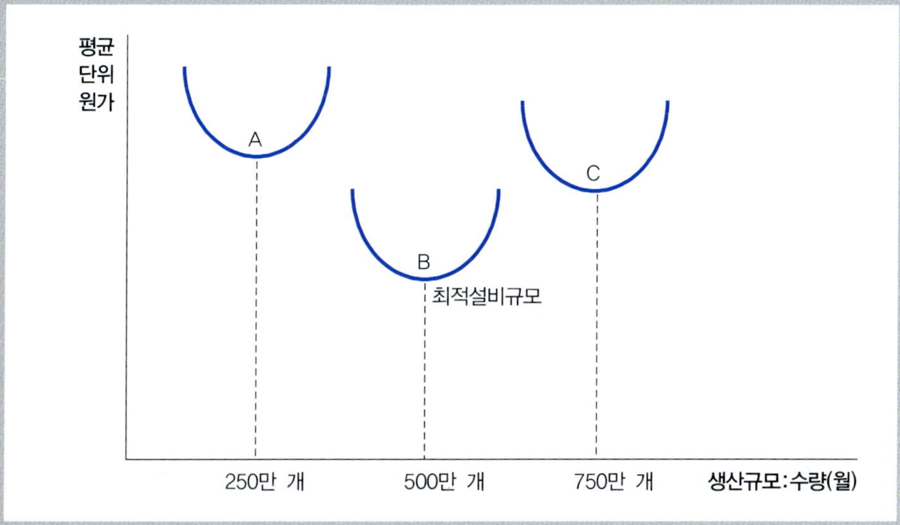

집중생산

집중생산(focus production)은 규모의 경제와 상반되는 것으로 개별 공장 또는 생산설비는 작고 특화되어야만 경쟁에 이길 수 있다는 것이다. 대규모 설비에서는 공장내공장(plant within plants)으로서 집중화를 꾀할 수도 있다. 이때 각 공장은 경쟁의 초점에 맞춰 기술 및 노동력이 특화되고 개별화된다. 또한 대규모 공장의 경우보다 경영진의 계층 구조가 단축되고, 문제 해결을 위해 팀 접근이 용이해지며, 부서 간의 의사소통 거리가 짧아져서 생산경영이 효과적으로 된다.

범위의 경제

다양한 제품을 개별 생산설비에서 생산하는 것보다 하나의 유연 생산설비에서 생산하는 것이 경제적이다. 여러 제품을 같이 생산하는 경우가 한 종류의 제품만을 생산하는 경우보다 생산비용이 더 적게 들 때 이를 범위의 경제(economies of scope)라 한다.

따라서 유연하고 프로그램이 가능한 자동화설비 덕택으로 생산준비가 신속하고 저렴하게 이루어질 수 있어 다양한 제품의 생산이 가능하다. 따라서 자동설비와 관련된 비용을 여러 제품라인으로 분산시킬 수 있다는 것이다. 예를 들

그림 7.4 | 범위의 경제

어, 승용차와 트럭을 같이 생산하는 기업의 경우 소재부품이나 조립라인 등의 생산시설을 공동으로 사용할 수 있으므로 [그림 7.4]와 같이 범위의 경제가 나타나게 된다.

생산능력전략의 분석

생산능력전략은 체계적으로 여러 단계의 분석을 요구하는 일이다. 이러한 분석은 다음과 같이 간단히 서술될 수 있으나 실제 적응하는데 어려움이 많은 것이 사실이다.

- 단계 1 : 미래의 필요 생산능력을 추정한다.
- 단계 2 : 필요한 전체 생산능력과 이용가능한 생산능력을 비교하여 차이를 산정한다(소요 생산능력의 산정).
- 단계 3 : 소요 생산능력에 대한 대안을 개발한다.
- 단계 4 : 필요 대책안을 평가한다.

생산능력의 추정

생산능력전략에는 수요예측만이 아니고 경쟁자의 태도, 생산성 및 기술 변화에 대한 예측도 요구된다. 수요예측치는 전략수립에 사용되는 생산능력척도와 직접 비교할 수 있는 값으로 전환되어야 한다. 예를 들어, 기계작업장의 생산능력이 기계의 사용시간으로 측정된다면 생산능력전략을 위한 수요예측치를 필요한 기계의 대수로 전환해야 한다. 연간 필요기계시간은 모든 제품 및 서비스를 생산하는 데 요구되는 처리시간과 가동준비시간을 합해서 다음과 같은 공식으로 계산된다.

$$R = \sum_{i=1}^{P} D_i P_i + \sum_{i=1}^{P} \frac{D_i}{Q_i} S_i$$

여기서 R : 연간 필요기계시간

D_i : 연간 제품 및 서비스의 수요량

P_i : 제품 및 서비스의 단위당 처리시간

Q_i : 제품 및 서비스의 로트(배치)당 수

S_i : 로트당 표준 가동준비시간

P : 제품 및 서비스 수

$$H = N\left(1 - \frac{C}{100}\right)$$

여기서 H : 여유를 감안한 연간 이용가능기계시간

N : 연간 총 작업일의 모든 교대 조의 작업시간

C : (백분율로서) 생산능력의 여유

다음 단계는 한 대의 기계가 작업처리에 이용될 수 있는 시간을 계산하는 것이다. 이 계산은 일일 작업시간과 연간 작업일수를 곱해서 설비가 가동할 수 있는 총시간을 계산하면 된다. 이때 계산된 가동 가능한 총 시간은 바람직한 설비이용율(utilization rate)을 달성하기 위한 비율로 곱하여 주면 보다 현실적인 시간으로 된다. 이 때 비율은 단지 1.0에서 원하는 여유 생산능력을 뺀 수치이고 계산식은 다음과 같다.

이렇게 연간 필요기계시간(R)과 연간 이용가능기계시간(H)을 알면 필요한 기계 대수(M)는 다음 식으로 간단히 계산된다.

$$M = \frac{R}{H}$$

잔업이나 재고부족과 같은 단기적 대안이 생산능력의 부족에 대처하기 위해 사용되지 않는 한 이 값은 항상 올림한 정수 값으로 해야 한다.

이상에서 본 것과 같이 위의 식은 미래수요에 필요한 생산능력을 기계 대수만이 아니라, 극장의 좌석 수, 은행의 창구 수 등과 같이 다른 생산능력의 척도에도 사용될 수 있다.

예제 7.1

한 복사센터에서는 두 명의 고객에 대해 제본된 보고서를 여러 부(로트 크기)로 만든다. 각각의 책을 복사, 정리, 제본하는 데 걸리는 처리시간은 여러 가지 요소가 있지만 특히 책의 페이지 수에 따라 정해진다. 아래의 표에 각각의 고객에 대해 필요한 정보가 정리되어 있다. 이 센터는 하루 8시간씩 연간 250일 운영하며, 경영층은 15%의 여유생산능력(시간표준에 포함된 여유를 제외)이 최적이라고 믿고 있다. 몇 대의 기계가 이 복사센터에 필요한가?

항목	고객 X	고객 Y
연간수요예측치(보고서 수)	50	100
로트크기(보고서당 부수)	40	60
연간수요예측(부수)	2000	6000
표준처리시간(시간/부)	0.5	0.7
표준가동준비시간	5	8

해답

두 고객에 대해 필요한 기계시간을 더하면 다음을 얻는다.

$$R = [2{,}000(0.5)+(\frac{2{,}000}{40})(5)]+[6{,}000(0.7)+(\frac{6{,}000}{60})(8)]$$
$$= 6{,}250\text{시간}$$

나머지 계산은 다음과 같다.

$$H = [(250\text{일}/\text{년})(1\text{교대}/\text{일})(8\text{시간}/\text{교대})(1.0-\frac{15}{100})] = 1{,}700(\text{시간})$$

$$M = \frac{6{,}250}{1{,}700} = 3.68$$

올림하면 4대의 기계가 필요하게 된다.

소요생산능력의 산정

소요생산능력은 미래의 필요생산능력(required capacity)과 이용가능생산능력(available capacity) 간의 차이이다. 장기수요예측의 불확실성이 높은 제품 및 서비스의 경우에는 수요를 하나의 확률변수로 보고 예상되는 수요의 여러 값과 그 확률을 추정해서 소요생산능력을 산정할 수 있다. 따라서 소요생산능력의 산정은 수요예측치와 그 예측치를 충족시키는데 따르는 경영자 위험의 정도를 반영하는 것이라고 할 수 있다. 미래의 2년간의 수요 예측의 확률이 다음과 같은 경우를 생각해 보자.

수요(년간 단위)	누적 확률
≤ 10,000	0.1
≤ 12,000	0.3
≤ 14,000	0.5
≤ 16,000	0.7
≤ 18,000	0.9

경영자가 생산능력을 초과하는 수요가 일어날 확률을 30%로 하고자 한다면 필요생산능력은 16,000개로 해야 한다. 만약 초과수요가 일어날 확률을 10%로 수용한다면 필요 생산능력은 18,000개가 되어야 한다.

이때 부담하려는 경영자 위험의 수준은 생산능력의 확장에 이용 가능한 수단과 생산능력을 초과하는 수요일 때 초래될 결과가 어떠한가에 따라 좌우된다. 즉 생산능력부족비용과 생산능력과대비용 간의 상대적 가치에 의해서 적정수준을 결정하게 된다. 이렇게 필요 생산능력이 결정되면 미래에 이용가능한 생산능력을 계획하여 필요 생산능력과 계획된 이용가능생산능력을 차감하면 소요생산능력이 된다.

대안의 개발

이 단계는 생산능력전략에 있어서 가장 중요한 단계라 할 수 있다. 여기서 소요생산능력은 미래수요를 충족시키는 데 요구되는 필요생산능력에다 현재 이용가능한 생산능력을 차감한 순 소요생산능력에다 여유생산능력을 더한 것이며 다음과 같이 구한다.

소요생산능력 = 필요생산능력 − 이용가능생산능력 + 여유생산능력

이러한 소요생산능력의 크기와 확장시기에 대한 대안의 개발은 앞에서 살펴본 생산규모의 크기와 생산능력의 확장시기에 관련된 전략들과 물류시스템과 입지의 문제와 연계되는 복잡한 내용이 된다. 두고보기전략과 선제전략을 포함

하여 생산능력의 다양한 전략들의 결합으로 수많은 대안이 고려될 수 있다. 일반적으로 기업들은 이러한 복잡성을 완화하려고 아래의 소요생산능력의 대안의 예에서 보는 것처럼 생산규모의 크기, 확장시기 그리고 제조설비의 입지를 먼저 결정함으로써 문제 크기를 줄인다든지, 또는 생산시스템의 계획에 대한 기본전략과 방침을 미리 설정하여 대책안의 개발을 제한하기도 한다.

소요생산능력의 대안(예)

① 대구: 2015년에 연간 40,000단위의 생산능력을 확장한다.
② 대전: 2015년에 연간 40,000단위의 생산시스템을 건설한다.
③ 부산: 2015년에 연간 20,000단위의 생산시스템을 건설하고 2년 내에 20,000단위를 증설한다.

대안의 평가

대안의 평가에서 가장 중요한 것은 평가기준을 선택하는 것이다. 일반적으로 생산능력전략의 정량적 평가기준에는 수익과 비용을 포함한다. 수익과 비용의 평가를 위해 널리 이용되는 기법에는 생산량과의 관계하에서 분석되는 손익분기점분석(break even point analysis)이 있다. 이는 생산량의 변화에 따라 수익과 비용이 어떻게 변하는가를 분석하는 것이다.

만약, 여러 대안이 동일한 수익이면 다만 비용을 비교하면 된다. 이 경우에는 각 대안에 요구되는 투자액과 비용을 계산하여 그 중에서 합이 가장 작은 값을 가지는 안을 선택하는 최소비용법이 이용된다. 이 방법은 간단하나 생산비용과 투자액을 구분하지 않는다는 한계가 있다.

그러나 실질적으로는 대안의 수익과 비용도 다양하기 때문에 수익과 비용기준에서 모든 대안을 평가하는 것이 쉽지 않다. 대안들의 수익이 다르면 편리한 평가기준은 이윤이나 투자이익률(rate of return on investment)이다. 투자이익률의 평가는 대안에 의해 기대되는 연간이익을 투자액으로 나누어 계산하는 투자이익률법에 의한다.

$$\text{투자이익률} = \frac{\text{납세후 평균이익}}{1/2 \text{ 투자액}}$$

여기서 1/2 투자액은 당초의 현금유출(cash outflow)이고 기업은 매년 이 투자액의 일부를 투자의 내용년수에 걸쳐 매년 회수하므로 기업은 평균 1/2 투자액만큼만 투자하는 것으로 된다. 투자이익률법은 대안들에 대해 내용년수 동안의 이익을 고려하고 있으나 미래의 100만 원보다 지금 현재의 100만 원이 더 가치가 있음을 간과하고 있다. 투자이익률법의 이러한 한계를 극복하기 위해 대안의 수익을 현금흐름으로 분석한다.

현금흐름분석은 생산능력전략에는 설비투자를 수반함으로 투자에 따르는 자금유입과 자금유출의 현금흐름이 발생하므로 이 현금흐름을 화폐의 시간가치를 고려하여 평가하려는 것이다. 이에는 내부수익률(internal rate of return method)과 순현가법(net present value method) 등이 있다.

손익분기점분석(break even point analysis)과 순현가법은 다음 절의 의사결정기법에서 다루고자 한다.

생산능력 의사결정기법

소요생산능력이 계산되면 어떠한 방법으로 생산능력을 확보할 것인지에 대한 의사결정이 필요하다. 이러한 의사결정은 주로 여러 가지 대안 중에서 최적의 안을 선택하는 것이 보통인데 이러한 의사결정에 도움이 되는 기법들 중에서 많이 이용되는 몇 가지 기법을 살펴보면 다음과 같다.

손익분기점분석

기업은 적정 이윤의 확보 위에서 성장·발전하기 때문에 경영자에게 생산량과 수익 및 비용의 관계가 중요한 관심사이며, 이를 분석하기 위해 오래전부터 널리 사용되어 온 재무적 분석기법이 손익분기점분석이다.

손익분기점이란 총수익과 총비용이 같은 점을 손익분기점이라 하며, 이때의 생산량 혹은 매출액을 손익분기점 생산량 혹은 매출액이라 한다. 손익분기점 계산시 비용은 고정비와 변동비로 분류된다. 고정비는 매출액이나 조업도의 변화에 상관없이 일정한 비용이며 변동비는 매출액이나 조업도의 변화에 비례하여 증감하는 비용을 말한다.

손익분기점은 말 그대로 이익과 손해가 없도록 즉 제로이익(zero profit)이 되도록 하는 생산량이다. 즉, 손익분기점은 총이익과 총비용이 같게 되는 생산량이다. 따라서 경영자는 생산량이 변함에 따라 수익과 비용이 어떻게 변하는가를 분석하여 생산능력의 대안들에 대한 잠재적 이익을 평가한다.

경영자는 이 기법을 이용하여 다음과 같은 문제들을 분석한다.

1. 제품이나 서비스의 시장규모가 손익분기점에 충분한가?
2. 계획된 생산량과 가격 아래서 단위당 변동비가 얼마일 때 손익분기점이 되는가?
3. 손익분기점에 도달하려면 고정비는 얼마나 인하되어야 하는가?
4. 가격수준이 손익분기점의 생산량에 어떻게 영향을 미치는가?

손익분기점분석은 일정기간에 있어서 특정제품이나 서비스의 생산에 관련된 총비용이 고정비용과 변동비용으로 나누어진다고 가정하고 또한 수익, 비용 및 생산량간의 관계는 선형이라고 가정한다. 여기서 일정기간에 있어서 생산량의 변화에 관계없이 발생하는 비용을 고정비 그리고 생산량의 변화에 비례하여 발생하는 비용을 변동비라 한다.

생산량의 변화에 따라 달라지는 수익과 비용과의 관계를 분석하여 생산능력 확보를 위한 대안에 대한 잠재적 이익을 평가할 수 있다.

다음과 같이 변수를 정의한다.

P = 단위당 가격
V = 단위당 변동비용
F = 연간 고정 비용
Q = 연간 판매량
X = 생산량
TR = 전체수익
TC = 전체비용
$BEP(X)$ = 손익분기점의 생산량
$BEP(₩)$ = 손익분기점의 생산금액
$TR = P \cdot X$
$TC = F + VX$

손익분기점은 다음과 같이 전체비용과 전체수익이 같은 생산량이다.

$$TR = TC$$
$$P \cdot X = F + VX$$

그러므로 손익분기점의 생산량과 생산금액은 다음과 같다.

$$BEP(X) = \frac{F}{P-V}$$

$$BEP(₩) = BEP(X) \cdot P = \frac{F}{P-V} \cdot P = \frac{F}{1-V/P}$$

이윤은 다음과 같이 계산된다.

$$\text{이윤} = TR - TC = PX - F - VX = (P-V)\ X - F$$

예제 7.2

제품의 판매가가 ₩30,000, 단위당 변동비는 ₩20,000, 고정비는 ₩7,000,000일 경우 손익분기점 생산량과 생산금액의 손익분기점을 구하라.

해답

$$BEP(\text{매출량}) = \frac{F}{P-V} = \frac{7{,}000{,}000}{30{,}000-20{,}000} = 700(\text{개})$$

$$BEP(₩) = \frac{F}{P-V/P} = \frac{7{,}000{,}000}{1-\frac{20{,}000}{30{,}000}} = 2{,}100(\text{만원})$$

손익분기점분석을 통해서 비용과 생산량의 변화에서 무엇이 일어날지를 알 수 있다. 그러므로 손익분기점분석을 발전시켜 만약 어떻게라는 문제(what-if questions)를 평가할 수 있다.

공헌이익(contribution margin)은 다음과 같이 단위당 수익과 변동비의 차이를 말한다.

$$\text{공헌이익} = P - V$$

공헌이익이 0보다 크면 그 제품은 이익과 고정비에 공헌할 수 있다. 그러므로 경제학에서 말하는 한계이익(marginal profit) 개념과 유사하다. 총공헌(total contribution)은 다음과 같이 총수익과 총변동비의 차이이다.

$$\text{총공헌} = TR - (V \cdot X) = P \cdot X - V \cdot X = (P-V)X$$

한편 이익은 다음과 같이 표시된다.

$$\text{이익} = TR - TC = PX - (F + VX) = (P-V)X - F$$

따라서 총공헌은 다음과 같이 표시할 수 있다.

$$(P-V)X = \text{이익} + F$$

총공헌과 총고정비의 차이가 그 기간의 이익이 된다. 단기적으로 기업은 공헌이익이 0보다 큰 값을 가지는 한 운영은 계속한다.

예제 7.3

K전자(주)는 V=0.5원, P=1원인 제품을 판매하려고 한다. F=14,000원이고 현재생산능력은 30,000개이다. F=6,000원을 추가하여 신설비를 도입하면 제품품질을 개선할 수 있다. 이때 변동비가 0.6원까지 증가할 것이나 매출은 50,000개로 예측된다. K전자는 신설비를 도입할 것인가?

해답

1. 신설비를 도입하기 전의 이익은 다음과 같다.

$$\text{공헌이익} = (P-V)X-F = (1-0.5)30{,}000-14{,}000 = 1{,}000(\text{원})$$

2. 신설비 도입 이후의 이익은 다음과 같다.

$$\text{공헌이익} = (1-0.6)50{,}000 - (14{,}000+6{,}000) = 0$$

따라서 도입하지 않는다.

손익분기점분석은 생산량과 수익 및 비용과의 관계에서 경제적 분석을 하는 것이다. 생산능력전략의 대안평가는 합리적 투자를 요구하는 문제이므로 설비의 투자가치에 대한 경제성 평가가 되어야 한다.

투자결정의 기본적인 평가방법에는 회수기간법, 투자이익률법, 내부이익률법, 순현가법의 네 가지가 있다. 이 중 다음에서는 순현가법에 대해서만 설명한다.

순현가법

순현가법은 투자로 인하여 미래에 발생하는 수익을 현재의 가치로 전환한 현재가치에서 초기투자액을 차감한 잔액(순현가)을 비교하여 잔액이 큰 대안을 선택하는 분석법이다.

t년 후에 발생하는 수익을 C_t라 하고 이자율을 r이라고 한다면 순현가는 다음과 같이 구한다.

$$NPV = \sum_{t=1}^{n} \frac{C_t}{(1+r)^t} - \text{초기투자액}$$

예제 7.4

투자안 A의 경우는 초기투자액이 ₩20,000이며 앞으로 6년간 매년 ₩6,500의 수익이 예상되고 투자안 B의 경우는 초기투자액이 ₩20,000이며 앞으로 10년간 매년 ₩6,000의 수익이 예상된다면 이자율을 0.1이라고 가정하고 어느 투자안을 선택하는 것이 유리한가?

해답

$$\text{NPV(A)} = \sum_{t=1}^{6} \frac{6,500}{(1+0.1)^t} - 20,000 = 8,309$$

$$\text{NPV(B)} = \sum_{t=1}^{10} \frac{6,000}{(1+0.1)^t} - 20,000 = 16,867$$

따라서 투자안 B가 유리하다.

의사결정나무

의사결정이 복잡하고 순차적으로 여러 단계를 거쳐야 할 경우 의사결정나무(decision tree)를 이용하면 문제를 단순화시킬 수 있고 분석이 간단해진다. 예를 들어, [그림 7. 5]와 같이 어느 기업이 지금 사업을 확장하려고 하는데, 사업을 크게 확장할지, 작게 확장할지, 혹은 확장을 하지 말아야 할지를 결정해야 한다. 그런데 만일 사업을 크게 확장하고 미래의 시장상황이 좋을 경우에는 2억 원의 수익을 기대할 수 있으나, 시장상황이 나쁠 경우에는 1억 8천만 원의 손실이 예상되며, 만일 사업을 작게 확장하고 시장상황이 좋을 경우에는 1억 원의 수익을, 시장상황이 나쁠 경우에는 2천만 원의 손실을 보아야 한다. 만일 앞으로 시장상황이 좋을 확률을 0.6이라고 한다면 이 기업은 어떠한 대안을 선택하는 것이 유리한가? 위의 문제를 의사결정나무를 이용하여 분석하기로 한다.

의사결정나무는 마디(node)와 가지(branch)로 구성된다. 마디는 둘로 구분되는데 하나는 네모로 표현되는 의사결정마디(decision node)이고 다른 하나는 동그라미로 표현되는 상태마디(chance node)이다. 고려의 대상이 되는 대안들은 의사결정마디에서 비롯되는 가지에 해당되며, 미래의 상황은 상태마디에서 비롯되는 가지

그림 7.5 | 사업확장에 대한 의사결정나무

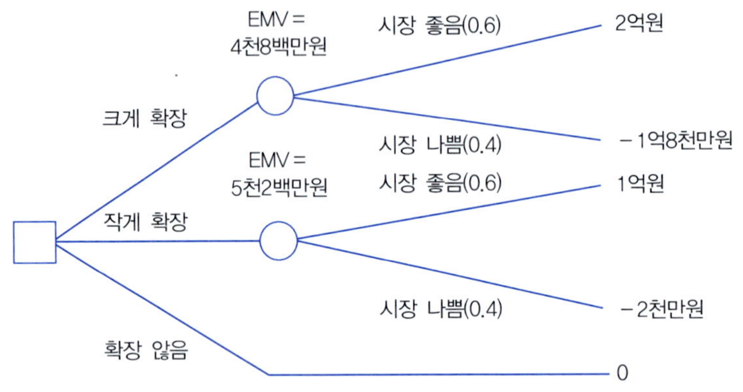

에 해당된다. 그리고 마지막으로 가지들의 끝에는 수익이나 비용을 기록한다.

의사결정나무를 분석하는 방법은 나무의 끝부터 시작하여 기대가치(EMV : expected monetary value)를 계산한다. '크게 확장'이라는 가지에 연결된 상태마디의 EMV는 다음과 같이 계산된다. 2억 원 · 0.6＋(－1억8천만 원) · 0.4＝4천8백만원, '작게 확장'이라는 가지에 연결된 상태마디의 EMV는 다음과 같이 계산된다. 1억 원 · 0.6＋(－2천만 원) · 0.4＝5천2백만 원이다. 확장을 하지 않는 경우에는 EMV＝0이다. 이제 의사결정마디에서 비롯된 가지들 중에서 가장 큰 EMV값을 가지는 것을 택한다. 이 경우에는 '작게 확장'이라는 대안이 선택되는 것이다.

서비스기업의 서비스능력전략

서비스기업의 서비스능력전략은 제조업의 경우와는 다른 특징이 있다. 제조업에서는 생산능력을 초과하는 수요에 대처하기 위해 재고를 비축하거나 하청업체에게 하청을 줄 수도 있다. 서비스기업에서도 비슷한 경우는 있다. 예를 들면, 식료품점에서 재고나 다른 공급처로부터 부족품을 긴급히 조달하는 경우이다. 또 고객이 몰리는 시간대에 대금계산과 고객서비스에 시간제 근무자를 고용할 수도 있다. 그러나 이는 단기적 서비스능력의 해결책이다. 만약 성수시간대(peak periods of demand)에 계산대가 턱 없이 부족하거나 또는 매장이 너무 협소해서 고객이 쇼핑하는데 짜증이 난다는 등의 불만은 일시적 대책으로 해결될 수 없는 것이다.

서비스기업의 서비스능력전략의 핵심은 성수기간대의 수요에 대처하기 위해 충분한 서비스능력을 확보하는 것이다. 서비스생산능력의 척도는 산출물의 수량이 아니다. 서비스생산의 중요한 특성으로 고객화와 노동집약성이 있기 때문에 서비스능력의 측정은 보통 투입척도(input measure)가 된다. 제조업에서는 필요생산능력의 크기를 결정하려면 관련 제품의 장기수요를 예측한다. 그러나 서비스기업의 경우는 서비스를 제공하는 서비스제공자와 서비스를 받는 고객의 인간행동을 예측해야 한다. 그러므로 예측의 불확실성이 더욱 커지게 되고 따라서 서비스능력전략의 설정이 더욱 복잡하게 된다.

제조업에서처럼 서비스능력이 균형되도록 하여 서비스과정의 어떤 단계에서도 애로공정으로 인한 대기문제가 발생하지 않도록 해야 한다. 제조공정에서 공정능력의 불균형으로 야기되는 원재료나 반제품의 대기와는 달리 서비스에서 대기는 고객들의 대기이며 이러한 불평의 소리가 소문으로 퍼지게 되는 문제가 있다. 생산능력의 대책안을 마련하는 데는 서비스기업도 제조업과 같은 분석단계와 의사결정을 거치게 된다. 서비스능력전략의 주요 문제는 서비스능력의 규모 그리고 서비스능력의 확장시기를 결정하는 것이다. 서비스기업의 경우 미래수요에 필요한 서비스능력에 대한 대책을 세우는 데 다음의 경우와 같이 오류를 범하기 쉽다.

K항공사가 늘어나는 여객의 수송을 위해 규모의 경제 측면에서 대형 점보여객기를 구매하였다. 그런데 경쟁사인 A항공사는 소형제트여객기로 보다 자주 이륙하는 것을 서비스능력의 확대로 대체하게 되었다. 총서비스능력은 투입요소인 좌석수로 측정된다. 그러나 A항공사에서 자주 이륙하는 운항일정으로 고객 서비스를 향상시켜서 시장점유율을 확대하게 됨에 따라 K항공사의 서비스능력전략은 의미를 잃게 되었다. 이와 같이 서비스기업의 생산능력전략수립에 요구되는 능력의 해석에 오류를 범하기 쉽다.

서비스능력전략상 흔히 저지르게 되는 또 다른 오류는 시스템적 사고의 결여이다. 예를 들면, 객실능력의 확대를 결정하면 이것의 확보에만 그치는 경우를 종종 보게 된다. 그러나 객실능력의 확대는 숙박고객의 증대이며, 이들에게 숙박 이외의 호텔서비스를 제대로 제공하는 데 요구되는, 예를 들면, 식당설비능력, 리셉션설비능력, 오락설비능력 등의 확대에 대한 전략이 시스템적 사고로 이루어져야 한다.

입 지

기업의 장기적인 의사결정에서 가장 중요한 것 중의 하나가 입지선정이다. 입지선정 문제는 수송, 임금, 세금, 원자재 가격, 지대 등 기업의 비용과 직접적인 관련이 있으므로 기업의 수익에 상당한 영향을 미치는 문제이며 한 번 결정되면 쉽게 변경이 가능하지 않으므로 신중을 기하여야 한다. 입지결정은 여러 후보지 중에서 하나를 선정하는 것이 보통이며 선정기준은 비용과 수익에 국한되는 것이 아니라 여러 다양한 기준이 적용된다.

입지전략

디지털시대를 살아가는 현대인에게 입지선정은 과거의 전략이 되고 있지만, 디지털시대이기 때문에 입지선정에서의 전략이 필요한지도 모른다. 경영의 세계화는 기업의 가치창출을 위한 제반 활동(the value chain activities) 중 필요한 활동부문을 여러 나라에 활동의 근거지를 확보하여 더욱 큰 가치를 창출함으로써 고객만족을 달성할 수 있기 때문이다. 따라서 일부에서는 입지선정이 이제는 의미가 없어지고 있다고 하지만, 제조와 공급사슬관리 측면에서 입지는 매우 중요한 전략적 요인이다.

국제적 입지에는 저원가전략(the low-cost strategy)과 차별화전략(a differentiation strategy)이 있다. 만약 저원가전략을 추구하는 경우에는 선도기업이나 추종기업과 충돌을 피할 수 있는 틈새(niche)전략이나 세계적(global)전략이 요구된다.

틈새전략(한 나라 또는 한 지역에 한정됨)은 수송비나 판매비가 높고 규모의 경제 정도가 낮은 경우 적절하다. 맥주병, 유리병, 자동차 배터리와 같이 제품의 부피가 비교적 크고 무게가 있는 경우는 저원가 틈새전략이 바람직하다. 설령 특정 국가에서 제품 제조원가가 비싸고 수송비가 높을 경우가 있기 때문에 제조업체는 고객에게 근접해서 입지해야 한다.

세계적 일용품 시장(global commodity market)의 기업이 저원가전략을 이용하는 경우에는 앞의 틈새전략과는 좀 다르게 된다. 만약 수송비가 낮고 규모의 경제 정도가 높은 경우 또는 하나의 중앙 집권적 시설 및 공장으로 전 세계시장을 대상으로 하는 경우에는 저원가전략을 이용한다. 이러한 저원가경쟁을 결정하는 요인은 제품의 설계와 생산, 배분 및 판매의 총비용이다. 저원가경쟁에 요구되는 최저비용을 실현하기 위하여 가치연결고리 접근으로 다양한 가치연결활동들을 최소의 비용으로 실현할 수 있는 국가에 입지되도록 한다.

차별화의 방법에는 아래와 같이 여러 가지가 있다.

1. 제품혁신(product innovation)
2. 유연성(flexibility)
3. 빠른 배달(fast delivery)
4. 배달의 신뢰성(most dependable delivery)
5. 뛰어난 제품특성(best product features)
6. 품질의 균질성(consistent quality)

이들 중 제품혁신, 유연성, 또는 빠른 배달의 방법에 의한 차별화전략은 지리적 틈새전략(geographical niche strategy)으로 확보될 수 있다. 예를 들어, 차별화전략을 제품혁신으로 추구할 때 혁신적 아이디어를 개발하는 데는 고객이 많은 도움을 주기 때문에 연구개발 활동부문을 그 나라에 두고 고객과 밀접한 관계를 유지하도록 하는 경우이다. 유연성으로 차별화전략을 수행한다면, 소규모 생산시스템으로 고객들과 밀접한 관계를 형성하게 할 것이다. 세 번째의 빠른 배달에 의한 차별화를 도모하는 경우는 공장이 고객에 근접해 입지하거나 제품의 항공 수송이 경제적인 경우이다.

그러나 신뢰할 수 있는 배달, 뛰어난 제품특성 그리고 품질의 균질성에 의한 차별화는 입지에 좌우된다고 볼 수 없다. 그러므로 지리적 틈새만으로 차별화가 되지는 않는다. 차별화전략도 가치사슬 내에서 분석될 수 있으므로 어디에 입지할 것인가를 결정하는 기준은 차별적 가치의 창조에 기여하는 정도이다.

1990년대 후반 이후 미국 제조업체들은 원가 절감을 위해 중국, 동남아, 중남미 등 신흥시장으로 대거 생산시설을 이전했지만, 최근 포드자동차, GM, 월풀 등이 해외 생산라인을 본국으로 다시 이전하는 '리쇼어링(reshoring)'의 사례들이 증가하고 있다. 또한 빅데이터, 클라우드, 인공지능, 3D 프린팅 등의 첨단기술을 통한 사물인터넷(IoT: internet of things)은 세상의 모든 사물을 네트워크로 연결해 서로 소통하도록 하기 때문에 이러한 기술기반은 제조산업 가치사슬 전반에 변화를 요구하고 있다. 미국은 자국 제조업 경쟁력 부활(reindustrialization)을 위한 유력한 수단으로 사물인터넷을 지목했고, 미국의 GE나 독일 Siemens 등은 사물인터넷을 실제 비즈니스에 적용하기 시작했다. 이러한 변화 또한 입지전략에 영향을 미치게 될 것이다.

입지선정의 기준

입지선정의 기준은 <표 7. 2>에서와 같이 산업별로 입지요인의 중요도가 서로 다르다고 할 수 있다. 일반적으로 고려되어야 할 기준들을 살펴보고 산업별로 어떠한 기준들이 특히 중요한지 알아보기로 한다. 일반적으로 중요한 입지 선정 기준은 고객과의 근접성, 노동가용성 및 비용, 지역사회의 삶의 질, 노조의 강성 정도, 건설 및 토지 비용, 수송시설과의 근접성, 입고 수송비용, 출고 수송비용, 공익시설(수도 및 전기)의 가용성 및 비용, 원자재 및 공급자와의 근접성, 환경제약요인 등이 있다.

선박회사는 바다 가까이 있어야 하며 시멘트회사는 석회석 광산 가까이 위치해야 하는 것과 같이 산업별 입지요인의 상대적 중요성을 살펴보면 <표 7. 2>와 같다.

〈표 7. 2〉 산업별 입지요인의 상대적 중요성

입지요인	중공업	경공업	High-Tech	물류	소매	의료
고객과의 근접성	3	3	2	2	1	1
노동가용성 및 비용	2	1	2	2	2	2
지역사회의 삶의 질	3	2	1	3	3	3
노조의 강성 정도	1	1	3	2	2	2
건설 및 토지비용	1	2	2	2	2	2
수송시설과의 근접성	1	2	3	1	3	3
입고 수송비용	1	2	3	1	3	3
출고 수송비용	2	2	3	1	3	3
공익시설의 가용성 및 비용	1	2	3	3	3	3
원자재 및 공급자와의 근접성	1	2	3	3	3	3
환경 제약요인	1	2	3	3	2	3

1 : 매우 중요, 2 : 중요, 3 : 덜 중요

요인평정법을 이용한 입지선정

앞에서 본 바와 같이 입지선정의 기준은 하나가 아닌 다양한 요인으로 구성되어 있다. 문제는 특정입지가 모든 면에서 우수하다면 입지선정에 문제가 없으나 일반적으로 입지별로 장단점이 있어 어느 입지가 확연히 낫다는 판단을 하기가 어렵다. 이러한 경우에 요인평정법(factor rating method)이 도움이 된다. 요인평정법은 각 입지에 대하여 입지 요인별로 점수를 부여하고 이 점수와 요인별 가중치를 곱한 값들의 합을 대안별로 비교하여 그 합이 가장 큰 것을 입지로 선정하는 방법이다.

예제 7.5

중규모의 제과공장의 입지를 서울과 부산 중에서 결정하려고 한다. 입지결정을 위해 중요한 입지요인과 후보지 서울과 부산지역의 특성을 경영자가 판단한 결과가 아래와 같다고 한다면 어느 입지를 선택하는 것이 바람직한가?

• 공장 입지에 대한 주요 요인과 경영자의 판단

주요 입지요인	서울	부산
노동가용성 및 비용	매우 좋음	뛰어남
노조 강성도	좋음	보통
지역사회의 삶의 질	뛰어남	매우 좋음
공익시설의 가용성 및 비용	부족함	좋음
고객과의 근접성	매우 좋음	좋음
연간 투자수익률	9%	15%

해답 입지결정을 위해 우선 경영자의 판단을 계량적으로 점수화하기 위해 10점 척도를 이용하여 뛰어남=10, 매우 좋음=8, 좋음=6, 보통=4, 부족함=2의 값을 부여한다. 그리고 정량적 요인인 연간 투자수익률도 10점 척도로 환산한다. 그 다음으로 각 입지요인들에 대해 경영자의 주관적 가중치를 부여하여 아래와 같이 입지점수를 계산하였다.

• 입지점수의 계산

가중치	주요 요인	서울	부산
15	노동가용성 및 비용	8	10
5	노조 강성도	6	4
5	지역사회의 삶의 질	10	8
5	공익시설의 가용성 및 비용	2	6
10	고객과의 근접성	8	6
60	연간 투자수익률	6	10

각 요인의 가중치의 합은 100이 되어야 한다. 후보 입지의 총평점 점수는 각 요인 평점에 요인별 가중치를 곱한 값을 합한 점수이며, 가장 높은 총평점 점수를 얻은 입지가 최선의 선택이 된다. 서울과 부산의 총평점 점수를 계산하면 다음과 같다.

$$S_{\text{서울}} = 15(8)+5(6)+5(10)+5(2)+10(8)+60(6) = 650$$
$$S_{\text{부산}} = 15(10)+5(4)+5(8)+5(6)+10(6)+60(10) = 900$$

따라서 부산이 더 좋은 후보지가 된다.

선형계획법을 이용한 입지선정

기존공장(또는 창고)에 추가로 신설공장(또는 창고)의 입지를 선정하는 경우에는 선형계획법(linear programming)을 이용하여 총수송비를 최소로 할 수 있는 입지를 선정할 수 있다.

예제 7.6

대구와 인천의 두 공장에서 생산되는 제품을 서울지역, 중부지역, 영호남지역의 3개 시장에 판매하고 있는 A기업이 수요증가에 대비해서 공장을 신설하려고 한다. 신설공장 후보지는 강릉시와 광주시 중에 수송비의 합계가 최소로 되는 지역에 정하려고 한다. 후보지 강릉시와 광주시가 각각 선택되었을 경우의 수송표(transportation table)가 <표 1>이다. 수송표에는 각 공장에서 시장까지의 단위당 수송비와 수송량이 변수로 나타나 있다. 즉, X_{ij}는 공장 i에서 시장 j로 수송된 수량을 나타낸다. 총수송비를 최소화하기 위해 어느 후보지가 바람직한가?

〈표 1〉 A기업의 수송표

(강릉이 후보지일 경우)

공장 \ 시장	서울	중부	영호남	공급가능량
대구	3 / X_{11}	2 / X_{12}	4 / X_{13}	150
인천	3 / X_{21}	4 / X_{22}	2 / X_{23}	200
강릉	4 / X_{31}	2 / X_{32}	4 / X_{33}	200
수요량	150	300	100	550

(광주가 후보지일 경우)

공장 \ 시장	서울	중부	영호남	공급가능량
대구	3 X_{11}	2 X_{12}	4 X_{13}	150
인천	3 X_{21}	4 X_{22}	2 X_{23}	200
광주	4 X_{31}	3 X_{32}	2 X_{33}	200
수요량	150	300	100	550

해답 수송비용을 최소화하기 위한 입지선정문제를 선형계획법으로 해결하기 위해서는 먼저 목적함수와 제약조건을 수립하여야 한다. 강릉을 신설공장 후보지로 택할 경우 목적함수와 제약조건식은 다음과 같다.

최소화:

총수송비용 $= 3X_{11}+2X_{12}+4X_{13}+3X_{21}+4X_{22}+2X_{23}+4X_{31}+2X_{32}+4X_{33}$

제약조건:

$X_{11}+X_{12}+X_{13}=150$(공장 1에서 각 시장으로의 수송량의 합=공장 1의 생산량)

$X_{21}+X_{22}+X_{23}=200$(공장 2에서 각 시장으로의 수송량의 합=공장 2의 생산량)

$X_{31}+X_{32}+X_{33}=200$(공장 3에서 각 시장으로의 수송량의 합=공장 3의 생산량)

$X_{11}+X_{21}+X_{31}=150$(각 공장에서 시장 1로의 수송량의 합=시장 1의 수요)

$X_{12}+X_{22}+X_{32}=300$(각 공장에서 시장 2로의 수송량의 합=시장 2의 수요)

$X_{13}+X_{23}+X_{33}=100$(각 공장에서 시장 3으로의 수송량의 합=시장 3의 수요)

$X_{ij} \geq 0$(모든 변수는 양수임)

〈표 2〉 A기업의 최적예

공장 \ 시장	서울	중부	영호남	공급량
대구	3 50	2 100	4	150
인천	3 100	4	2 100	200
강릉	4	2 200	4	200
수요량	150	300	100	550

총수송비 = 1,250만원

공장 \ 시장	서울	중부	영호남	공급량
대구	3	2 150	4	150
인천	3 150	4	2 50	200
광주	4	3 150	2 50	200
수요량	150	300	100	550

총수송비 = 1,400만원

광주를 후보지로 택할 경우에도 같은 방법으로 선형계획모형을 작성할 수 있다. 강릉과 광주를 각각 후보지로 택하였을 경우의 최적해는 <표 2>에서 보는 바와 같다.
신설공장을 강릉시로 하는 경우의 총수송비는 1,250만원이다. 이 때 강릉공장은 중부시장에만 수송하고 대구공장은 서울과 중부지역을 그리고 인천공장은 서울과 영호남지역으로 공급한다. 광주시를 공장으로 하는 경우의 총수송비는 1,400만원이다. 이 때 신설 광주공장은 중부시장과 영호남시장을 위해 수송하며 대구공장은 중부시장을 전담하고 인천공장은 서울시장과 영호남시장까지도 공급하도록 한다. 강릉시를 선정했을 경우의 수송비가 더 적으므로 강릉시가 선택된다.

서비스산업에서의 입지결정

유통센터 입지결정

다수의 공장에서 다수의 소매점까지 다양한 제품을 소량으로 수송하기보다는 공장의 다음 공정은 창고 또는 유통센터라 보고 이의 수와 입지를 적절히 함으로써 물류관리의 목적을 실현할 수 있다. 공장과 고객 또는 소매점을 연결하는 창고 또는 유통센터의 역할이 생산결합정리(production consolidation)이다. 따라서 다양한 종류의 제품을 생산하여 전국적 혹은 전 세계적으로 판매를 하는 기업의 경우 유통센터는 몇 개가 필요한지, 기존의 유통센터를 재배치해야 하는지, 각 유통센터가 서비스할 고객구역(customer zone)을 결정하는 문제 등에 직면한다. 이러한 경우에 고객구역의 수요와 공급능력이 주어진 상태에서 총물류비용을 최소로 하는 유통센터의 입지를 결정하는 모델을 구축하여 수송계획법 혹은 선형계획법을 이용하여 최적해를 구할 수 있다. 만일 수요가 불확실하거나 비용구조가 비선형이거나 혹은 재고방침에 복잡한 요인이 포함되어 있는 경우에는 수송계획법 대신에 시뮬레이션을 이용하여 문제를 해결할 수도 있다.

소매점의 입지선정

소매점의 입지선정에 있어서 일차적으로 고려해야 할 대상은 고객과 경쟁자다. 즉, 고객이 많은 곳에 입지해야 하며 또한 경쟁자의 입지가 적당한 곳에 있어야 한다. 소매점의 입지선정문제는 대부분 수익최대화 문제로 단순화하여 모델을 설정한다. 경쟁적 소매점 입지모형은 소매점의 수익은 점포의 크기에 비례하고 고객이 그 점포로 이동하는 데 소요되는 시간에 반비례한다는 가정에 근거한다. 후프(D. Huff)는 소매점의 수익이 S/t^A에 비례한다는 가정하에 소매점 입지선정모델을 제시한다. 여기에서 S=소매점의 크기, t=고객의 이동시간, A=쇼핑선호도이다. 이 모델에 대한 상세한 것은 본서의 범위에서 벗어나므로 생략하기로 한다.

긴급 서비스시설의 입지선정

경찰, 소방서, 구급차 등 긴급 서비스시설의 입지선정문제에 있어서 가장 중요한 것은 반응시간(response time)의 최소화이다. 반응시간이란 서비스의 요구 또는 사고가 발생한 시점에서 해당 서비스의 제공이 이루어지기까지의 소요시간이다. 반응시간문제의 분석을 위해서는 긴급 서비스 요청의 위치 및 빈도, 서비스팀의 이동속도, 이용가능한 차량대수 등과 같이 고려할 관련변수의 수가 많고 복잡하다.

긴급 서비스시설의 위치에 관한 결정은 지리적 보호범위(geographical cover)의 기준이 적용되는 경우가 많다. 이러한 결정은 정부의 행정법규와 보험회사의 약관에 의해 시행되는 경우가 많다. 예를 들면, 시내에서 소방서는 3km 이상 떨어져 있어서는 안 된다. 어떤 지역에서도 4km 이내에 적어도 2개의 소방서가 있어야 한다는 등의 경우이다. 이러한 지리적 보호범위의 기준이 많이 사용되고 있으나, 이는 긴급 서비스의 발생 또는 요청빈도를 고려한 것이 아니다. 또한 긴급 서비스에 요구되는 이동속도와 도로사정을 고려한 것도 아니다. 따라서 지리적 보호범위는 반응시간과는 아무 상관이 없는 것이다.

일반적으로 긴급 서비스의 입지문제는 긴급 서비스요청에 대해 대상입지의 반응시간이 어떻게 되는가를 분석하는 것이라 할 수 있으므로 간단한 문제는 선형계획법으로도 긴급 서비스시설의 입지선정문제를 해결할 수 있다. 그러나 긴급 서비스요청의 발생 위치나 빈도, 서비스 팀의 이동속도, 이용 가능한 차량대수, 기타 및 긴급 서비스의 입지선정뿐만 아니라 능력결정을 하기 위한 여러 가지 불확실한 상황이 복잡하게 얽히게 되면 시뮬레이션을 이용하여 문제를 해결할 수 있다.

요 약

- 생산능력이란 생산시스템이 정상적인 운영상태에서 일정기간 동안 정해진 제품이나 서비스를 산출하는 최대생산량을 의미한다.
- 생산능력의 측정기준은 산출기준 또는 투입기준이다. 자동차, 전자제품 등과 같이 제조업의 경우는 산출물의 양을 측정단위로 이용하고 병원, 항공사 등과 같은 서비스업의 경우는 투입기준을 이용하는 것이 보통이다.
- 생산능력전략이란 미래의 수요를 충족시키기 위하여 소요생산능력의 크기와 시기를 추정하고 이에 대한 대책을 강구하는 것이다.
- 생산능력전략의 수립과 관련하여 여유생산능력, 하청 네트워크, 규모의 경제, 집중생산, 범위의 경제 등을 고려하여야 한다.
- 여유생산능력이란 예상수요를 초과하여 가지는 생산능력이다.
- 어떠한 방법으로 생산능력을 확보할 것인지에 대한 의사결정에 도움이 되는 기법으로 손익분기점분석, 순현가법, 의사결정나무 등이 있다.
- 입지선정문제는 수송, 임금, 세금, 원자재의 가격, 지대 등 기업의 비용과 직접적인 관련이 있으므로 기업의 수익에 상당한 영향을 미치는 문제이며 한 번 결정되면 쉽게 변경이 가능하지 않으므로 신중을 기하여야 한다.
- 입지선정의 주요 기준은 고객과의 근접성, 노동가용성 및 비용, 지역사회의 삶의 질, 노조의 강성 정도, 건설 및 토지 비용, 수송시설과의 근접성, 입고 수송비용, 출고 수송비용, 공익시설(수도 및 전기)의 가용성 및 비용, 원자재 및 공급자와의 근접성, 환경제약요인 등이 있다.
- 요인평정법은 각 입지에 대하여 입지요인별로 점수를 부여하고 이 점수와 요인별 가중치를 곱한 값들의 합을 대안별로 비교하여 그 합이 가장 큰 것을 입지로 선정하는 방법이다.
- 기존공장(또는 창고)에 추가로 신설공장 또는 창고의 입지를 선정할 때에 총수송비를 최소로 할 수 있는 곳으로 입지를 결정하고자 하는 경우에는 선형계획법을 이용하여 해결할 수 있다.

학습문제

1. 생산능력이란 무엇인가?
2. 생산능력전략이란 무엇인가?
3. 생산능력의 측정단위에 대하여 살펴보라.
4. 생산능력전략 수립시에 고려해야 할 사항에는 어떠한 것이 있는지 알아보라.
5. 여유생산능력이란 무엇이며 여유생산능력을 보유하는 이유는 무엇인가?
6. 규모의 경제가 무엇인지 설명하라.
7. 범위의 경제가 무엇인지 설명하라.
8. 집중 생산이 현대생산경영에서 관심을 끄는 이유는 무엇인가?
9. 손익분기점분석은 무엇이며 어디에 이용되는가?
10. 순현가법은 무엇이며 어디에 이용되는가?
11. 의사결정나무기법은 무엇이며 언제 유용한가?
12. 시설 및 공장의 입지결정문제가 생산운영관리에 왜 중요한가?
13. 입지선정의 기준에 대하여 살펴보고 산업별로 입지요인의 상대적 중요성에 대하여 알아보라.
14. 요인평정법의 장단점에 대하여 살펴보라.
15. 맥주회사의 경우의 입지요인에 대하여 살펴보라.

연습문제

1. ABC 기업은 제품 A의 두 개의 모델을 생산한다. 두 모델의 다음 해의 수요예측치와 제품생산에 관련된 자료는 아래와 같다.

변 수	모델 1	모델 2
수요예측치(개/년)	10,000	8,000
로트의 크기(개)	100	100
단위당 표준공정시간(시간)	1/2	2/3
로트당 표준준비시간(시간)	1	1

다음 해에 총체적으로 필요한 생산능력을 계산하라.

2. ABC 기업은 자동차용 부품을 생산한다. 작업자 한 사람이 기계를 이용하여 부품 하나를 만드는 데 0.25분이 소요된다. 월평균 400,000개의 부품을 생산해 왔으나 앞으로 수요가 20% 증가할 것으로 예상된다. 1일 2교대, 교대당 8시간, 1년에 260일 작업을 하며 여유생산능력은 20% 수준을 유지하여야 한다고 가정하고 몇 대의 기계가 필요한지 계산하라.

3. ABC 기업은 제품 A와 B를 생산한다. 두 제품의 다음 해의 수요예측치와 제품생산에 관련된 자료는 아래와 같다.

변 수	제품 1	제품 2
수요예측치(개/년)	30,000	12,000
로트의 크기(개)	20	70
단위당 표준공정시간(시간)	0.3	1.0
로트당 표준준비시간(시간)	3	4

1일 2교대, 교대당 8시간, 연간 200일 작업을 하며, 25%의 여유생산능력 수준을 유지한다고 가정하고 다음해의 수요를 충족시키기 위하여 몇 대의 기계를 구입해야 하는지 계산하라.

4. 다음은 3개의 부품을 만드는 기업의 부품별 수요예측치와 부품생산에 관련된 자료이다.

변 수	부품 1	부품 2	부품 3
수요예측치(개/년)	18,000	13,000	25,000
로트의 크기(개)	60	80	120
단위당 표준공정시간(시간)	0.05	0.20	0.05
로트당 표준준비시간(시간)	1.0	4.5	8.2

이 기업은 1일 2교대, 교대당 8시간, 주당 5일, 연간 52주 작업을 하며, 여유생산 능력 수준을 20%로 유지한다고 가정하고 필요한 기계수를 계산하라.

5. ABC 기업이 공장부지를 선정하는 데 있어 다음과 같은 여섯 가지 요소를 고려하려고 한다. 다음은 그 여섯 요소와 요소별로 1에서 5 사이의 가중치를 부여한 것이다.

요소	요소이름	가중치
1	항만까지의 거리	5
2	전기공급의 원활성과 비용	3
3	작업자의 수준 및 임금	4
4	본사와의 거리	2
5	지역사회에 부합되는 정도	2
6	공급자들과의 거리적 위치	3

그리고 아래의 표는 지금 고려중인 세 개의 입지에 대하여 요소별로 1에서 100 사이의 점수를 부여한 것이다. 어느 입지를 선택하는 것이 유리한가?

요소	입지 1	입지 1	입지 3
1	100	80	80
2	80	70	100
3	30	60	70
4	10	80	60
5	90	60	80
6	50	60	90

6. 다음은 현재 고려대상이 되고 있는 두 입지의 요소별 점수 및 고려요소별 가중치를 나타낸 표이다. 어느 입지를 선택하는 것이 유리한지 결정하라.

요소	가중치	입지 1	입지 2
건축	10	8	5
공익시설	10	3	4
사업지원서비스	20	4	7
부동산 비용	30	9	9
삶의 질	10	6	8
수송	20	7	6

7. [문제 6]에서 만일 요소별로 동일한 가중치를 부여한다면 어느 입지가 최적의 대안이 되는가?

8. 다음은 식당을 운영할 장소로 고려대상이 되고 있는 4곳의 요소별 점수와 고려요소별 가중치를 나타낸 것이다. 어느 곳이 선택되는가?

요 소	가중치	입지 1	입지 2	입지 3	입지 4
지역주민의 소득수준	10	70	60	85	90
건설 및 대지구입비용	10	85	90	80	60
교통	25	70	60	85	90
주차시설	20	80	90	90	80
성장가능성	15	90	80	90	75

9. 현재 두 곳의 공장에서 네 곳의 소비지로 물품을 공급하는 기업이 있다. 그러나 수요의 증가로 인하여 새로운 공장을 건설하여야 하는데 고려의 대상이 되는 곳이 두 곳(새공장 3, 새공장 4)이 있다. 다음의 수송비용 및 수요와 공급을 나타낸 표를 이용하여 어느 곳이 선정되는지 결정하라.

공장 \ 소비자	소비지 1	소비지 2	소비지 3	소비지 4	공급
공 장 1	0.1	0.1	0.15	0.2	12,000
공 장 2	0.1	0.1	0.1	0.2	12,000
새공장 3	0.15	0.15	0.1	0.1	12,000
새공장 4	0.2	0.1	0.15	0.15	12,000
월 수요	10,000	8,000	12,000	6,000	

10. 다음은 어느 지방이 소방서를 추가하는 데 고려의 대상이 되는 두 곳(새소방서 4, 새소방서 5)을 비롯하여 기존소방서의 능력 및 지방마을 세 곳의 연간 수요를 요약한 표이다. 만일 연간 응답시간을 최소화하려면 어느 곳이 새소방서의 입지로 선택되는가?

소방서 \ 마을	마을 1	마을 2	마을 3	능 력
소방서 1	41분*	15분	21분	1,000번**
소방서 2	31분	22분	16분	2,000번
소방서 3	11	29	24	1,000
새소방서 4	14	25	23	2,000
새소방서 5	26	17	12	2,000
수 요	1,500번	2,000번	2,000번	

* 응답시간, 즉 신고를 받고부터 사고지점에 도착할 때까지 걸리는 시간
** 소방서 1에서 연간 출동할 수 있는 횟수

사례 랑세스 : 친환경 타이어 핵심 원료 SSBR 생산능력

특수화학 기업인 랑세스(Lanxess)는 2005년 바이엘(Bayer) 그룹의 폴리머 사업부에서 독립 분사한 이래 고성능 폴리머, 고품질 중간체, 기능성 화학제품 등 3개 사업부문을 운영하며 플라스틱, 합성고무, 고품질 특수 화학제품과 중간체를 개발·공급하는 세계 선두의 특수화학 기업으로 성장하였다.

2013년 3월 랑세스는 총 8,000만 유로(한화 약 1,141억 원)를 브라질 트리운포 지역에 투자해 에멀젼 스티렌부타디엔 고무(ESBR) 공장을 친환경 타이어의 핵심 소재인 솔루션 스티렌부타디엔 고무(SSBR) 생산 시설로 전환한다고 밝혔다. 연간 11만 톤 규모의 트리운포 공장은 현재 범용 타이어 원료인 ESBR의 생산을 담당하고 있으며, 설비 전환이 완료되는 2014년 말부터 SSBR을 생산하게 되는데 이번 설비 전환은 업계 최초의 사례로 꼽힌다.

SSBR은 네오디뮴 폴리부타디엔 고무(Nd-PBR)와 더불어 친환경 타이어 즉, 에너지 소비율이 낮으면서도 내구성이 높고 안전한 타이어 제조의 핵심 소재이다. 고성능 합성고무 시장은 최근 전 세계의 친환경 타이어 수요 증대에 힘입어 2017년까지 연간 약 10% 이상 빠르게 성장할 것으로 전망된다. 이에 대응하고자 랑세스는 지난 2년 간 SSBR과 Nd-PBR의 생산능력을 연평균 7만 톤가량 확대시켰으며, 현재 싱가포르에 14만 톤 규모의 신규 Nd-PBR 공장을 건립 중에 있다.

랑세스 경영이사회 임원 베르너 브로이어스는 "랑세스는 이번 SSBR 생산 설비 전환을 통해 전 세계 고성능 합성고무 시장의 수요 증대에 대응할 수 있는 공급 능력을 확보하게 될 것"이라며 "특히 이번 투자는 미래 타이어 산업의 중요한 역할을 하게 될 랑세스의 글로벌 입지와 기술 리더십을 다지는 매우 중요한 기회"라고 말했다.

랑세스는 전 세계적인 자동차 이동량 증가 추세에 발맞춰 올해를 '친환경 이동성의 해'로 지정하고, 친환경적인 자동차 및 타이어 제조에 필요한 프리미엄 화학제품을 공급하고 있다. 한국 정부도 '친환경 이동성'의 중요성을 인식, 지난 해 12월 타이어 에너지효율 등급 표시제를 의무 시행한 바 있다. 타이어 에너지효율 등급제는 유럽에서 2012년 11월 최초로 시행된 이후 현재 각국으로 확산되고 있는 추세나. 한편, 랑세스 코리아는 친환경 타이어의 혜택을 보다 효과적으로 소개하고자 지난해 한국타이어와 함께 온라인 '타이어 연비절감 계산기'를 선보였다. 타이어 연비절감 계산기는 타이어 에너지효율 등급별로 연료 소비 및 이산화탄소

배출을 얼마나 줄일 수 있는지를 객관적 수치로 제시, 소비자들에게 친환경 타이어에 대한 투명한 정보를 제공한다.

또한, 랑세스는 2013년 현재 네덜란드 겔린(Geleen), 브라질 트리운포(Triunfo), 독일 말(Marl), 미국 오렌지(Orange) 지역에서 세계 최초로 바이오기반 EPDM (Ethylene Prophlene Diene Monomer) 고무를 개발해 총 4개의 EPDM 공장을 운영하고 있으며 아시아 지역의 수요 증대에 대응하기 위해 중국 창저우(常州)에 연산 16만 톤 규모의 세계 최대 EPDM 공장을 신규 설립 중이다.

▲브라질 트리운포 지역의 SSBR 고무 생산시설 부지 전경

<출처 : 이투데이, 2013년 3월 6일>

토의문제

1. 친환경 생산시설로 전환하는 현재의 계획이 설비 전환이 완료되는 시점에 연간 11만 톤 규모의 ESBR 생산량이 가능할 것이라고 보는가? 아니면 그렇지 않을 것이라 보는가? 그 이유에 대하여 각각 토의하여라.
2. 생산설비로의 전환시 발생하는 문제점을 최소화하기 위하여 수행할 수 있는 전략적 방안은 무엇인지 토의하여라.
3. 향후 친환경 생산설비가 기업의 생산능력계획과 입지에 어떠한 영향을 미칠 것이라 생각하는지 토의하여라.

참고문헌

전영일, 홍관수, 김남영, "전략적 운영관리", 경문사, 2003.

Abell, D. and Hammond, J., *Strategic Market Planning : Problems and Analytical*. Prentice Hall College Div., 1979.

Atkins, R. and Shriver, R., "New Approach to Facilities Location," *Harvard Business Review*, 46, pp.70-79, 1968.

Ballon, R., *Basic Business Logistics*. Prentice Hall, New York, 1978.

Brown, P. and Gibson, D., "A Quantified Model for Facility Site Selection-Application to a Multiplant Location Problem," *AIIE Transaction*, 4, pp.1-10, 1972.

Buffa, E., *Operations Management*. Wiley, New York, 1976.

Chase, R., Jacobs, F. and Aquilano, N., *Operations and Supply Chain Management*, 13th ed. NY: McGraw-Hill, 2010.

Evans, J. and Lindsay, W., *Managing for Quality and Performance Excellence*. South-Western Cengage Learning, 2014.

Evans, J., *Applied Production and Operations Management*, 4th ed. West Group, 1992.

Fitzsimmons, J., "A Methodology for Emergency Ambulance Deployment," *Management Science*, 19, pp.627-636, 1973.

Geoffrion, A., "Better Distribution Planning with Computer Models," *Harvard Business Review*, 53, 1975.

Geoffrion, A. and Powers, R., "Facility Location Analysis Is Just the Beginning," *interfaces*, 10:2, pp.22-30, 1980.

Graziano, V., "Production Capacity Planning-Long Term," *Production and Inventory Management*, 15:2, pp.66-80, 1974.

Hayes, R. and Wheelwright, S., *Restoring Our Competitive Edge, Competing through Manufacturing*. Wiley, New York, 1984.

Huff, D., *Determination of Intra-Urban Retail Trade Areas*. L.A., Calif., UCLA Graduate School of Management.

Khumawala, B., "An Efficient Branch and Bound Algorithm for the Warehouse Location Problem," *Management Science*, 18, pp.718-731, 1972.

Lee, S. and Moore, L., "Optimizing Transportation Problem With Multiple Objective," *AIIE Transaction*, 5, pp.333-338, 1973.

Markland, R., "Analyzing Geographically Discrete Warehouse Networks by Computer Simulation," *Decision Science*, 4, pp.216-236, 1973.

Rao, R. and Rutenberg, D., "Multilocation Plant Sizing and Timing," *Management Science*, 23:11, pp.1187-1198, 1977.

Revelle., C., Makes, D., and Liebman, J., "An Analysis of Private and Public Sector Location Models," *Management Science*, 16, pp.692-707, 1970.

Schmenner, R., "Before You Build a Big Factory," *Harvard Business Review*, 54, pp.100-104, 1976.

Schmenner, R., "Look Beyond the Obvious in Plant Location," *Harvard Business Review*, 57:1, pp.126-132, 1979.

CHAPTER 08

적시생산시스템과 통합시스템

- 도요타생산시스템의 의의
- JIT, 칸반, 도요타생산시스템의 관계
- 도요타생산시스템의 요소
- JIT와 MRP의 비교
- 통합시스템
- e-JIT

[도입사례] 도요타 미국 켄터키주 공장

도요타의 켄터키주 캠리(Camry) 공장에서는 TPS(Toyota production system)를 도입하고 있다. 미국과 유럽에 판매하는 캠리(Camry)만을 생산하며 23가지의 세단 및 웨곤(wagon)모델, 11가지의 색, 29가지의 내장, 문루프(moon roof)를 포함하는 30가지의 옵션이 있어 그 조합은 수천 가지에 이른다.

① 조립(assembly)

컨베이어 라인에 353개의 스테이션이 있고 각 스테이션에는 자동화(Jidoka)와 카이젠(Kaizen)이 실천되고 있다. 자동화란 생산문제가 즉시 자명해지도록 만들고, 문제 발생시 생산을 중단하는 것을 말하는 것이며, 카이젠이란 더 나은 것을 위한 변화를 말하는 것이다. 스테이션마다 각 스테이션의 사이클 타임, 작업순서, 작업시기 등이 기록된 표준작업차트가 게시되어 있으며, 스테이션 구간은 색테이프를 바닥에 붙여 구분하고 있다.

녹색 테이프는 스테이션의 시작을 적색 테이프는 스테이션의 끝을 의미하고 중간에 있는 노란색 테이프는 70%의 작업이 종료되어야 하는 지점을 의미한다. 만일 작업자가 이 노란색 라인에 이르기까지 작업이 지연되는 경우 혹은 문제가 발생할 때에는 스테이션에 있는 안돈(Andon) 코드를 잡아당기게 된다. 안돈이 당겨지면 라이트가 번쩍이게 되고, 큰 음악소리가 나며 안돈 게시판에 문제가 발생한 스테이션 번호의 불이 들어오게 된다.

이때 팀장이 문제의 스테이션을 방문하여 문제가 무엇인지 확인하고 만일 문제해결이 즉시 가능하면 안돈 코드를 잡아당겨 라이트와 음악을 끄게 된다. 만일 즉시 문제해결이 불가능할 경우에는 안돈을 켜놓은 채로 다른 스테이션들이 작업 사이클을 마치는 적색라인에서 라인을 멈추게 한 뒤 문제를 해결한다.

② 생산관리(production control)

5월의 생산을 위한 준비는 1월부터 시작된다. 1월에 판매부서로부터 생산계획주문(PPO : production planning order)을 받고, 수정을 거쳐 3월 말까지 확정되어 총차량주문(TVO : total vehicle order)이 된다. 4월 둘째 주까지 TVO가 주별로 분리되고, 4월 셋째 주까지 5월의 생산순서 및 부품주문이 확정된다.

생산통제에서도 JIT 원칙이 적용되는데 먼저 Heijunka(총주문을 평준화하여 일일생산순서에 반영)를 도입하고 있다. 두 번째로 칸반(Kanban) 카드가 이용된다. 공급자들도 생산계획은 이미 알고 있으나 칸반에 의하여 부품생산이 통제된다.

③ 품질관리

QC(quality control)부서는 최종조립단계에서 품질을 검사하여 문제가 있는 차는 따로 마련된 장소에서 점검을 받게 된다. 만일 이 장소에서 점검받는 차의 수가 8대가 되면 조립라인을 멈추게 된다.

④ 구매

공급자를 선정할 시에 낮은 가격을 제시하는 공급자를 선정하는 것이 아니고 생산비용이 낮은 공급자를 선정하며 공급자로 하여금 생산비용자료를 도요타와 공유하게 유도하고 공급자들의 생산공정을 개선하는 데 도움을 준다.

그런데 이 공장에서 좌석(seat) 불량문제가 나타나기 시작했다. 좌석은 KFS(Kentucky framed seat)가 완성품으로 공급하고 있으며 도요타의 생산순서에 맞게 좌석을 제작하여 공급하고 있다. 좌석이 불량이면 다음과 같은 과정을 거치게 된다. 작업자가 좌석불량을 발견하여 안돈 코드를 당기게 되고 이 때 팀장은 검토를 하여 좌석이 불량이더라도 나머지 작업은 가능하므로 라인은 중지시키지 않고 단지 품질조사원에게 알리기 위해 좌석문제가 있음을 차량에 표시하게 된다. 이러한 차는 조립라인을 통과한 뒤에 지정된 검사장소로 옮겨져 좌석문제가 해결될 수 있는지 알아보고 만일 새로운 좌석이 필요하게 되면 예비주차장으로 옮겨져 새로 주문한 좌석이 도착할 때까지 기다리게 된다. 문제는 이러한 불량좌석문제가 신속하게 처리되지 않는다는 것과 이러한 좌석불량문제가 해결되지 않고 오랫동안 지속되어 왔다는 것이다.

어느 날 예비주차장을 관찰한 결과 18대의 자동차들이 그곳에 주차되어 있었고 좌석교체가 신속히 해결되어야 함에도 불구하고 4일이나 문제가 해결되지 않은 채로 있는 자동차도 발견되었다. 조립공정에서 좌석설치와 관련하여 발견된 문제들은 가끔 작업자들이 볼트를 박을 때에 각도가 잘못되는 경우가 발생하기도 하고 혹은 작업도구로 좌석에 상처를 입히는 경우도 발생하며, 작업 로테이션으로 인한 숙련되지 않은 작업자로 인한 문제점도 지적되었다. 또한 여러 달 전에 뒷좌석 받침대의 플라스틱으로 된 고리가 잘 부러지므로 디자인 변경을 요청한 것에 대한 반응이 없었다는 것도 밝혀졌다.

위의 사례에서 생각해 보아야 할 주요한 포인트는 다음과 같다

- JIT와 자동화(Jidoka)를 도입하고 있는 상황에서 불량좌석문제가 제대로 처리되고 있는가?
- 좌석문제는 도요타생산시스템의 예외로 인정할 수 있는 것인가?
- 좌석문제와 관련하여 문제해결을 위한 시스템은 없는가?

<출처 : 전략적 운영관리, pp.166-168, 2003>

도요타(Toyota)생산시스템은 재고를 포함하는 모든 낭비요소를 제거하여 비용을 절감하는 것을 목적으로 개발된 시스템이며, 이 시스템의 기본아이디어는 필요한 제품을 필요한 시기에 필요한 양만큼 생산한다는 것이다. 이 기본아이디

어를 적시생산시스템이라 부른다. 본장에서는 도요타생산시스템의 기본원리, 구체적 도구 및 방법 등을 살펴본다.

본장에서 다룰 내용은 다음과 같다.

- 도요타생산시스템이란?
- JIT는 무엇인가?
- JIT와 칸반시스템의 관계는?
- 칸반시스템은 어떻게 운영되나?
- 생산평준화란?
- 자동화란?
- JIT와 MRP의 차이점은?
- 통합시스템이란?
- e-JIT란?

도요타생산시스템의 의의

도요타생산시스템은 비용절감을 위해 불필요한 요소를 제거하자는 접근법이며, 필요한 제품을 필요할 때에 필요한 만큼 생산하는 방식이다. 이러한 생산시스템의 가장 중요한 효과는 불필요한 재고가 없어져서 재고유지비용이 현격히 감소한다는 것이다. 이러한 아이디어가 적시생산시스템(JIT : just in time)으로 일본 도요타의 타이치 오노(Taiichi Ohno)와 그의 동료들에 의해 개발되었다. 본 시스템은 비용절감이 궁극적인 목표이기는 하나 이 목표의 달성을 위해 다음의 세 가지 하부목표를 달성해야 한다.

① **생산량 통제** : 수요변동에 대하여 생산량과 제품 다양성면에서 대처할 수 있어야 한다.

② **품질보증** : 각 공정에서 작업이 완료되어 후속공정으로 이동되는 재공품(WIP : work in process)재고는 품질적으로 우수해야 한다.

③ **인간성 존중** : 시스템이 비용목표 달성을 위해 인적자원을 이용하는 동안 인간성 존중이 장려되어야 한다.

JIT 시스템의 목적은 생산 활동에 불필요한 방해요소들을 제거하여 총생산 소요시간을 최소화하는 데 있다. 도요타의 후지오 초(Fujio Cho)는 효과적이고 효율적인 생산시스템을 위해서 제거해야 할 7가지 불필요한 요소에 의한 손실에 대해 정의를 내렸는데, 이는 다음과 같다.

① 과잉생산에 의한 손실
② 시간지연에 의한 손실
③ 수송에 의한 손실
④ 재고에 의한 손실
⑤ 불필요한 공정에 의한 손실
⑥ 불량품에 의한 손실
⑦ 불필요한 동작에 의한 손실

JIT, 칸반, 도요타생산시스템의 관계

도요타생산시스템의 근간이 되는 개념은 크게 네 가지[JIT, 자동화(autonomation), 노동유연성, 창조적 사고]가 있으며, 이 개념을 실천하기 위해 8가지 정도의 시스템과 방식(칸반, 생산평준화, 준비시간 단축, 기계배치와 다기능 작업자, 작업표준화, 소그룹활동 및 제안제도, 시각통제시스템, 기능형 관리)을 도입하고 있다. 따라서 JIT는 도요타생산시스템이 적용하는 개념 중의 하나에 불과하며, 칸반방식은 JIT를 실행하기 위하여 이용하는 방법 중의 하나이다. 따라서 JIT＝도요타생산시스템, 칸반＝JIT 또는 칸반＝도요타생산시스템이라고 생각하는 것은 무리가 있다.

도요타생산시스템에 적용되는 네 가지의 개념

- JIT : 요구되는 제품을 요구되는 시기에 요구되는 양만큼 생산한다는 것을 말한다.
- 자동화(일본말로 Jidoka) : 자율적 불량통제(autonomous defects control)라는 의미인데 선행공정에서 후행공정으로 불량품이 흘러가는 것을 방지하자는 개념이다.

- **노동유연성(일본말로 Shojinka)** : 수요변동에 맞추어 작업자의 수를 조정한다는 개념이다.
- **창조적 사고(일본말로 Soikufu)** : 작업자의 제안을 받아들여 이용한다는 개념이다.

개념의 실천을 위한 시스템과 방법

도요타는 위의 개념들의 실현을 위해 다음과 같은 시스템 및 방법을 도입하고 있다.

- 칸반시스템 : JIT를 유지하기 위한 시스템
- 생산평준화 : 수요변동에 대처하기 위한 방법
- 준비시간의 단축 : 생산리드타임의 감축을 위한 방법
- 작업의 표준화 : 라인균형화를 위한 방법
- 기계배치와 다기능작업자 : 노동유연성의 확보를 위한 방법
- 소그룹활동 및 제안제도 : 개선활동을 위한 방법
- 시각통제시스템 : 자동화를 위한 시스템
- 기능형 관리 : 전사적 품질관리를 위한 시스템

도요타생산시스템의 요소

JIT와 칸반시스템

JIT 생산이란 이미 앞에서 언급한 바와 같이, 요구되는 제품을 요구되는 시기에 요구되는 양만큼 생산하는 것을 의미하며, 칸반시스템은 JIT가 이루어지도록 생산을 통제하는 일종의 정보시스템이다.

칸반시스템은 푸시(push)시스템이 아니라 풀(pull)시스템이라고 할 수 있다. 보통의 생산시스템은 생산일정계획에 따라 선행공정에서 생산하여 후속공정으로 공급하는 푸시시스템이다. 일반적인 생산시스템에서는 부품생산공정부터 최종조립공정까지 모든 공정마다 각각 생산일정을 만들어 이에 따라 생산이 이루어진다. 따라서 수요의 변화 등을 생산에 반영하기 위해서는 모든 공정의 생산일

정이 동시에 수정되어야 한다. 이러한 푸시시스템에서는 수요의 변동이나 공정에서 문제가 발생하면 생산일정계획의 전면적인 수정이 필요한데 이러한 수정이 쉽지 않으므로 보통 재고를 많이 유지하는 경향이 있다.

이에 비하여 칸반시스템에서는 최종조립라인이 필요한 부품을 필요한 때에 필요한 양만큼 선행공정으로 가는 풀시스템이다. 선행공정은 후속공정에서 필요로 하는 부품을 생산한다. 부품을 생산하는 공정은 자신의 선행공정으로부터 필요한 부품 및 자재를 가지고 온다. 따라서 칸반시스템의 경우에는 모든 공정에 대한 생산일정계획이 필요가 없으며, 최종공정에서 생산일정의 변화에 대한 정보가 제공되면 칸반을 이용하여 부품의 필요시기 및 필요한 양에 대한 정보가 선행공정으로 전달된다.

칸반이란 생산에 필요한 정보를 담은 카드를 말하며 대표적인 것으로 인수칸반(withdrawal Kanban)과 생산지시칸반(production-ordering Kanban)이 있다. 인수칸반에는 인수해야 할 부품에 대한 정보와 인수해야 할 양이 기록되어 있으며, 생산지시칸반에는 생산해야 할 부품에 대한 정보 및 그 양이 기록되어 있다.

선행공정과 선행공정에서 생산한 부품을 이용하는 후속공정이 있다고 하자. 선행공정에서 만든 부품은 일정한 크기의 상자에 담아 부품저장소에 보내지고 후속공정은 부품저장소에 가서 부품을 가져온다. 이러한 운영방식을 살펴보면 [그림 8. 1]과 같다.

① 후속공정의 부품운반자는 인수칸반함에 수집된 인수칸반의 수가 정해진 수만큼 되거나 혹은 일정한 시간간격으로 인수칸반과 빈상자를 가지고 선행공정의 부품저장소에 간다.
② 선행공정의 부품저장소에서 부품을 인수할 때에 인수하는 상자에 부착되어 있는 생산지시칸반을 떼어서 칸반수취함에 넣는다.
③ 생산지시칸반을 떼어낸 상자마다 가지고 간 인수칸반을 하나씩 부착한다. 이 경우 생산지시칸반과 인수칸반을 비교하여 일치 여부를 확인한다. 가지고 간 빈상자는 선행공정에서 요구하는 장소에 놓아둔다.
④ 후속공정에서 작업을 할 때에 인수칸반을 상자에서 떼어 인수칸반함에 넣는다.
⑤ 선행공정에서는 부품저장소의 칸반수취함에 수집된 생산지시칸반을 일정한 시간에 혹은 일정한 양을 생산한 후 생산지시칸반함으로 옮긴다.

그림 8.1 | 칸반의 운용과정

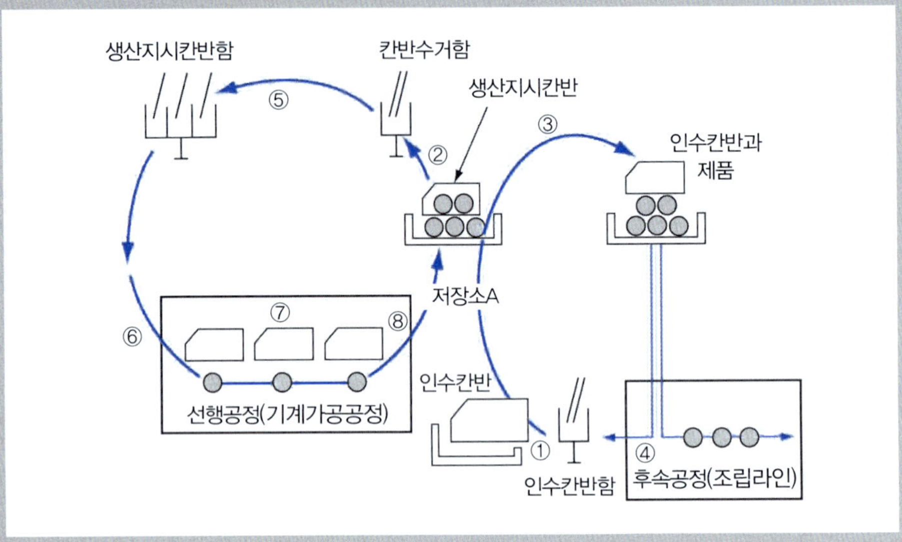

출처 : Monden, Y., *Toyota Production System : Practical Approach to Production Management*. Industrial Engineering and Management Press, Norcross, Georgia, 1983.

⑥ 선행공정에서는 생산지시칸반함에 있는 순서대로 생산을 한다.

⑦ 부품과 칸반은 반드시 짝지어져 이동된다.

⑧ 생산이 완료되면 생산지시칸반을 부착한 상자를 저장소로 옮긴다.

생산평준화

생산평준화는 칸반시스템에 있어서 가장 중요한 전제조건이다. 후속공정은 선행공정에서 필요한 제품을 필요한 시간에 필요한 양만큼 인수해 간다. 이 경우 만일 후속공정의 부품인수에 대한 시기와 양의 변동이 심하면 선행공정에서는 최고(peak)치의 인수량에 대응할 수 있는 능력(재고, 설비, 노동력)을 갖추고 있어야 하며 이러한 현상은 공정수가 많을수록 변동폭이 확대된다. 외부의 공급자를 포함한 모든 생산공정에서 인수하는 수량 및 시기의 변동폭을 작게 하기 위해서는 최종조립라인에서의 생산량의 변동을 최소화하여야 한다.

도요타공장의 최종조립라인에서는 로트 크기를 최소화(이상적으로는 1단위 생산)하여 필요한 부품을 작은 로트 크기로 선행공정에서 인수하게 된다. 결국 생산평준화는 최종조립라인에서의 변동의 폭을 줄이기 위하여 각종 제품을 그

날그날의 판매량에 맞추어서 균등한 비율로 생산하는 것을 말한다. 생산평준화에 의해서 각각의 하위 조립라인의 인수량에 대한 변동을 최소한으로 억제하여, 각 하위 조립라인이 부품을 일정한 속도로 생산하게 된다.

도요타에서의 생산평준화는 두 단계로 이루어진다. 첫 번째 단계는 연간 생산계획으로부터 월별 생산계획을 수립하는 것이다. 월별 생산계획에는 다음의 생산평준화 관련내용이 포함된다. 예를 들어, 특정 차종(예 Sienna)에 대한 모델이 3가지(A, B, C)가 있고, 각각에 대한 월 수요가 6,000대 : 4,000대 : 2,000대라고 하고, 1개월에 20일 작업을 한다고 가정하자. 각 모델별로 일일 생산평준화는 매일 300대, 200대, 100대를 생산하는 것이다. 참고로 1일 8시간(480분) 작업을 한다고 가정하면, 하루에 총 600대의 자동차가 생산되어야 하므로 한 대를 생산하는 데 평균적으로 필요한 주기시간(cycle time)은 480/600 = 0.8분이다.

두 번째 단계는 일일 생산순서를 결정하는 것이다. 위의 경우 모델별로 평준화하여 3 : 2 : 1로 하는 것을 원칙으로 하고, 하나의 사이클을 6대로 하여 AAA, BB, C식으로, 즉 A를 3대, B를 2대, C를 1대 생산한 뒤 다시 똑같은 순서로 생산하는 방식을 고려할 수 있다. 또는 CAB－ABA식으로 생산순서를 정할 수도 있다. 일반적으로 생산순서는 컴퓨터프로그램을 이용하여 결정되는 것이 보통이며 각 부품에 대한 이용량과 이용속도가 될 수 있으면 일정하도록 만드는 방향으로 결정된다.

일일생산순서가 결정되면 이 순서는 최종조립라인에게만 전달되고 필요한 부품에 대한 정보는 칸반을 통하여 선행공정으로 전달된다. 이러한 생산평준화를 위해서는 생산리드타임의 감축이 중요하며, 생산리드타임의 단축을 위해서는 생산준비시간의 단축이 중요하다.

생산리드타임의 단축

필요할 때에 필요한 양의 부품이 생산되어야 하므로 선행공정은 후행공정의 요청이 있을 시에 즉시 생산할 수 있어야 하는데 이를 위해서는 생산리드타임의 단축이 필수이다. 생산리드타임의 단축을 위해서 도요타가 시도한 것을 살펴보면 다음과 같다.

- **생산유연성 확보** : 한 사람의 다기능 작업자가 여러 가지 작업을 수행하도

록 하며, 이를 위해 범용설비를 갖추고 또한 설비배치도 주로 U자형을 갖춘다.

- **생산준비시간의 단축** : 생산평준화를 실현하려면 하나의 제품을 고정적으로 생산하는 시스템과는 달리 다양한 제품을 번갈아 가면서 신속히 생산할 수 있는 능력이 필요하다. 이러한 능력은 하나의 제품을 생산하다가 다른 제품을 생산하기 위해 필요한 생산준비시간의 단축 없이는 불가능하다. 도요타에서는 과거에는 단일조치(single setup, 10분 미만의 준비시간)를 위해 노력했으나 현재는 많은 경우에 원터치조치(one-touch setup, 1분 미만의 준비시간)를 달성했다.

  준비작업 중에서 기계가 가동중일 때의 준비활동을 외부준비라 하고 기계가 정지된 동안의 준비활동을 내부준비라 부른다. 내부준비와 외부준비를 명확하게 구분하고, 나아가 내부준비를 가능한 한 외부준비로 바꾸어 내부준비가 최소화되면 기계가 멈추었을 때 새로운 제품으로의 전환이 신속하게 이루어질 수 있다.

  준비시간 단축은 로트 크기의 최소화로 인한 재고의 감소효과를 가지고 오며, 또한 로트 크기의 축소로 여러 제품에 대한 생산리드타임이 감소되고 고객의 주문이나 수요의 변화에 신속하게 대처할 수 있다.
- **라인균형화를 통한 대기시간의 단축** : 라인균형화란 각 공정에서 작업에 소요되는 시간을 같도록 만드는 것으로 라인균형화를 통하여 작업대기시간을 단축할 수 있다.
- **작업의 표준화** : 작업의 표준화란 작업자가 해야 할 여러 작업의 순서와 하나의 기계에서 한 단위를 생산하는 데 필요한 노동시간 등을 정하는 것이다. 작업의 표준화는 라인균형화, 생산성 향상, 재공품재고의 최소화를 위해 필요하다.

개선활동

아래와 같은 활동을 통하여 생산성 향상과 생산비용절감의 효과를 얻을 수 있다.

- 작업자 수의 감소 : 낭비요소(작업 및 활동)의 제거를 통하여 작업을 재배치하고 이것이 노동력의 감축으로 이어짐

- 로봇이나 자동기계 등의 설비 도입
- 인간성에 대한 존중 및 신뢰관계 유지
- 제안제도의 이용
- 품질관리분임조활동의 활성화 : 품질관리분임조(QC : quality control circle)는 일정한 계획에 따라 1주일에 한 번 정도 자발적으로 모여서 자기들이 직면하고 있는 문제에 관하여 각자의 직능을 중심으로 논의하고 그에 대한 해결책을 강구하여 관리자에게 제안하는 소집단을 말한다. QC 서클은 제품 불량률의 최소화와 무결점(ZD: zero-defect)을 위하여 당면한 문제를 가장 잘 알고 있는 작업자들이 문제발생원인과 그 해결방법을 모색한다는 견지에서 작업자들의 동기를 유발시키며 품질개선에 크게 공헌한다. QC 서클의 운영은 종업원의 자발적이고 적극적인 참여 그리고 문제해결기법 등 객관적인 접근방법을 사용하여 품질향상에 크게 기여하고 있다.

자동화

JIT 시스템이 완벽하게 운영되려면 공정의 흐름이 중단 없이 원활해야 하며 이를 위해서는 불량품이 발생되지 않아야 한다. 따라서 품질관리가 필수이다. 자동화는 불량품이 라인을 통과하는 것을 불가능하게 만드는 장치이며, 이를 위해 불량품이 탐지되면 작업자는 누구나 라인이나 기계를 멈출 수 있도록 한다. 만일 불량이 발견되면 라인이 멈추어지고, 문제에 대한 즉각적인 해결을 위해 원인조사가 이루어지며 비슷한 문제가 다시 발생하지 않도록 조치를 취한다.

• 라인을 멈춤

라인을 멈추는 방법은 두 가지가 있다. 하나는 작업자의 판단에 의하여 작업자가 라인을 멈추는 방법이다. 예를 들어, 주어진 시간 내에 작업을 마칠 수 없는 경우에 라인을 멈출 수 있다. 다른 하나는 기계적 장치를 이용하여 불량 발생시에 자동적으로 라인이 멈추어지게 하는 방법이다. 기계적 장치는 시스템 불량을 탐지하는 장치, 라인을 멈추는 장치, 작업자에게 불량발생을 알리는 장치의 세 가지로 구성된다.

• 시각적 통제

자동화를 실행할 때에 여러 가지 시각적 통제장치가 이용된다. 예를 들어, 라인별로 작업상태표시등과 안돈(Andon)이라는 게시판이 설치되어 있다. 작업상태표시등의 경우는 그 색깔에 따라 문제의 종류를 달리하여 멀리서도 어떠한 도움이 필요한지 한눈에 알 수 있도록 되어 있다.

- 빨간색 : 기계문제
- 흰　색 : 생산완료
- 초록색 : 원료부족으로 인한 생산중단
- 파란색 : 불량발생
- 노란색 : 작업준비중

안돈 게시판은 라인이 중지될 경우 어느 공정에서 라인을 중지시켰는지 공정번호에 불이 들어오게 되어 있다. 불이 들어오게 되면 감독자가 즉시 라인을 중지시킨 공정으로 가서 문제를 해결하게 된다.

JIT와 MRP의 비교

JIT와 MRP(제13장 참조) 시스템은 적시에 필요한 부품을 주문한다는 점에서 어느 정도 그 목적이 일치한다고 볼 수 있으나, MRP는 총괄생산계획에 따른 생산일정계획을 작성하고 만일의 사태를 대비하여 어느 정도의 안전재고를 유지하여 재고문제를 은폐하고자 한다. 반면에 JIT시스템은 재고문제를 노출시켜 생산준비시간 및 로트 크기를 최소화함으로써 재고낭비를 제거하고자 한다.

MRP는 컴퓨터를 이용하여 구성품을 주문하는 적기를 계산하고 작업장을 통제하기 위해 주문서 및 보고서 등 많은 서류처리가 요구되고 있다. 반면에 JIT는 칸반이 사용됨으로써 서류처리나 그 과정이 간단한 편이다. MRP와 JIT시스템은 <표 8. 1>과 같은 차이점이 있다.

그러나 MRP와 JIT시스템은 고유의 사용영역이 있다. MRP는 개별주문생산이나 소량의 로트 생산과 같은 비반복적(nonrepetitive) 생산의 경우에 사용된다. 반면에 JIT시스템은 반복적(repetitive) 생산의 경우에 사용된다. 또한 JIT시스템

〈표 8. 1〉 MRP와 JIT 생산시스템의 비교

	JIT시스템	MRP시스템
재고	최소화를 위해 노력	예측오차와 불확실에 대비하기 위해 안전재고 필요
로트 크기	제조 및 구매 로트의 최소화	생산준비비용과 재고유지비용이 균형을 이루는 점에서 로트 결정
생산준비	최소화를 위해 노력 빠른 교체로 로트 최소화 다종의 부품을 자주 생산	관심과 노력이 적음 최대산출량이 목표
대기물	문제발생시 바로 원인을 규명하여 개선 대기물이 적을수록 관리가 쉬워짐	선행작업에 문제가 있을 때에도 후속작업이 유지되도록 대기물은 필요
납품업자	우호관계, 수시로 소량구매, 소수의 납품업자와 장기적 관계, 지리적 인접성	적대관계, 대량구매, 동일한 부품의 다수납품업자
품질	무결점(ZD), 전사적 품질관리(TQC), 품질상의 문제는 근원지에서 개선, QC 서클	약간의 불량률 허용 통계적 품질관리(SQC) 품질문제는 품질관리부서의 업무
설비정비	기계고장이 최소가 되도록 지속적으로 정비	필요할 때 정비, 고장시 대기물을 사용할 수 있기 때문에 중요성을 적게 생각함
작업자	인간지향적, 팀워크 강조, 집단적 동기유발, 합의에 의한 운영	기능적 관계 명령에 의한 운영

과 MRP시스템의 혼합적 형태로서 동시적 MRP(synchro-MRP) 개념이 등장되었는데 반반복적(半反復的 : semirepetitive) 생산의 경우에 효과적이다. 이는 기본적인 MRP 논리와 절차를 사용해 사선에 자재소요계획을 수립한 후 JIT시스템 절차에 따라 생산현장을 통제하는 것을 말한다.

통합시스템

제품과 서비스 생산활동은 기업의 모든 관련부서가 공통된 목표를 향해 어우러져 있을 때 효과적으로 이루어질 수 있는 것이다. 현장의 생산담당부서 단독으로는 효과적인 생산활동을 수행할 수 없다. 또한 기업의 생산시스템은 제품과 서비스를 생산하는 것으로 끝을 맺는 것이 아니기 때문에 이를 고객에게 전달하고 사후 관리가 올바르게 이루어질 때 비로소 완결된다고 할 수 있다. 그러므로 생산, 유통 및 판매 후 서비스 활동까지 기업 내에서 이루어지는 효율적인 통합생산시스템이 구축되어야 한다.

CIM 시스템의 확장

CIM 시스템을 글로벌 시장(global market)에서 경쟁우위를 확보하기 위해 확장 사용한 예로는 IBM의 MAPICS/DB CIM 시스템을 들 수 있다. 이 시스템은 국제 간 거래를 지원하기 위하여 사용되는 국제 지원 소프트웨어로 국가 간의 업무처리를 하는 CIM 운영부분을 지원하는 것이 주된 목적이다. CIM 시스템은 다중 언어지원 기능을 갖추고 있어 상품 설명, 송장, 신용상태, 회계대장 등을 적절한 해당 국가언어로 바꾸어 국제 간 의사소통을 효율적으로 지원한다.

정보통신기술

급변하는 환경과 고객요구를 신속하고 정확하게 예측함과 동시에 경쟁자들의 새로운 전략을 탐지하고 기업 내에 잔존하고 있는 비효율을 없애기 위한 첨단 정보통신기술의 사용은 초일류 생산시스템을 추구하는 기업에게 없어서는 안 될 필수적인 요건이다. 특히 고도화된 정보통신기술로 구성된 기업의 기술적 하부구조는 고객중심의 초일류 생산시스템을 효과적으로 운영하게 하는 요체이다.

e-JIT

정보통신기술과 웹서비스의 발달로 인하여 전자상거래가 활발히 이루어지면서 최종소비자를 가치사슬에 참여시키는 e-JIT로 변화되었다. e-JIT의 궁극적인 목적은 가치사슬 참여자들의 협력관계의 긴밀한 유지를 통한 비용감소와 이익증대에 있다. 즉, 생산성 순환과정을 통하여 가치사슬의 모든 참여자들이 생산에서 유통에 관련된 모든 문제를 발견하여 고치고 향상시킴으로써 생산성 증대와 이익증가를 누릴 수 있다.

요 약

- 도요타생산시스템은 비용절감을 위해 불필요한 요소를 제거하자는 접근법이며, 필요한 제품을, 필요할 때에, 필요한 만큼 생산하는 방식이다. 이 목표의 달성을 위해 생산량 통제, 품질보증, 인간성 존중의 하위목표가 달성되어야 한다.
- 도요타생산시스템의 근간이 되는 개념은 JIT, 자동화, 노동유연성, 창조적 사고 등이며 이 개념을 실천하기 위해 칸반, 생산평준화, 준비시간 단축, 기계배치와 다기능 작업자, 작업표준화, 소그룹활동 및 제안제도, 시각통제시스템, 기능적 관리를 도입하고 있다.
- JIT는 도요타생산시스템이 적용하는 개념 중의 하나에 불과하며, 칸반방식은 JIT를 실행하기 위하여 이용하는 방법이다.
- 도요타생산시스템에서는 후행공정이 필요한 양만큼의 부품을 얻기 위하여 선행공정으로 가는 일종의 풀시스템이다.
- 최종단계에서만 생산일정을 수립하고 필요한 부품의 양과 시기에 관한 것을 선행공정에 전달하는 것이 칸반시스템이다. 칸반이란 생산에 필요한 정보를 담은 카드를 말하며 대표적인 것으로 인수칸반과 생산지시칸반이 있다. 인수칸반에는 인수해야 할 부품에 대한 정보와 인수해야 할 양이 기록되어 있으며, 생산지시칸반에는 생산해야 할 부품에 대한 정보 및 그 양이 기록되어 있다.
- 생산평준화는 칸반시스템에 있어서 가장 중요한 전제조건이다. 생산평준화는 최종조립라인에서의 변동의 폭을 줄이기 위하여 각종 제품을 그날그날의 판매량에 맞추어서 균등한 비율로 생산하는 것을 말한다.
- 도요타는 생산유연성 확보, 생산준비시간의 단축, 라인균형화를 통한 대기시간의 단축, 작업의 표준화를 통하여 생산리드타임을 단축한다.
- 품질관리분임조는 일정한 계획에 따라 1주일에 한 번 정도 자발적으로 모여서 자기들이 직면하고 있는 문제에 관하여 각자의 직능을 중심으로 논의하고 그에 대한 해결책을 강구하여 관리자에게 제안하는 소집단을 말한다.
- 자동화는 불량품이 라인을 통과하는 것을 불가능하게 만드는 장치이며, 이를 위해 불량품이 탐지되면 작업자는 누구나 라인이나 기계를 멈출 수 있도록 한다.

- MRP와 JIT시스템은 적시에 필요한 부품을 주문한다는 점에서 어느 정도 그 목적이 일치한다고 볼 수 있으나, MRP는 총괄생산계획에 따른 생산일정계획을 작성하고 만일의 사태를 대비하여 어느 정도의 안전재고를 유지하여 재고문제를 은폐하고자 한다. 반면에 JIT시스템은 재고문제를 노출시켜 생산준비시간 및 로트 크기를 최소화함으로써 재고낭비를 제거하고자 한다.

학습문제

1. JIT생산시스템이란 무엇이며, 근본적으로 추구하는 것이 무엇인가?
2. 칸반시스템에 대하여 알아보라.
3. 생산평준화란 무엇이며, 왜 JIT를 실행하는 데 있어 중요한가 알아보라.
4. 생산평준화를 위하여 준비시간의 단축이 중요한 이유는?
5. 생산리드타임은 어떻게 단축할 수 있나?
6. 주기시간이란 무엇이며 어떻게 계산되나?
7. JIT에 있어서 가장 이상적인 로트의 크기는 1이다. 그 이유는?
8. 자동화에 대하여 설명하라.
9. 품질분임조란 무엇인가?
10. MRP와 JIT를 비교하라.

사례 도요타 생산방식으로부터의 교훈

도요타 따라 배우기가 실패하는 원인은 무엇보다 도요타 생산 방식을 제대로 이해하지 못하는 데에서 시작된다. 먼저 'TPS(Toyota product system) House'라고 불리는 도요타 생산 방식의 체계도를 살펴보자(그림 1). 가장 밑바닥에는 도요타 생산 방식의 철학인 도요타의 DNA가 깔려 있다. JIT(just in time · 적시생산)와 지도카(Jidoka · 자동화)가 2개의 기둥을 이루고 있으며, 가장 중심에는 카이젠(Kaizen · 개선 활동)이 위아래로 '인재육성'과 '낭비 제거'의 지지를 받으며 자리 잡고 있다.

[그림 1] TPS House

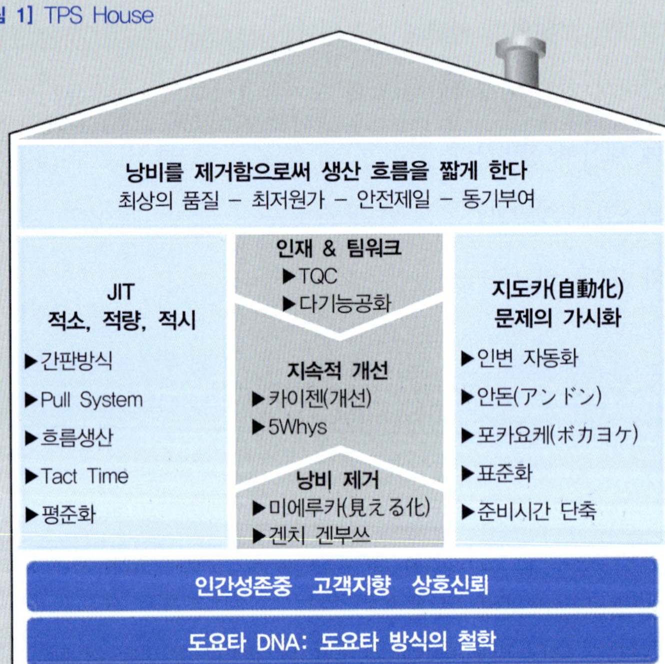

* JIT : just in time, 적시생산
* 지도카 : 자동화를 뜻하는 일본어
* 카이젠 : 개선활동을 뜻하는 일본어
* Tact Time : 요구하는 생산목표를 달성하기 위해 제품 하나를 생산하는 데 필요한 시간
* TQC : total quality control, 전사적 품질관리
* 미루에카 : 눈으로 볼 수 있는 관리
* 겐치 겐부쓰 : 현지현물, 영어의 go see. 상황을 철저하게 이해하기 위해 직접 가서 눈으로 보라는 의미
* 안돈 : 작업현황을 나타내는 게시판
* 포카요케(ポカヨケ) : error proofing. '실수를 피하는'이라는 뜻으로, 작업자의 실수 방지를 위한 활동

JIT와 지도카로 이뤄진 2개의 기둥은 개선의 방향을 뜻한다. 모든 개선 활동의 결과는 적소 · 적량, 적시로 대변되는 JIT 체계와 체계적인 생산시스템 속에서 문제가 스스로 드러나게 하는 지도카 두 방향으로 취합된다. 이를 통해 물류와 조립의 전 공정에 걸쳐 막힘이 없는 '흐름생산체제'가 구축된다. 카이젠은 도요타 생산 방식의 핵심이자 JIT와 지도카를 이루는 힘의 원천이다. 카이젠은 아래 위에서 낭비 제거와 인재 육성에 의해 지지되고 있다. TPS 하우스 지붕에는 흐름생산체제 구축이라는 개념과 함께 품질 · 원가 · 안전 · 동기부여가 목표로 놓여 있다. 품질 · 원가 · 안전 · 사기진작이 활동의 대상이 아니라 활동의 결과물이라는 것이다. 카이젠 활동이 끊임없이 지속되기만 하면 궁극적으로 우수한 품질과 낮은 생산원가, 작업장의 안전, 작업자의 동기부여는 카이젠의 산출물로 저절로 얻어진다는 뜻이다. 도요타 따라 배우기의 실패 원인을 정리해 보면 다음과 같다.

첫째 이유는 도요타 생산 방식의 핵심을 보지 못하기 때문이다. 도요타를 벤치마킹했다는 기업들은 칸반시스템(kanban system)을 도입하고 라인스톱(line stop), 안돈(Andon) 방식 등을 적용한다. 또 자동화에 막대한 투자를 하거나 '풀(pull) 생산방식'을 적용하기 위해 애쓴다. 이는 TPS 하우스의 핵심은 제쳐 두고 도요타 제조 현장에 적합하도록 만들어진 개선과 관련한 다양한 개념과 방법 · 방향만을 모방하는 꼴이다. 이러면서 기업들은 '일본식이 우리 기업과 맞지 않다' 또는 '우리는 사람이 문제다'라고 불평한다.

둘째, 단기간에 도요타처럼 성과를 내고 싶은 욕심 때문이다. 회사에서 큰돈을 들여 일본에까지 보내주었으니 당장 성과를 낼 수 있는 1가지라도 가져와 현장에 적용하는 것이 올바른 사원의 자세요, 바람직한 벤치마킹 자세라고 여기는 것이다. 그러나 우리가 배워야 할 것은 단기간에 가시적인 성과를 내주는 한두 가지의 개선 결과와 생산방식이 아니다.

셋째, 국내 기업에 문제 중심의 사고가 제대로 정착되지 않았기 때문이다. 도요타에서 '끊임없는 개선'이 왜 그리도 중요한 것일까. 도요타가 과제 도출 역량을 강조하는 이유에서도 알 수 있듯이 끊임없고 지속적인 개선을 이루기 위해서는 조직 구성원 모두가 문제 중심의 사고방식을 가져야 한다. 문제는 평범하게 드러난 곳에 존재하지 않는다. 업무 구석구석에 숨어 있으며, 부서와 부서 간 사각지대에 존재한다. 또한 문제는 업종의 형태와 고유한 특성, 회사가 처한 현실에 따라 각각 달라진다. 더욱이 현장의 문제점은 조직 구성원의 지적 역량과 경험 수준에 따라 달라진다.

따라서 어느 회사, 어느 업종이건 문제를 찾아 해결하다 보면 그 업종에 맞고 그 기업에 맞는 문제 해결 기법과 개선 방향을 찾을 수 있을 것이다. 남들이 다하는 예를 들면, 6-시그마를 적용하거나, TPM을 적용하는 것이 아닌 우리 조직만의 DNA를 찾아 문제해결을 위한 최적의 방안을 모색하여야 할 것이다.

<출처 : DBR, 26호, 2009>

토의문제

1. 도요타 생산방식이 우리에게 주는 교훈은 무엇인지 토의하여라.
2. 기업만의 DNA가 왜 중요하다고 생각되는지 토의하여라.
3. 우리 기업(학교, 학과, 나 자신 등)에 맞는 지속적인 개선 방식은 무엇인지 토의하여라.

참고문헌

전영일, 홍관수, 김남영, "전략적 운영관리", 경문사, 2003.

송한식 · 홍성찬, 신도요타시스템, 기아경제연구소, 1994.

Chase, R., Jacobs, F., and Aquilano, N., *Operations and Supply Chain Management*, 13th ed. NY: McGraw-Hill, 2010.

Goddard, W., "Kanban versus MRP Ⅱ-Which Is Best for You?," *Modern Material Handling*, pp.40-48, 1982.

Hall, R., *Zero Inventories*. Dow Jones-Irwin, Homewood, Ill, 1983.

Hutchins, D., "Having a Hard Time with Just-in-Time," *Fortune*, pp.64-66, 1986.

Karmarkar, U., "Getting Control of Just-in-Time," *Harvard Business Review*, 67, pp.123-131, 1989.

Klein, J., "The Human Costs of Manufacturing Reform," *Harvard Business Review*, 67, pp.60-66, 1989.

Krajewski, L., King, B., Ritzman, L., and Wong, D., "Kanban, MRP and Shaping the Manufacturing Environment," *Management Science*, 33:1, pp.57-75, 1987.

Lee, D., Rho, B., and Yoon, S., "Effect of investments in manufacturing practices on process efficiency and organizational performance," *International Journal of Production Economics*, 162, pp.45 – 54, 2015.

Rice, J. and Yoshikawa, T., "A Comparison of Kanban and MRP Concepts for the Control of Repetitive Manufacturing Systems," *Production and Inventory Management*, 23:1, pp.1-14, 1982.

Ritzman, L., King, B., and Krajewski, L., "Manufacturing Performance – Pulling the Right Levers," *Harvard Business Review*, 60, pp.143-152, 1982.

Schonberger, R., *Japanese Manufacturing Techniques : Nine Hidden Lessons in Simplicity*. Free Press, New York, 1982.

Sugimori, Y., Kusunoki, K., Cho, F., and Uchikawa, S., "Toyota Production System and Kanban System Materialization of Just-in-Time and Respect for Human System," *International Journal of Production Research*, 15 : 6, pp.553-564, 1977.

Zangwill, W., "From EOQ Towards ZI," *Management Science*, 33:10, pp.1209-1223, 1987.

제3부

생산시스템의 운영 및 관리

CHAPTER 09

총괄생산계획과 주생산일정

[도입사례 A] McDonald's Corporation

뉴잉글랜드(New England) 주의 어느 대학도시에 위치한 상점은 1년에 363일 영업을 하고 매일 아침 7시부터 자정까지 영업을 한다. 일일 수요는 점심 때에 최고에 달하고(12시에서 1시 사이의 매출이 일일매출의 15% 차지), 요일별 수요는 금요일에 최고에 달한다(1주일 총매출의 18% 차지). 이 상점의 연간 매출액은 $110만이며, 주문당 평균매출은 $2.24이고 평균적으로 고객당 1.31개의 샌드위치를 구입한다. 이 상점에는 61개의 주차공간과 106개의 식당 내 의자가 마련되어 있다.

특정년도 6월의 메뉴, 시간별 매출, 요일별 매출은 다음과 같다. 6월의 총고객 수는 42,645명이었으며, 판매된 샌드위치의 수는 55,703개이었다.

메 뉴		
샌드위치류	**가격($)**	**비율(%)**
빅맥	1.13	18.8
쿼터파운더	1.03	5.9
치즈쿼터파운더	1.18	8.8
햄버거	0.44	22.0
치즈버거	0.52	21.7
해피밀	1.47	5.4
생선버거	0.70	15.7
기 타		1.7
합계		100.0

* 프랜치 프라이즈, 음료, 디저트, 아침식사 등에 대한 내용은 생략

요일별 매출(%)	
일요일	13.4
월요일	12.2
화요일	11.6
수요일	12.3
목요일	15.5
금요일	17.8
토요일	17.2
합계	100.0

시간대별 매출(%)	
7~8 a.m.	3.4
8~9	4.1
9~10	4.0
10~11	3.9
11~12	7.5
12~1 p.m.	14.9
1~2	9.1
2~3	5.0
3~4	3.7
4~5	5.5
5~6	9.1
6~7	8.4
7~8	5.6
8~9	5.3
9~10	4.6
10~11	3.4
11~12	2.5
합계	100.0

상점운영

① 고객서비스

상점에는 카운터가 5개 있으며 주문은 다음과 같이 이루어진다. 종업원이 주문을 받아 등록기에 입력하고 차가운 음료, 더운 음료, 샌드위치, 디저트, 프라이스(fries) 순으로 음식을 쟁반에 담거나 포장을 한 뒤 고객으로부터 돈을 받는다. 음식의 흐름은 아래와 같다.

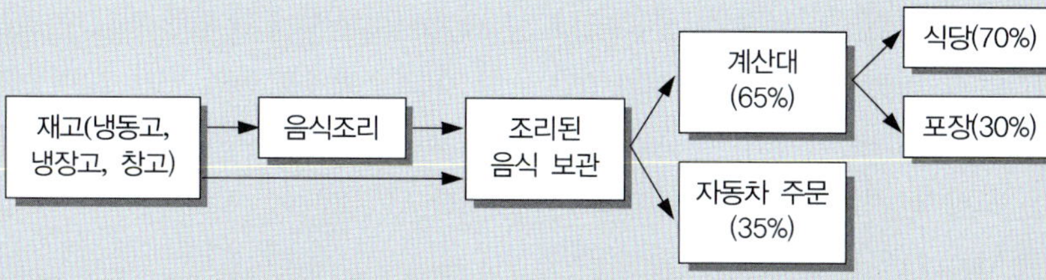

고객의 수가 많아지면 카운터를 많이 열고 주문처리를 돕는 작업자를 투여하기도 한다. 고객이 줄을 서서 기다리는 시간을 1분 이내에 그리고 카운터에서는 30초 이내에 서비스를 받을 수 있도록 노력하지만 (참고로 이러한 기준은 맥도날드의 회사표준의 50%에 해당하는 짧은 시간임) 실질적으로 고객들이 서비스를 받는 데 걸리는 시간은 2분 3초 정도인 것으로 조사되었다. 자동차 주문(drive-thru)의 경우는 주문내용이 전광판에 나타나고 이것을 보고 음식을 담아 포장한다. 바쁠 경우에는 세 사람이 주문받기, 주문처리, 돈받기 등의 작업을 나누어 담당한다. 그릴(grills)이라고 불리는 특별주문의 경우에는 주문받는 사람이 종이쪽지에 기록을 하고 이것을 그릴 담당자에게 넘겨준다. 그릴의 경우에는 시간이 걸리기 때문에 카운터를 떠나 기다리도록 요청을 하고, 자동차 주문 고객이 특별주문을 하는 경우 주차장의 특정구역에서 기다려 줄 것을 요청한다. 그릴이 완료되면 종업원이 주차장까지 가져다준다.

② 샌드위치 생산

샌드위치는 냉동 쇠고기덩어리와 생선덩어리를 이용하여 만들어지는데, 쇠고기덩어리는 두 종류가 있어 1.6온즈 고기덩어리는 햄버거, 치즈버거, 빅맥(두 덩어리 필요)을 만드는 데 이용되고 4온즈 고기덩어리는 쿼터파운더와 치즈쿼터파운더를 만드는 데 이용된다. 생선덩어리는 생선버거를 만드는 데 이용된다. 샌드위치는 고기를 익히고 동시에 빵을 구워 드레싱을 한 뒤 합쳐서 만들고 만든 후 보관장소에 보관한다.

보통 크기의 고기덩어리를 굽는 그릴에는 최대한 6개씩 8줄의 고기덩어리를 놓을 수 있으나 일반적으로 한 번에 굽는 배치크기는 12덩어리이며, 한 사람의 작업자는 한 번에 24개까지만 조리한다. 쿼터파운더의 경우는 5개씩 4줄을 놓을 수 있는 그릴이 따로 준비되어 있으며 한 번에 굽는 배치크기는 10개이다. 보통의 고기덩어리의 경우에는 그릴에 올려놓고 20초 후에는 한 번 눌러주고 눌러준 뒤 40초 뒤에는 위아래를 뒤집고, 뒤집기를 한 후 40초 후에는 굽기가 완료된다. 따라서 고기덩어리를 굽는 데에는 총 100초의 시간이 소요된다. 쿼터파운더의 경우는 총 270초가 걸린다. 고기를 다 구운 뒤 그릴 청소하는 데 15초가 걸린다.

빵의 경우는 뜨거운 열판(platen)을 이용해 안쪽을 담갈색으로(caramelize) 만드는 데 55초가 걸린다. 이러한 작업을 할 수 있는 시설이 네 개가 있는데 두 개는 보통 버거용 빵을 위한 것이고, 하나는 빅맥을 위한 것이며, 또 다른 하나는 쿼터파운더용 빵을 위한 것이다. 일반적으로 빵의 한쪽을 먼저 담갈색으로 만들고 그것에 드레싱을 하는 동안 다른 반쪽을 담갈색으로 만든다. 한 번에 처리할 수 있는 배치크기는 12개의 일반 햄버거, 6개의 빅맥, 10개의 쿼터파운더이다.

드레싱은 드레싱테이블에서 이루어지며 겨자, 케첩, 맥(Mac)소스 등은 컨테이너의 손잡이를 잡아당겨 정해진 양을 뿌리고 피클, 양파, 양상추, 치즈 등은 손으로 직접 얹는다. 드레싱이 끝난 빵은 그릴 옆으로 옮겨지고 그곳에서 샌드위치가 만들어진다.

생선샌드위치의 경우는 냉동생선을 3.5분 동안 튀기며, 빵은 90초 동안 스팀을 하게 된다. 튀김을 할 수 있는 시설은 두 개가 있으며 하나의 시설에서 한 번에 10개를 튀길 수 있다. 빵을 스팀할 수 있는 시설은 두 개가 있으며 하나의 시설에 한 번에 6개의 샌드위치를 스팀할 수 있다.

바쁘지 않을 경우 한 사람이 그릴 구역에서 작업을 하고 바쁠 때에는 5명의 작업자가 일반 햄버거 그릴 담당, 쿼터파운더 그릴 담당, 빵 담당, 드레싱 담당, 생선 담당을 하게 된다.

③ 감자 및 파이 생산

프랜치 프라이는 튀기기 전에 두 시간 동안 해동을 시켜야 한다. 프랜치 프라이는 2분 5초 동안 튀겨지고 보관장소에서 7분까지 보관된다. 프랜치 프라이를 튀길 수 있는 시설은 3개이며 튀김완료를 알리는 비퍼를 이용한다. 매출액이 시간당 $345 이하일 경우에는 그릴 담당자나 플로터(floater : 부여된 직무가 없이 유동적으로 일을 하는 사람)가 튀김을 담당하고 바쁠 때에는 튀김담당자를 특별히 할당하여 작업한다.

사과나 체리 파이의 경우 튀김시설이 두 개이며 하나의 시설에 한 번에 튀길 수 있는 배치크기는 10개이며 6분 동안 튀긴 후 따뜻한 보관장소에 90분까지 보관이 가능하다. 생선담당자가 파이를 담당한다.

④ 햄버거 보관장소

햄버거를 보관하는 곳의 재고관리는 한가할 때에는 카운터의 종업원이나 매니저가 햄버거의 생산지시 및 포장을 담당하고 바쁠 때에는(매출이 $240 이상) 전담요원을 배치한다. 햄버거는 포장된 후 10분까지만 보관한다. 언제까지 판매되지 않으면 버린다는 것을 표시하기 위해서는 플라스틱 숫자판을 이용한다. 예를 들어, 6이라는 숫자는 이 시간대의 30분까지 판매되지 않으면 버린다는 뜻이다.

⑤ 지원활동

문을 열고 준비하는 데 1시간 그리고 일을 끝내고 정리하는 데 1시간이 소요된다. 우유와 빵의 경우는 지역의 공급자로부터 1주일에 한 번씩 공급을 받는다. 한가한 시간에 작업자들은 물건을 옮기거나 청소를 하고, 주차장, 로비, 화장실 등을 돌며 쓰레기를 비운다.

⑥ 종업원

종업원 작업계획은 매주 수요일에 다음 일요일부터 토요일까지의 계획을 세운다.

다른 상세한 것은 생략하고 매출액수준(상점이 어느 정도 바쁜지의 기준이 됨)에 따른 필요 종업원 수와 작업할당에 관련된 자료는 다음과 같다.

종업원수	그릴	카운터	Drive-Thru	버거 보관소	튀김	Floater	시간당 매출액($)
4	1	1	1	0	0	1	120
5	1	1	1	0	0	2	150
6	2	1	1	0	0	2	180
7	2	2	1	0	0	2	210
8	2	2	2	1	0	1	240
9	2	2	2	1	0	2	275
10	3	3	2	1	0	1	310
11	3	3	2	1	1	1	345
12	3	3	3	1	1	1	385
13	4	3	3	1	1	1	425
14	4	3	3	1	1	2	475
15	4	4	3	1	1	2	525
16	5	4	3	1	1	2	585
17	5	5	3	1	1	2	645

위의 사례에서 생각해 보아야 할 주요한 포인트는 다음과 같다.

- 맥도날드의 프로세스 흐름에 대한 다이어그램을 그려보라.
- 맥도날드는 주문생산형(make-to-order) 시스템과 재고비축형(make-to-stock) 시스템 중 어느 것에 해당하는가?
- 맥도날드의 그릴(grill)시스템과 버거킹의 브로일러(broiler)시스템의 차이점은?
- 생산능력을 산출해 보고 어느 공정에서 병목현상이 발생할 수 있는지 살펴보라.

<출처: 전략적 운영관리, pp.188-193, 2003>

[도입사례 B] Burger King

뉴잉글랜드주의 어느 대학도시에 위치한 버거킹은 1년 365일 오전 10시에서 자정까지 영업하며 연매출 $70만 정도이고 주문당 평균매출은 $2.5이다. 버거킹은 자동차 주문 설비가 되어 있으며 내부에는 한 번에 80명이 식사할 수 있는 시설이 되어 있고 주차장은 70대의 승용차와 5대의 버스를 수용할 수 있다. 음식의 흐름은 아래와 같다.

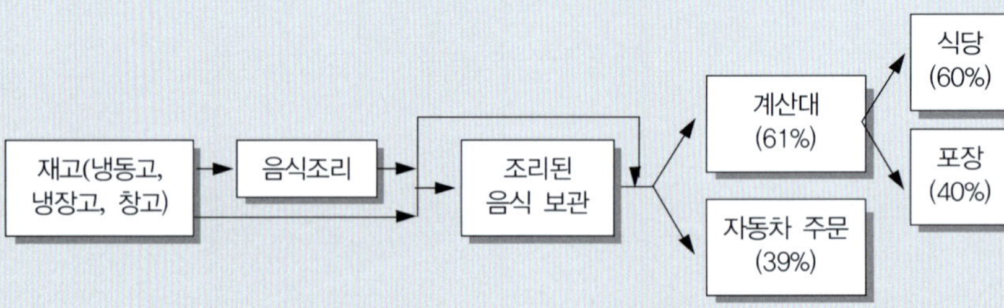

특정년도 6월의 메뉴, 시간별 매출, 요일별 매출은 다음과 같다. 6월의 총고객 수는 22,750명이었으며, 판매된 샌드위치의 수는 34,227이었고 총매출은 $56,681이었다.

메 뉴		
샌드위치류	**가격($)**	**비율(%)**
와퍼	1.25	14.5
치즈와퍼	1.40	7.7
와퍼주니어	0.72	9.0
더블 치즈버거	1.10	9.4
치즈버거	0.56	20.0
햄버거	0.48	18.6
기타		4.0
특별 샌드위치류		
로스트비프	1.69	3.4
치킨	1.59	6.2
햄과 치즈	1.49	2.5
생선	1.25	4.7
합계		100.0

* 프랜치 프라이, 음료, 디저트 등에 대한 자세한 내용은 생략

요일별 매출(%)	
일요일	12.8
월요일	11.9
화요일	11.4
수요일	12.5
목요일	16.5
금요일	18.0
토요일	16.9

시간대별 매출(%)	
10~11 a.m.	2.0
11~12	8.7
12~1 p.m.	17.9
1~2	10.7
2~3	6.3
3~4	4.3
4~5	6.5
5~6	10.4
6~7	9.9
7~8	7.0
8~9	5.5
9~10	4.3
10~11	3.1
11~12	3.4

① 햄버거 준비

버거킹은 체인 브로일러(continuous chain broiler)를 이용하여 고기를 굽는다. 브로일러에는 두 개의 고기 체인과 하나의 빵 체인이 있어 고기와 빵을 체인 위에 올려놓으면 체인이 브로일러를 통과하는 동안 고기와 빵이 익혀지도록 되어 있다. 고기 체인이 브로일러를 통과하는 시간은 80초이며 빵체인은 고기체인보다 두 배 빠르다. 고기덩어리는 두 종류가 있으나(2파운드와 3.6파운드), 고기의 두께가 같아서 조리하는 데 걸리는 시간은 같다. 1분에 체인당 8개의 일반 햄버거 혹은 5.5개의 와퍼 샌드위치의 조리가 가능하기는 하지만 작업자 한 사람의 배치작업 크기는 일반햄버거 12개 혹은 와퍼 샌드위치 8개이다. 보통 한 사람이 작업하는 것이 보통이기는 하지만 바쁠 경우 두 사람이 작업을 한다. 한 사람의 작업자가 시간당 200개의 일반햄버거와 100개의 와퍼 샌드위치를 생산할 수 있다.

체인 브로일러 옆에는 증기테이블(steam table)이 있고 이곳에서 조리된 고기와 빵은 10분간 보관이 가능하다. 증기테이블에는 버거를 만드는 판이 이어지고 버거를 만드는 판의 다른 끝에는 만들어진 버거를 보관하는 곳이 마련되어 있다. 버거를 만드는 판 밑에는 양상추, 토마토 등이 있으며, 위쪽의 선반에는 두 개의 전자레인지가 있다. 만들어진 샌드위치의 겉포장에는 언제까지 보관이 가능하다는 표시가 되어 있다. 10분 동안 보관이 가능하며 그 시간 내에 판매되지 않으면 버린다.

② 특별샌드위치 준비

특별샌드위치의 제작과정은 일반버거와 같으나 다른 장소에서 만들어진다. 생선은 4분, 닭고기는 3분 15초 동안 튀기고 튀긴 것은 30분 동안 보관이 가능하다. 로스트 비프나 햄은 미리 조리를 하여 특별샌드위치 제작테이블에 보관하였다가 필요시에 이용한다. 특별샌드위치를 만드는 데 소요되는 시간은 개당 약 45초이며 한 사람이 시간당 150개의 샌드위치를 만들 수 있다.

③ 튀김제품

냉동 프랜치 프라이는 6파운드의 봉지에 들어 있으며 튀기기 전 적어도 1시간 동안 해동을 시켜야 한다. 6파운드 한 봉지로 작은 크기로는 24개, 큰 크기로는 16개의 프랜치 프라이를 만든다. 튀기는 시간은 약 2분이 소요되고, 7분까지 보관이 가능하다. 만일 바쁜 시간대에 감자를 봉지에 담아놓는 경우는 2분 동안만 보관이 가능하다. 냉동 사과파이는 6분 30초 동안 튀기고, 10분간 식힌 후에 포장을 하여 2시간 동안 보관할 수 있다. 냉동 양파링은 2분 동안 튀겨 30분 동안 보관가능하고 주문이 있을 시에 30초 동안 다시 튀겨서 낸다.

④ 카운터

카운터에서 주문을 받으면 등록기에 입력하고 마이크를 통하여 어떠한 주문이 들어왔는지 생산구역에 전달되도록 한다. 돈을 받은 뒤 등록증을 쟁반이나(고객이 먹고 가는 경우) 카운터에(포장할 경우) 놓고 주문품목들을 모은다. 고객이 서비스받는 데 소요되는 시간이 3분 이내가 되도록 노력하지만 최근에 조사한 결과는 평균 4분 5초였다.

⑤ 자동차 주문

한가한 시간에는 한 사람이 주문을 처리하고 바쁠 때에는 주문받기, 주문처리하기, 금전관리를 세 사람이 나누어 하게 된다.

⑥ 재고관리

한가한 시간에는 미리 만들어 보관하는 버거의 수를 최소한으로 하고 바빠지기 시작하면 미리 만들어놓는 버거의 수가 증가한다. 버거킹에서는 버거보관소 위에 네 단계(1~4)의 필요 재고수준을 알리는 빨간 전구를 설치하여 통제하고 있다. 단계에 따라 품목별로 미리 만들어놓는 제품의 수가 미리 정해져 있어 단계에 불이 들어오면 자동적으로 종업원들은 보관소의 재고를 점검하고 필요한 수만큼 만들게 된다.

⑦ 지원활동

원자재는 일주일에 한 번 버거킹 자회사로부터 공급을 받고, 빵과 우유는 일주일에 3~4번 지역의 공급자로부터 공급을 받는다. 아침에 문을 열 때에 두 시간의 준비시간이 필요하고 문을 닫을 때에 1시간 반의 시간이 필요하다.

⑧ 종업원관리

이번 주 화요일에 다음 주 월요일에 대한 종업원 작업계획을 세우듯이 6일 전에 작업계획이 완료된다. 이를 위해서는 수요예측이 필요하다. 직원을 낮에 일하는 사람, 밤에 일하는 사람, 주말에 일하는 사람 등으로 구분하여 작업할당을 하고 한 사람이 여러 가지 일을 할 수 있도록 훈련하여 유연성을 확보한다. 매출액수준(상점이 어느 정도 바쁜지의 기준이 됨)에 따른 필요종업원수와 작업할당에 관련된 자료는 다음과 같다.

<table>
<tr><th>종업원수</th><th>시간당 매출액($)</th><th>카운터</th><th>자동차 주문</th><th>브로 일러</th><th>오른쪽 보드</th><th>왼쪽 보드</th><th>특수 샌드위치</th><th>튀김</th><th>식당</th><th>음료</th><th>촉진자</th></tr>
<tr><td>4</td><td>70</td><td>1</td><td>1</td><td colspan="2">1</td><td colspan="3">1</td><td>0</td><td>0</td><td>0</td></tr>
<tr><td>5</td><td>100</td><td>2</td><td>1</td><td colspan="2">1</td><td colspan="3">1</td><td>0</td><td>0</td><td>0</td></tr>
<tr><td>6</td><td>150</td><td>2</td><td>1</td><td>1</td><td>1</td><td colspan="3">1</td><td>0</td><td>0</td><td>0</td></tr>
<tr><td>7</td><td>190</td><td>2</td><td>1</td><td>1</td><td>1</td><td colspan="3">1</td><td>1</td><td>0</td><td>0</td></tr>
<tr><td>8</td><td>230</td><td>2</td><td>2</td><td>1</td><td>1</td><td colspan="3">1</td><td>1</td><td>0</td><td>0</td></tr>
<tr><td>9</td><td>270</td><td>2</td><td>2</td><td>1</td><td>1</td><td>1</td><td colspan="2">1</td><td>1</td><td>0</td><td>0</td></tr>
<tr><td>10</td><td>310</td><td>3</td><td>2</td><td>1</td><td>1</td><td>1</td><td colspan="2">1</td><td>1</td><td>0</td><td>0</td></tr>
<tr><td>11</td><td>350</td><td>3</td><td>2</td><td>1</td><td>1</td><td>1</td><td>1</td><td>1</td><td>1</td><td>0</td><td>0</td></tr>
<tr><td>12</td><td>390</td><td>3</td><td>3</td><td>1</td><td>1</td><td>1</td><td>1</td><td>1</td><td>1</td><td>0</td><td>0</td></tr>
<tr><td>13</td><td>430</td><td>3</td><td>3</td><td>1</td><td>1</td><td>1</td><td>1</td><td>1</td><td>1</td><td>1</td><td>0</td></tr>
<tr><td>14</td><td>470</td><td>3</td><td>3</td><td>1</td><td>1</td><td>1</td><td>1</td><td>1</td><td>1</td><td>1</td><td>1</td></tr>
</table>

앞의 사례에서 생각해 보아야 할 주요한 포인트는 다음과 같다.

- 버거킹의 프로세스 흐름에 대한 다이어그램을 그려보라.
- 버거킹은 주문생산형(make-to-order) 시스템과 재고비축형(make-to-stock) 시스템 중 어느 것에 속

하는가?

• 생산능력을 산출하고 어느 공정에서 병목현상이 발생할 수 있는지 생각해 보라.

• 브로일러 시스템의 장단점은?

<출처 : 전략적 운영관리, pp.193-197, 2003>

생산계획은 대상기간에 따라 장기, 중기, 단기계획으로 구분되며, 장기계획은 2년 이상의 기간을 대상으로 기업의 전반적인 생산관련 목표 및 전략을 수립하는 것이다. 중기계획은 총괄생산계획이라 불리며 보통 1년 동안의 예측된 수요를 충족할 수 있도록 월별로 기업의 전반적인 생산수준, 재고수준, 고용수준, 잔업수준, 하청수준 등을 계획하는 것이다. 단기계획은 보통 몇 개월간 주별로 개별제품에 대한 세부일정을 정하는 것이다. 총괄생산계획이 결정되면 개별 제품에 대한 단기생산계획인 주생산일정이 수립되며 이 주생산일정은 다음 장에서 다룰 자재소요계획의 기본이 된다. 본장에서는 총괄생산계획의 절차, 기법 및 주생산일정을 수립하는 방법을 살펴본다.

본장에서 다룰 내용은 다음과 같다.

- 총괄생산계획이란?
- 총괄생산계획의 역할 및 수립절차는?
- 생산능력을 조절하는 방법에는 어떠한 것이 있나?
- 수요추적전략이란 무엇인가?
- 생산수준불변전략이란 무엇인가?
- 총괄생산계획수립에 이용되는 수학적 모형에는 어떠한 것이 있나?
- 주생산일정이란?
- 주생산일정 수립에 이용되는 항목에는 어떠한 것이 있나?
- 생산수준불변전략을 이용할 때의 주생산일정은 어떻게 작성하나?
- 수요추적전략을 이용할 때에 주생산일정은 어떻게 작성되나?
- 생산로트의 크기가 제한되어 있고 보유재고수준이 정해져 있을 경우 주생산일정은 어떻게 작성되나?
- 수주가능량을 보여주는 주생산일정은 어떻게 작성되나?
- 수요예측의 수정이 필요한 경우 주생산일정은 어떻게 수정되나?
- 주생산일정의 안정성이란 무엇인가?

총괄생산계획

총괄생산계획의 의의 및 역할

총괄생산계획(aggregate production planning)이란 약 1년~1년 6개월간의 예측된 수요를 가장 효율적으로 충족시킬 수 있도록 월별로 기업의 통제가능 변수인 생산수준, 재고수준, 고용수준, 작업수준, 하청수준 등을 최적으로 조합시키는 계획이다. 이 총괄생산계획에 따라 주생산일정(MPS : master production schedule)이 정해진다. 총괄생산계획은 개별제품별로 계획이 수립되는 것이 아니며 총괄생산단위에 입각하여 총괄수요에 대한 계획이 수립된다. 이 경우 그 기업이 생산하는 여러 제품이나 서비스를 총괄할 수 있는 공통의 산출단위인 총괄생산단위에 입각하여 계획이 수립된다.

예를 들어, 개별 제품이나 개별 서비스의 종류에 관계없이 자동차 회사는 댓수, 음료수 회사는 리터(liter), 철강공장은 톤(ton), 항공사의 경우는 주행마일(mile), 변호사와 의사는 진료건 수 등을 총괄생산단위로 사용할 수 있다.

총괄생산계획의 절차

총괄생산계획은 다음과 같은 절차로 수립된다.

- 단계 1 : 계획기간 동안(보통 1년) 개별 제품별로 수요를 예측한다.
- 단계 2 : 개별제품들의 수요를 합하여 총괄수요를 산출한다. 만일 제품의 단위가 달라 합하기가 곤란한 경우에는 공통적인 측정단위를 이용한다.
- 단계 3 : 총괄수요를 필요한 노동시간, 기계시간 등의 생산능력으로 변환한다.
- 단계 4 : 생산능력을 충족시킬 대안들을 마련한다.
- 단계 5 : 대안 중에서 최상의 대안을 선택한다.

총괄생산계획 활동의 흐름을 다음 [그림 9. 1]과 같이 나타낼 수 있다.

그림 9.1 | 총괄생산계획 활동의 흐름

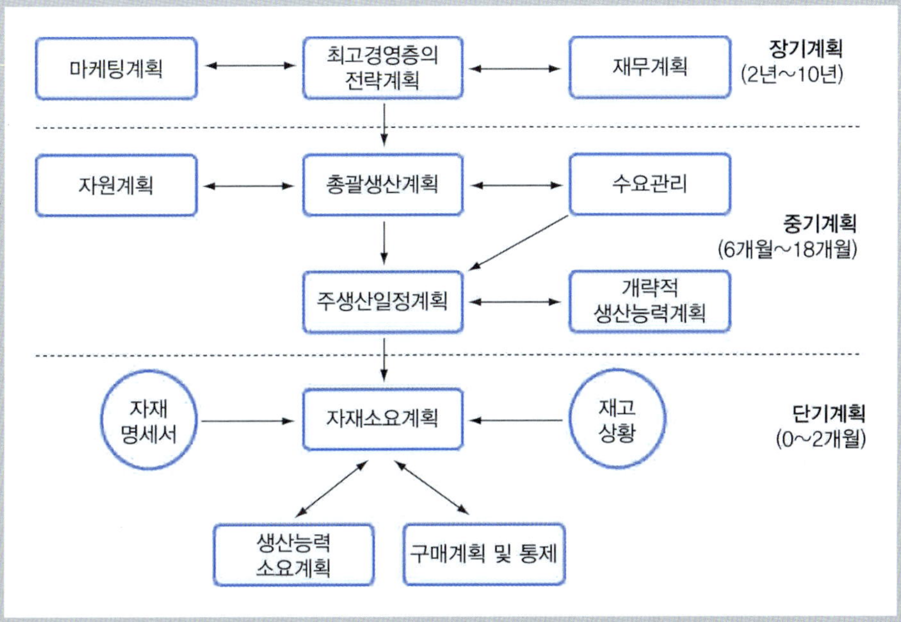

총괄생산계획 전략

총괄생산계획 전략은 수요변동에 의한 전략과 생산능력에 의한 전략이 있으며, 자세한 내용을 다음에서 살펴본다.

수요변동의 조절

예측된 수요와 생산능력을 일치시키기 위한 첫 번째 방법으로는 가격, 광고, 추후납품, 수요창출 등을 통해 수요자체를 조절하는 방법이다.

① **가격** : 가격조정을 통하여 수요의 양과 시기를 조절하는 전략이다. 즉 성수기에는 가격인상을 통하여 수요를 줄이고 비성수기에는 가격인하를 통하여 수요를 증대시키는 것이다. 주말의 시외통화요금의 할인, 극장의 조야시간대의 입장료를 할인하는 경우가 그 예이다. 가격정책을 통해 수요변동에 대처할 경우 수요의 가격탄력성이 큰 제품일수록 그 효과가 크게 나타난다.

통신비 절감

24시간 손에서 좀처럼 떨어지지 않는 휴대전화, 이제는 생활필수품이 되었다. 음성 통화는 줄고 데이터 사용량은 늘어나는 추세에 맞춰 요금제가 전면 개편된다. SK텔레콤이 무선과 유선 통화, 문자까지 무제한 이용이 가능하고 데이터 사용량을 기준으로 요금을 부과하기로 하였고, 최저 2만 9천 9백 원을 시작으로 최고 10만 원까지 데이터 사용량을 기준으로 8가지 요금 구간으로 나눠 요금을 부과하게 된다. KT와 LG유플러스는 한발 앞서 음성·문자를 무제한 쓰는 데이터 중심 요금제를 출시하였다. 정부는 음성 통화가 많은 택배기사, 영업사원, 상담원 등 300만 명이 요금 부담의 혜택을 볼 것으로 보고 있다.

SK텔레콤 마케팅본부장 : "유무선 통화 무제한 제공하고 데이터뿐만 아니라 다양한 콘텐츠까지 혜택을 대폭 강화한 진정한 데이터시대에 맞는 요금제라고 생각합니다."

미래창조과학부 장관 : "국민들이 저렴하고 부담 없는 요금으로 서비스를 활용할 수 있어야 데이터를 기반으로 하는 콘텐츠 앱 등 관련 벤처 생태계가 활성화될 수 있습니다."

<출처 : KBS 뉴스, 2015년 5월 19일>

② **광고** : 광고나 기타의 판촉활동을 통해 수요를 조절하는 전략이다. 그러나 가격정책에 비해 수요의 양과 시기에 대한 통제력이 부족하다는 단점이 있다.

③ **추후납품** : 추후납품을 통하여 수요량 혹은 주문량을 다음 기간으로 연기시키는 전략이다. 추후납품이란 특정기간에 인도되도록 주문을 받은 제품에 대하여 제품의 인도시기를 연기함으로써 성수기의 수요를 비성수기로 이동시키는 정책을 말한다. 추후납품전략을 수행할 경우 주문 즉시 제품을 인도하지 못하여 고객이 제품인도시점까지 기다려 주지 않음으로써 발생할 수 있는 판매상실로 인한 기회비용, 고객의 불만으로 인한 기업 이미

지의 손상 등이 발생할 가능성이 있다.

④ **새로운 수요 창출** : 비성수기의 유휴능력을 활용하여 새로운 수요를 창출하는 전략이다. 동일한 노동력 및 시설을 통해 기존제품이나 서비스와 보완적인 수요형태를 갖는 새로운 제품 및 서비스를 개발하는 것이다. 예를 들면, 여름의 수영장을 겨울에 스케이트장으로 활용하는 경우, 음료수 공장에서 비수기인 겨울에 빙과류를 생산하는 경우, 호텔에서 비수기기간에 회의장소나 연수 장소를 할인하여 대여하는 경우 등이다.

생산능력의 조절

생산능력을 충족시키는 방법 혹은 생산능력을 조절하는 방법으로서 다음과 같은 것들이 있다.

고용수준

고용 및 해고를 통하여 작업자 수를 조절하여 생산능력을 조절하는 방법이다. 정규 작업자의 해고가 어려울 경우에는 시간제 작업자를 이용할 수도 있다. 이 방법은 유휴노동력이 없어 비용이 절감된다는 장점이 있는 반면에 신규사원 고용시 채용 및 교육훈련비가 소요되며 해고시에도 퇴직금 등의 해고비용이 발생한다는 단점이 있다. 또한 고용불안으로 인한 작업자들의 사기저하도 있을 수 있다.

작업시간

고용수준은 일정하게 유지하고 잔업이나 조업단축 등을 통하여 생산능력을 조절하는 방법이다. 고용안정으로 인한 작업자의 사기를 진작시킨다는 장점은 있으나 잔업으로 인한 노무비 증가, 품질 저하, 조업단축으로 인한 생산성 저하, 고정자산의 비능률적 사용 등의 단점이 있다.

재고

생산량이 수요보다 많은 기간에 남는 양을 재고로 남기고 이 재고를 수요가 생산량을 초과하는 기간에 이용하는 방법이다. 그러나 일반적으로 서비스업에서는 서비스 자체를 재고로 비축하기가 어렵기 때문에 재고정책에 의한 수요조정은 거의 불가능하다. 이 방법은 생산수준을 일정하게 유지할 수 있다는 장점

〈표 9. 1〉 생산능력 조절(통제)가능 변수

변수	방법	비용	고려사항
고용수준	1) 수요상승시 : 부족인원고용 2) 수요하락시 : 잉여인원해고	1) 신규채용에 따른 광고, 채용, 훈련비 2) 해고비용, 퇴직수당	1) 인원이 부족할 때 양질의 기능공 채용 곤란 2) 사기저하로 능률저하
조업시간 수준	1) 수요상승시 : 조업시간 늘림 2) 수요하락시 : 조업시간 단축	1) 잔업수당 2) 조업단축, 유휴에 따른 유휴비용	1) 보전시간 감소에 따른 불량품 발생가능성이 높음 2) 보전시간을 늘릴 수 있고 교육을 실시
하청수준	1) 생산능력부족시 : 하청 2) 생산능력 및 하청능력 부족시 : 설비확장	1) 하청비용 2) 설비투자비용	1) 하청회사의 품질 및 일정을 관리하기 힘듬 2) 수요가 떨어질 때 유휴설비 비용 발생
재고수준	1) 수요증가에 대비한 재고유지 2) 납기지연	1) 재고유지비 2) 납기지연손실	1) 제품이 팔리지 않는 경우의 비용 2) 서비스산업은 재고기능이 없으므로 시설이나 요원의 확충이 어렵고 기회손실이 큼

은 있으나 보관비용 및 기회비용 등의 재고유지비용이 발생한다는 단점이 있다.

하청

수요에 비해 생산능력이 부족한 경우 부족분을 하청업체(subcontractor)에 맡기는 방법이다. 이 방법은 새로운 설비를 확충하지 않아도 된다는 장점은 있으나 하청업체의 생산공정과 품질문제에 대한 통제가 어렵고 또한 원가가 높아진다는 단점이 있다. 따라서 하청비용과 자체생산비용을 비교하여 하청 혹은 자체생산의 여부를 결정해야 한다.

이들 4가지 전략을 요약하면 <표 9. 1>과 같다.

총괄생산계획 시 고려해야 될 비용

총괄생산계획은 제품 생산에 있어 작업자 수, 품종 수, 생산율, 부품 및 자재 등 여러 가지 복합적인 생산요인들에 의해 생산이 이루어지기 때문에 제반 비용을 고려하여야 한다. 총괄계획을 수립할 때 고려되는 비용들은 다음과 같다

① 고용과 해고비용

작업자 수에 따라 변동 폭이 큰 비용으로서 고용비용은 모집, 선발, 훈련비를 포함하며, 해고비용은 해고를 보상하는 데 소요되는 제반 비용을 포함한다.

② 잔업비용과 유휴시간비용

잔업비용은 수요가 증가하는 경우에, 유휴시간비용은 수요가 감소하는 경우에 발생하게 된다. 잔업비용은 정상작업 이외의 작업에 지불하는 비용이며, 유휴시간비용은 생산을 하지 않는 유휴시간에 지급한 정상작업 임금비용을 포함한다.

③ 재고유지비용

부품 및 제품 한 단위를 재고로 일정한 기간 동안 보관 · 유지하는 데 소요되는 재고 유지에 관련된 비용(창고임대, 세금, 인건비, 기회비용, 진부화)을 포함한다.

④ 재고부족비용

수주 즉시 인도하지 못한 데서 발생하는 재고부족비용에는 추후납품비용과 품절비용이 있다. 추후납품비용은 제품인도의 지연으로 인한 벌과금, 생산독촉비용, 신용상실 등의 비용이고, 품절비용은 현재 및 미래 이익의 상실로 인한 기회비용이다.

⑤ 하청비용

하청기업에 지불하는 비용으로 보통 자체생산비용보다는 크게 나타날 수도 있고 작을 수도 있지만, 보편적으로 크게 나타나는 경우가 많다.

⑥ 파트타임이나 임시직의 노무비

정규직원 이외의 직원에게 드는 노무비가 포함된다.

총괄생산계획의 대안들

- **수요추적전략**(chase strategy or matching demand) : 각 기간의 예측된 총괄수요에 정확히 일치하도록 각 기간의 생산수준을 변동시키는 전략이며, 일반적으로 작업자의 고용과 해고를 통하여 생산수준을 조절한다.
- **생산수준불변전략**(level strategy) : 총괄수요변동에 관계없이 생산수준을 일정하게 유지하는 전략이며 재고, 잔업, 하청 등을 이용하여 수요변동에 대처한다.

대안 선택방법

분기별 총괄수요예측치(매출액)가 다음과 같은 예를 가지고 대안을 선택하는 방법에 대하여 설명하기로 한다.

분기	총괄수요예측치
1	8억
2	11.5억
3	11억
4	10.5억

기타 자료 :
고용비용 = 200,000원/인
해고비용 = 300,000원/인
재고비용 = 평균재고액의 1.5%/분기

총괄수요예측치를 필요노동시간으로 환산

1시간의 노동으로 평균적으로 50,000원의 매출액이 발생한다면 분기별로 필요노동시간은 1분기의 경우 16,000시간(=8억/50,000), 2분기는 23,000시간, 3분기는 22,000시간, 4분기는 21,000시간이 필요하다.

필요작업자 수의 계산

작업자 1인이 분기당 평균적으로 65일 그리고 1일 8시간 작업을 한다면 작업자 1인이 분기당 총 520시간의 작업을 하는 것이 된다. 이것을 이용하여 분기별로 필요한 작업자 수를 계산하면 1분기의 경우 31명(=16,000/520), 2분기는 45명, 3분기는 43명, 4분기는 41명이다.

고용수준변동을 통한 수요추적전략의 경우

분기	총괄수요 예측치	필요 작업자 수	해고	고용	해고 및 고용 비용
1	8억	31	10		3,000,000
2	11.5억	45		14	2,800,000
3	11억	43	2		600,000
4	10.5억	41	2		600,000
					총비용 : 7,000,000

Note 1분기의 해고 작업자 수가 10인 것은 위의 총괄수요가 해마다 반복된다고 했을 경우 전년도의 4분기의 작업자 수가 41명이므로 1분기의 해고자 수는 41－31＝10이다.

재고를 통한 생산수준불변전략

총괄수요예측치의 합은 8억＋11.5억＋11억＋10.5억＝41억이다. 이것의 분기별 평균은 41억/4＝10.25억이며 필요노동시간으로 환산하면 10.25억/50,000＝20,500시간이다. 따라서 필요작업자 수는 20,500시간/520시간＝40명이다.

분기	총괄수요 예측치	생산계획	필요 작업자 수	기초재고	기말재고	분기별 평균재고
1	8억	10.25억	40	0	2.25억	1.125억
2	11.5억	10.25억	40	2.25억	1억	1.625억
3	11억	10.25억	40	1억	0.25억	0.625억
4	10.5억	10.25억	40	0.25억	0	0.125억

총평균재고＝3.5억
재고비용＝3.5억×1.5%＝5,250,000

Note 기말재고＝기초재고＋생산량－수요

위의 두 가지 대안의 경우에 비용면에서 생산수준불변전략이 유리함을 알 수 있다. 여기서는 두 가지 대안만 비교하였으나 다른 대안들도 비교가능하다.

수학적 모형의 이용

총괄생산계획을 수립할 때에 수학적인 모형을 이용할 수 있다. 수학적 모형에는 LDR(linear decision rule), 경영계수모형(MCM : management coefficient model), 시뮬레이션, SDR(search decision rule), 선형계획모형(LP : linear programming) 등이 포함된다.

LDR은 고용, 해고, 정규임금, 잔업, 재고유지비용 등을 포함하는 2차의 비용함수를 개발하고 이 비용함수를 최소화하는 해를 찾는다. 경영계수모형은 과거의 자료를 이용하여 회귀분석을 실시하여 변수 간의 관계식을 찾아 이를 이용하는 방법이다. SDR은 계획기간 동안 고용, 해고, 정규, 잔업, 하청 등의 조합 중에서 비용이 최소화되는 조합을 찾는데, 이를 위해 미리 정한 해찾기 식을 이용하여 체계적으로 검토하여 찾는다. 시뮬레이션은 계획기간 동안 고용, 해고, 정규, 잔업, 하청 등의 임의의 조합을 검토하여 비용이 최소화되는 조합을 찾는 방법이다.

서비스산업의 총괄생산계획

음식점, 항공사, 은행 등과 같은 서비스산업에 있어서의 총괄생산계획은 제조업의 경우와 거의 같은 방법으로 총괄계획이 수립된다. 하지만 서비스산업의 특성상 수요의 변화는 심하나 재고를 유지할 수 없음으로 인하여 생산능력계획을 수립하는 데 어려움이 있다. 하지만 이 경우에도 생산능력을 일정하게 유지하는 계획(level capacity)을 사용하고, 잔업이나 시간제 작업자를 이용하여 수요 변동과 일정한 생산량과의 완충 역할을 하게 하면 된다.

주생산일정

MPS란?

총괄생산계획이 세워지면 이를 바탕으로 주생산일정을 작성하게 된다. MPS란 개별 최종제품의 주별 생산계획이며, MPS가 총괄생산계획에 의하여 수립되는 것은 개별 제품의 MPS의 합은 총괄생산계획에서 정해진 총괄생산량의 범위를 벗어나지 않아야 하기 때문이다.

MPS의 단위

MPS의 단위는 기업의 생산환경과 밀접한 관련이 있다. 기업의 생산환경이란 재고비축형(make to stock), 주문생산형(make to order), 주문조립형(assemble to order) 등 세 가지를 일컫는다. 재고비축형이란 최종제품을 수요에 앞서 미리 생산하여 재고로 비축하는 방식을 말하며, 이 경우의 MPS단위는 최종제품 목록번호이다. 주문생산형은 최종제품을 재고로 보유하는 것이 아니라 주문을 받은 후에 생산을 하는 방식이며, 이 경우에 MPS단위는 주문받은 제품이 된다. 주문조립형이란 부품 및 부분품을 생산하여 비축하고 주문을 받은 뒤에 최종조립을 하는 방식이며, 이 경우에는 사양선택에 따라 최종제품의 종류가 매우 다양하므로 최종제품이 MPS의 단위가 될 수 없고 대신 공통부품, 옵션 등을 포함하는 제품구조도가 MPS의 단위가 된다.

MPS의 예

<표 9. 2>는 아주 단순화된 MPS의 예를 보여준다. 수요예측, 기초보유재고, MPS, 그리고 기말예상재고가 항목으로 이용되고 있으며 기말예상재고=기초보유재고(=지난주의 기말예상재고)+MPS−수요예측으로 계산된다. 예를 들어, 3주차의 기말예상재고=2주차의 기말예상재고(20)+3주차의 MPS(10)−3주차의 수요(10)=20으로 계산된다.

<표 9. 2> 기본적인 MPS 작성 예

	주							
	1	2	3	4	5	6	7	8
수요예측	10	10	10	10	10	10	10	10
기말예상재고	20	20	20	20	20	20	20	20
MPS	10	10	10	10	10	10	10	10
기초보유재고	20							

MPS를 작성할 때에도 총괄생산계획에서와 같이 수요추적전략이나 생산수준불변전략을 이용할 수 있다. <표 9. 3>은 생산수준불변전략을 보여주는 예이다. 8주 동안의 총 수요는 80(=5+5+5+5+15+15+15+15)이다. 이것을 8로 나누면 주당 MPS 10단위가 된다.

〈표 9. 3〉 생산수준불변전략을 이용할 경우의 MPS 작성 예

	주							
	1	2	3	4	5	6	7	8
수요예측	5	5	5	5	15	15	15	15
기말예상재고	25	30	35	40	35	30	25	20
MPS	10	10	10	10	10	10	10	10
기초보유재고	20							

<표 9. 4>는 수요추적전략을 보여준다. 각 주의 수요와 일치하도록 MPS 양을 결정한다.

〈표 9. 4〉 수요추적전략을 이용할 경우의 MPS 작성 예

	주							
	1	2	3	4	5	6	7	8
수요예측	5	5	5	5	15	15	15	15
기말예상재고	20	20	20	20	20	20	20	20
MPS	5	5	5	5	15	15	15	15
기초보유재고	20							

<표 9. 5>의 경우는 생산로트의 크기 및 보유재고 수준에 제한이 있는 경우를 보여준다. 예를 들어, 한 번에 생산해야 하는 단위 수, 즉 로트의 크기가 30단위이고, 기말예상재고수준이 항상 5개 이상이어야 할 경우 MPS는 <표 9. 5>와 같이 작성된다.

〈표 9. 5〉 생산로트 크기 및 보유재고수준에 제한이 있는 경우 MPS 작성 예

	주							
	1	2	3	4	5	6	7	8
수요예측	5	5	5	5	15	15	15	15
기말예상재고	15	10	5	30	15	30	15	30
MPS				30		30		30
기초보유재고	20							

<표 9. 6>은 소비자로부터 주문을 받아 일정기간 후에 배달을 하는 경우에 소비자에게 배달이 언제 가능한지를 알려줄 수 있도록 하는 경우의 MPS를 작

성한 예이다. <표 9. 6>은 <표 9. 5>를 기본으로 하여 작성된 것이며 1주, 2주, 3주차에 배달하여야 할 물량이 각각 5, 3, 2단위가 있는 것으로 되어 있다.

기말예상재고=지난주의 기말예상재고+MPS−(수요예측과 주문량 중 큰 것)이다. 만일 1주차의 주문량이 6이었다면 1주차의 기말예상재고는 15가 아닌 14(=20−6)이었을 것이다. 수주가용량(ATP : available to promise)은 첫 번째 주와 MPS가 있는 주만 계산한다. 첫 번째 주의 ATP 계산은 다음과 같이 한다. 기초보유재고+MPS−다음 MPS가 있는 주 전까지의 주문량의 합=20+0−(5+3+2)=10단위이다. MPS가 있는 주의 ATP는 다음과 같이 계산된다. MPS−다음 MPS가 있는 주 전까지의 주문량의 합이다.

〈표 9. 6〉 수주가용량을 보여주는 MPS 작성 예

	주							
	1	2	3	4	5	6	7	8
수요예측	5	5	5	5	15	15	15	15
주문량	5	3	2					
기말예상재고	15	10	5	30	15	30	15	30
수주가용량	10			30		30		30
MPS				30		30		30
기초보유재고	20							

<표 9. 7>은 1주가 지나고 수요예측에 수정이 필요한 경우의 MPS 작성의 예이다. 예를 들어, 1주차의 실제 수요는 10이었다고 가정하고 새로운 수요예측 결과 2주에서 5주차까지 수요를 10단위로 수정해야 한다고 가정하고, 2주차 배달물량이 2단위 증가하여 총 5단위가 되고, 3주차 배달물량이 3단위 증가하여 총 5단위가 되었으며, 4주차에 새로운 배달물량이 2단위 추가되었다고 가정하자.

2주차의 기초보유재고는 1주차의 기초보유재고(20)에서 10단위의 수요가 있었으므로 20−10=10이다. 1주차에 MPS가 30인 것은 MPS 없이는 기말예상재고가 0이기 때문에 재고수준이 항상 5단위 이상이 되어야 한다는 조건을 만족시키기 위하여 MPS가 필요하다. 수주가용량은 <표 9. 5>에서와 같은 방법으로 계산된다.

〈표 9. 7〉 수요예측에 수정이 필요한 경우의 MPS 작성 예

	주							
	2	3	4	5	6	7	8	9
수요예측	10	10	10	10	15	15	15	15
주문량	5	5	2					
기말예상재고	30	20	10	30	15	30	15	30
수주가용량	28			30		30		30
MPS	30			30		30		30
기초보유재고	10							

MPS 안정성

MPS는 자재소요계획(MRP)의 기초가 된다. MPS의 변동이 심하면 자재소요계획에 미치는 영향이 너무나 크기 때문에 MPS의 안정성이 절대로 필요하다. MPS의 안정성을 위하여 동결(freezing)과 시간울타리(time fencing)를 이용한다. 동결이란 어느 특정 기간 동안에는 변동을 허용하지 않는 것을 말하며, 시간울타리란 몇 개의 기간을 정하고 각각의 기간에는 특정 변동만 가능하도록 하는 것이다. 예를 들어, 세 개의 시간울타리를 8, 16, 24주에 만들고 8주까지는 거의 변동을 허용하지 않고, 8주에서 16주 사이에는 모델변경 정도를 허용하며, 16주에서 24주 사이에는 한 개 정도의 최종제품을 바꿀 수 있고 24주 이후에는 변동이 자유롭게 하는 것이다.

요 약

- 총괄생산계획이란 약 1년간의 예측된 수요를 가장 효율적으로 충족시킬 수 있도록 월별로 기업의 통제가능 변수인 생산수준, 재고수준, 고용수준, 작업수준, 하청수준 등을 최적으로 조합시키는 계획이다.
- 총괄생산계획의 절차는 제품별 수요예측, 총괄수요를 산출, 총괄수요를 생산능력으로 변환, 생산능력을 충족시킬 대안 마련, 대안 중에서 최상의 대안을 선택하는 순서로 진행된다.
- 생산능력을 조절하는 방법으로는 고용 및 해고를 통하여 작업자 수를 조절하는 방법, 잔업이나 조업단축 등을 통하여 조절하는 방법, 생산량이 수요보다 많은 기간에 남는 양을 재고로 남기고 이 재고를 수요가 생산량을 초과하는 기간에 이용하는 방법, 수요에 비해 생산능력이 부족한 경우 부족분을 하청업체에 맡기는 방법 등이 있다.
- 생산능력을 충족시키는 대안들로서 각 기간의 예측된 총괄수요에 정확히 일치하도록 각 기간의 생산수준을 변동시키는 수요추적전략과 총괄수요변동에 관계없이 생산수준을 일정하게 유지하는 생산수준불변전략이 있다.
- 생산계획을 수립할 때에 이용되는 수학적인 모형으로 LDR, 경영계수모형, 시뮬레이션, SDR, 선형계획모형 등이 있다.
- MPS란 개별 최종제품의 주별 생산계획이다. MPS의 단위는 재고비축형의 경우에는 최종제품 목록번호이며, 주문생산형의 경우에는 주문받은 제품이 되고, 주문조립형의 경우에는 제품구조도가 MPS의 단위가 된다.
- MPS의 작성에 이용되는 항목은 수요예측, 기초보유재고, MPS, 그리고 기말예상재고이다. MPS를 작성할 때에도 총괄생산계획에서와 같이 수요추적전략이나 생산수준불변전략을 이용할 수 있다.
- MPS는 자재소요계획(MRP)의 기초가 된다. MPS의 변동이 심하면 자재소요계획에 미치는 영향이 너무나 크기 때문에 MPS의 안정성이 절대로 필요하다. MPS의 안정성을 위하여 동결과 시간울타리를 이용한다.

학습문제

1. 총괄생산계획이란 무엇이며 장기생산계획과 주생산일정의 관계는?
2. 총괄생산계획 수립절차에 대하여 살펴보라.
3. 수요를 만족시키기 위하여 고용수준을 변경하는 방법을 사용할 때의 이점과 단점을 생각해 보라.
4. 생산능력을 조절하는 방법에는 어떠한 것들이 있는지 살펴보라.
5. 수요추적전략과 생산수준불변전략을 비교설명하라.
6. 총괄생산계획 수립시에 도움이 되는 수학적 모형에 대하여 살펴보라.
7. MPS의 항목은?
8. MPS와 MRP의 관계는?
9. 수요추적전략을 적용할 때의 MPS 작성법에 대하여 살펴보라.
10. 생산수준불변전략을 적용할 때의 MPS 작성법에 대하여 살펴보라.
11. 로트 크기와 보유재고수준에 제한이 있을 때에 MPS의 작성법에 대하여 살펴보라.
12. 수주가용량을 보여주는 MPS의 작성법에 대하여 살펴보라.
13. MPS의 안정성이 중요한 이유와 안정성을 확보하는 방법은?

연습문제

※ 아래의 자료를 이용하여 1~4문제를 해결하시오. 기업 ABC는 제품 B에 대한 앞으로 6개월간의 수요를 아래와 같이 예상하였으며, 월별 작업일수를 알아본 결과 아래와 같았다.

월	수요예측치	작업일수
1	900	22
2	700	18
3	800	21
4	1,200	21
5	1,500	22
6	1,100	20
합계	6,200	124

그리고 비용에 관한 자료가 다음과 같다.

- 재고 유지비 : 5원/단위/월
- 하청비용 : 10원/단위
- 정규임금 : 5원/시간, 40원/1일(1일 작업시간=8시간)
- 잔업비용 : 7원/시간
- 단위당 소요작업시간 : 1.6시간/단위
- 채용비용 : 10원/단위(참고 : 여기서 채용비용이 10원/1인이 아님)
- 해고비용 : 15원/단위(참고 : 여기서 해고비용이 15원/1인이 아님)

1. 만일 ABC 기업이 50단위를 매일 생산한다고 가정하고 6개월간 고용수준을 일정하게 유지하기를 원한다면 그 때 발생하는 총비용은?

2. 만일 ABC 기업이 3월의 수요를 충족시키는 데 필요한 작업자 수를 6개월간 유지하고, 만일 수요수준을 능가하는 달에는 초과수요를 모두 하청을 주어 만족시킨다면 이때의 총비용은?

3. 만일 ABC 기업이 작업자를 편리한 대로 해고 및 고용하여 월별 수요를 정확히 만족시킨다면 그 때의 총비용은?

4. 만일 ABC 기업이 8명의 작업자를 유지하고 만일 수요가 정규 생산량보다 많을 경우 잔업을 이용하여 초과수요를 만족시킨다면 그 때의 총비용은?

※ 아래의 자료를 이용하여 5~7문제를 해결하시오.

ABC 가구는 다음과 같이 4월부터 9월까지의 수요를 예측하였다.

월	4	5	6	7	8	9월
수요예측치	1,000	1,200	1,400	1,800	1,800	1,600

재고유지비는 25원/단위/월이라고 가정한다. 또 하청비용은 정규 생산비보다 60원이 비싸고, 고용비용은 30원/단위, 해고비용은 60원/단위이다.

5. 만일 ABC 가구는 매월 일정하게 1,000단위를 생산하고 수요초과분은 하청을 준다고 가정을 한다면 그 때의 비용증가분은?

6. 만일 ABC 가구가 현재 1,300단위를 생산할 수 있는 고용수준이라고 가정하고 앞으로 고용과 해고를 수요예측치에 맞추어 자유롭게 한다면 그 때의 비용증가분은?

7. 만일 ABC 가구가 1,300단위를 생산할 수 있는 고용수준을 유지하고 수요초과분은 하청을 준다고 가정한다면 그 때의 비용증가분은? 단, 4월초의 재고수준은 300단위라고 가정하라.

8. ABC 기업은 아래와 같이 수요, 공급, 비용, 재고자료를 만들었다. 이 기업이 일정한 고용수준을 유지하며 또한 전체 수요를 만족시킨다고 가정할 때, 최소의 비용으로 수요를 만족시키도록 생산능력을 할당하는 방법은? 그리고 그 때의 총비용은?

공급능력

기간	정규	잔업	하청
1	300	50	200
2	400	50	200
3	450	50	200

수요예측치

기간	수요예측치
1	450
2	550
3	750

기초재고량: 50단위
단위당 정규비용: 50원
단위당 잔업비용: 65원
단위당 하청비용: 80원
단위당 기간당 재고유지비: 1원

9. ABC 기업은 3개월간의 생산능력 계획에 의거하여 제품 A를 생산한다. 제품 A를 한 단위 생산하는 데 소요되는 시간은 1시간이다. 시간당 정규임금은 100원이고 시간당 잔업임금은 140원이다. 그리고 재고유지비는 기간당 4원이며 기초재고는 50노동시간이라고 가정한다. 앞으로 3개월간의 수요 및 생산 능력(노동시간으로 표현)은 아래와 같다. 최소의 비용으로 수요를 만족시키도록 생산능력을 할당하는 방법은? 그리고 그 때의 총비용은?

월	생산능력		수요예측치
	정규(시간)	잔업(시간)	
4	2,880	355	3,000
5	2,780	315	2,750
6	2,760	305	2,950

10. 아래의 자료를 가지고 ABC 기업이 최소의 비용으로 수요를 만족시킬 수 있도록 생산능력을 할당하는 방법은? 그리고 그 때의 비용은?

기간	생산능력			수요
	정규	잔업	하청	
1	25	5	6	32
2	28	4	6	32
3	30	8	6	40
4	29	6	7	40

기초재고량: 4단위
계획기간 말에 보유하고자 하는 재고량: 3단위
단위당 정규비용: 2,000원
단위당 잔업비용: 2,475원
단위당 하청비용: 3,200원
단위당 기간당 재고유지비: 200원

11. ABC 회사는 분기당 정상조업시 40,000리터의 페인트를 생산하도록 종업원 수를 유지하려고 한다. 만일 수요가 40,000리터를 초과할 경우 하청과 잔업에 의하여 수요초과분을 만족시킬 계획이다. 하청을 줄 경우 가격은 리터당 19.5원이며, 잔업의 경우 시간당 9.5원의 초과수당을 지불해야 한다. 페인트 리터당 소요되는 노동시간을 2.311시간이다. 1년간의 수요예측치가 다음과 같다고 가정하고 아래 물음에 답하라.

(단위: 리터)

분기	1	2	3	4
수요	40,000	57,500	55,000	52,500

1) 잔업에 의하여 초과수요를 만족시킬 경우에 비용을 계산하라.
2) 하청을 줄 경우에 비용을 계산하라.

12. ABC 회사는 현재 24명의 종업원을 두고 있는 배달전문회사이다. 수요를 만족시키기 위하여 앞으로 7개월간 필요한 종업원 수는 24, 26, 30, 28, 28, 24, 24이다. 종업원 한 사람을 고용하는 데 드는 비용은 200,000원, 그리고 해고하는 데 드는 비용은 350,000원이다. 만일 잔업을 이용할 경우 종업원 한 사람에 해당하는 잔업비용은 260,000원이다. 그러면 이 회사가 잔업을 이용하는 것이 유리한지 아니면, 종업원의 고용수준을 변경하는 것이 유리한지 살펴보라.

13. ABC 회사가 초과수요가 있을 경우 하청을 줄 것인지 아니면 잔업을 이용할 것인지 결정하기 위하여 수집한 자료가 다음과 같다. 현재의 생산능력은 50,000개이다. 하청을 줄 경우 단위당 가격은 10원이다. 잔업을 이용할 경우 시간당 비용은 9원이며, 한 단위 생산하는 데 필요한 노동시간은 1.25시간이다. 앞으로 1년간의 분기별 수요는 다음과 같다. 50,000, 60,000, 55,000, 65,000이다. 하청을 주는 것이 유리한지 아니면 잔업을 이용하는 것이 유리한지 결정하라.

14. 다음은 ABC 회사가 생산하는 두 가지 제품의 분기별 수요예측치를 나타낸 것이다.

제품	1분기	2분기	3분기	4분기
1	2,000	1,500	1,600	1,800
2	1,200	1,000	800	1,000

제품 1의 경우 한 단위 생산시 20시간의 노동시간이 필요하며, 제품 2의 경우는 단위당 15시간의 노동시간이 필요하다.

1) 분기별 총괄노동시간을 계산하라.
2) 만일 작업자 한 사람이 분기당 520시간 일을 한다면 분기별로 몇 명의 작업자가 필요한지 계산하라.

15. 다음은 ABC 회사가 생산하는 세 가지 제품의 분기별 수요예측치이다.

(단위: 톤)

제품	1분기	2분기	3분기	4분기
1	9,000	10,000	12,000	14,000
2	7,000	8,000	5,000	10,000
3	6,000	3,000	4,000	7,000

제품의 종류에 관계없이 1톤을 생산하는 데 필요한 노동시간은 5시간이다.

1) 분기별 총톤수를 계산하라.
2) 분기별 총노동시간을 계산하라.
3) 만일 작업자 한 사람이 분기당 520시간을 일한다면, 분기별로 필요한 작업자의 수는?

사례 LS산전 스마트공장 구축

LS산전 청주사업장은 스마트공장으로 부품공급부터 조립, 시험, 포장 등 전 라인에 자동화 시스템이 구축된 저압 전력기기 스마트 생산 라인으로 구축되어 있다. APS(수요예측 시스템, advanced planning system)은 주문부터 생산계획, 자재발주까지 자동 생산관리가 가능한 유연생산방식으로, 생산라인에 적용되어 조립－검사－포장 등 전 공정의 자동화를 구현하고 있다.

한편 LS산전은 전력 · 자동화 분야 대표 기업으로 에너지의 효율적 감시, 이용, 절약을 가능하게 하는 EMS(energy management system)에 적극적인 투자를 진행하고 있으며, 특히 자동화 생산라인 구축의 핵심인 PLC(programmable logic controller)는 국내 최고 수준으로 인정받고 있다.

LS산전 관계자는 "생산라인의 스마트화를 통해 생산성과 에너지효율이 크게 개선됨은 물론 고객만족도 향상과 근무자의 작업환경, 편리성 증진 효과까지 얻고 있다"면서 "현재 중간단계의 생산라인을 스마트공장 최고 수준인 고도화 단계로 업그레이드하는 공정 혁신을 추진 중이며, LS산전 사례가 제조업 혁신에 일조할 수 있길 바란다"고 말했다.

청주사업장 고객수요 예측시스템과 일괄 자동화 라인은 '▶기초단계 ▶중간1 단계 ▶중간2 단계 ▶고도화 단계'에 이르는 공장 스마트화 4단계 가운데 '중간1, 중간2 단계' 수준으로 국내 기업 중 스마트공장 구축 우수 사례로 평가된다.

<출처 : 온라인 중앙일보, 2014년 7월 7일>

토의문제

1. LS산전의 최근 스마트공장 구축 및 일부 가동을 총괄생산계획전략인 수요변동과 생산능력 전략 측면에서 각각의 장단점을 토의하여라.
2. LS산전의 스마트공장은 향후 친환경 생산설비 구축과도 관련성이 높을 것으로 보이는데 이러한 선두기업에서 발생할 수 있는 차별화전략은 무엇인지 토의하여라.

참고문헌

전영일, 홍관수, 김남영, "전략적 운영관리", 경문사, 2003.

Aggarwal, S., "MRP, JIT, OPT, FMS?," *Harvard Business Review*, 66 : 5, pp.8-16, 1985.

Bahl, H. and Ritzman, L., "An Empirical Investigation of Different Strategies for Material Requirements Planning," *Journal of Operations Management*, 3:2, pp.67-77, 1983.

Berry, W., Schmitt, T., and Vollmann, T., "Capacity Planning Techniques for Manufacturing Control Systems : Information Requirements and Operational Features," *Journal of Operations Management*, 3:1, pp.13-25, 1982.

Chase, R., Jacobs, F., and Aquilano, N., *Operations and Supply Chain Management*, 13th ed. NY: McGraw-Hill, 2010.

Chung, C. and Krajewski, L., "Planning Horizons for Master Production Scheduling," *Journal of Operations Management*, 4:4, 1984.

DuBois, F. and Oliff, M., "Aggregate Production Planning in Practice," *Production and Inventory Management Journal*, 32:3, pp.26-30, 1991.

Mangiameli, P. and Krajewski, L., "The Effects of Workforce Strategies on Manufacturing Operations," *Journal of Operations Management*, 3:4, pp.183-196, 1983.

Mehring, J. and Gutterman, M., "Supply and Distribution Planning Support for AMOCO (U.K.) Limited," *Interfaces*, 20 : 4, pp.95-107, 1990.

Mellichamp, J. and Love, R., "Production Heuristics for the Aggregate Planning Problem," *Management Science*, 24 : 12, pp.1242-1251, 1978.

Oliff, M. and Leong, G., "A Discrete Production Switching Rule for Aggregate Planning," *Decision Sciences*, 18:4, pp.582-597, 1987.

Pelphrey, M., "Flexibility Is the Key to Survival for Manufacturing," *APICS : The Performance Advantage*, 2:4, pp.37-41, 1992.

Proud, J., "Controlling the Master Schedule," *Production and Inventory Management*, 22:2, pp.78-90, 1981.

Shafer, S., "A Spreadsheet Approach to Aggregate Scheduling," *Production and Inventory Management Journal*, 32:4, pp.4-10, 1991.

Vollmann, T., Berry, W., and Whybark, D., *Manufacturing Planning and Control Systems*. Homewood, Ill, Irwin, 1992.

CHAPTER 10

일정계획

[도입사례] 차세대 교통수단 : 택시 PRT 도입 구상

21세기에 들어서 지구 온난화에 대한 우려가 커지면서 에너지 구도에 근본적인 변화가 불고 이는 교통체계에도 직접적인 영향을 미치고 있다. 즉 승용차의 연료가 하이브리드와 전기로 바뀌고 있으며 이는 차량의 소형화를 가속화시켜 승용차는 종전의 용도와 인기를 유지하지 못하게 될 것이다. 결과적으로 장거리 수요는 고속철도, 단거리 수요는 자전거와 도보 등 저속녹색수단에 흡수당할 것이며, 도시 구조도 이에 맞추어 철도역 중심의 고밀화 양상을 보이게 될 것이다.

이러한 변화는 택시로 하여금 현재 처해 있는 문제를 극복하고 획기적인 발전을 기할 수 있는 계기를 조성해 주고 있다. 그 첫째 이유는 역설적으로 택시의 문제가 심각하여 국가적으로 방치할 수 없는 국면에 이른 것이며, 둘째는 획기적 발전만이 이 문제를 해결할 수 있다는 것이다. 택시의 발전방향은 명확하다. 철저한 정보화와 서비스 개선으로 수요를 대폭 증가시키는 것이다. IT 기술이 구석구석까지 보급된 소위 U시대에 이른 만큼 제도개선을 동반한다면 택시 개혁은 아주 가능한 일이며 또 이렇게 하지 않고서는 택시가 처한 심각한 경영문제, 기사 복지문제, 택시 범죄문제 등 고질적인 문제를 해결해 낼 방법이 없는 것이다. 이를 위하여 차량 소유 위주의 회사 운영체제를 정보제공체제로 변화시키며 호출에 의한 택시 서비스에 대해 승객과 운영자 모두에 강한 인센티브를 주는 등 제도개선이 필요하다.

택시 개혁을 이끌 시범 사업 두 가지를 소개한다. 그 첫째는 회원제에 의한 출퇴근 택시 카풀 서비스이며, 둘째는 택시 PRT(taxi personal rapid transit) 서비스이며, 후자의 사례로 30대의 택시가 일조가 되어 400가구의 통행을 책임지는 시스템을 들 수 있다. 이들 가구는 스마트폰이나 혹은 그 외의 방법으로 통행일정을 계획하면 자동적으로 정보회사에 통보돼 일부러 전화를 걸지 않아도 택시가 문 앞에 대기하는 서비스이다. 대중교통이 미처 보급되지 못한 신도시에서 이러한 서비스를 필요로 하는 가구를 찾는 것은 어렵지 않을 것이다. 특히 노령화가 지속되고 있는 여건을 감안할 때 승용차 소유에서 벗어나 택시 PRT 회원 가입을 원하는 계층이 많아질 것으로 본다.

이상의 사례에서 생각해 보아야 할 주요한 포인트는 다음과 같다.

- 국내에 택시 PRT를 도입할 경우 강점은 무엇인가?
- 국내에 택시 PRT를 도입할 경우 문제점은 무엇인가?
- 국내에 택시 PRT를 도입할 경우 일정계획 수립을 위한 전략은 무엇인가?

<출처 : 경기개발연구원, 2010년 8월>

일정계획은 특정 개별제품을 언제, 어디서, 누가, 얼마나, 어떻게 작업을 해야 하는지에 대한 세부계획이며 생산능력의 효율적인 이용을 위한 계획이다. 일정계획은 공정유형에 따라 그 방법이 다르다. 본장에서는 단속생산일정계획에 대하여 살펴본다.

본장에서 다룰 내용은 다음과 같다.

- 일정계획이란?
- 부하결정방법에는 어떠한 것이 있나?
- 작업순위 결정은 어떻게 하나?
- 우선순위규칙에는 어떠한 것이 있나?
- 우선순위규칙을 평가하는 기준은?
- 작업통제는 어떻게 하나?
- 서비스산업의 일정계획이란?

일정계획의 개념

일정계획(scheduling)은 총괄생산계획에 의해 획득된 가용생산능력(설비, 노동, 자재 등)을 효율적으로 이용하기 위해 개별품목별로 세분하여 언제, 어디서, 누가, 무엇을, 얼마나, 어떻게 작업을 할 것인가를 구체적으로 결정하는 계획이라 할 수 있다. 즉, 각 주문을 어느 작업장(work center)에 할당할지(부하결정), 각 작업장에 할당된 주문들을 어떤 순서로 작업을 할 것인지(작업순위결정), 주문들을 작업장 내의 어느 기계 혹은 작업자에게 할당을 할 것인지(세부일정계획) 등에 대한 일정계획이 수립되어야 하며, 할당된 작업이 잘 진행되고 있는지를 점검하고 계획대로 작업이 진행될 수 있도록 통제가 이루어져야 한다. 이것이 일정계획이다.

일정계획에는 프로젝트일정계획(project scheduling), 단속생산일정계획(job shop scheduling), 연속생산일정계획(continuous processing scheduling) 등이 있다. 본 장에서는 단속생산일정계획을 살펴보고 다음 장에서 프로젝트일정계획을 다루기로 한다.

단속생산일정계획의 문제와 특징

단속생산(job shop)은 고객으로부터 주문을 받아 생산을 하는 형태로 제품이 다양하고 생산수량은 적은 특성을 가지고 있다. 이러한 단속생산의 일정계획은 주문이 다양하고, 주문별로 자재, 생산설비, 작업방법, 납기 등이 다르기 때문에 복잡성을 가지고 있다. 단속생산일정계획에 영향을 미치는 요인들로는 다음과 같은 것들이 있다.

작업의 도착형태와 처리

작업은 일정한 간격을 두고 배치(batch)형태로 들어오는 정태적 경우와 불규칙적으로 들어오는 동태적 경우의 두 가지가 있다. 작업이 정태적일 경우는 일정기간(일간, 주간 등) 주문을 모아서 일정계획을 세우고 계획이 집행되는 기간에 들어온 주문은 다음 기간으로 미룬다. 그러나 작업이 동태적일 경우에는 주문이 들어오는 대로 작업을 배정하고 전체 일정도 조정해 나간다.

기계의 수와 종류

한 가지 기계로 작업을 하는 경우에 일정계획문제는 단순하다. 그러나 기계의 대수가 많고 종류가 많으면 일정계획은 복잡해진다.

작업자 수

기계 수와 작업자 수가 같은 경우에 일정계획문제는 단순하다. 그러나 기계대수에 비하여 작업자가 많거나 적을 경우에는 문제가 발생한다. 기계대수보다 작업자가 많은 경우를 기계제약시스템(machine limited system)이라 하고, 작업자가 기계대수보다 적은 경우를 노동제약시스템(labor limited system)이라고 한다.

작업흐름형태

작업흐름형태는 작업의 가공순서에 따라 한 기계에서 다음 기계로 한 방향으로 일정하게 흐르는 흐름공정(flow shop)과 작업이 한 기계에서 다음 기계로 흐를 때 확률적인 형태를 취하는 확률흐름공정(random job shop) 및 흐름공정과 확률흐름공정이 혼합된 혼합흐름공정(hybrid job shop)의 세 가지로 분류할 수 있다.

부하결정

일정계획을 합리적으로 수립하기 위해서는 먼저 부하결정을 하여야 한다. 부하결정이란 작업을 각 작업장에 할당하는 것으로 무한할당(infinite loading)과 유한할당(finite loading)이 있다. 작업장의 생산능력을 고려하여 작업장할당, 작업순서, 세부일정계획이 동시에 수립되는 시스템이 유한할당 시스템이며, 작업장의 생산능력을 고려하지 않고 작업을 할당하는 것이 무한할당 시스템이다.

작업일정계획을 세우는 데 있어 주문의 납기일을 고려하지 않고 작업이 가능한 가장 빠른 시일에 시작하도록 일정계획을 정하는 것이 전방일정계획(forward scheduling)이다. 이 방법은 계획을 세우는 것이 쉽다는 장점은 있으나 재공품재고가 많이 발생할 수 있다는 단점이 있다. 납기일을 고려하여 납기일을 맞출 수 있는 범위 내에서 될 수 있는 한 늦게 작업을 시작하도록 일정계획을 세우는 것이 후방일정계획(backward scheduling)이다. 이 방법은 리드타임에 대한 정확한 자료가 필요하지만 재공품재고가 적어진다는 장점이 있다.

단속생산을 하는 경우에는 여러 작업장이 있기 때문에 작업장의 특성을 고려하여 작업을 기계나 작업장에 할당하여야 한다. 작업장마다 사용하는 기계의 특성에 차이가 있으며, 또한 작업자의 숙련 정도에 따라 작업실적에 차이가 있다. 따라서 어느 작업장에 어느 작업을 할당하는 것이 가장 경제적이냐 하는 것이 문제가 된다. 이러한 문제를 해결하는 방법 중의 하나가 할당법이다.

할당법은 선형계획의 특수형태로서 헝가리법(Hungarian method)이 있는데, 이 방법은 헝가리의 수학자인 쾨니히(D. König)에 의하여 고안된 것이다. 헝가리법은 다음과 같은 특성을 가지고 있다.

- 하나의 작업은 하나의 기계(작업장, 작업자)에만 할당된다.
- 단일의 평가기준(최대이익, 최소비용, 최소완료일 등)이 적용된다.

이러한 특성을 가진 헝가리법을 다음의 예제를 가지고 설명하기로 한다.

예제 10.1

ABC 기업은 다음과 같이 네 가지의 주문작업을 네 곳의 작업장을 이용하여 최소 비용으로 생산할 수 있는 작업할당을 하려고 한다. 헝가리할당법에 의하여 작업할당계획을 작성하여 보라.

각 작업장의 가공비용(단위 : 만원)

작업 \ 작업장	A	B	C	D
I	3	6	3	4
II	8	4	6	3
III	4	3	4	2
IV	5	2	5	3

해답

단계 1 : 비용행렬의 각 열(column)에서 최소값을 찾아 그 최소값을 각 열의 모든 비용에 빼주어 열 기회비용표를 만든다.

열 기회비용표

작업 \ 작업장	A	B	C	D
I	0	4	0	2
II	5	2	3	1
III	1	1	1	0
IV	2	0	2	1

단계 2 : 열 기회비용표의 각 행(row)에서 최소값을 찾아 그 최소값을 각 행의 모든 비용에 빼주어 총 기회비용표를 만든다.

총 기회비용표

작업 \ 작업장	A	B	C	D
I	0	4	0	2
II	4	1	2	0
III	1	1	1	0
IV	2	0	2	1

단계 3 : 기회비용표가 작성되면 최적해에 도달했는지의 여부를 판단한다. 판단절차는 수직과 수평으로 영(0)의 값을 가진 행 또는 열을 지우는 가장 적은 수의 직선의

수가 작업장의 수와 같은가를 검토한다.

최적해 판단

작업 \ 작업장	A	B	C	D
I	0	4	0	2
II	4	1	2	0
III	1	1	1	0
IV	2	0	2	1

단계 3의 표에서와 같이 수직과 수평으로 직선을 그어 영(0)을 지운다. 영(0)을 지운 직선의 수가 작업장의 수와 같을 때에는 최적해를 발견한 경우이나, 적을 때에는 최적해가 아니다. 단계 3의 표에서는 직선의 수가 3개밖에 안 되므로 최적의 작업할당을 할 수 없다.

단계 4 : 단계 3에서 직선의 수가 작업장의 수보다 적을 때에는 ① 직선이 통과하지 않는 부분에서 최소값을 찾는다. ② 이 최소값을 직선이 통과하지 않는 부분의 값에서 빼준다. ③ 직선이 두 번 교차되는 곳에는 최소값을 더해준다. ④ 직선이 있는 곳에는 그대로 둔다. 이를 적용한 결과는 다음 표와 같다.

총기회비용표의 개선

작업 \ 작업장	A	B	C	D
I	0	4	0	3
II	3	0	1	0
III	0	0	0	0
IV	2	0	2	2

단계 5 : 단계 4의 표에서 수평 및 수직의 직선으로 영(0)을 지운다. 네 개의 직선이 있어야만 영(0)을 지울 수 있다. 따라서 최적작업할당이 가능하다.

단계 6 : 최적작업할당을 한다. 최적작업할당은 행과 열에 영(0)을 가지고 있는 것을 기준으로 서로 상충되지 않게 할당한다. 최적할당은 다음과 같이 복수의 해가 존재한다.

복수의 최적할당

작업	작업장	비용	작업장	비용
I	A	3	C	3
II	D	3	D	3
III	C	4	A	4
IV	B	2	B	2
		12		12

작업순서결정

작업장이나 기계에 대기 중인 작업들의 작업순서를 정하는 것은 작업장이나 기계의 효율성 및 작업의 납기일을 지킬 수 있느냐 등을 결정하는 중요한 의사결정이다.

작업장이 한 개인 경우의 순위결정법

하나의 작업장에 여러 개의 작업이 할당된 경우에 작업순서를 결정하는 우선순위규칙(priority sequencing rules)에는 여러 가지가 있으나 본장에서는 그 중에서 중요한 5개의 규칙을 살펴보기로 한다.

- **선착순규칙**(first come, first served) : 주문이 들어온 순서에 따라 작업순위를 정하는 방법
- **최소작업시간규칙**(shortest processing time) : 작업시간이 짧은 것부터 작업순위를 결정하는 방법
- **최소여유시간규칙**(least slack time remaining) : 남아 있는 납기시간과 작업을 완료하는 데 소요되는 시간과의 차를 여유시간(slack time)이라 하며, 이 여유시간이 짧은 것부터 작업순위를 결정하는 방법
- **최소납기일규칙**(earlist dute date) : 주문받은 작업 가운데서 가장 납기일이 빠른 것부터 작업순위를 결정하는 방법
- **긴급률규칙**(critical ratio) : 납기까지 남아 있는 시간과 작업을 완료하는 데 소요되는 시간과의 비율을 긴급률이라 하며, 긴급률이 작은 것부터 작업순위를 결정하는 방법이다. 긴급률은 아래와 같이 계산된다.

  긴급률＝잔여납기일/잔여작업일
  　　　＝(납기일－현재일)/(작업완료예정일－현재일)
  긴급률＝1은 계획된 일정대로 작업을 완료할 수 있음을 의미
  긴급률＞1은 작업에 여유가 있다는 것을 의미
  긴급률＜1은 작업이 지연되고 있음을 의미

이러한 우선순위규칙들을 평가하는 기준으로는 평균적으로 작업이 시스템 내에 머무는 시간의 최소화(평균흐름시간＝총흐름시간/작업수), 평균적으로 납기가 지연되는 시간의 최소화(평균납기지연시간＝총납기지연시간/작업수) 등의 기준

이 이용된다. 또한 자원이용에 대한 평가기준에는 노동 및 기계이용도, 재공품 재고비용 등의 기준이 이용된다.

예제 10.2

어느 작업장에 다음과 같은 네 개의 작업이 할당되었다고 가정하고, 평균흐름시간 및 평균납기지연시간의 관점에서 우선순위규칙들을 비교하라.

작업	도착순서	작업시간(일)	납기일
A	1	6	12
B	2	5	7
C	3	4	5
D	4	2	6

해답

규 칙	작업순서	기 준	작업시간	흐름시간	납기일	납기지연일수
선착순	A	1	6	6	12	0
	B	2	5	11	7	4
	C	3	4	15	5	10
	D	4	2	17	6	11
		도착순서		49(12.25)		25(6.25)
최소 작업시간	D	2	2	2	6	0
	C	4	4	6	5	1
	B	5	5	11	7	4
	A	6	6	17	12	5
		작업시간		36(9)		10(2.5)
최소 여유시간	C	1	4	4	5	0
	B	2	5	9	7	2
	D	4	2	11	6	5
	A	6	6	17	12	5
		여유시간		41(10.25)		12(3)
최소 납기일	C	5	4	4	5	0
	D	6	2	6	6	0
	B	7	5	11	7	4
	A	12	6	17	12	5
		납기일		38(9.5)		9(2.25)
긴급률	C	1.25	4	4	5	0
	B	1.4	5	9	7	2
	A	2	6	15	12	3
	D	3	2	17	6	11
		긴급률		45(11.25)		16(4)

* ( ) 숫자는 평균을 의미
* 흐름시간은 작업시간을 누적한 수치임.

평균흐름시간 기준을 적용하면 최소작업시간 규칙이 가장 좋은 결과를 보여주며, 평균납기지연시간 기준을 적용하면 최소납기일 규칙이 가장 좋은 결과를 보여준다.

작업장이 두 개인 경우의 작업순위 결정

작업이 두 개의 작업장을 일정한 순서대로 거쳐야 완료되는 경우에 총작업시간을 최소화하기 위한 작업순위 결정은 존슨(L. Johnson)의 방법을 이용할 수 있다. 존슨의 방법은 작업이 작업장 1과 2를 순서대로 거쳐야 작업이 완료된다고 가정하고 아래와 같은 방법으로 작업순위가 결정된다.

- 단계 1 : 작업장 1과 2에 관계없이 작업시간이 가장 작은 작업을 선택한다. 가장 작은 작업시간이 두 개 이상이면 임의로 하나를 선택한다.
- 단계 2 : 단계 1에서의 가장 작은 작업시간이 작업장 1에서 발생하는 것이면 그 작업을 가능한 한 앞에 놓고, 작업장 2에서 발생하는 것이면 가능한 한 뒤에 놓는다.
- 단계 3 : 단계 2에서 순위가 결정된 작업은 고려대상에서 제외한다.
- 단계 4 : 모든 작업의 순서가 결정될 때까지 단계 1~3을 반복한다.

예제 10.3

어느 제과점에서 주문받은 다섯 개의 케이크를 만들려고 한다. 케이크는 두 단계를 거쳐 완성되는데 먼저 보조인 Y가 밀가루 반죽 등 기본작업을 한 후 사장 K가 장식 등 마무리를 한다. 각 케이크에 대한 작업시간이 다음과 같을 경우 총작업시간을 최소화하기 위한 작업순서를 결정하라.

작업장 \ 케이크	A	B	C	D	E
작업장1(Y)	5	2	5	2	3
작업장2(K)	5	1	4	3	4

해답

- 가장 짧은 작업시간을 가지는 것은 B의 1시간이며 작업장 2에서 발생하므로 케이크 B를 작업순위의 가장 뒤로 배정한다. 그리고 B는 고려대상에서 제외한다.

				B

- 다음으로 가장 짧은 작업시간을 가지는 것은 D의 2시간이며 작업장 1에서 발생하므로 D를 작업순위의 가장 앞에 배정한다. 그리고 D는 고려대상에서 제외한다.

D				B

- 다음으로 가장 짧은 작업시간을 가지는 것은 E의 3시간이며 작업장 1에서 발생하므로 E를 작업순위의 앞쪽에 배정한다. 이 경우 이미 D가 가장 앞에 배정되어 있으므로 D 다음으로 배정한다. 그리고 E를 고려대상에서 제외한다.

D	E			B

- 다음으로 가장 짧은 작업시간을 가지는 것은 C의 4시간이며 작업장 2에서 발생하므로 작업순위의 뒤쪽에 배정한다. 이 경우 이미 B가 가장 뒤에 배정되어 있으므로 B의 바로 앞에 배정한다. 그리고 C를 고려대상에서 제외한다.

D	E		C	B

- 나머지 A는 자동적으로 배정된다.

D	E	A	C	B

최종적인 작업순서는 D E A C B가 된다. 이러한 작업순서로 작업을 할 경우의 총작업완료시간은 다음 그림과 같이 20시간이 된다.

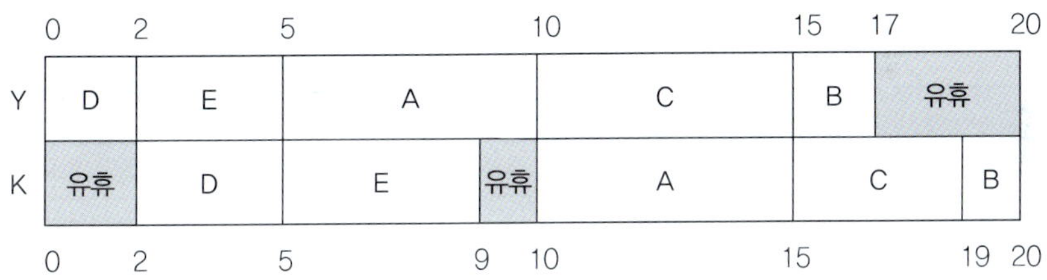

세부일정계획

세부일정계획이란 각 작업이 작업장에 할당되어 작업순서가 결정되면 각 작업장마다 어느 작업이 어디서, 어떻게, 누가, 언제 시작해서 언제 끝나는가를 나타내는 계획을 의미한다. 이와 같이 세부일정계획은 작업장소, 작업방법, 작업자, 투입원자재, 작업시간 등에 관한 구체적인 계획을 수립하는 것을 의미한다.

작업통제

작업통제란 해당 작업장에서 계획에 따라 작업이 원만히 진행되는가를 점검하여 계획에 차질이 없도록 작업의 진행상황을 통제하는 것을 의미한다. 그러나 기계의 고장, 숙련공의 결근, 자재의 불량, 안전사고, 불합리한 일정계획 등 여러 가지 요인에 의하여 작업이 지연되는 경우가 생긴다. 따라서 작업이 개시되어 완료될 때까지 계획된 일정에 맞추어서 작업이 진행되고 있는가를 점검하여 일정에 늦지 않도록 작업의 진행상황을 관리하여야 한다.

작업지연분석을 하기 위해서는 우선 작업별로 작업점검을 하여 일정계획과의 차이가 나는 작업을 찾아내고, 지연된 작업에 대해서는 지연된 원인을 규명하여 대책을 강구하여 일정에 늦지 않게 조치하여야 한다. 작업지연의 원인을 파악하기 위해서는 작업의 배정에서부터 완료할 때까지의 작업의 공정을 분석하여 지연원인을 찾아내야 한다.

다음 <표 10. 1>은 어느 작업장의 투입－산출 보고서의 예이다.

〈표 10. 1〉 투입–산출 보고서(예)

		1주	2주	3주	4주	5주
계획된 투입량(시간)		15	15	0	10	10
실제의 투입량(시간)		14	13	5	9	17
누적 변화		−1	−3	+2	+1	+8
계획된 산출량(시간)		11	11	11	11	11
실제의 산출량(시간)		8	10	9	11	9
누적 변화		−3	−4	−6	−6	−8
누적 주문적체	20	26	29	25	23	31

이 작업장에는 이미 20시간의 주문적체가 있었으며, 1주의 주문적체가 26이 된 것은 실제의 투입량 14에 비하여 실제의 산출량은 8에 불과하므로 14－8＝6시간의 적체가 새로 생겨 기존의 20시간에 더하여 26이 된 것이다. 투입량의 누적 변화가 ＋8인 것으로 보아 이 작업장에 과다한 부하가 걸리고 있다는 것을 알 수 있으며, 산출량의 누적 변화가 －8인 것으로 보아 생산에 문제가 있음을 알 수 있다. 이러한 것이 주문적체 수준을 상당히 높게 만들기 때문에 이 작업장에는 현재와 같은 수준의 작업을 할당해서는 안 된다는 것을 쉽게 알 수 있다.

서비스산업의 일정계획

서비스산업은 재고를 유지할 수 없으며, 조달기간이 짧고, 소비자와 보다 가까이 접촉하며, 품질이 소비자 개개인에 의하여 주관적으로 결정된다는 점 등에서 제조업과는 다르다. 게다가 서비스의 종류와 규모는 상당히 다양하고 또한 종종 제조업과 서비스업을 구분하기가 어려운 경우도 있다. 서비스산업의 일정계획은 서비스의 형태에 따라 달라져야 한다. 우선 서비스의 형태는 소비자와의 접촉 정도에 따라 나눌 수 있는데, 준 제조업 형태, 소비자가 참여자가 되는 형태, 소비자가 제품이 되는 형태의 세 가지로 나눌 수 있다. 여기서 준 제조업 형태란 패스트푸드점의 주방에서 볼 수 있는 것과 같이 제품을 만드는 형태를 말하며, 소비자가 참여자가 되는 형태는 셀프서비스 주유소, 현금인출기, 일반 소매업과 같이 소비자가 참여하는 형태를 말하고, 소비자가 제품이 되는 형태는 병원이나 미용원과 같이 소비자의 육체 등에 서비스가 직접 행하여지는 형태를 말한다.

준 제조업 형태를 가진 서비스산업의 일정계획

준 제조업 형태의 경우 소비자가 관여하지 않으므로 제조업의 경우에서와 같이 일정계획이 이루어진다. 따라서 이 경우에는 제조업에서와 마찬가지로 제품중심의 운영방식 혹은 공정중심의 운영방식 중 한 가지 형태를 띠게 된다. 패스트푸드점에서 볼 수 있는 것과 같은 제품중심의 운영방식을 가지는 서비스산업의 경우 계획, 통제, 일정계획, 운영의 모든 면이 제조업의 라인흐름공정과 같다. 공정중심의 운영방식을 가지는 서비스산업의 경우 계획, 통제, 일정계획, 운영은 단속흐름공정에서와 같다. 특히 서비스산업에서 염두에 두어야 할 것은 서비스를 수행하는 데 있어서 가장 중심이 되는 것이 사람이라는 것이다. 따라서 사람에 대한 일정계획을 세우는 것이 무엇보다도 중요하다. 그러나 서비스산업에서는 수요변화가 심하고, 소비자별로 제공되는 서비스시간의 차이도 심하며, 또한 필요할 때에 사람이 구해진다는 보장이 없으므로 어려움이 있다. 서비스산업에서 작업자 일정계획을 수립하는 데 있어서 이용되는 방법은 작업자 모두를 정규직원(full-time)으로 고용하는 방법 또는 비정규직원(part-time)으로 고용하는 것이다. 전자는 수요가 적을 때에는 생산능력이 과도하게 많아 작업자가 노는 시간이 많아지고, 반대로 수요가 많을 시에는 생산능력부족으로 인하여 잔업을 해야 한다는 단점이 있다.

소비자가 참가자가 되는 형태를 가진 서비스산업의 일정계획

이 경우에는 소매점, 은행 등과 같이 서비스행위에 소비자가 깊게 관련되므로 소비자의 요구에 부응하도록 계획, 통제, 운영이 이루어져야 한다. 중요한 것은 소비자의 만족도 및 제품의 품질이며, 또한 소비자와 작업자 간의 밀접한 접촉이 있으므로 작업자의 소비자에 대한 태도가 중요하다. 한 가지 주의해야 할 것은 이러한 형태의 서비스산업에서는 소비자와 서비스제공자 모두에게 서비스 대기시간에 대한 것이 중요하다는 것이다[예 대기행렬(waiting line 혹은 queueing) 이론]. 작업자의 수를 많게 하면 소비자들의 기다리는 시간이 줄어 소비자의 만족도는 높아지나 그 비용은 늘어난다. 서비스 운영관리자는 작업자의 수를 충분히 하여 대기행렬을 상대적으로 짧게 함으로써 소비자의 만족도를 높이는 것과 너무 짧게 하여 운영비용이 과다하게 지출되는 것과 균형을 맞추어야 한다.

소비자가 제품이 되는 형태를 가진 서비스산업의 일정계획

대기행렬이론이 작업자의 수를 결정하는 데 도움이 되며, 종합병원과 같이 아주 복잡한 경우에는 단속흐름공정(job shop)에서와 같은 일정계획 방법을 이용할 수도 있다.

요 약

- 일정계획이란 각 주문을 어느 작업장에 할당할지(부하결정), 각 작업장에 할당된 주문들을 어떤 순서로 작업을 할 것인지(작업순위결정), 주문들을 작업장 내의 어느 기계 혹은 작업자에게 할당을 할 것인지(세부일정계획) 등에 대한 일정계획을 수립하고 할당된 작업이 잘 진행되고 있는지를 점검하고 계획대로 작업이 진행될 수 있도록 통제를 하는 것이다.
- 부하결정이란 작업을 각 작업장에 할당하는 것으로 무한할당과 유한할당이 있다. 작업장의 생산능력을 고려하여 작업장할당, 작업순서, 세부일정계획이 동시에 수립되는 시스템이 유한할당시스템이며, 작업장의 생산능력을 고려하지 않고 작업을 할당하는 것이 무한할당시스템이다.
- 작업일정계획을 세우는 데 있어 주문의 납기일을 고려하지 않고 작업이 가능한 가장 빠른 시일에 작업을 시작하도록 일정계획을 정하는 것이 전방일정계획이며, 납기일을 고려하여 납기일을 맞출 수 있는 범위 내에서 될 수 있는 한 늦게 작업을 시작하도록 일정계획을 세우는 것이 후방일정계획이다.
- 작업장이나 기계에 대기 중인 작업들의 작업순서를 정하는 것은 작업장이나 기계의 효율성 및 작업의 납기일을 지킬 수 있느냐 등을 결정하는 중요한 의사결정이다. 작업순서를 결정하는 우선순위규칙에는 선착순규칙, 최소작업시간규칙, 최소여유시간규칙, 최소납기일규칙, 긴급률규칙 등이 있다.
- 우선순위규칙들을 평가하는 기준으로 납기일 준수, 시스템에서 작업이 머무는 시간의 최소화 등이 있다.
- 작업이 두 개의 작업장을 일정한 순서대로 거쳐야 완료되는 경우에 총작업시간을 최소화하기 위한 작업순위 결정은 존슨(L. Johnson)의 방법을 이용할 수 있다.
- 작업통제란 해당 작업장에서 계획에 따라 작업이 원만히 진행되는가를 점검하여 계획에 차질이 없도록 작업의 진행상황을 통제하는 것을 의미한다.

학습문제

1. 일정계획이란 무엇인가?
2. 부하결정이란 무엇인가?
3. 작업순위를 결정하는 규칙에는 어떠한 것들이 있나?
4. 최소작업시간규칙에 의하여 작업순위를 결정하는 방법은 무엇인가?
5. 우선순위규칙을 평가하는 데 사용되는 평가기준에는 어떠한 것들이 있나?
6. 존슨(L. Johnson)의 방법은 무엇이며 어느 경우에 사용되나?
7. 작업통제란 무엇인가?

연습문제

1. ABC 기업은 최근에 고용한 3명의 신입사원을 지방에 있는 세 개의 지사에 한 사람씩 보내려고 한다. 신입사원 세 사람에게는 그들의 현거주지와 그들이 가게 될 지사와의 거리를 고려하여 이사비용을 지급하려고 한다. 다음과 같은 이사비용에 대한 자료를 가지고 최소의 비용으로 세 사람을 배치하는 방법을 찾아보라.

(단위 : 천원)

신입사원 \ 지사	X	Y	Z
A	800	1,100*	1,200
B	500	1,600	1,300
C	500	1,000	2,300

* 신입사원 A를 Y지사에 보내면 1,100,000원의 비용이 발생함.

2. [문제 1]에서 만일 지사의 수가 네 개이고 그 비용표가 다음과 같다면 그 때의 최적해는? (Hint : 가짜 신입사원을 하나 만들어 지사의 수와 신입사원의 수가 같도록 만든다. 가짜 사원에 대한 이사비용은 0이다.)

(단위: 천원)

신입사원 \ 지사	X	Y	Z	K
A	800	1,100	1,200	1,000
B	500	1,600	1,300	800
C	500	1,000	2,300	1,500

3. 4대의 기계를 네 가지의 일에 할당을 하려고 한다. 다음과 같은 비용자료가 있다면 비용을 최소로 하는 최적할당방법은?

(단위 : 천원)

기계 \ 작업	작업 1	작업 2	작업 3	작업 4
기계 1	10	9	7	8
기계 2	5	8	7	7
기계 3	5	4	6	5
기계 4	2	3	4	5

4. 아래 표는 여섯 가지의 작업을 6대의 기계에 할당했을 경우 작업을 완료하는 데에 걸리는 시간을 기록한 것이다. 예를 들어, 작업 1을 기계 3으로 작업을 할 경우 34분이 걸린다. 작업을 모두 완료하는 데 걸리는 시간이 최소가 되도록 할당하는 방법을 찾아보라.

(단위 : 분)

작업 \ 기계	기계 1	기계 2	기계 3	기계 4	기계 5	기계 6
작업 1	60	22	34	42	30	60
작업 2	22	52	16	32	18	48
작업 3	29	16	58	28	22	55
작업 4	42	32	28	46	15	30
작업 5	30	18	25	15	45	42
작업 6	50	48	57	30	44	60

5. 아래의 표는 네 명의 간호사를 네 개의 부서에 할당할 경우에 발생하는 비용을 기록한 것이다. 최적할당방법은?

(단위 : 천원)

간호사 \ 부서	부서 1	부서 2	부서 3	부서 4
A	28	18	15	75
B	32	48	23	38
C	51	36	24	36
D	25	38	55	12

6. ABC 작업장에서는 현재 여섯 종류의 작업을 해야 한다. 그 작업별 공정시간과 납기일에 대한 자료는 다음과 같다. 선착순규칙과 최소납기일규칙에 의한 작업 순서를 살펴보고 어느 방법을 사용하는 것이 좋은지 평균작업완료시간, 평균납기지연시간 면에서 비교하라.

작 업	공정시간(일)	납기일(일)
A	6	22
B	12	14
C	14	30
D	2	18
E	10	25
F	4	34

※ 작업이 도착한 순서는 A B C D E F이다.

7. [문제 6]의 자료를 이용하여 최소작업시간규칙에 의한 작업순서를 살펴보고, 그 결과를 [문제 6]에서의 결과와 비교하여 어느 방법으로 작업순서를 정하는 것이 좋은지 살펴보라.

8. 다음은 작업이 도착한 순서대로 작업별 납기일, 공정시간을 기록한 것이다. 선착순규칙, 최소작업시간규칙, 최소납기일규칙에 의한 작업순서를 결정하고 서로 비교하여 어느 규칙이 가장 좋은지 살펴보라.

작 업	공정시간(일)	납기일(일)
A	8	38
B	16	37
C	40	50
D	5	39
E	3	39

9. [문제 8]에서 작업이 도착한지 25일이 지난 후에야 작업을 시작하게 되었다고 가정하고 긴급률규칙에 의하여 작업순서를 정한다면 그 때의 작업순서는?

10. 다음은 작업이 도착한 순서대로 작업별 납기일, 공정시간을 기록한 것이다. 선착순규칙, 최소작업시간규칙, 최소납기일규칙에 의한 작업순서를 결정하고 서로 비교하여 어느 규칙이 가장 좋은지 살펴보라.

작 업	공정시간(일)	납기일(일)
A	20	50
B	30	70
C	10	45
D	16	100
E	18	80

11. 아래와 같은 공정시간 및 납기일을 가진 6개의 작업이 어느 공정을 기다리고 있다. 최소작업시간규칙, 긴급률규칙을 이용하여 작업순서를 정하라.

작 업	공정시간(일)	납기일(일)
1	2.0	3
2	3.1	8
3	1.4	10
4	2.6	14
5	0.5	16
6	1.9	18

12. 아래 표는 네 개의 작업을 도착순으로 기록한 것이다. 선착순규칙 및 최소작업시간규칙에 의하여 작업순서를 정하고, 두 규칙을 평균흐름시간 면에서 비교하라.

작 업	공정시간
1	2
2	1
3	5
4	4

13. 아래의 표는 두 대의 기계를 순서대로 거쳐야 작업이 완료되는 여섯 개의 작업이 각각의 기계를 거칠 때에 소요되는 작업시간을 기록한 것이다. 작업처리시간을 최소화하도록 작업순서를 정하라.

작 업	기계 1(시간)	기계 2(시간)
A	10	5
B	7	4
C	5	7
D	3	8
E	2	6
F	4	3

14. 다음의 표는 두 대의 기계를 순서대로 거쳐야 작업이 완료되는 다섯 개의 작업이 각각의 기계를 거칠 때에 소요되는 작업시간을 기록한 것이다. 작업처리시간을 최소화하도록 작업순서를 정하라.

작 업	기계 1(시간)	기계 2(시간)
A	5	2
B	3	6
C	8	4
D	10	7
E	7	12

15. 아래의 표는 두 개의 공정을 순서대로 거쳐야 하는 작업들별로 공정에 소요되는 시간을 나타낸 것이다. 존슨(L. Johnson)의 규칙을 이용하여 작업순서를 결정하라.

작 업	공정 1(시간)	공정 2(시간)
1	1	8
2	5	3
3	8	1
4	3	2
5	9	8
6	4	6
7	7	7
8	2	2
9	4	4
10	9	1

사례 일렉트릭 엔터테인먼트(electric entertainment)

레버리지(leverage) 제작사인 일렉트릭 엔터테인먼트(electric entertainment)의 제작진은 오리건주 포틀랜드의 촬영 세트장에서 매일 도착하는 방대한 샷에 대응하기 위해 지능형 비서(intelligent assistance) 프로그램을 사용한다. Sync-N- Link X를 사용하여 영상과 사운드를 일괄 처리로 한 번에 동기화하고, 이 프로그램은 Final Cut Pro X의 새로운 메타 데이터를 활용한다.

일정계획에 따른 대응

"레버리지(leverage)" 제작은 3월 1주 전후부터 8월 중순 무렵까지 계속되며, 15시간의 길이를 가진 에피소드를 포틀랜드에서 촬영하고 촬영과 동시에 파일이 헐리우드에 보내지며 3명의 에디터와 5명의 보조 편집자가 10~11주의 포스트 프로덕션 기간 동안 해당 파일을 편집한다. Final Cut Pro X를 사용함으로써 작업이 빠르게 진행되어 대량의 영상을 4K로 촬영하고, 데일리는 HD로 촬영되며 일정을 맞추는데 문제가 없다.

빠른 편집

편집 작업에도 Final Cut Pro X 시스템이 도입되어 작업 완료에 차질이 발생하지 않는다. 또한 새로운 트림도구(trim tools)는 트리밍하고 싶은 것을 무엇이든 신속하게 처리할 수 있고, 웨이브폼(waveforms)을 즉시 알 수 있으므로 대사를 넣거나 대량의 사운드를 편집하는 작업의 대부분이 훨씬 효율적으로 진행된다.

위의 작업흐름을 오리건주 포틀랜드와 캘리포니아 헐리우드로 나누어 각각 일정계획을 요약하면 다음과 같다.

오리건주 포틀랜드에서는 :

1) RED EPIC 카메라를 사용하여 4K 및 5K로 촬영.
2) 하드 드라이브에 저장되어 편집되지 않는 영상이 다음날 할리우드에 도착.
3) 각 에피소드 7일분에 해당하는 그림을 포함, 1,400개의 비디오 파일(하루 200파일)을 생성.

캘리포니아 헐리우드에서는 :

1) RED ROCKET 카드를 사용하여 실시간보다 빠른 속도로 모든 RED. r3d 파일을 ProRes Proxy로 변환.
2) RED 파일을 아카이빙하면서 지능형 비서(intelligent assistance) Sync-N-Link X를 사용하여 ProRes 파일을 오디오와 동기화. 신과 테이크 번호를 사용하여 파일 이름을 지정한 다음 촬영 로그와 일치. 모든 편집되지 않는 영상을 Xsan 네트워크 센터.
3) 편집기의 지원이 정리된 편집되지 않는 영상을 사전 준비하고 각 편집기의 요청에 따라 자료를 정의. 멀티캠(multicam) 클립을 만듦.
4) 7일간의 촬영 기간 동안 매일 닿는 편집되지 않는 영상을 주요 Final Cut Pro X 이벤트와 매일 통합.
5) 1일 오후 편집을 시작할 수 있도록 각 편집자에 편집되지 않는 영상을 제공.
6) 편집을 검토한 후, 방송 네트워크 변경 내용 및 메모 확인.
7) 사진은 잠금장치로 되어 있음.
8) 완성된 XML 파일을 Marquis X2Pro Audio Convert 통해 ProTools로 보내 사운드 믹싱을 실시.
9) 다빈치 리졸브(DaVinci Resolve) 색상 보정 스위트에 XML 파일을 보내 최종적인 색상 보정을 실시. ProRes 4444 파일로 색상 보정 및 렌더링 원래 RED. r3d 파일 편집을 다시 연결.
10) 색상 보정 및 오디오 마무리가 끝난 파일을 Final Cut Pro X에서 함께 원래 오프라인 프로젝트와 비교. 색상 보정과 사운드 믹싱이 실행되는 동안 내용을 변경할 수 있음.
11) 완성된 에피소드를 ProRes 4444 파일로 내보내기, TNT 디지털 납품.

<출처 : http://www.apple.com/final-cut-pro/in-action/electric/, 2015>

토의문제

1. 일렉트릭 엔터테인먼트(electric entertainment)사의 Final Cut Pro X 시스템 도입은 향후에도 충분한 일정계획을 완성할 수 있는 전략적 프로그램이라고 생각되는가? 그렇지 않은가? 그 이유에 대하여 각각 토의하여라.
2. 스케줄링과 관련하여 일렉트릭 엔터테인먼트(electric entertainment)사는 충분한 생산능력 주문을 받기에 충분한 생산능력을 가지고 있다고 생각하는지 토의하여라.
3. 일렉트릭 엔터테인먼트(electric entertainment)사의 생산능력 및 일정계획을 추가로 고려하고자 할 때 어떤 전략을 취해야 되는지 토의하여라.

참고문헌

전영일, 홍관수, 김남영, “전략적 운영관리”, 경문사, 2003.

Bailey, J. and Field, J., “Personal Scheduling with Flexshift Models,” *Journal of Operations Management*, 5:3, pp.327-338, 1985.

Baker, K., *Introduction to Sequencing and Scheduling*. John Wiley & Sons, New York, 1984.

Berry, W. and Rao, V., “Critical Ratio Scheduling : An Experimental Analysis,” *Management Science*, 22 : 1, pp.192-201, 1975.

Chase, R., Jacobs, F., and Aquilano, N., *Operations and Supply Chain Management*, 13th ed. NY: McGraw-Hill, 2010.

Day, J. and Hottenstein, M., “Review of Sequencing Research,” *Naval Research Logistics Quarterly*, 27:1, pp.11-39, 1970.

Hill, A., Naumann, J., and Chervany, N., “SCAT and SPAT : Large-Scale Computer-Based Optimization Systems for the Personnel Assignment Problem,” *Decision Sciences*, 14:2, pp.207-220, 1983.

Jones, C., “An Economic Evaluation of Job Shop Dispatching Rules,” *Management Science*, 20 : 3, pp.293-307, 1973.

Kanet, J. and Hayya, J., “Priority Dispatching With Operations Due Dates in a Job Shop,” *Journal of Operations Management*, 2:3, pp.167-175, 1982.

Krajewski, L. and Ritzman, L., “Shift Scheduling in Banking Operations : A Case Application,” *Interfaces*, 10:2, pp.1-8, 1980.

Mabert, V., “Static vs. Dynamic Priority Rules for Check Processing in Multiple Dispatch-Multiple Branch Banking,” *Journal of Operations Management*, 2:1, pp.187-196, 1982.

Russell, R. and Taylor, B., “An Evaluation of Sequencing Rules for an Assembly Shop,” *Decision Sciences*, 16:2, pp.196-212, 1985.

CHAPTER 11

프로젝트 관리

- 프로젝트 관리의 개념
- 간트 차트
- PERT/CPM의 내용
- PERT/CPM에 의한 관리
- 가상활동
- PERT의 활동시간 추정 및 완료확률의 계산
- CPM의 시간과 비용의 관계분석
- PERT/CPM에 대한 비판

[도입사례] 보잉 767

보잉 767은 보잉사가 개발한 광동체형 쌍발 제트 여객기이다. 보잉 767은 최대이륙중량 200톤의 비행기로서, 에어버스 A300(170톤, 1972년)의 성공은 보잉으로 하여금 보잉 767(200톤, 1981년)의 개발을 착수하게 하는 결과를 낳았고, 이는 또다시 에어버스가 에어버스 A330(230톤, 1992년)을 제작하게 하였으며, 보잉은 다시 보잉 767보다 20% 연료비를 줄인 보잉 787(228톤, 2009년)을 개발하는 등 보잉-에어버스의 양자대결구도를 낳게 되었다. 보잉 767은 2011년 2월 기준 현재 1,000대가 생산되었다.

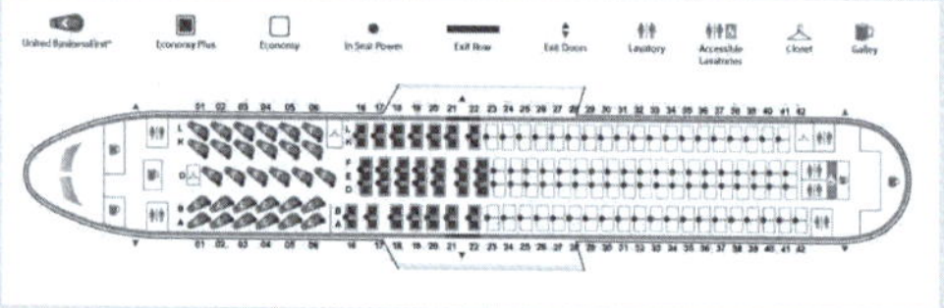

보잉 767 프로그램 개발단계

① 1단계 : 사전준비단계

과거의 항공기 개발경험에 대한 조사 및 분석을 통하여 배울 점을 찾는다.

② 2단계 : 프로그램 정의단계(program definition)

기존의 항공기로 충족하지 못하는 시장이 있는지를 조사하고, 이용할 수 있는 신기술에 대해 검토를 하며, 개발 및 제작비용을 산출한다.

- **시장평가** : 항공사의 미래요구를 반영하여 시장을 단거리, 중거리, 장거리의 세 개로 구분하고 각각의 시장별로 낙관적 예측치, 비관적 예측치, 기대예측치의 세 가지 항공기 수요예측치를 만든다. 목표시장은 중거리시장이며, 중거리시장의 크기는 연간 총 190억 달러이며 이 중에서 내수는 100% 시장점유가 가능하다고 결론을 내렸다.
- **항공기 기본디자인 및 구성**(configuration) : 미래의 수요 및 항공사의 요구를 반영하여 약 200명을 태울 수 있으며 연료소모량을 최소화하는 디자인으로 결정되었다. 연료소모량을 고려하여 세 개의 엔진시스템보다는 두 개의 엔진시스템이 선택되었으며 날개 및 꼬리의 경우에는 추후의 확장성을 고려하여 조금 큰 것으로 선택되었다. 항공기의 구성에 대한 의사결정은 마케팅, 엔지니어링, 생산부문 간의 밀접한 조정이 요구되며 일단 기본구성이 결정되면 고객으로 하여금 검토하게 하고 고객의 요구사항은 다시 디자인 및 항공기 구성에 반영된다.
- **기술**(technology) : 항공기의 디자인과 구성은 현재 이용가능한 기술에 대한 평가 없이는 이루어질 수 없다. 새로운 항공기에 대한 개발이 제안되면 기존의 모든 기술에 대한 검토가 이루어지며 고객에게의 가치, 기술적 위험도, 스

케줄 및 비용 등을 고려하여 적합한 기술이 선정된다.

- **감사팀**(audit teams) : 감사팀은 경험이 많은 매니저들로 구성되며 767 프로그램에 대한 기술, 재무, 생산, 관리 등에 대한 감사를 담당하고 감사는 보통 3개월 걸린다.

③ 3단계 : 비용 정의단계(cost definition)

파라미터 추정기법을 이용하여 비용에 대하여 추정한다. 이 기법은 과거의 707, 727, 737, 747 항공기의 비교를 통하여 항공기의 디자인 특성(무게, 스피드, 길이, 부품수 등)에 따라 비용을 예상한다. 예를 들어, 조립노동시간의 경우에는 727 항공기의 부분별 제작에 필요한 노동시간을 기반으로 하여 767 항공기의 특성을 고려하여 계산한다. 항공기를 많이 만들게 되면 학습효과가 발생하므로 제작하는 항공기의 수가 많아질수록 투여되는 노동시간은 줄어들게 된다.

④ 4단계 : 생산관리(production management)

보잉767 항공기에는 31억 개의 부품이 들어가며 이 부품을 공급하는 공급자의 수는 1,300개이다. 이 중에서 이탈리아의 아에리타리아(Aeritalia)와 일본의 JADC가 부품제작 및 프로그램의 참여자로서 위험분담을 하고, 네 개의 주요 하청업자는 꼬리부분, 착륙기어, 몸통 등을 만든다. 보잉은 계획 초기단계에서부터 부품의 배달까지 공급사와 밀접한 관계를 유지한다.

767 항공기는 과거에 747 생산에 이용되던 설비를 이용하였다. 건물의 반은 주요 섹션을 조립하는 데 이용되었으며 나머지 반은 최종조립에 이용되었다. 최종조립단계에서는 라인흐름 공정이 이용되었는데 일곱 개의 작업장으로 구성되어 4일마다 다음 작업장으로 이송되었다. 생산 중에도 고객이나 엔지니어링으로부터 변경요청이 들어오게 된다. 767의 경우 총 12,000건의 변경요청이 있었다. 변경요청이 들어오면 스케줄과 비용에의 효과를 검토하고 실행계획이 세워지게 된다. 실행은 다음의 세 가지 중 한 가지로 이루어진다.

실행방법 중 첫째는 생산의 정상적인 흐름을 유지한 채로 변경을 실행하는 것, 둘째는 변경을 하지 않고 작업을 한 뒤에 새로운 부품으로 교체하는 방법, 셋째는 정상적인 생산흐름 이외로 추가적으로 작업자를 투여하여 변경을 하는 방법 등이다. 제작과정에서는 학습효과를 적용하여 항공기의 제작수가 늘어날수록 작업시간을 단축한다.

조종실 변경 건

생산이 시작된 후에 2명 탑승 조종실에 대한 승인이 이루어져 현재 공정 중인 30대의 항공기의 조종실을 교체할 필요가 있었으며 거의 모든 항공사들이 2명 탑승 조종실을 원하고 있다. 조종실의 변경을 다음의 두 가지 중에서 선택하려고 한다. 하나는 현재의 계획대로 3명 탑승 조종실로 조립을 완료한 후에 2명 탑승 조종실로 교체하는 방법이고 다른 하나는 생산 중에 교체하는 방법이다.

현재의 계획대로 3명 탑승 조종실로 조립을 완료한 후에 조종실을 교체하는 방법은 생산의 지연 없이 예정대로 진행되며 학습효과나 스케줄에 혼란이 없을 것이며, 조종실 교체는 정규적인 생산과는 별도로 교체 전문가에게 맡기면 된다. 이 방법을 이용하면 1백만 노동시간이 추가적으로 요구된다. 이 방법의 장점은 항공기의 주요 기능들을 최종조립단계에서 테스트를 할 수 있으며, 문제가 있는 부분은 즉시 수정이 가능하다. 따라서 나중에 조종실이 변경되어 문제가 생기게 되면 그 문제는 조종실에 국한된다는 것이다. 그러나 이 방법의 단점은 조종실 변경이 제대로 되지 않으면 항공기의 운항시스템에 혼란을 초래할 수 있으며, 교체를 할 장소도 없다는 것이다.

생산과정 중에서 변경하는 방법의 경우 3명 탑승 조종실과 관련된 것에 대한 설치는 중단되며 다른 섹션에 대한 공정은 지속된다. 2명 탑승 조종실이 완성되면 생산공정 중에 포함시킨다. 이 방법의 장점은 다른 변경요청이 있을 시에도 이용되는 방법이라는 것과 부품이 한 번만 설치된다는 것 그리고 변경을 위한 새로운 프로그램이 필요한 것이 아니고 정규적인 절차에서 통제된다는 점이다. 이 방법의 단점은 2백만 노동시간이 추가적으로 필요하다는 것, 초기의 계획에 혼란이 있다는 것, 학습효과에도 혼란이 있다는 것, 조종실이 설치될 때까지 기능별 테스트를 할 수 없다는 것, 문제점이 드러나지 않고 숨겨져 있을 가능성이 있다는 것 등이다.

앞의 사례에서 생각해 보아야 할 주요한 포인트는 다음과 같다.

- 보잉의 프로젝트 관리단계에 대하여 살펴보라.
- 프로젝트 관리에 있어서 보잉의 특성(예 팀워크)에 대하여 살펴보라.
- 학습효과(learning effects)란 무엇인가?
- 파라미터추정기법에 대하여 알아보라.
- 보잉은 조종실 교체를 위해 어떤 방법을 택해야 하는가?

<출처 : 1) 전략적 운영관리, pp.266-270, 2003,
2) 보잉사 홈페이지>

프로젝트는 일반적인 제품이나 서비스와는 달리 복잡하고 장시간이 소요되는 일회성의 사업으로서 일정계획 수립이나 관리에 있어서도 상당한 차이가 있다. 본장에서는 프로젝트의 비용 및 시간적 제약조건을 충족시키는 데 도움이 되는 프로젝트의 관리기법에 대하여 살펴본다.

본장에서 다룰 내용은 다음과 같다.

- 프로젝트 관리란?
- 간트 차트는 언제 이용되나?
- PERT/CPM기법이란 무엇인가?
- PERT와 CPM의 차이는?
- 주경로는 어떻게 결정되나?
- 프로젝트의 완료확률은 어떻게 산출되나?
- CPM에 의한 시간과 비용과의 관계분석이란?

프로젝트 관리의 개념

프로젝트(project)란 내용이 복잡하고 장시간이 소요되며 투자규모가 큰 단일 사업을 완료하는 데 관련된 일련의 작업이나 활동이라고 정의할 수 있다. 즉, 프로젝트는 특정목적을 달성하기 위해 상호 연관된 많은 활동으로 구성되어져 있다. 일반적으로 프로젝트는 비반복적이며 1회적인 성격을 가지고 있으며, 빌딩, 댐, 교량, 주택 등의 건설공사, 선박, 항공기, 대형기계 등의 제작, 신제품개발, 새로운 시스템 또는 공정의 도입 등이 프로젝트의 예이다.

프로젝트 관리(project management)는 프로젝트의 비용 및 시간적 제약조건을 충족시키기 위해서 인력, 설비, 자재 등의 자원을 계획 및 통제하는 활동이다.

간트 차트

가장 간편하게 프로젝트의 일정을 계획할 수 있는 방법인 간트 차트는 1918년 간트(H. Gantt)에 의해서 개발되었다. 이 차트는 프로젝트의 활동, 활동시간, 그리고 활동 간의 선행관계를 매우 간단하게 설명할 수 있다.

예를 들어, 가옥수리를 하는 프로젝트를 계획한다고 가정하고 가옥수리에 요구되는 활동에 대한 내용, 활동 간의 선행관계 및 각 활동의 소요시간이 <표 11. 1>과 같다고 하자.

〈표 11. 1〉 가옥수리 프로젝트

활 동	내 용	선행활동	추정소요시간(주)
A	자재구입	–	2
B	기초공사	A	2
C	내부공사	B	3
D	외부공사	B	6
E	마무리공사	C, D	2

이러한 프로젝트에 대한 계획은 간트 차트를 이용하면 편리하다. 간트 차트에서는 각 활동은 그림의 왼쪽 위에서 아래로 표시되어 있고, 수평축은 시간을 나타낸다. 한편, 각 활동의 소요시간은 막대의 길이로 표시된다. 활동이 완료되

그림 11.1 | 가옥수리 프로젝트의 간트 차트

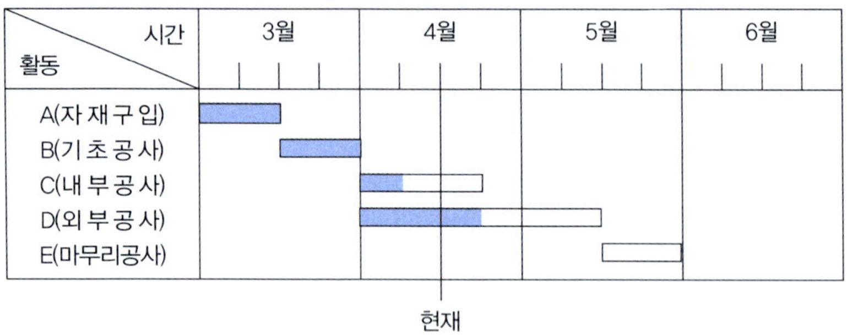

면 [그림 11. 1]에서와 같이 막대를 음영 혹은 빗금을 쳐서 나타낸다. 활동시간을 나타내는 막대의 음영을 살펴보면 각 활동의 진행상황을 쉽게 확인할 수 있다. 현재가 4월 둘째 주라면 내부공사는 예정보다 1주일이 늦은 것이고 외부공사는 예정보다 1주일이 빨리 공사가 진행됨을 알 수 있다. 이렇게 간트 차트가 편리함에도 불구하고 아주 복잡한 네트워크를 분석하고자 하는 경우 네트워크에 포함된 많은 활동들의 상호관계를 간트 차트로 나타내기란 쉬운 일이 아니다. 따라서 복잡한 프로젝트의 일정계획은 PERT/CPM을 사용한다.

PERT/CPM의 내용

PERT(program evaluation and review technique)와 CPM(critical path method)은 프로젝트를 효율적으로 계획 및 통제하기 위해 개발된 기법으로 전체 프로젝트를 완료하는 데 걸리는 시간, 프로젝트를 완료하는 데 소요되는 시간이 가장 긴 주경로(critical path)의 확인, 프로젝트를 특정시간 내에 완료할 확률, 최소의 비용으로 프로젝트를 단축하는 방법 등에 대한 분석이 가능하다.

PERT는 1958년 미해군이 포라리스(Polaris)미사일 프로젝트를 위한 계획과 통제를 위해, 부즈, 알렌 및 해밀턴(Booz, Allen and Hamilton) 경영자문회사와 록히드(Lockheed) 항공사의 도움으로 개발한 기법이다. CPM은 1957년 듀퐁(Dupont)사의 워커(M. Walker)와 래밍톤랜드(Ramington Rand)사의 캘리(J. Kelly)의 공동연구로 화학공장을 정비하는 일정계획의 도구로서 개발된 기법이다.

PERT는 각 활동의 완료시간이 불확실한 경우에 프로젝트의 일정계획을 수립하기 위한 확률적 기법(probabilistic technique)에 속하며, 이 기법을 이용하여 주어진 기간내에 전체 프로젝트를 완성하게 될 확률을 구할 수 있다. 반면에 CPM은 각 활동의 완료시간을 확정적으로 알고 있는 프로젝트의 일정계획수립을 위한 확정적 기법(deterministic technique)이며, 이 기법을 이용하여 프로젝트의 여러 활동에 대한 시간과 비용과의 관계분석을 할 수 있다. PERT와 CPM의 차이는 프로젝트를 구성하는 각 활동을 완료하는 데 걸리는 시간에 대한 시각 차이에서 비롯된다. CPM은 활동의 완료시간을 확정적으로 보는 것이고 PERT는 활동의 완료시간을 확률적으로 보는 것이다. 그러나 접근방법에 있어서는 별 차이가 없으므로 PERT/CPM 기법으로 묶어서 사용한다.

PERT/CPM을 적용할 때 사용되는 절차는 다음과 같다.

① 프로젝트에 포함되는 모든 활동을 규정한다.
② 각 활동에 소요되는 시간 및 비용을 추정한다.
③ 활동의 선후관계를 결정한다.
④ 모든 활동을 연결하는 네트워크를 작성한다.
⑤ 주공정을 발견한다.
⑥ 해당 프로젝트를 계획 · 조정 및 통제하는 데 네트워크를 이용한다.

PERT/CPM에 의한 관리

PERT/CPM 네트워크

PERT/CPM 네트워크란 특정 프로젝트를 구성하는 활동들의 선후관계를 고려하여 마디(node)와 가지(branch)로 연결하는 것이다. 이것을 예를 들어 설명하면 다음과 같다.

프로젝트(신제품 개발)를 분석한 결과 <표 11. 2>와 같은 활동들로 구성되어 있다고 가정하고 프로젝트를 완료하는 데 걸리는 시간, 각 활동의 시작시간과 완료시간, 완료가 지연되는 경우 프로젝트 완료에 지장을 주는 활동을 파악하려고 한다.

〈표 11. 2〉 신제품개발 프로젝트에 관련된 활동

활 동	내 용	선행활동	소요기간(주)
A	제품설계	–	8
B	중간조립품 X제작	A	6
C	중간조립품 Y제작	A	4
D	중간조립품 X시험	B	5
E	중간조립품 Y시험	C	3
F	최종조립	D, E	2

선행활동이란 그 활동을 시작하기 전에 끝마쳐야 되는 활동을 말한다. 활동 B와 C는 활동 A인 제품설계를 먼저 해야 하기 때문에 활동 A는 활동 B와 C의 선행활동이 된다. 마찬가지로 활동 D와 E는 활동 F에 앞서 완료되어야 한다.

신제품개발 프로젝트와 관련된 활동의 네트워크를 작성하면 [그림 11. 2]와 같다. 그림의 네트워크에서 원을 마디라고 하는데 이것은 이벤트(event)를 나타내는 것이며, 화살표는 가지라고 하며 활동을 나타낸다. 이와 같이 네트워크는 활동의 시작과 완료 및 전체 활동들의 선후관계를 효과적으로 나타내는 데 이용된다.

선행활동에 따라 네트워크는 다음과 같은 단계로 작성된다.

① 단계 1: 선행활동

활동 A를 네트워크로 표시하면 다음과 같다.

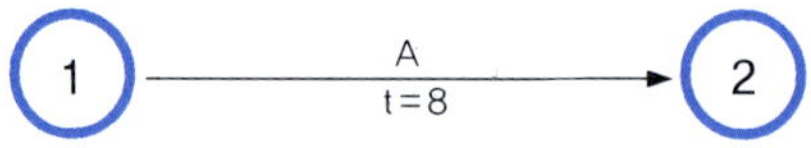

② 단계 2: 선행활동과의 전후 네트워크 작성

위의 네트워크는 활동 A가 단계 1에서 시작하여 단계 2에서 완료됨을 나타내고 소요예정시간(t)이 8주라는 것을 표시하고 있다. 한편 활동 A는 활동 B와 C의 선행활동인데 이 관계를 네트워크로 표시하면 다음과 같다.

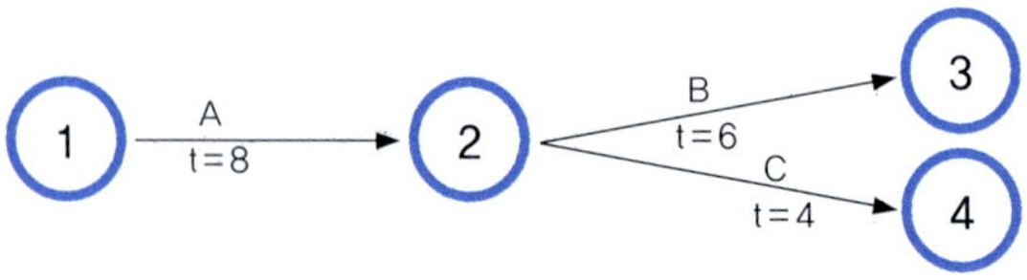

원 안에 기입된 숫자는 특별한 의미가 없으며 단지 활동의 시작이나 완료 및 전체 활동들의 선후관계를 보다 효과적으로 나타내는 데 이용된다. 이상과 같은 과정을 반복하여 전체 네트워크를 작성하면 [그림 11. 2]와 같다.

그림 11. 2 | 신제품개발 프로젝트 네트워크

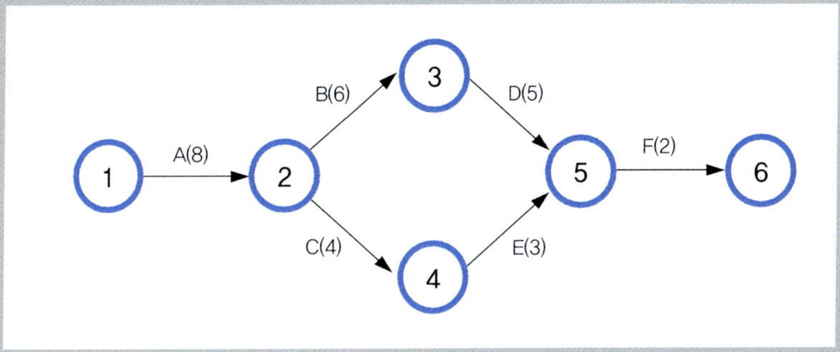

* ( )안의 숫자는 소요시간을 나타냄.

주경로

프로젝트를 완료하는 데 걸리는 시간, 활동의 완료가 지연되는 경우 프로젝트의 완료에 지장을 주는 활동 등에 대하여 분석하기 위해서는 주경로(critical path)에 대한 분석이 필요하다. 예를 들어, 앞의 프로젝트에 포함된 6개의 활동에 대한 총작업시간은 28주이나 몇 가지 활동들은 동시에 수행할 수 있기 때문에 전체 프로젝트 완료시간은 이보다 단축될 수 있다. 이 경우에 전체 프로젝트를 완료하는 데 소요되는 시간을 추정하기 위해서는 네트워크에 대한 주경로분석을 수행해야 한다.

주경로란 프로젝트를 완료하는 데 소요되는 시간이 가장 긴 경로를 의미하고 주경로상에 있는 활동을 주활동(critical activity)이라 한다. 만일 프로젝트의 완료시간을 단축하려면 주경로상에 있는 어느 활동의 완료시간을 단축시켜야 한다. 반대로 주경로상의 어느 활동이 지연될 경우 전체 프로젝트의 완료에 지연을 초래하게 된다.

주경로의 결정

① 열거법에 의한 주경로 계산법

[그림 11. 2]에는 <표 11. 3>과 같이 두 개의 경로가 있다. 프로젝트가 완료되기 위해서는 모든 경로가 완료되어야 하므로 네트워크의 경로 중에서 가장 긴 시간이 소요되는 경로, 즉 최장경로가 주경로가 되고 프로젝트의 완료시간은 최장경로의 소요시간이다.

〈표 11. 3〉 열거법에 의한 주경로

경 로	소요시간
A − B − D − F	8+6+5+2=21 ← 주경로
A − C − E − F	8+4+3+2=17

위의 프로젝트의 완료시간을 단축하려면 주경로상에 있는 어느 활동의 완료시간을 단축시켜야 되는데, 예를 들어, 활동 B가 예정소요시간인 6주보다 지연되어 8주에 완료되면 프로젝트는 23주에 완성되게 되고 반대로 예정소요시간인 6주보다 빠른 4주에 완료되면 프로젝트는 19주에 완성되게 된다. 그러나 주 경로상의 활동이 아닌 활동 C가 예정소요시간인 4주보다 지연되어 6주에 완료되든지, 반대로 예정소요시간인 4주보다 빠른 2주에 완료되더라도 프로젝트 완료시간에는 영향을 미치지 않아 21주에 완성되게 된다.

열거법은 모든 경로를 찾아야 하므로 활동이 많은 프로젝트에서는 사용하기가 곤란하다. 따라서 일반적으로 주경로를 찾기 위해서는 다음의 방법을 사용한다.

② 활동시간에 의한 주경로 계산법

주경로를 발견하기 위해서는 네트워크의 각 활동에 대해 다음과 같은 값을 계산해야 한다.

- ES(earliest start time) : 선행활동의 요구조건을 충족시키면서 활동을 가장 빨리 착수할 수 있는 시간
- EF(earliest finish time) : 선행활동의 요구조건을 충족시키면서 활동을 가장 빨리 완료할 수 있는 시간
- LS(latest start time) : 전체 프로젝트를 지연시키지 않고 활동을 가장 늦게

시작할 수 있는 시간

- LF(latest finish time) : 전체 프로젝트를 지연시키지 않고 활동을 가장 늦게 완료할 수 있는 시간

ES와 EF의 계산

각 활동에 대한 ES와 EF를 계산하기 위해서는 네트워크의 원점(origin)에서부터 출발해야 한다. 원점에서의 출발시간은 항상 0으로 놓는다. 따라서 활동 A의 ES는 0이 된다. 각 활동의 ES와 EF는 다음과 같이 구한다.

ES = 선행활동들의 EF값 중에서 가장 큰 값
EF = ES + 소요시간

- 활동 A의 선행활동은 없으므로 ES=0, EF=0+8=8이 된다.
- 활동 B의 선행활동은 활동 A이므로 활동 A의 완료시간인 EF가 활동 B의 ES가 된다. 따라서 활동 B의 ES=8, EF=8+6=14가 된다.
- 활동 C의 선행활동은 활동 A이므로 활동 A의 완료시간인 EF가 활동 C의 ES가 된다. 따라서 활동 C의 ES=8, EF=8+4=12가 된다
- 활동 D의 선행활동은 활동 B이므로 활동 B의 완료시간인 EF가 활동 D의 ES가 된다. 따라서 활동 D의 ES=14, EF=14+5=19가 된다.
- 활동 E의 선행활동은 활동 C이므로 활동 C의 완료시간인 EF가 활동 E의 ES가 된다. 따라서 활동 E의 ES=12, EF=12+3=15가 된다.
- 활동 F는 선행활동인 D와 E가 모두 끝나야 시작할 수 있으므로 D와 E 중에서 늦게 끝나는 활동의 종료시간, 즉 선행활동의 EF값 중 큰 것이 F의 시작시간이 된다. 그러므로 활동 F의 ES=19, EF=19+2=21이 된다.

이와 같이 계산된 각 활동의 ES와 EF는 <표 11. 4>와 [그림 11. 3]에 나타나 있다.

〈표 11.4〉 각 활동의 ES와 EF

활동	선행활동	ES(선행활동의 EF 중에서 큰 값)	EF(ES+t)
A	–	0	0+8=8
B	A	선행활동 A의 EF값=8	8+6=14
C	A	선행활동 A의 EF값=8	8+4=12
D	B	선행활동 B의 EF값=14	14+5=19
E	C	선행활동 C의 EF값=12	12+3=15
F	D,E	선행활동 D의 EF값(19)과 E의 EF값(15) 중에서 큰값 = 19	19+2=21

그림 11.3 | 각 활동의 ES와 EF가 표시된 네트워크

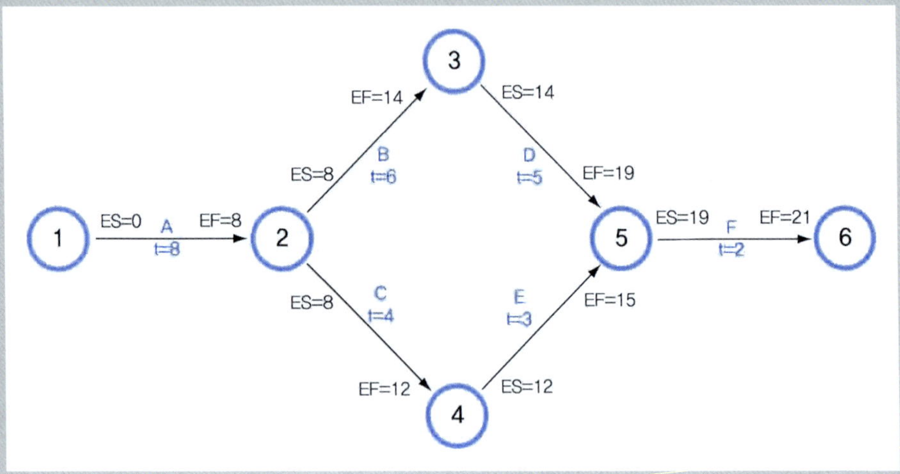

지금까지 살펴본 바와 같이 모든 활동에 대한 ES와 EF를 구하는 데에는 네트워크의 원점에서 출발하여 종점을 연결하는 소위 전진적 연산(forward-pass) 개념이 이용된다.

LS와 LF의 계산

각 활동에 대한 LS와 LF는 네트워크의 종점에서 출발하여 원점으로 거슬러 올라가는 후진적 연산(backward-pass) 개념을 적용한다. 먼저 최종활동의 LF값은 최종활동의 EF값으로 정한다. 여기서는 최종활동 F의 LF=EF=21을 부여한다. 일단 LF가 산출되면 다음의 식을 이용하여 LS를 계산할 수 있다.

LF = 후속활동들의 LS 중에서 가장 작은 값

LS = LF − 소요시간

- 활동 F에 대한 LF가 21이므로 이 활동에 대한 LS=21−2=19가 된다.
- 활동 D와 E의 후속활동은 F이므로 활동 F의 LS가 활동 D와 E의 LF값이 된다. 따라서 활동 D의 LF=19, LS=19−5=14가 되고, 활동 E의 LF=19, LS=19−3=16이 된다.
- 활동 B의 후속활동은 활동 D이므로 활동 D의 LS가 활동 B의 LF가 된다. 따라서 활동 B의 LF=14, LS=14−6=8이 된다.
- 활동 C의 후속활동은 활동 E이므로 활동 E의 LS가 활동 C의 LF가 된다. 따라서 활동 C의 LF=16, LS=16−4=12가 된다.
- 활동 A의 후속활동은 B와 C이기 때문에 B의 LS=8과 C의 LS=12 중에서 최소값인 8이 A의 LF가 된다. 활동 A의 LS=8−8=0이 된다.

이상과 같은 방법으로 ABC 회사 프로젝트의 모든 활동에 대한 LS와 LF를 계산하면 <표 11. 5>와 [그림 11. 4]와 같다.

〈표 11. 5〉 각 활동의 LS와 LF

활동	후속활동	LF(후속활동의 LS 중에서 작은 값)	LS(LF − t)
F	–	21	21–2=19
E	F	후속활동 F의 LS값=19	19–3=16
D	F	후속활동 F의 LS값=19	19–5=14
C	E	후속활동 E의 LS값=16	16–4=12
B	D	후속활동 D의 LS값=14	14–6=8
A	B,C	후속활동 B의 LS값(8)과 C의 LS값(12) 중에서 작은값 = 8	8–8=0

그림 11. 4 | 각 활동의 LS와 LF가 표시된 네트워크

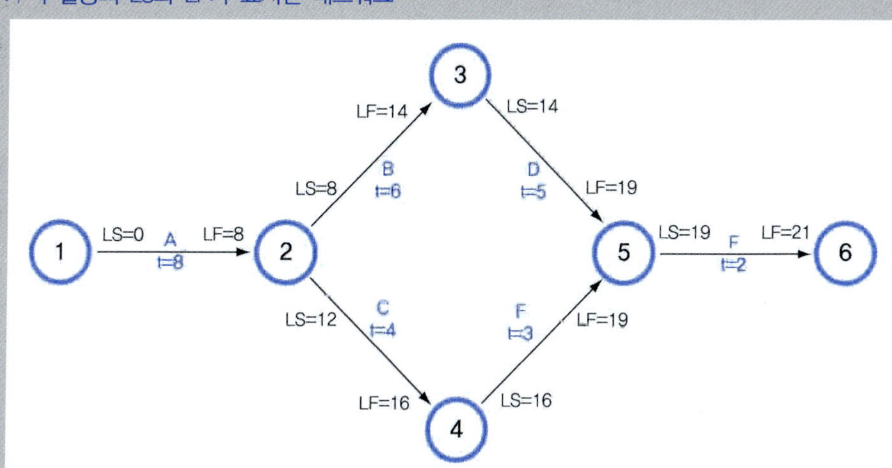

여유시간 및 주경로의 산출

여유시간(slack time)이란 전체 프로젝트의 지연을 초래하지 않고 각 활동을 지연할 수 있는 시간을 의미한다. 여유시간을 식으로 나타내면 다음과 같다.

$$여유시간 = LS - ES = LF - EF$$

<표 11. 6>은 프로젝트의 모든 활동에 대해 ES, EF, LS, LF 및 여유시간을 계산한 것이다. C의 경우 LS－ES＝12－8＝4 혹은 LF－EF＝16－12＝4이므로 이 활동의 여유시간은 4주일이 된다. 이는 활동 C가 4주간 지연된다고 해도 전체 프로젝트의 완료시간에는 영향을 미치지 않는다는 것을 의미한다.

〈표 11. 6〉 활동시간에 의한 주경로 결정

활동	소요시간	ES	EF	LS	LF	여유시간	주경로
A	8	0	8	0	8	0	☆
B	6	8	14	8	14	0	☆
C	4	8	12	12	16	4	
D	5	14	19	14	19	0	☆
E	3	12	15	16	19	4	
F	2	19	21	19	21	0	☆

한편, 활동 A, B, D 및 F는 여유시간이 전혀 없으며 따라서 이 중 어느 하나의 활동이 지연되면 전체 프로젝트의 지연을 초래하게 된다. 때문에 이와 같은 활동들을 주활동이라 하고 이 활동들로 이루어진 경로를 주경로라 한다. 주경로상에 있는 활동들의 여유시간은 전부 0이 된다. 즉, 주경로상에 있는 활동들의 LS와 ES 그리고 LF와 EF는 항상 같다. 따라서 여유시간이 전부 0인 경로를 찾으면 그것이 곧 주경로가 된다.

위의 프로젝트의 주경로는 A－B－D－F이고 이 주경로에 따라 프로젝트를 진행할 경우 전체 프로젝트의 완료시간은 A, B, D, F의 소요시간의 합인 21주이다.

가상활동

PERT/CPM 네트워크에서는 두 개 이상의 활동이 동시에 동일한 시작 마디와 끝 마디를 가질 수 없다는 규칙이 있다. 이를 위해 가상활동(dummy activity)의 도입이 필요하다. 가상활동이란 시간을 전혀 소비하지 않는 활동으로서 단지 네트워크가 논리적 선행관계를 유지하기 위한 목적으로 도입된다.

예를 들어, <표 11. 7>과 같은 활동과 선후관계가 있다고 가정하고 네트워크를 그리면 [그림 11. 5]와 같다. [그림 11. 5]에서는 활동과의 선후관계는 나타낼 수 있지만 활동 B와 C는 동시에 동일한 시작 마디와 끝 마디를 가질 수 없다는 규칙에 위반되기 때문에 [그림 11. 6]과 같이 수정하여야 한다. 여기서 점선은 가상활동을 나타낸다.

〈표 11. 7〉 가상활동이 필요한 프로젝트의 예 Ⅰ

활동	선행활동
A	–
B	A
C	A
D	B, C

그림 11. 5 | 〈표 11. 7〉의 네트워크

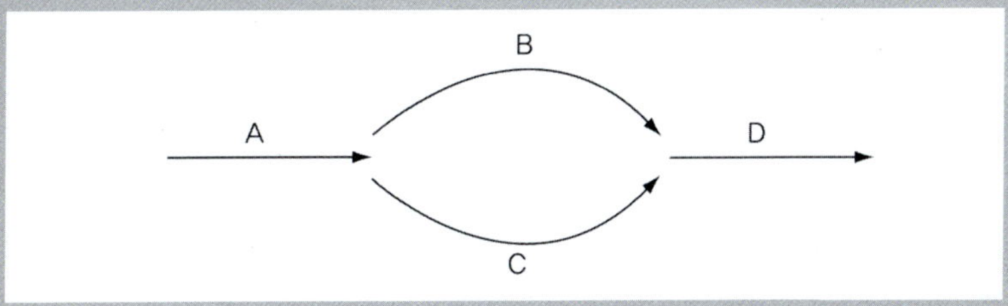

그림 11. 6 | 가상활동이 추가된 네트워크

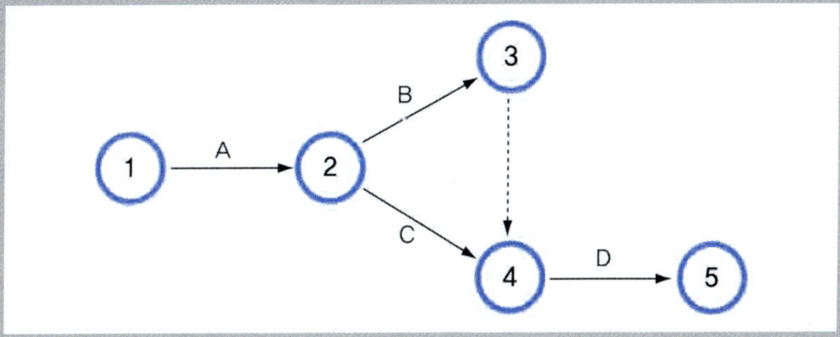

<표 11. 8>과 같은 활동과 선후관계가 있다고 가정하고 네트워크를 그리면 [그림 11. 7]과 같다.

〈표 11. 8〉 가상활동이 필요한 프로젝트의 예 II

활동	선행활동
A	–
B	A
C	A
D	B, C
E	B

그림 11. 7 | 〈표 11. 8〉의 네트워크

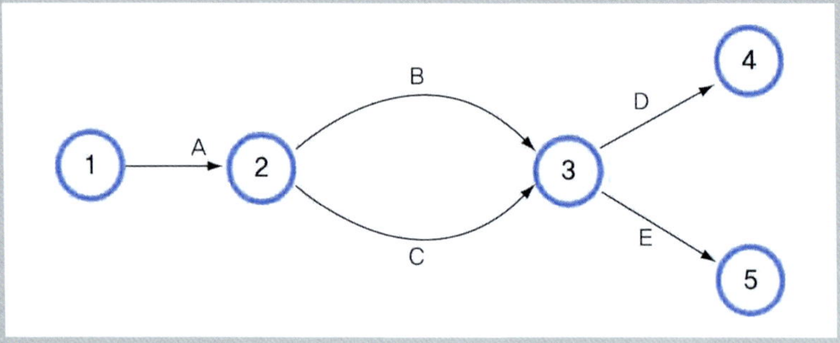

[그림 11. 7]에서는 활동과의 선후관계를 나타내지 못하고 있다. 활동 D의 선행활동은 B와 C가 맞지만 활동 E의 선행활동은 B뿐이지만 [그림 11. 7]에서는 B와 C가 동시에 선행활동인 것으로 표시되어 있다. 이런 경우에는 가상활동을 이용하여 활동 B와 C가 동일한 시작 및 완료마디를 갖지 못하도록 하고 활동간의 선후관계를 갖도록 하기 위해 가상활동을 삽입하여 [그림 11. 8]과 같이 올바르게 표시할 수 있다.

그림 11. 8 | 가상활동이 추가된 네트워크 II

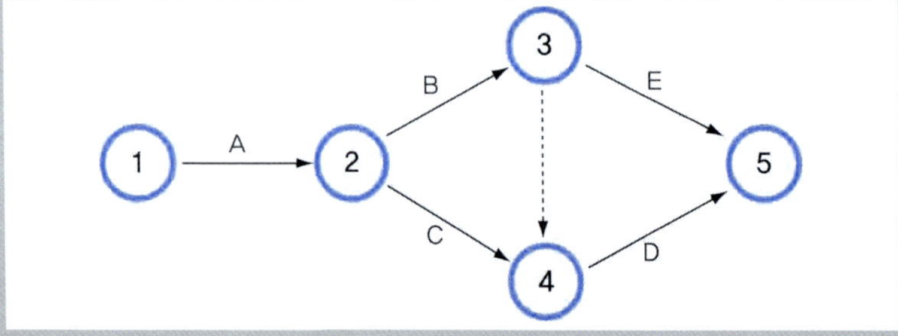

그림 11.9 | 가상활동이 추가된 네트워크

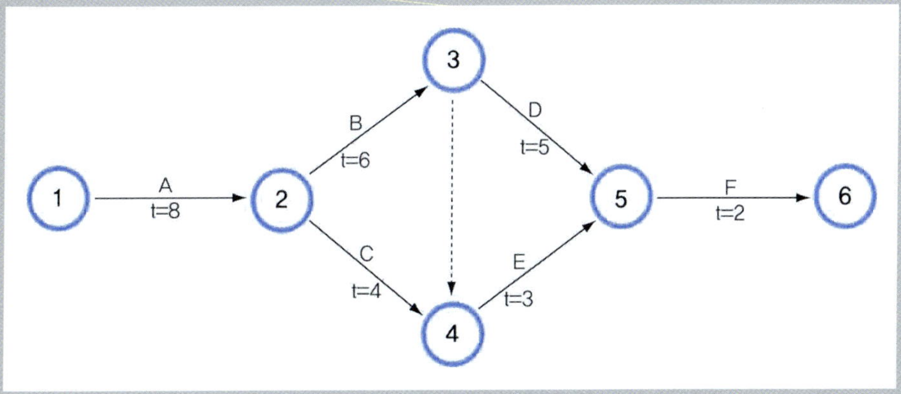

<표 11.2>의 프로젝트문제에서 활동 E의 선행활동이 활동 C인데, 만일 활동 E를 착수하기 전에 활동 C와 함께 활동 B도 완료되어야 한다고 가정하자. 이러한 경우에도 활동 B와 C가 동일한 시작 및 완료마디를 갖지 못하도록 하고 활동과 단계가 정확한 순서를 갖도록 하기 위해 가상활동을 삽입한다. 이것을 네트워크로 표시하면 [그림 11.9]와 같다.

PERT의 활동시간 추정 및 완료확률의 계산

활동시간 추정

CPM에서는 활동의 소요시간이 알려져 있다고 가정하나, 실제로 여러 활동을 완료하는 데 걸리는 시간은 불확실하다. 이와 같이 활동시간을 확실하게 알 수 없는 경우에는 정확한 하나의 값으로 시간을 추정한다는 것은 어려운 일이다. 따라서 PERT에서는 각 활동에 대해 다음과 같은 세 가지 시간 추정치를 기초로 하여 하나의 시간 추정치를 계산한다.

- **낙관시간**(optimistic time : a) : 모든 상황이 최상으로 진행될 경우에 소요될 최단시간
- **최빈시간**(most likely time : m) : 정상적인 조건하에서 가장 흔히 발생하는

최빈시간

- 비관시간(pessimistic time : b) : 모든 상황이 최악으로 진행될 경우에 소요될 최장시간

PERT에서 각 활동의 활동시간은 베타분포(beta distribution)를 가진다고 가정하며, 베타분포에 근거하여 활동을 완료하는 데 소요되는 시간의 평균(t)과 분산(σ^2)은 다음과 같다.

〈표 11.9〉 프로젝트 활동시간의 추정

활 동	낙관시간(a)	최빈시간(m)	비관시간(b)	평균(t)	분산(σ^2)
A	7	8	9	8	4/36
B	4	6	8	6	16/36
C	2	4	6	4	16/36
D	2	5	8	5	36/36
E	2	3	4	3	4/36
F	1	2	3	2	4/36

$$t = \frac{a+4m+b}{6}$$

$$\sigma^2 = \left(\frac{b-a}{6}\right)^2$$

<표 11.9>에는 프로젝트의 각 활동에 대한 낙관시간, 최빈시간 및 비관시간과 위의 식을 이용하여 각 활동에 대한 기대시간과 분산이 계산되어 있다. 이렇게 계산된 기대시간을 각 활동의 소요시간으로 이용하는 것이다.

프로젝트의 완료확률

일부 활동에 대한 시간추정치에 변동이 있을 경우, 특히 주경로상의 활동들의 소요시간에 변동이 있을 경우에는 전체 프로젝트의 완료에 영향을 미칠 수 있으므로 특정기간 내에 프로젝트를 완료할 확률에 관심을 가지게 된다.

PERT에서는 전체 프로젝트의 완료에 걸리는 시간에 대한 분산은 주경로상의 활동들의 분산을 단순히 합한 것과 같다.

$$\text{프로젝트의 분산}(\sigma_r^2) = \Sigma\ \text{주활동의 분산}$$

$$\text{프로젝트의 표준편차}(\sigma_\gamma) = \sqrt{\text{프로젝트의 분산}}$$

따라서 활동 A, B, D, F의 분산의 합, 즉 $\frac{60}{36}$(4/36+16/36+36/36+4/36)이 프로젝트 완료에 걸리는 시간에 대한 분산이 되며, 표준편차는 ($\sqrt{\frac{60}{36}}=1.291$)이다. 이 자료와 앞서 프로젝트 완료에 걸리는 시간은 21주이었음을 이용하여 (프로젝트의 완료시간은 정규분포를 따른다고 가정하고) 프로젝트를 23주 이내에 완료할 확률을 구해보면 다음과 같다.

$$P(\text{완료시간} \leq 23) = P\left(Z \leq \frac{\text{예상완료시간} - \text{평균완료시간}}{\text{표준편차}}\right)$$
$$= P\left(Z \leq \frac{23-21}{1.291}\right)$$
$$= P(Z \leq 1.55)$$

부록의 표준정규분포표를 이용하여 Z가 1.55일 경우의 확률은 0.4394이다. 따라서 23주 이내에 완료할 수 있는 확률은 [그림 11. 10]에서 보는 것과 같이 약 0.94(0.5+0.4394) 즉, 94%이다.

그림 11. 10 | 프로젝트 완료 확률 계산

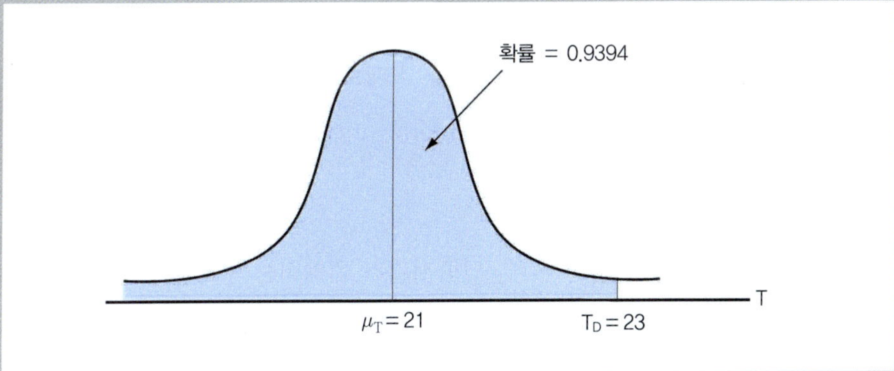

CPM의 시간과 비용의 관계분석

지금까지 설명한 PERT는 활동을 완료하는 데 소요되는 시간만을 고려하여 프로젝트의 일정계획을 수립하였다. 그러나 노동력, 시설 및 자재 등의 자원을 추가로 투입하여 활동을 단축시키면 전체 프로젝트의 완료시간을 단축시킬 수 있기 때문에 시간과 비용 사이의 보상관계(trade-off)를 검토함으로써 최소비용으로 프로젝트기간을 단축할 수 있는 방법을 찾아야 한다.

시간과 비용분석에 있어서 다음과 같은 두 가지 유형의 활동시간과 비용에 대한 정보가 필요하다.

- 정상시간(normal time) : 정상적인 조건에서 활동을 수행하는 데 소요되는 시간
- 정상비용(normal cost) : 활동을 정상시간에 완료하는 데 소요되는 비용
- 속성시간(crash time) : 자원을 추가로 투입하였을 경우에 활동을 수행하는 데 소요되는 최소한의 시간
- 속성비용(crash cost) : 속성시간으로 활동을 완료하는 데에 소요되는 비용

각 활동별로 단위시간당 단축비용을 아래와 같이 계산하여 추가비용을 최소화하면서 프로젝트 완료시간을 최대로 단축시키는 방안을 찾아야 한다.

$$\text{단위시간당 단축비용} = \frac{\text{속성비용} - \text{정상비용}}{\text{정상시간} - \text{속성시간}}$$

프로젝트의 완료시간을 단축시키기 위해서는 주경로상의 활동들의 완료시간을 단축시켜야만 한다. 예를 들어, 활동 B의 정상시간이 6주, 정상비용이 2,000만 원이고, 속성시간은 4주, 속성비용은 2,400만 원이라 가정하면, 1주일을 단축하는 데는 평균 200만 원의 추가비용이 소요된다.

<표 11. 10>과 같은 자료가 있다고 가정하고 최소의 추가비용으로 프로젝트 완료시간을 최대로 단축시키는 방안을 찾아보기로 한다.

① 단계 1

정상시간에 의한 주경로(A-B-D-F)상에 있는 활동들 중 최소의 주당 추가비용을 갖는 활동을 찾아 주경로가 변경되지 않는 범위 내에서 단축한다. <표

〈표 11. 10〉 각 활동의 시간과 비용

활동	시간(주)		비용(백만)		주당 단축비용 (백만)
	정상	속성	정상	속성	
A	8	6	30	40	5
B	6	4	20	24	2
C	4	3	15	16	1
D	5	2	10	13	1
E	3	2	5	7	2
F	2	2	20	20	–
			100	120	

11. 10>을 보면 활동 D가 가장 적은 비용(100만 원)을 가지므로 이 활동을 단축한다. 단축시킬 수 있는 최대의 시간은 3주이다. 따라서 단축비용 300만 원을 추가로 투입하여 C를 3주 단축하면 총완료시간은 18주이다. 단계 1에서의 각 경로와 소요시간은 다음과 같다.

단계	단축활동	단축시간	단축비용(백만)	경로	소요시간
2	D	3	3	A–B–D–F	18
				A–C–E–F	17

② 단계 2

단계 1에서는 아직 주경로는 변하지 않았다. 따라서 주경로상의 활동 중에서 단축비용이 가장 적은 활동 B를 1주 단축한다. 활동 B는 2주 단축할 수 있지만, 2주를 단축하면 A–B–D–F의 소요시간이 16시간이 되어 A–C–E–F가 주경로가 되므로 주경로가 바뀌는 것을 방지하기 위하여 B를 1주만 단축한다. 단축비용 200만 원을 추가로 투입하여 활동 B를 1주 단축하면 소요시간이 17시간이 되어 주경로는 A–B–D–F와 A–C–E–F가 된다. 단계 2에서의 각 경로와 소요시간은 다음과 같다.

단계	단축활동	단축시간	단축비용(백만)	경로	소요시간
3	B	1	2	A–B–D–F	17
				A–C–E–F	17

③ 단계 3

주경로가 2개 이상인 경우에는 각 주경로를 동시에 단축시켜야 한다. 그러므로 활동 B를 1주 단축하고 활동 C를 1주 단축해야 한다. 이 경우 프로젝트의 완료시간은 16주로 감소되고 단축비용은 300만 원이 추가로 투입된다. 단계 3에서의 각 경로와 소요시간은 다음과 같다.

단계	단축활동	단축시간	단축비용(백만)	경로	소요시간
4	B C	1 1	2 1	A-B-D-F A-C-E-F	16 16

④ 단계 4

이제 활동 A를 2주 단축하면, 단축비용 1,000만 원이 추가로 투입되고 프로젝트의 완료시간은 14주로 단축된다. 단계 4에서의 각 경로와 소요시간은 다음과 같다.

단계	단축활동	단축시간	단축비용(백만)	경로	소요시간
5	A	2	10	A-B-D-F A-C-E-F	14 14

결국 단축비용 1,800만 원을 추가로 투입하여 프로젝트의 완료시간이 21주에서 14주로 단축된다. 주경로상에 있는 모든 활동의 완료시간이 최대한으로 단축되었기 때문에 더 이상 활동들의 완료시간을 단축한다는 것은 아무런 의미가 없다. 예를 들어, 현재의 주경로는 A-B-D-F와 A-C-E-F이기 때문에 활동 E만을 1주 단축시키면 A-C-E-F의 완료시간은 13으로 단축되지만 A-B-D-F의 완료시간은 그대로 14이기 때문에 전체 완료시간은 14주이다. 따라서 활동 E를 단축하더라도 추가비용만 발생할 뿐 프로젝트 완료시간은 더 이상 단축시킬 수 없다.

PERT/CPM에 대한 비판

PERT/CPM은 여러 가지 장점이 있으나 또한 다양한 비판도 있다. 그 비판을 살펴보면 다음과 같다.

① PERT/CPM은 프로젝트의 활동들이 서로 독립적이라고 가정한다. 그러나

어떤 경우에는 어느 활동의 지속기간이 다른 활동의 실행상황 여부에 영향을 받는 경우도 있다.

② PERT/CPM은 하나의 활동이 끝나고 또 다른 활동이 시작하는 정확한 기점이 있다고 가정한다. 그러나 어느 활동은 선행활동이 완료되기 전에 시작될 수도 있다.

③ PERT/CPM은 주경로상의 활동에 너무 초점이 맞추어져 있다. 그러나 주경로상에 없는 활동으로 인하여 지연이 될 수도 있다. 이러한 활동은 주경로상에 나타날 때까지 주의를 받지 않을 경우도 있다.

④ 활동시간의 추정치가 너무 낙관적이거나 비관적으로 흐를 수 있어 PERT/CPM의 유용성이 감소될 수 있다.

⑤ PERT/CPM이 너무 많은 프로젝트에 남용되는 경향이 있다. 때때로 PERT/CPM에 드는 비용만큼의 효과를 볼 수 없으며, 오히려 다른 기법을 사용하는 것이 효율성과 경제성 면에서 더 나은 경우도 있다.

요 약

- 프로젝트란 내용이 복잡하고 장시간이 소요되며 투자규모가 큰 단일사업을 완료하는 데 관련된 일련의 작업이나 활동이라고 정의할 수 있으며, 프로젝트 관리는 프로젝트의 비용 및 시간적 제약조건을 충족시키기 위해서 인력, 설비, 자재 등의 자원을 계획 및 통제하는 활동이다.
- 간트 차트는 1918년에 간트(H. Gantt)에 의해서 개발되었으며 프로젝트의 활동, 활동시간, 그리고 활동들 간의 선행관계를 매우 간단하게 설명할 수 있다.
- PERT와 CPM은 프로젝트를 효율적으로 계획 및 통제하기 위해 개발된 기법으로 전체 프로젝트를 완료하는 데 걸리는 시간, 프로젝트를 완료하는 데 소요되는 시간이 가장 긴 주경로의 확인, 프로젝트를 특정시간 내에 완료할 확률, 최소의 비용으로 프로젝트를 단축하는 방법 등에 대한 분석이 가능하다.
- PERT와 CPM의 차이는 CPM은 활동의 완료시간을 확정적으로 보는 것이고, PERT는 활동의 완료시간을 확률적으로 보는 것이다. 그러나 접근방법에 있어서는 별 차이가 없으므로 PERT/CPM 기법으로 묶어서 사용한다.
- PERT/CPM 네트워크란 특정 프로젝트를 구성하는 활동들의 선후관계를 고려하여 마디(node)와 가지(branch)로 연결하는 것이다.
- 주경로란 프로젝트를 완료하는 데 소요되는 시간이 가장 긴 경로를 의미하고 주경로상에 있는 활동을 주활동이라 한다.
- 주경로를 결정하는 방법에는 열거법에 의한 주경로 계산법과 활동시간에 의한 주경로 계산법이 있다.
- 여유시간(slack time)이란 전체 프로젝트의 지연을 초래하지 않고 각 활동을 지연할 수 있는 시간을 의미하며 여유시간이 전부 0인 경로를 찾으면 그것이 곧 주경로가 된다.
- CPM에서는 활동의 소요시간이 알려져 있다고 가정하나, PERT에서는 각 활동에 대해 낙관시간, 최빈시간, 비관시간의 세 가지 시간 추정치를 기초로 하여 하나의 시간 추정치를 계산한다. PERT를 이용하면 특정시간 내에 프로젝트를 완료할 확률을 구할 수 있다.

- 노동력, 시설 및 자재 등의 자원을 추가로 투입하여 활동을 단축시키면 전체 프로젝트의 완료시간을 단축시킬 수 있기 때문에 시간과 비용 사이의 보상관계를 검토함으로써 최소비용으로 프로젝트 기간을 단축할 수 있는 방법을 찾을 수 있다.

학습문제

1. 프로젝트 관리란 무엇인가?
2. PERT/CPM의 적용절차를 알아보라.
3. PERT/CPM 네트워크는 어떻게 그리는지 살펴보라.
4. 주경로란 무엇이며 어떻게 결정되나?
5. ES, EF, LS, LF를 계산하는 방법을 설명하라.
6. 여유시간이란 무엇인가?
7. PERT와 CPM의 차이점은?
8. PERT에서 세 가지의 시간을 이용하여 하나의 기대시간을 계산하는 방법은?
9. PERT에서 완료하는 데 소요되는 시간의 분산은 어떻게 계산되나?
10. CPM에서 시간과 비용과의 관계분석을 어떻게 하나?

연습문제

1. 다음은 경영자 훈련프로그램의 활동에 관련된 자료이다. 아래의 자료를 이용하여 네트워크를 만들어라.

활동	선행활동
A	–
B	–
C	–
D	B
E	A, D
F	C
G	E, F

2. 다음은 경영자 훈련프로그램의 활동별 소요시간에 대한 자료이다. 이 자료와 [문제 1]에서의 자료를 이용하여 프로젝트를 완료하는 데 걸리는 시간과 주경로를 구하라.

활동	소요시간(일)
A	2
B	5
C	1
D	10
E	3
F	6
G	8

3. 다음은 어느 기계를 만드는 활동에 관련된 자료이다. 네트워크를 만들어라.

활동	선행활동
A	–
B	–
C	A
D	A
E	B
F	B
G	C, E
H	D, F

4. 아래의 활동별 소요시간 자료와 [문제 3]의 자료를 이용하여 ES, EF, LS, LF, 여유시간을 구하고 프로젝트 완료에 걸리는 시간과 주경로를 결정하라.

활동	소요시간(주)
A	6
B	5
C	3
D	2
E	4
F	6
G	10
H	7

5. 아래의 자료를 이용하여 프로젝트를 완료하는 데 걸리는 시간과 주경로를 결정하고, 또한 ES, EF, LS, LF, 여유시간을 결정하라. 그리고 프로젝트를 40일 이내에 마칠 확률을 구하라.

(단위: 일)

활동	a	m	b	선행활동
A	3	6	8	–
B	2	4	4	–
C	1	2	3	–
D	6	7	8	C
E	2	4	6	B, D
F	6	10	14	A, E
G	1	2	4	A, E
H	3	6	9	F
I	10	11	12	G
J	14	16	20	C
K	2	8	10	H, I

6. 다음의 자료는 어느 프로젝트의 활동에 관련된 자료이다. 완료시간 및 주경로를 결정하라.

(단위: 주)

활동	선행활동	a	m	b
A	–	4	6	7
B	–	1	2	3
C	A	6	6	6
D	A	5	8	11

E	B, C	1	9	18
F	D	2	3	6
G	D	1	7	8
H	E, F	4	4	6
I	G, H	1	6	8
J	I	2	5	7
K	I	8	9	11
L	J	2	4	6
M	K	1	2	3
N	L, M	6	8	10

7. 다음은 어느 프로젝트의 활동에 관련된 자료이다. 완료시간, 주경로를 결정하고, 프로젝트를 70일 이내에 완료할 수 있는 확률을 구하라.

(단위: 일)

활동	선행활동	a	m	b
A	–	8	10	12
B	–	6	7	9
C	–	3	3	4
D	A	10	20	30
E	C	6	7	8
F	B, D, E	9	10	11
G	B, D, E	6	7	10
H	F	14	15	16
I	F	10	11	13
J	G, H	6	7	8
K	I, J	4	7	8
L	G, H	1	2	4

8. 어느 프로젝트의 평균 완료시간이 21개월이고 분산이 4개월일 때 다음 물음에 답하라.

1) 프로젝트를 17개월 이내에 완료할 확률은?
2) 프로젝트를 20개월 이내에 완료할 확률은?
3) 프로젝트를 23개월 이내에 완료할 확률은?
4) 프로젝트를 25개월 이내에 완료할 확률은?

9. 아래의 자료를 가지고 가장 적은 비용으로 프로젝트 완료시간을 1주 단축시키는 방법은?

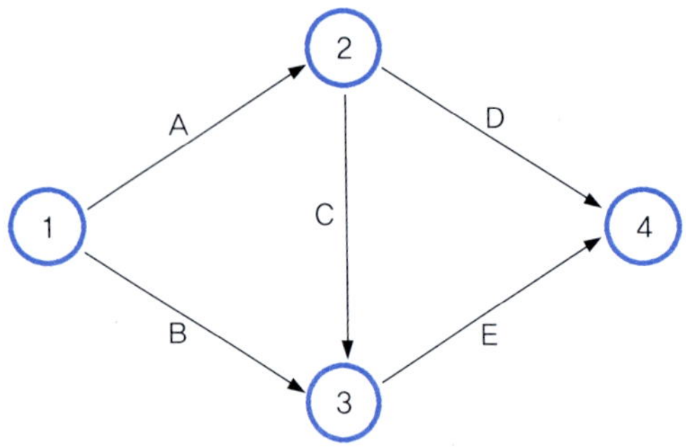

활동	정상시간(주)	속성시간(주)	주당 추가비용
A	2	1	300원
B	7	4	500원
C	4	2	1,000원
D	3	2	2,000원
E	2	1	2,000원

10. [문제 9]에서 최소의 비용으로 완료시간을 최대한 단축하는 방법과 그 때의 추가비용은?

11. 다음과 같은 프로젝트에 대한 자료가 있을 경우 아래 물음에 답하라.

활동	소요시간(주)	선행활동
A	4	–
B	3	–
C	5	–
D	3	A, B
E	6	B
F	4	D, C
G	8	E, C
H	12	F, G

1) 네트워크 그림을 그려라.
2) 주경로를 찾아보라.
3) 활동 A와 D의 여유시간을 계산하라.

12. 다음은 어느 프로젝트의 활동과 활동별 소요시간추정치를 나타낸 것이다. 아래 물음에 답하라.

(단위: 일)

활동	선행활동	낙관적 시간	최빈시간	비관적 시간
A	–	12	13	14
B	A	6	9	11
C	A	9	11	13
D	B	14	16	17
E	C	5	5	5
F	C	5	7	8
G	C	8	12	14
H	D, E	13	15	17
I	G	7	9	11
J	H, F, I	14	16	17

1) 활동별 기대소요시간과 분산을 구하라.
2) 주경로를 구하고 프로젝트를 완료하는 데 걸리는 시간을 구하라.
3) 프로젝트를 마치는 데 45일 이상 걸릴 확률을 계산하라.

13. 다음은 두 경로의 평균완료시간과 프로젝트의 분산에 관련된 자료이다. 어느 경로가 프로젝트를 마치는 데 46일 이상 걸릴 확률이 높은지 살펴보라.

경로	평균완료시간	분산
1	45.1	2.75
2	44.5	5.50

14. 다음은 어느 프로젝트의 활동과 선행활동 및 활동별 소요시간을 나타낸 것이다. 주경로를 알아보고 프로젝트를 완료하는 데 걸리는 시간을 구하라.

활동	소요시간(일)	선행활동
A	12	–
B	10	–
C	8	–
D	14	B
E	6	C
Γ	18	B, A
G	11	D, E
H	21	C
I	7	F, G

15. [문제 14]에서 아래와 같은 속성시간과 그 비용에 관한 자료가 있을 경우, 프로젝트를 38일 이내에 마치도록 단축하는 방법과 그 때의 추가비용은?

활동	소요시간(일)	속성시간(일)	추가비용/일
A	12	12	0
B	10	8	1,000
C	8	6	2,000
D	14	14	0
E	6	4	800
F	18	18	0
G	11	10	1,500
H	21	20	700
I	7	6	1,800

사례 90일 안에 혁신엔진 구축하기

안토니(S. Anthony), 던컨(D. Duncan), 사이렌(P. Siren) 등은 '90일 안에 혁신엔진 구축하기'라는 주제로 최소 규모의 혁신 시스템(MVIS: minimum viable innovation system)을 제안하였다.

어떻게 하면 기업들이 조직운영 체계에 큰 변화 없이 혁신을 이룰 수 있을까? 이때 반복적으로 사용할 수 있는 프로세스 구축이 가능할까??

최소 규모의 혁신 시스템(MVIS)은 린스타트업 경영전략에서 대두된 용어로 린스타업 방식에서 불필요한 기능을 모두 없애고 기본만 갖춘 시제품을 뜻하는 '최소 요건 제품(minimum viable product)'은 시장 반응을 살핀 뒤 신제품을 개발하기 위해 활용된다. 즉 MVIS란 '회사가 신뢰할 수 있으며 전략적인 초점이 분명한 혁신기능을 구축해 나갈 수 있도록 뒷받침하는 핵심 구성요소'를 뜻한다. 구체적으로 살펴보면 다음과 같다.

MVIS의 특징 및 구성요소

1. 전략적인 초점이 분명한 혁신기능을 구축해 나갈 수 있도록 핵심 구성요소를 뒷받침할 수 있어야 하는데 이는 회사가 신뢰를 바탕으로 한다.
2. 훌륭한 아이디어를 장려하고 찾아 공유할 수 있도록 도와준다.
3. 아이디어를 검토하고 우선순위를 정해 지원할 수 있게 해준다.
4. 아이디어를 개발하고 그에 대한 보상을 제공하며 칭찬받을 수 있도록 해준다.
5. 오랜 시간을 투자할 필요는 없다.
6. 조직 운영방식을 크게 바꾸거나 자원을 많이 재분배하지 않아도 되는 장점이 있다.
7. 그러나 경영진의 적극적인 관심이 필요하다.

MVIS의 구축 4단계

1. DAY 1 to 30 (20D): 혁신영역 정의단계

전략적으로 중요한 혁신 기회영역을 정의해야 된다. 기존 제품이나 서비스의 질을 향상시킨다든지 아니면 조직 내부의 운영체계를 개선함으로써 현재의 사업을 확장시키는 핵심 혁신을 정의하거나, 새로운 고객 세그먼트나 시장을 개척함으로써 새로운 영역에서 성장을 이끌어내는 신성장 혁신을 정의하는 단계이다. 예를 들어, 마닐라워터는 필리핀에 위치한 반민반관 형태의 합작회사로 마닐라 동부 지역의 물을 공급하고자 설립되었다. 향후 수년 내에 회사 성장의 80%를

핵심 사업 이외의 부문에서 달성해야 한다는 점이 명확하였기 때문에 이 갭을 메우기 위해 경영진은 신성장 혁신을 도모하기 위한 사업 계획을 2가지로 나누었다. 첫째는 인접 시장으로 진출하는 계획으로 회사의 핵심 비즈니스 모델을 다른 지역으로 수출하는 전략을 세웠다. 두 번째는 수돗물을 제공하는 핵심 사업의 경계를 넘어 완전히 새로운 서비스를 제공하는 계획을 수립하였다.

2. DAY 20 to 50 (30D): 전략적 기회영역 집중화 단계

2번째 단계는 신성장 혁신의 영역과 잘 맞아떨어지면서 성장 갭을 충분히 메울 수 있는 기회영역에 집중화시키는 단계이다. 즉, 중요한 기회영역에 찾아야 되는데 이때 많이 활용되는 방안이 많은 잠재고객들이 원하지만 아무도 잘 해결해 주지 못하고 있는 것, 잠재고객이 그 일을 더욱 쉽고, 저렴하고, 편리하게 처리할 수 있게 도와주는 기술, 기회영역의 필요성을 크게 강화시키는 경제적, 제도적, 사회적 여건의 변화, 경쟁업체들이 쉽게 복제하기 어렵기 때문에 이 기회를 잡는데 있어 경쟁 우위를 줄 수 있는 회사 고유의 특별한 역량 등에서 찾아볼 수 있다. 예를 들어, 마닐라워터는 폐수처리 부분을 중요한 기회영역으로 선택하였는데 수많은 기업이 폐수를 배출한다는 사실, 관련 규제가 강화되고 있다는 사실, 마닐라워터는 폐수처리 경험이 풍부하고 잠재고객에게 물을 공급하고 있어 그들을 잘 알고 있다는 강점으로부터 기회영역을 집중화시켰다.

3. DAY 20 to 70 (50D): 혁신영역 기회 전담팀 구성 단계

마닐라워터는 처음 정한 두 가지의 전략적으로 중요한 기회영역을 조사하기 위해 세 사람으로 구성된 팀을 꾸려 기회영역에 집중하였다.

4. DAY 45 to 90 (45D): 프로젝트를 리드할 감독자 메커니즘 구성단계

마지막 단계는 신성장 혁신 프로젝트를 시작하고, 멈추거나, 방향을 전환할 수 있는 자율권을 지닌 리더들로 구성된 메커니즘, 즉 위원회를 구성하는 단계이다. 예를 들어, 캐나다 토론토에 소재한 한 소아병원에서는 혁신을 잘 이끌고 보호해주는 감독자 시스템을 구축하였는데, 여러 진료 및 행정 부서에서 선발된 18명의 종업원으로 혁신팀(innovation working group)을 구성하였다. 이 혁신팀을 통해 소비자(환자)의 니즈를 파악하고 시제품을 테스트하며, 수정작업을 하고 축소모형을 만드는 일을 도와주었으며, 직원, 환자, 가족 및 일반인에게서 다양한 아이디어를 얻을 수 있는 워크숍을 열어 조직 내에 숨어 있는 혁신 인재를 발굴하는 작업을 진행하기도 하였다.

위의 단계를 도표로 나타내면 다음과 같다.

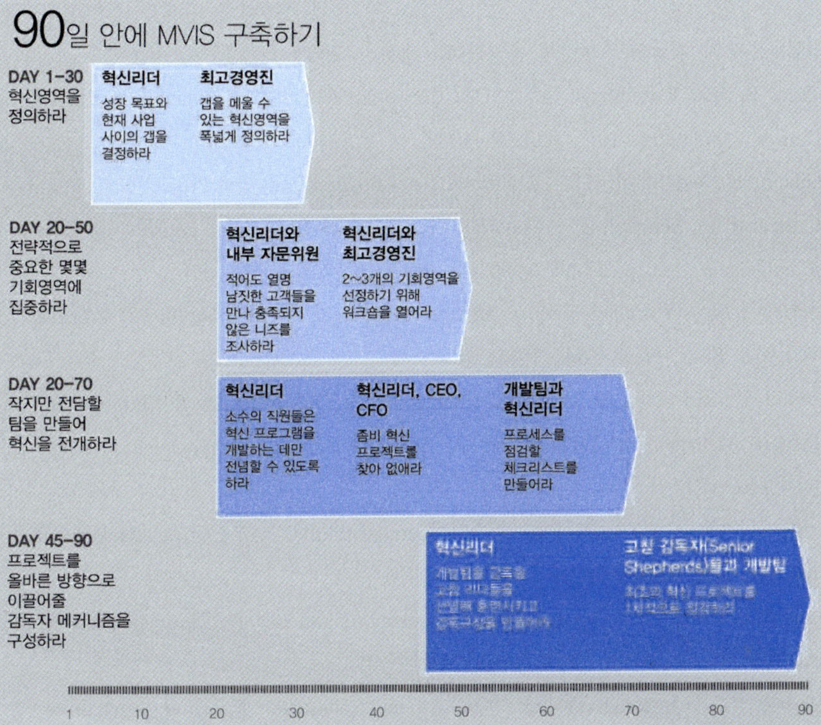

<출처 : Anthony, S., Duncan, D., and Siren, P., "Build an Innovation Engine in 90 Days," *Harvard Business Review*, 92:12, pp.59-68, 2014>

토의문제

1. '90일 안에 MVIS 구축하기' 사례에서 빠진 단계가 있다면 무엇이며 그렇게 생각하는 이유는 무엇인지 토의하여라.
2. 마닐라워터가 90일 안에 시스템을 구축할 수 있다고 확신하는 이유는 무엇인지 토의하여라.
3. 위의 사례를 중심으로 '글로벌 물포럼' 행사에 관한 일정계획을 수립하여라.

참고문헌

전영일, 홍관수, 김남영, "전략적 운영관리", 경문사, 2003.

Andreu, R. and Corominas, A., "SUCCCES 92 : A DSS for Scheduling the Olympic Games," *Interfaces*, 19:5, pp.1-22, 1989.

Aquilano, N. and Smith, D., "A Formal Set of Algorithms for Project Scheduling with Critical Path Scheduling — Material Requirements Planning," *Journal of Operations Management*, 1:2, pp.57-67, 1980.

Badiru, A., *Project Management in Manufacturing and High Technology Operations*. John Wiley & Sons, New York, 1988.

Bubshait, K. and Selen, W., "Project Characteristics That Influence the Implementation of Project Management Techniques : A Survey," *Project Management Journal*, 13:2, pp.43-46, 1992.

Burris, R., "Five Essential Project Management Skills," *APICS-The Performance Advantage*, pp.22-24, 1994.

Chase, R., Jacobs, F., and Aquilano, N., *Operations and Supply Chain Management*, 13th ed. NY: McGraw-Hill, 2010.

Fawcette, J., "Choosing Project Management Software," *Personal Computing*, 8:10, pp.154-167, 1984.

Goodman, L. and Love, R., *Project Planning and Management : An Integrated Approach*. Pergamon Press, New York, 1980.

Littlefield, T. and Randolph, P., "PERT Duration Times : Mathematical or MBO," *Interfaces*, 21:6, pp.92-95, 1991.

Meredith, J. and Mantel, S. Jr., *Project Management : A Managerial Approach*, 2nd ed. John Wiley & Sons, New York, 1989.

Peterson, P., "Project Management Software Survey," *PMNET Work*, 8:5, pp.33-41, 1994.

CHAPTER 12

재고관리

- 재고의 개념 및 보유목적
- 재고비용
- 재고관리모형
- 재고통제시스템
- 단일기간 재고모형
- ABC 재고관리

[도입사례] L. L. Bean, Inc.

엘엘빈(L. L. Bean)은 1912년 미국 메인(Maine)주 그린우드에서 설립된 의류전문 카탈로그 회사로 현재는 아웃도어 상품(스포츠 계통, 등산용품, 텐트), 배, 보트, 가방, 운동화, 덕부츠 등으로도 유명하다. 현재 미국 이외에 일본에만 매장이 오픈되어 있다.

2014년 추수감사절 기준으로, 상담원 전화 연결 서비스는 평균 9초 걸린다(예 제이크루: 29초, 랜즈엔드(Lands' End): 42초, 언더아머(Under Armour): 47초, 아마존(Amazon): 52초). 그러나 엘엘빈이 직면한 가장 큰 문제는 수요와 공급을 일치시키는 것이다. 수요예측이 어려운데 그 이유는 개별 아이템에 대한 예측을 해야 하므로 통합수요예측에 비하여 정확성을 얻기가 어렵기 때문이다.

엘엘빈은 매년 22가지 종류의 카탈로그를 배포하며 수신자부담 전화서비스를 설치한 후에는 80% 이상이 전화주문을 하고 있다. 주요 경쟁자로는 랜즈 엔드, 에디 바우어(Eddi Bauer), 탈보츠(Talbot's), 오르비스(Orvis)가 있다. 엘엘빈의 경우 점포를 하나 운영하고 있으며 통신판매와는 그 운영면에서 확연하게 다르기 때문에 더 이상의 확장은 고려하지 않고 있다.

엘엘빈의 제품은 계층적(hierarchical)으로 되어 있으며 최상층에는 제품그룹(merchandise group, 예 캠핑장비, 여성용 액세서리, 여성의류 등)이 있으며 각 그룹 내에는 수요센터(demand centers, 예 니트셔츠, 스웨터, 스커트, 재킷 등)가 있다. 각 수요센터 내에는 품목순서(item sequences, 예 여성용 스웨터의 경우 카디건, 풀오버, 터틀넥을 비롯한 20가지 정도)가 있고 품목순서 아래에 주로 색상으로 구별되는 개별품목이 있으며 이 개별품목에 대해 수요예측이 이루어져야 한다. 개별품목이 사이즈로 더 세분화되어 이것이 SKU(stock keeping unit)로 이용되기는 하나 사이즈까지 예측을 하는 것은 아니며 표준 사이즈 배분방법을 이용한다. 품목은 봄, 가을, 사계절용의 세 가지 계절용으로 구분되며 또한 신제품과 상설제품의 두 가지로 다시 구분된다.

엘엘빈은 연간 네 번(봄, 여름, 가을, 크리스마스) 카탈로그를 제작하며 각 카탈로그에도 여러 가지의 판(version)이 있어 'full' 카탈로그의 경우는 정규고객에게 보내고, full 카탈로그의 일부만 수록한 'prospect' 카탈로그는 잠재고객에게 보낸다. 잠재고객으로는 엘엘빈의 정규고객으로부터 선물을 받은 사람이나, 외부에서 구입한 우편물 발송대상자 명단에 들어 있는 사람이 포함된다. 이 이외에도 상당수의 특별 카탈로그를 — Spring, Weekend, Summer Camp, Fly Fishing 등 — 제작하여 특별한 취미를 가진 고객에게 보낸다. 카탈로그를 기획하여 발행하는 데에 9개월이 소요된다.

엘엘빈에서의 수요예측과정은 다음과 같다. 예를 들어, 남성용 셔츠에 대한 수요예측을 하기 위해 관련자 4~5명이 모여 예상매출액에 따라 품목에 등위를 매긴 후 품목별로 등위에 따라 실제로 예상매출액을 기록한다. 예측에 대한 특별한 방법은 이용되지 않고 느낌 등으로 결정한다.

국내의 주문리드타임은 보통 8~12주이다. 일부 공급자를 제외하고는 리드타임이 길기 때문에 판매시즌 중간에 주문을 다시 하기는 어렵다. 주문량은 다음과 같은 두 단계로 거쳐 결정된다. 우선 과거의 품목별 예측오류(실제수요/예측치)를 계산하고 이것으로 분포도를 만들어 이것을 미래의 예측오류에 대한 확률분포로 이용한다. 예를 들어, 과거에 신제품에 대한 예측오류의 50% 정도가 0.7에서 1.6 사이라면 신제품에 대한 예측오류가 0.7에서 1.6 사이일 확률이 0.5가 되며 따라서 특정품목에 대한 수요예측이 1,000개이면 실제수요가 700개에서 1,600개 사이가 될 확률이 0.5인 것이다.

두 번째 단계는 주문량을 결정하는 단계이며 공헌이익과 재고처리시의 손실을 고려하여 결정한다. 예를 들어, 어느 품목의 경우 판매가가 $30, 원가는 $15, 잔존가(salvage value)는 $10이라면, 최적주문량은 critical fractile 방법에 의해 수요확률분포의 75%이며, 예측오류 분포의 75%이 1.3이라면 수요예측치가 1,000일 때에 1,000 · 1.3＝1,300개가 최적주문량이 된다.

엘엘빈의 문제는 예측오류의 분산이 너무 크다는 것이며, 만일 공급부족에 대한 비용이 공급과잉에 대한 비용보다 클 경우 주문량을 예측치보다 더 크게 할 우려가 있다는 것이다. 특히, 신제품의 경우는 상설제품에 비하여 이러한 문제가 더 심각하다.

〈참고〉 critical-fractile 방법

예를 들어, 신문팔이 소년이 일요일 신문을 $0.9에 구입하여 $1.5에 판매한다고 하자. 만일 구입한 신문을 다 팔지 못하면 남은 것은 버려야 한다고 한다면 신문 구입량에 대하여 신중을 기하여야 한다. 일요일 신문수요에 대한 확률분포가 다음과 같다고 했을 경우 기대수익을 극대화하는 신문의 구입량은?

수요	0	1	2	3	4	5	6	7	8	9	10
확률	0.04	0.07	0.09	0.12	0.13	0.17	0.13	0.10	0.07	0.05	0.03

G를 신문 한 부 팔았을 때의 수익, L을 팔리지 않았을 때의 손실이라고 하고, P_n을 수요가 n단위보다 작을 확률, 즉 n번째 단위가 팔리지 않을 확률이라고 하자. 그러므로 n번째 신문이 팔릴 확률은 $1-P_n$이고 따라서 n번째 신문을 구입했을 때의 기대수익은 다음과 같다.

$$n\text{번째 신문의 기대수익} = G(1-P_n) - L \cdot P_n$$

이 기대수익이 양이어야 n번째 신문을 구입할 가치가 있다. 따라서 그러한 조건을 만족시키기 위해서는 $G(1-P_n)-L \cdot P_n>0$이어야 하므로 $P_n<G/(G+L)$이어야 한다. 마찬가지로 $n+1$번째 단위는 $P_{n+1}<G/(G+L)$이면 구매해야 하고 그렇지 않으면 구매하지 않아야 한다. 따라서 n번째 단위를 구매해야 하는 조건은 $P_{n+1}>G/(G+L)>P_n$이어야 한다. 위의 신문팔이 소년의 경우는 $G/(G+L)=0.6/(0.6+0.9)=0.4$이다. 따라서 아래의 표에서 4단위를 구입하는 것이 최적해임을 알 수 있다.

수요	확률	누적확률	P_n
0	0.04	0.04	
1	0.07	0.11	0.04
2	0.09	0.20	0.11
3	0.12	0.32	0.20
4	0.13	0.45	0.32
5	0.17	0.62	0.45
6	0.13	0.75	0.62
7	0.10	0.85	0.75
8	0.07	0.92	0.85
9	0.05	0.97	0.92
10	0.03	1	0.97

앞의 사례에서 생각해 보아야 할 주요한 포인트는 다음과 같다.

- critical-fractile방법에 대하여 알아보라.
- 엘엘빈의 경우 주문량은 어떻게 결정되나?
- 수요예측에 있어서 신제품과 상설제품과의 차이점은?
- 엘엘빈의 경우 주문량 결정에 필요한 정보에는 어떠한 것들이 있는가?
- 엘엘빈의 경우 수요예측에 대한 개선책은?

<출처: 전략적 운영관리, pp.296-299, 2003>

적정수준 이상의 재고는 자금이 재고에 묶여 투자기회를 상실하게 되고, 적정수준 이하의 재고는 판매기회의 상실 및 고객의 불만을 초래한다. 본장에서는 적정재고수준 및 재고보충시기에 대하여 살펴보고 몇 가지의 주요 재고모형을 소개한다.

본장에서 다룰 내용은 다음과 같다.

- 재고보유의 목적은 무엇인가?
- 재고비용에는 어떠한 것이 있나?
- 경제적 주문량은 어떻게 산출하나?
- 경제적 생산량은 어떻게 산출되나?
- 재고모형에서 연속적 조사시스템과 정기적 조사시스템의 근본적인 차이점과 각각의 장단점은?
- 재주문점은 어떻게 산출하나?
- 단일기간재고모형에서 최적주문량은 어떻게 결정되나?
- ABC 재고관리란 무엇인가?

재고의 개념 및 보유목적

재고(inventory)란 생산이나 고객의 수요에 대비하기 위하여 보유하는 물품을 말하며, 재고의 유형에는 부품, 재공품재고, 원자재, 완제품 등이 있으며, 재고의 보유는 공급자, 생산자, 창고, 유통센터, 소매상 등이 하게 된다.

완제품과 같이 기업 외부의 시장조건에 의하여 수요가 결정되는 품목을 독립수요(independent demand)품목이라 하고, 부분품이나 원자재와 같이 모품목(parent item)의 수요에 따라 그 수요가 결정되는 품목을 종속수요(dependent demand)품목이라 한다. 독립수요품목의 경우에는 그 수요가 예측에 의하여 결정되며, 종속수요품목은 모품목의 수요에 따라 그 수요가 결정된다.

예를 들어, 자동차라는 완제품에 대한 수요는 시장상황에 대한 예측에 의해 결정되는 독립수요이고 반면에 자동차의 구성품인 타이어는 완제품인 자동차의 수요로부터 유발되고 완제품인 자동차의 생산계획으로부터 수요가 계산되므로 종속수요이다.

재고보유의 목적으로는 다음과 같은 것들이 있다.

① **수요의 불확실성** : 수요가 불확실하여 재고부족으로 인한 판매기회의 상실에 대비하기 위하여 재고를 보유한다.

② **조달기간의 불확실성** : 배달지연 등과 같이 공급에 차질이 생길 경우를 대비하여 재고를 보유한다.

③ **대량생산 혹은 대량구매에 따른 규모의 경제** : 생산의 경우 준비비용이 높다면 한꺼번에 많이 생산하고, 주문의 경우 할인혜택 혹은 가격인상에 대비하여 필요 이상으로 주문을 많이 한다. 이러한 경우 재고가 발생하게 된다.

④ **생산의 원활화** : 제조공정에서 적정량의 재공품재고가 없을 경우 어느 한 공정에 문제가 발생하게 되면 후속공정은 작업을 중단하는 경우가 생기게 된다. 이러한 경우를 방지하기 위하여 재고보유가 필요하다.

재고비용

재고관리란 재고보충을 위한 주문시기 및 주문량을 결정하는 것이다. 주문시기와 주문량의 결정은 총재고비용이 최소화되는 방향으로 결정되어야 한다. 재고비용에는 다음과 같이 주문비용, 재고유지비용, 재고부족비용 등이 포함된다.

① 주문비용(ordering cost) : 주문비용이란 외부로부터 구입하는 경우에 발생하는 비용으로 주문발송비, 검사비, 수송비 등을 말하며, 기업 내부에서 생산하는 경우에는 준비비용(setup cost)을 말한다. 준비비용은 기업내부에서 생산하는 경우 동일한 기계설비를 가지고 여러 가지 종류의 제품을 생산하는 경우에는 생산제품을 변경할 때마다 발생되는 비용(작업준비를 위한 기계설비의 중지 또는 필요한 부품 및 공구의 준비 등에 수반되는 비용 등) 등이 포함된다.

② 재고유지비용(holding 혹은 carrying cost) : 재고유지비용에는 재고보관비, 감가상각비, 진부화 비용, 재고에 묶인 자금에 대한 기회비용 등이 포함된다.

③ 재고부족비용(shortage cost) : 재고부족비용이란 판매의 기회가 있음에도 불구하고 재고가 없어 그 기회를 상실할 경우에 발생하는 판매기회상실, 고객상실, 신용상실 등과 관련된 비용을 포함한다.

재고관리모형

앞에서 언급이 있었듯이 재고관리란 주문시기 및 주문량을 결정하는 것이다. 재고관리모형은 주문량과 주문시기를 어떻게 결정하느냐에 따라 고정주문량모형(fixed-order quantity model)과 고정주문주기모형(fixed-order interval model)으로 구분된다. 또한 수요와 조달기간의 불확실 정도에 따라 확정적 모형(deterministic model)과 확률적 모형(probabilistic model)으로 구분된다. 이처럼 재고관리모형은 [그림 12. 1]과 같은 네 가지 모형으로 구분할 수 있다.

그림 12. 1 | 재고관리모형의 분류

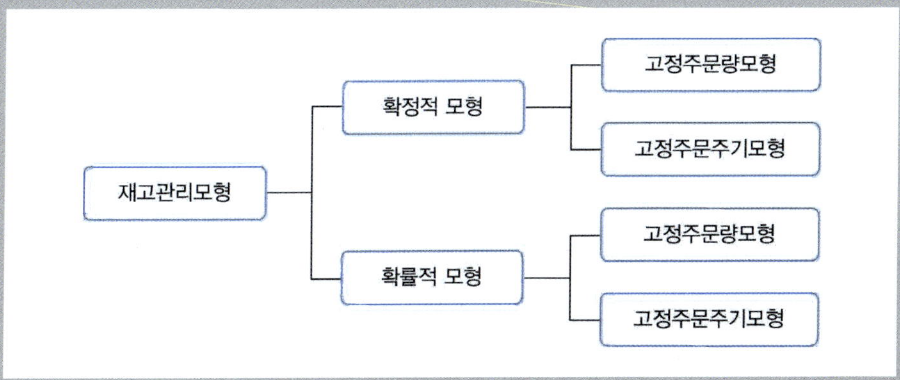

확정적 재고모형

1) 경제적 주문량모형

경제적 주문량모형(EOQ : economic order quantity)은 가장 기본적이고 고전적인 모형으로, 수요가 시간이나 계절에 관계없이 일정한 경우에 사용한다. EOQ는 다음과 같은 가정을 한다.

① 단위기간당 수요량(사용량)은 알려져 있고 수요율(사용률)은 일정하다. 즉, 연간 수요량이 730단위이면 매일 2단위(730단위/365일)의 수요가 발생한다고 가정한다.

② 조달기간(LT : lead time)은 알려져 있고 일정하다.

③ 주문량은 일시에 전량이 배달된다.

④ 주문량에 관계없이 주문비용은 일정하다.

⑤ 가격할인이 허용되지 않는다. 즉, 구입단가는 주문량에 관계없이 일정하다.

⑥ 재고부족현상이 발생되지 않는다. 즉, 모든 수요는 재고부족 없이 충족된다.

[그림 12. 2]는 경제적 주문량모형을 보여주고 있다. 그림에서와 같이 재고수준이 재주문점(R : reorder point) R에 도달하면 Q만큼 주문하고, 주문량 Q는 조달기간 LT이 경과하여 재고가 0이 되는 시점에 전량이 배달된다.

그림 12.2 | 경제적 주문량모형

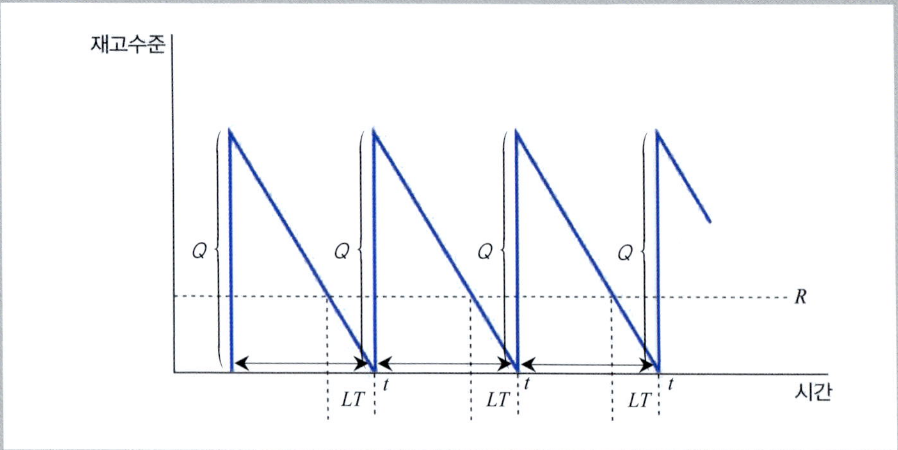

경제적 주문량을 결정하는 공식은 다음과 같이 유도된다.

TC : 연간 총재고비용
D : 연간 수요량
Q : 1회 경제적 주문량
C : 단위당 구입가격
C_O : 1회 주문비용
C_H : 연간 단위당 재고유지비용
R : 재주문점
LT : 조달기간

$$\text{연간 총재고비용}(TC) = \text{주문비용} + \text{재고유지비용} = \frac{D}{Q} \cdot C_O + \frac{Q}{2} \cdot C_H$$

위의 식을 Q에 관하여 미분한 뒤 다음과 같이 영(0)으로 놓는다.

$$\frac{-D \cdot C_O}{Q^2} + \frac{C_H}{2} = 0$$

따라서 경제적 주문량 $Q = \sqrt{\frac{2 \cdot D \cdot C_O}{C_H}}$

ABC 기업은 7,300개의 볼트를 연중 균등하게 소비한다. 볼트 구입가격은 개당 5천 원이며 주문 후 2일 후에 주문량을 일시에 받는다. 1회 주문비용은 600원이고 연간 단위당 재고유지비용은 876원이다. 이를 정리하면 다음과 같다.

연간수요(D)=7,300단위/년

일간수요(d)= $\frac{7,300}{365}$ =20단위/일

주문비용(C_0)=600원/회

연간 단위당 재고유지비용(C_H) =876원/단위 · 년

조달기간(LT)=2일

[그림 12. 2]에서 단위기간당 수요량은 일정하므로 재고수준은 시간의 경과에 따라 일정하게 감소(예제에서는 매일 20개)하게 된다. 따라서 재고수준이 0이 되는 순간인 t가 발생한다. t가 발생할 것에 대비하여 t보다 조달기간 전(예제에서는 2일 전)에 주문함으로써 t에 주문량 Q를 일시에 인도받을 수 있도록 하여야 한다. 그러면 재고부족이 발생하지 않고 새로운 주기가 다시 시작된다. 즉, 재고수준이 조달기간 동안 예측되는 수요량(예제에서는 조달기간 2일×일일수요량 20단위=40)에 도달하면 새로운 주문량 Q를 주문하고, 조달기간이 끝나 재고수준이 0이 됨과 동시에 주문했던 Q가 일시에 도착하여 새로운 주기가 시작된다.

(1) 주문비용

연간 주문비용은 연간 주문횟수에다 1회 주문비용을 곱한 다음과 같이 표시할 수 있다.

$$\text{연간주문비용} = \left(\frac{\text{연간수요량}}{\text{1회주문량}}\right)(\text{1회주문비용})$$

$$= \frac{D}{Q}C_O$$

$$= \frac{7,300}{Q} \cdot 600$$

위의 식에서 연간주문비용은 <표 12. 1>과 같이 주문량 Q에 반비례함을 알 수 있다.

〈표 12. 1〉 Q와 주문비용과의 관계

Q	주문횟수	주문비용
50	146	87,600
100	73	43,800
200	36.5	21,900

(2) 재고유지비용

재고유지비용은 연간 평균재고에다 연간 단위당 재고유지비용을 곱한 다음과 같이 표시되고, 연간 평균재고는 [그림 12. 2]에서처럼 $\frac{1}{2}Q$가 된다.

$$\text{연간재고유지비용} = (\text{연간 평균재고})(\text{연간 단위당 재고유지비용})$$
$$= \frac{Q}{2}C_H$$
$$= \frac{Q}{2}(876)$$

연간재고유지비용은 <표 12. 2>에서처럼 Q에 따라 비례함을 알 수 있다.

〈표 12. 2〉 Q와 재고유지비용과의 관계

Q	평균재고	재고유지비용
50	25	21,900원
100	50	43,800원
200	100	87,600원

(3) 연간 총재고비용

연간 총재고비용은 연간 재고유지비용과 연간 주문비용의 합으로 다음과 같이 표시된다.

$$\text{연간 총재고비용} = \text{연간 재고유지비용} + \text{연간 주문비용}$$

$$TC = \frac{Q}{2}C_H + \frac{D}{Q}C_O$$

주문량, 연간 재고유지비용, 연간 주문비용, 연간 총재고비용 간의 관계를 그림으로 표시하면 [그림 12. 3]과 같다.

따라서 연간 수요가 일정하다고 가정했을 경우에 1회 주문량이 많으면 주문횟수(연간 수요/1회 주문량)가 작아지므로 주문비용은 적어지나 상대적으로 한 번에 많은 양이 들어와 보유해야 하는 평균재고수준이 높아져 재고유지비용은 증가한다.

반대로 1회 주문량이 적으면 주문횟수가 증가하여 주문비용은 증가하지만 한 번에 적은 양이 들어오므로 평균재고수준은 낮아져 재고유지비용은 감소한다. 이러한 보상관계(tradeoff)를 고려하여 [그림 12. 3]에서와 같이 총재고비용(주문비용+재고유지비용)을 최소화하는 1회 주문량을 결정하는 것이 경제적 주문량모형이다.

그림 12. 3 | 주문량과 비용 간의 관계

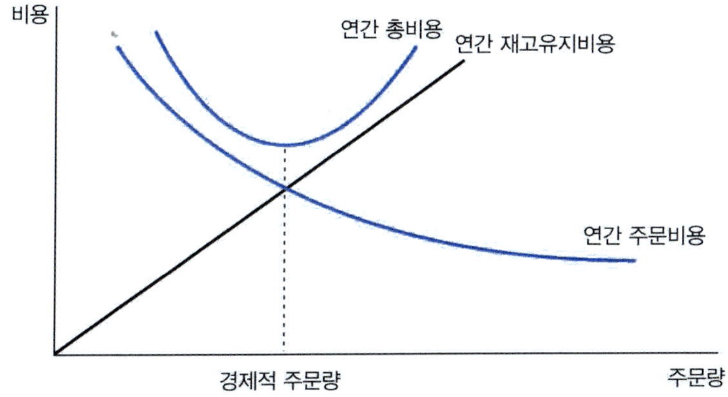

(4) 확정적 모형에서의 재주문점

EOQ 모형은 주문량 결정에 관한 것이기 때문에 재주문점을 결정하여야 되는데 현재 보유하고 있는 재고량이 어느 수준에 도달하면 다음 주기에 사용할 재고를 주문할 것인가, 즉 재주문시점을 결정해야 된다. 수요와 조달기간이 일정한 경우에는 현재의 재고가 조달기간동안에 사용될 수요량과 일치될 때 재주문을 실시하면 될 것이다. 따라서 재주문점은 다음과 같이 조달기간에 단위기간당 수요(d)를 곱한 값이다. 다음 공식을 이용하여 재주문점 R을 구할 수 있다.

$$R = d \cdot LT$$

예를 들어, 조달기간이 7일이고 1일 사용량이 5개라면 재고보유수준이 35개일 때 주문을 하면 된다.

예제 12.1

- 연간 수요 : 7,300단위
- 주문비용 : 600원/회
- 연간 단위당 재고유지비용 : 876원/단위/년
- 조달기간(LT) : 2일
- 일일수요(d) = (7,300/ 365) = 20단위/일

해답

– 경제적 주문량(EOQ) :

$$EOQ=\sqrt{\frac{2\cdot 7,300\cdot 600}{876}}=100\text{단위}$$

– 총재고비용 :

$$TC=\frac{Q}{2}C_H+\frac{D}{Q}C_O=\frac{100}{2}876+\frac{7,300}{100}600$$

$$=43,800+43,800=87,600\text{원}$$

– 주문횟수, 주문주기, 그리고 재주문점 :

- 주문횟수 $=\dfrac{D}{Q}=\dfrac{7,300}{100}=73$회
- 주문주기 $=\dfrac{365\text{일}}{73\text{회}}=5$일
- 재주문점 $=2\text{일}\cdot\dfrac{7,300}{365}=40$단위

따라서 재고수준이 40에 도달하든지 아니면 조달기간이 2일이고 주문주기가 5일이므로 새로운 물품을 인수한 후 5－2＝3일 후에 경제적 주문량인 $Q^*=100$개를 재발주하면 된다.

EOQ 모형의 가정 중에서 가격할인이 허용되지 않는다는 가정과 재고부족이 발생하지 않는다는 가정을 각각 없앨 경우의 최적주문량을 결정하는 방법이 개발되어 있으나 본서의 범위에서 벗어나므로 생략한다.

2) 경제적 생산량모형

경제적 주문량모형의 기본가정 중의 하나가 주문량은 일정한 기간이 지나면 일시에 전량이 도착한다는 것이다. 그러나 필요한 부품을 자체적으로 생산하여 사용하는 경우에는 주문기간에 해당되는 생산기간 동안 일시에 품목이 생산되는 것이 아니라 일정한 생산율로 생산이 됨과 동시에 일정한 수요율로 소비가 된다.

또한 장기 구매계약 혹은 특정 품목의 공급이 부족한 경우에는 공급업자가 필요할 때마다 수시로 조금씩 납품하는 경우도 발생할 수 있다.

이러한 경우의 1회 생산량 또는 1회 주문량을 결정하는 모형을 경제적 생산량(EPQ: economic production quantity)모형이라 한다.

(1) EPQ 모형의 의의

EPQ 모형은 EOQ 모형을 약간 변형시켜 모형을 만들 수 있다. EOQ 모형에서

사용한 주문비용 대신 생산준비비용(setup cost)을 사용한다. EPQ 모형을 설명하기 위해 다음의 기호를 사용하기로 한다.

$d =$ 수요율
$p =$ 생산율
$t_1 =$ 생산기간

- $p = d$인 경우 : 재고가 쌓이지 않고 연속적인 생산이 요구되므로 최적 생산량 문제도 발생되지 않는다.
- $p < d$인 경우 : 재고부족 현상이 일어나므로 외부로부터의 공급이 필요하다.
- $p > d$인 경우 : 수요량보다 생산량이 많으므로 생산기간 동안에는 재고가 증가되고 재고가 일정한 수준에 이르면 생산은 중단된다. 그러나 생산이 중단된 기간에도 소비는 계속되므로 결국 재고는 고갈이 되어 다시 경제적 생산을 하여야 한다.

본절에서는 $p > d$인 경우만을 고려하고 이를 그림으로 나타내면 [그림 12.4]와 같다.

그림 12. 4 | 경제적 생산량 모형

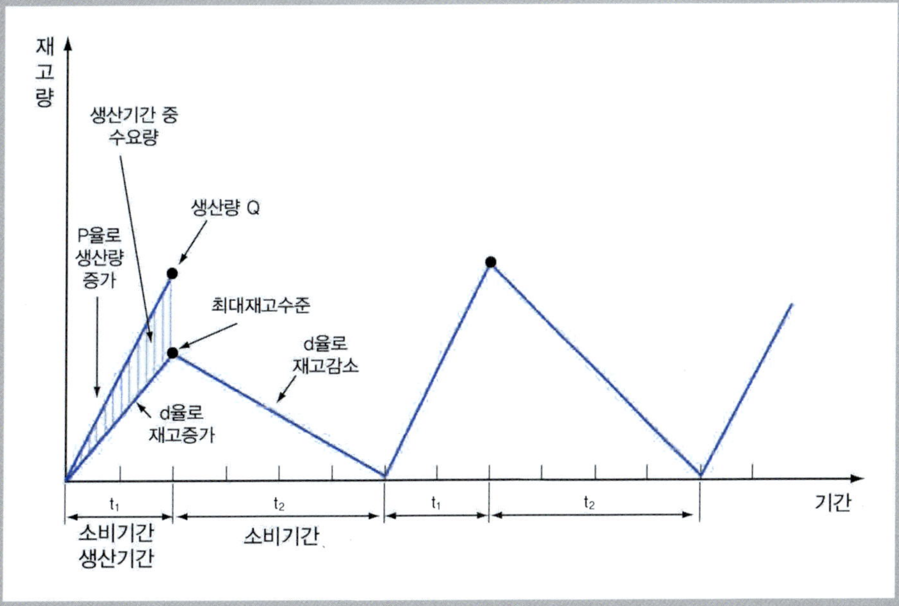

(2) 연간 준비비용

연간 준비비용은 연간 생산횟수에다 1회 준비비용을 곱하여 다음과 같이 계산한다.

$$\text{연간 준비비용} = (\text{연간 생산횟수})\ (1\text{회 준비비용}) = \frac{D}{Q}\cdot C_0$$

(3) 연간 재고유지비용

생산량 Q는 생산기간인 t_1 기간 동안 매일 p만큼 생산하므로 $Q=p\cdot t_1$이 된다. 따라서 생산량 Q를 생산율 p로 나누면 생산기간 $t_1=\frac{Q}{p}$가 된다. 매일의 생산량에다 소비량을 뺀 $p-d$ 단위가 재고로서 t_1 기간 동안 쌓이게 되므로 최대재고 수준은 $(p-d)t_1$이 된다. 그러므로 최대재고수준은 다음과 같다.

$$\text{최대재고수준} = (p-d)t_1 = (p-d)\frac{Q}{p} = \frac{(p-d)Q}{p} = \left(1-\frac{d}{p}\right)Q$$

평균 재고수준은 최대 재고수준의 $\frac{1}{2}$이 되므로 다음과 같이 된다.

$$\text{평균 재고수준} = \frac{1}{2}\left(1-\frac{d}{p}\right)Q$$

연간 최대 생산가능량은 $P=p\cdot 365$ 그리고 연간 최대 소비량을 $D=d\times 365$이라 하면 다음의 식이 성립한다.

$$\frac{d}{p} = \frac{D/365}{P/365} = \frac{D}{P}$$

따라서 p와 d 혹은 D와 P를 같은 의미로 사용할 수 있다. 연간 재고유지비용은 평균재고에다 단위당 재고유지비를 곱한 다음과 같다.

$$\begin{aligned}\text{연간 재고유지비용} &= \frac{1}{2}\left(1-\frac{d}{p}\right)Q\cdot C_H\\ &= \frac{1}{2}\left(1-\frac{D}{P}\right)Q\cdot C_H\end{aligned}$$

(4) 연간 총재고비용

총재고비용은 재고유지비용과 준비비용의 합이므로 다음과 같이 표현된다.

$$TC = \frac{1}{2}\left(1 - \frac{d}{p}\right)Q \cdot C_H + \frac{D}{Q} \cdot C_O$$

(5) 경제적 생산량 Q^*의 도출

경제적 생산량 Q^*를 구하는 방법은 EOQ 모형에서와 같이 TC를 Q에 대해 미분한 다음 0으로 놓고 푸는 방법과 연간 준비비용과 연간 재고유지비용을 같게 놓고 Q에 대해 푸는 두 가지 방법이 있다. 여기서는 두 번째 방법을 사용하여 Q^*를 구하면 다음과 같다.

$$\frac{1}{2}\left(1 - \frac{d}{p}\right)Q \cdot C_H = \frac{D}{Q} \cdot C_O \quad \leftarrow \left(\frac{2}{C_H}\right) \cdot \left(\frac{p}{p-d}\right)\text{를 양변에 각각 곱한다.}$$

$$Q = \frac{2DC_0 p}{QC_H(p-d)} \qquad \leftarrow Q\text{를 양변에 각각 곱한다}$$

$$Q^2 = \frac{2DC_0 p}{C_H(p-d)}$$

$$Q^* = \sqrt{\frac{2DC_0 p}{C_H(p-d)}}$$

최대재고수준 I_{max}는 다음과 같이 구한다.

$$\begin{aligned} I_{max} &= t_1(p-d) \\ &= \frac{Q^*}{p}(p-d) \\ &= \sqrt{\frac{2DC_O(p-d)}{C_H \cdot p}} \end{aligned}$$

예제 12.2

ABC 기계공업은 1일 500개의 비율로 사용하는 부품이 있는데 이 부품은 1일 최대 1,000개까지 생산할 수 있다. 1회 생산준비비용은 1,825원이며 연간 단위당 재고유지비용은 100원이다. 경제적 생산량, 총재고비용, 연간 생산횟수, 생산주기, 생산기간 그리고 최대재고수준을 계산하라.

해답

$$Q^* = \sqrt{\frac{2 \cdot (500 \cdot 365) \cdot 1,825 \cdot 1,000}{100(1,000-500)}} = 3,650$$

$$\text{총재고비용} = \frac{1}{2}\left(1-\frac{500}{1,000}\right)3,650 \cdot 100 + \frac{500 \cdot 365}{3,650} \cdot 1,825$$

$$= 91,250 + 91,250 = 182,500$$

연간 생산횟수는 다음과 같다.

$$\text{연간 생산횟수} = \frac{D}{Q} = \frac{500 \cdot 365}{3,650} = 50\text{회}$$

다음 생산까지 소요되는 시간인 생산주기는 다음과 같다.

$$t = \frac{365}{50} = 7.3\text{일, 즉 } 8\text{일}$$

1회 생산기간 t_1은 다음과 같다.

$$t_1 = \frac{Q^*}{p} = \frac{3,650}{1,000} = 3.65\text{일, 즉 } 4\text{일}$$

최대재고수준은 다음과 같다.

$$I_{max} = 3.65(1,000-500) = 1,825$$

$$= \sqrt{\frac{2(500 \cdot 365) \cdot 1,825 \cdot 500}{100 \cdot 1,000}} = 1,825$$

확률적 재고모형

지금까지는 수요와 조달기간이 일정하다고 가정하였으나 이러한 상황은 이론적인 가정에 불과하며 실제 환경하에서는 수요와 조달기간 중 어느 하나, 또는 두 가지 요인 모두에 어느 정도의 변동이 있다.

수요와 조달기간의 변동여부를 기준으로 다음과 같은 세 가지 경우에 있어 확률적 고정주문량모형과 확률적 고정주문주기모형을 생각할 수 있다.

① 수요가 변동적이고 조달기간이 일정한 경우
② 수요가 일정하고 조달기간이 변동적인 경우
③ 수요와 조달기간이 모두 변동적인 경우

본 절에서는 수요가 변동적이고 조달기간이 일정한 경우의 확률적 고정주문량모형에 대해 살펴보기로 한다. 일반적으로 확률적모형에서는 수요나 조달기간의 변동이 정규분포를 이룬다는 가정을 전제로 하고 있다. 수요와 조달기간이 변동하는 경우의 주문량을 결정하는 데 필요한 개념인 안전재고(safety stock)와 서비스 수준(service level)을 먼저 살펴 본 다음 주문량을 산정하기 위한 방법에 대하여 설명하도록 한다.

(1) 안전재고

수요나 조달기간이 변동적이라면 재고부족의 가능성을 고려하여야 한다. 예를 들어, 일시적인 수요의 증가 또는 조달기간의 지연은 재고가 고갈될 수 있다. 따라서 수요나 조달기간의 불확실성에 대비하기 위해서는 조달기간 동안 발생할 수 있는 재고부족의 위험에 대비한 여분의 재고를 보유할 필요가 있다. 이와 같이 불확실성에 대비하여 보유하는 재고를 안전재고 또는 완충재고(buffer stock)라고 한다.

(2) 서비스 수준

서비스 수준이란 보유재고를 가지고 수요를 충족시킬 수 있는 확률이다. 예를 들어, 100% 서비스 수준은 수요가 재고로부터 전부 충족됨을 의미한다. 서비스 수준이 95%라는 것은 수요가 조달기간 동안의 보유재고를 초과하지 않을 확률이 95%임을 의미하므로, 품절 확률은 5%가 된다. 따라서 서비스 수준과 품절확률과의 관계는 다음과 같고, 이를 그림으로 표시하면 [그림 12. 5]와 같다.

그림 12. 5 | 서비스 수준과 품절확률

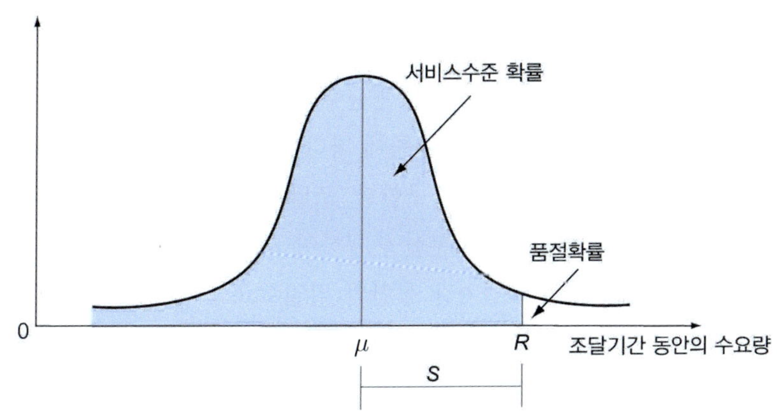

$$\text{서비스 수준} = 1 - \text{품절확률}$$

수요나 조달기간이 불확실한 상황하에서는 수요와 조달기간의 변동성과 원하는 서비스 수준에 따라 안전재고의 수준이 결정된다. 서비스 수준이 주어졌을 때 수요나 조달기간의 변동폭이 크다면 해당 서비스 수준을 달성하기 위한 안전재고량은 많아진다. 또한 수요나 조달기간의 변동 정도가 결정되면 서비스 수준을 향상시키기 위해서는 안전재고량은 커지게 된다.

(3) 확률적 모형에서의 재주문점

재주문점은 조달기간, 평균수요, 수요변동, 서비스 수준에 의하여 정해진다. 재주문점=(조달기간 동안의 평균수요+안전재고)로 계산된다.

안전재고란 실제수요가 예측수요보다 많아질 경우를 대비하여 보유하는 재고를 말하며, 수요의 불확실성이 증가함에 따라 요구되는 안전재고의 수준도 높아진다. 안전재고의 수준이 높으면 재고부족의 확률이 낮아지고 서비스 수준은 높아진다. 거꾸로 서비스 수준을 높이려면 안전재고의 수준이 높아야 하므로 결국 안전재고의 수준을 결정함에 있어 서비스 수준을 고려해야 함을 의미한다.

서비스 수준이란 보유재고를 가지고 수요를 충족시킬 수 있는 확률을 말하는 것으로 서비스 수준이 95%라는 것은 수요가 보유재고를 초과하지 않을 확률이 95%이며, 달리 표현하면 품절확률이 5%라는 것이다.

재주문점을 산출하는 방법은 다음과 같다.

AVG : 일일 평균수요
STD : 일일수요의 표준편차
LT : 조달기간
SL : 서비스 수준

- 우선 조달기간 동안의 평균수요는 $LT \cdot AVG$이다.
- 안전재고는 서비스 수준에 따라 결정되는 Z값에 조달기간 동안의 수요의 표준편차를 곱하여 구한다. 조달기간 동안의 수요의 표준편차는 조달기간 동안의 수요의 분산을 구하여 계산하는 데 조달기간 동안의 수요에 대한 분산은 조달기간 동안의 일일수요의 분산의 합이므로 $STD^2 \cdot LT$이고 따라서 표준편차는 $STD \cdot \sqrt{LT}$ 이다. 그러므로 안전재고와 재주문점의 계산은 다음과 같다.

$$안전재고 = Z \cdot STD \cdot \sqrt{LT}$$
$$재주문점(s) = LT \cdot AVG + Z \cdot STD \cdot \sqrt{LT}$$

조달기간 동안의 재고부족 확률이 (100－SL)%가 되도록 Z값을 결정하는 방법은 표준정규분포표를 이용하여 구할 수 있다. 예를 들어, 서비스 수준이 97%라면 재고부족확률이 3%인 경우이며, 표준정규분포(부록 참조)의 오른쪽 끝부분의 면적이 0.03이 되는 Z값을 정하면 된다. 이 경우 Z값은 약 1.88이다.

예제 12.3

다음의 경우 재주문점을 구하라.

- 주당 평균수요: 44.6
- 주당 수요의 표준편차: 32.1
- 조달기간: 2주
- 서비스 수준: 97%

해답

조달기간 동안의 평균수요 = 2 · 44.6 = 89.2

안전재고 = 1.88 · 32.1 · $\sqrt{2}$ = 85.3

재주문점=89.2+85.3=175

재고통제시스템

재고통제시스템(inventory control system)은 주문량과 주문시기를 어떻게 결정하느냐에 따라 고정주문량시스템, 고정주문주기시스템, 절충형 시스템 등으로 구분할 수 있다. 본 절에서는 재고통제시스템들의 특성에 관하여 설명하도록 한다.

(1) 고정주문량시스템

고정주문량시스템(fixed-order quantity system)은 항상 현재의 재고에 관한 정보를 수작업 또는 전산시스템에 의해 파악해 두고 있다가 재고량이 재주문점(R)에 도달하면 일정량을 주문하는 재고시스템으로 Q시스템이라고도 한다. 주문량(Q)은 일정하고 주문주기(t)는 수요의 변화에 따라 달라지는 특징이 있다.

그림 12.6 | 고정주문량모형

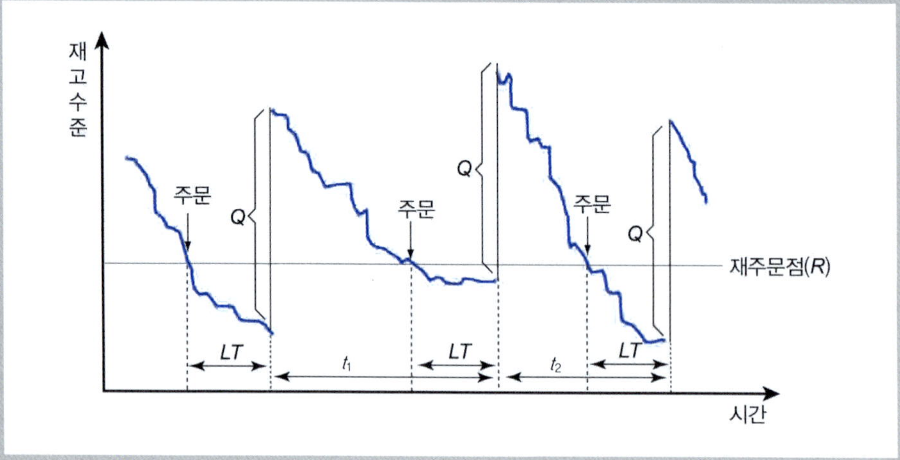

[그림 12. 6]은 조달기간(LT)이 일정하고 수요가 변동적인 경우의 고정주문량시스템의 운용형태를 보여주고 있다. 고정주문량시스템에서는 수요에 따라 불규칙적으로 감소하는 재고수준을 재주문점과 비교하는 작업을 계속하여 재고수준이 재주문점과 일치하게 되면 사전에 결정된 양만큼 주문한다. 이 때문에 고정주문량시스템에서는 주문량은 항상 일정하지만 주문주기는 그 사이의 수요율에 따라 변동하는 것이 특징이다. 따라서 예상수요 이상으로 수요가 발생하면 주문주기는 짧아지고, 반대로 예상수요에 비해 실제수요가 작을 경우에는 주문주기가 길어진다.

이와 같이 고정주문량시스템에서는 재고수준이 재주문점에 도달했을 때 고정량의 주문이 이루어지기 때문에 주문량과 재주문점의 결정이 중요하다. EOQ 모형, 경험적 판단 혹은 수요와 조달기간의 특성에 따라 재고와 관련된 총비용이 최소가 되도록 재주문점과 1회 주문량의 값을 결정하여야 한다.

이 시스템은 재고수준에 대한 계속적인 실사(review)를 통하여 재주문점에 도달하는 시기를 파악하여야 하므로 기록유지의 측면에서 많은 노력과 비용이 요구되는 단점이 있다. 고정주문량시스템 중에서 가장 널리 이용되고 있는 것으로 투빈시스템(two-bin system)이 있다. 투빈시스템은 각 품목을 두 개의 용기(bin)에 나누어 넣고 이 중 한 용기에 들어 있는 재고가 고갈되면 즉시 주문을 하고 조달기간 동안에는 다른 용기에 들어 있는 재고로 수요를 충당하는 것을

그림 12. 7 | 고정주문주기모형

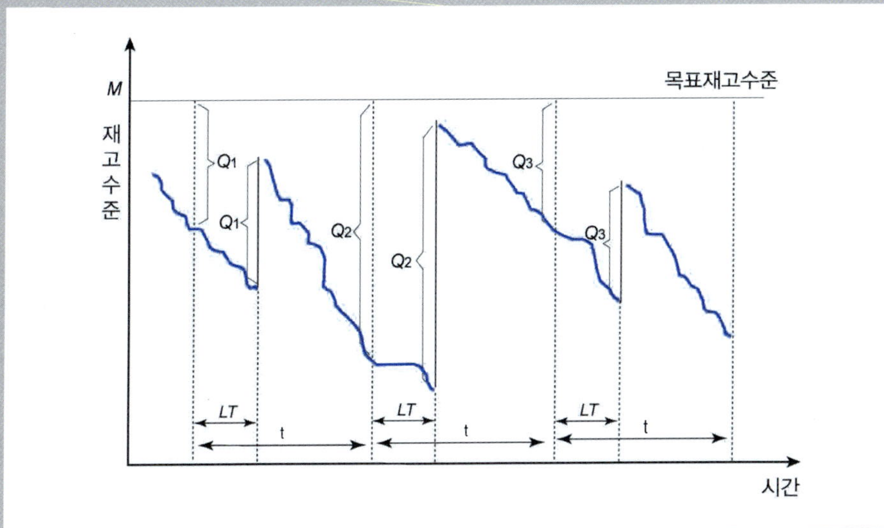

차례로 반복하는 시스템이다. 따라서 재고에 관한 기록을 계속적으로 할 필요가 없다.

(2) 고정주문주기시스템

고정주문주기시스템(fixed-order interval system)은 매주 말 또는 매월 말과 같이 미리 정해진 일정한 간격마다 주문하는 시스템으로 P시스템이라고도 한다. 주문주기(*t*)가 일정하고 주문량(*Q*)이 변동적인 점이 특징이다. 이 시스템에서 주문량이 입고되었을 때 재고수준이 미리 설정된 목표재고수준(*M*)에 이를 수 있도록 주문시점의 재고수준과 목표재고수준과의 차이만큼이다.

수요와 조달기간(*LT*)이 모두 일정한 경우에는 매 주기마다 주문량이 동일해지기 때문에 고정주문량시스템과 차이가 없다. 그러나 수요가 변동하면 고정주문량시스템과는 차이가 있다.

[그림 12. 7]은 수요가 변동하는 경우 고정주문주기시스템의 운용형태를 보여주고 있다. [그림 12. 7]에서처럼 시간의 경과에 따라 재고수준은 수요에 대응하여 불규칙적으로 감소함을 알 수 있다.

이처럼 불규칙적으로 감소하는 재고가 미리 정해진 주문시기에 도달하면 주문을 하게 된다. 이 때 주문량은 수요량에 따라 매 주기마다 달라지며, 미리 정해진 목표재고수준과 현재 보유재고량과의 차이만큼이 주문량이 된다. 주문량이 도착하면 재고수준은 다시 증가하지만 조달기간 동안의 수요로 인하여 보유재고가 감소되므로 목표재고수준에는 이르지 못한다. 실제 재고수준이 목표재고수준과 일치하는 경우는 조달기간이 0인 경우이다.

고정주문량시스템과 고정주문주기시스템의 주요한 차이 중의 하나는 안전재고의 수준이다. 고정주문량시스템은 조달기간 동안의 수요변동에 대비하여 안전재고를 보유하는 데 비해, 고정주문주기시스템에서는 조달기간을 포함한 전체 주문주기 동안의 수요변동에 대비한 안전재고를 보유해야 하기 때문에 고정주문주기시스템은 고정주문량시스템에 비해 안전재고를 더 많이 보유해야 한다.

(3) 혼합형시스템

혼합형시스템은 고정주문량시스템과 고정주문주기시스템의 특성을 결합한 방식이다. 이 시스템은 정기적으로 재고를 조사하는 한편, 미리 설정된 재주문시점에 재고수준이 도달했을 때 주문하는 방식을 취한다. 만일 조사일 당시의 재고수준이 재주문점 이상일 때에는 주문을 행하지 않는다. 그러나 재고수준이 재주문점에 도달하거나 그 이하가 되면 주문을 실시한다. 이 때 고정주문주기시스템에서와 마찬가지로 주문량은 목표재고수준과 현 보유재고량과의 차이이다.

재주문점의 이용으로 인해 고정주문주기시스템에 비해 안전재고를 적게 보유할 수 있다는 이점이 있다. 또한 정기적인 재고파악을 통하여 수요와 재고수준의 변동에 신속히 대응할 수도 있다. 그러나 실제로 이 시스템을 사용할 경우 주문량이나 재주문점의 산정에 복잡한 분석이 필요하다는 단점이 있다.

단일기간 재고모형

단일기간 재고모형(single period inventory model)은 일정기간만 판매하고 판매하지 못한 제품은 버리거나 싼값에 처분해야 하는 경우의 주문량을 결정하는 재고모형이다. 주문량의 결정은 성과표(payoff matrix) 또는 한계분석법(marginal analysis)을 사용하여 구할 수 있다.

1) 성과표(payoff matrix)

다음의 예를 통해 주문량을 결정하는 방법을 알아보기로 한다.

예제 12.4

K대학의 경영학과 학생회는 축제기간 동안 특별한 T-셔츠를 판매하고자 한다. 이 제품은 8만 원에 구입하여 10만 원에 판매할 예정이며, 축제기간 동안 팔리지 않은 T-셔츠는 5만 원에 시장상인에게 넘길 수 있다. 과거 선배들의 경험을 토대로 이러한 T-셔츠에 대한 수요의 확률분포를 다음과 같이 작성하였다.

수요	21	22	23	24	25
확률	0.15	0.20	0.30	0.25	0.10

이 경우에 구매량을 결정하는 방법은 여러 대안들 중에서 기대수익이 가장 큰 것으로 결정하면 된다. 여기서 대안이란 구매량을 21, 22, 23, 24, 25로 하는 것이며 각각의 구매량에 대한 기대수익은 다음과 같은 성과표를 만들어 계산한다.

성과표(단위 : 만원)

구매 \ 수요	21	22	23	24	25	예상수익
21	42	42	42	42	42	42.00
22	39	44	44	44	44	43.25
23	36	41	46	46	46	43.50
24	33	38	43	48	48	42.25
25	30	35	40	45	50	39.75

* 구매량은 21인데 수요는 23일 경우의 수익 = 21(10만 원−8만 원)=42만 원
* 구매량은 23인데 수요는 21일 경우의 수익
  =21(10만 원−8만 원)−(23−21)·(8만 원−5만 원)=36만 원
* 기대수익(구매량이 23일 경우)
  =36(0.15)+41(0.2)+46(0.3)+46(0.25)+46(0.1)=43.50만 원

최적해 : 기대수익을 최대화하는 구매량은 23이다.

2) 한계분석법(marginal analysis)

- 한계이익(MP : marginal profit) : 한 단위 구입하여 판매함으로써 얻는 이익으로, 한계수입−한계비용으로 나타낸다.

• **한계손실**(ML : marginal loss) : 한 단위를 구입하였으나 판매되지 않아 발생되는 손실로서, 한계비용－잔존가치로 나타낸다.

P를 추가된 한 단위가 팔릴 확률, $1-P$를 추가된 한 단위가 팔리지 않을 확률이라 하면 기대한계이익과 손실은 다음과 같다.

$$\text{기대한계이익} = P \cdot MP$$
$$\text{기대한계손실} = (1-P) \cdot ML$$

추가로 한 단위를 주문하여 얻게 되는 한계이익이 추가주문으로 인하여 발생되는 한계손실보다 크다면 추가로 한 단위를 더 주문하는 것이 유리하다. 따라서 P는 다음과 같이 구해진다.

$$P \cdot MP \geq (1-P) \cdot ML$$

$$P \cdot MP \geq ML - ML \cdot P$$

$$P(MP+ML) \geq ML$$

$$P \geq \frac{ML}{MP+ML}$$

이 식은 주문량을 결정할 때 $\frac{ML}{MP+ML}$보다 크거나 같게 될 때까지 주문량을 증가시키는 것이 경제적임을 나타낸다.

<예제 12.4>에서의 한계이익과 한계손실은 다음과 같다.

$$\text{한계이익}(MP) = 100{,}000 - 80{,}000 = 20{,}000$$
$$\text{한계손실}(ML) = 80{,}000 - 50{,}000 = 30{,}000$$

따라서 기대한계이익과 기대한계손실이 같은 P는 다음과 같다.

$$P = \frac{30{,}000}{30{,}000 + 2{,}000} = 0.6$$

최종단위가 팔릴 확률은 다음과 같다.

수요	21	22	23	24	25
확률	0.15	0.20	0.30	0.25	0.10
누적확률	1.00	0.85	0.65	0.35	0.10

누적확률은 어떤 재고수준 이상의 수요가 발생할 확률을 의미한다. 예를 들

어, 21개 이상의 수요가 발생할 확률은 모든 확률을 더한 1.0이 된다. 그리고 22개 이상 수요가 발생할 확률은 22개, 23개, 24개, 25개의 수요가 발생할 확률의 합, 즉 0.2+0.3+0.25+0.1=0.85가 된다. <예제 12.4>의 경우는 $p \geq 0.6$ 이므로 마지막 단위가 판매될 확률이 0.6이상인 수요량을 찾으면 최적구매량은 23단위가 된다. 따라서 23단위가 최적주문량이 된다.

ABC 재고관리

가치나 중요도가 다른 다양한 품목을 재고로 보유한 기업의 경우 모든 품목을 동일한 방법으로 재고관리를 하는 것은 합리적이지 못하다. 이러한 경우에는 품목의 가치나 상대적인 중요도에 따라 A(매우 중요), B(중요), C(중요하지 않음) 등급으로 분류하고 등급에 따라 재고관리방법을 달리하는 ABC 재고관리의 도입이 필요하다. 즉, A등급에 속한 품목에 대해서는 재고관리를 엄격하게 하고, B등급에 속한 품목에 대해서는 재고관리를 보통으로, 그리고 C등급에 속한 품목에 대해서는 재고관리를 느슨히 하자는 것이다.

ABC 분류방법은 기업의 특성에 따라 달라질 수 있으며, 품목의 가치는 적으나 구입하기 힘든 품목이라든지 긴요한 품목은 중요도에 따라 A등급 혹은 B등급에 포함시킬 수 있다. 일반적으로 전체 품목수의 10~20% 정도가 A등급에 포함되며, A등급에 속하는 품목들의 매출액의 합은 전체 매출액의 70~80% 정도를 차지한다. B등급에 포함되는 품목수는 전체 품목수의 20~40% 정도이며, B등급에 속하는 품목들의 매출액의 합은 전체 매출액의 15~20% 정도를 차지한다. C등급에 포함되는 품목수는 전체 품목수의 40~60% 정도를 차지하며, C등급에 포함되는 품목들의 매출액의 합은 전체 매출액의 5~10% 정도를 차지한다.

<표 12. 3>은 품목의 금액과 수량을 기준으로 재고를 A, B, C 등급으로 분류한 예이다.

〈표 12. 3〉 ABC 재고분류

등급	품목	전체 재고품목에 대한 비율	총가치에 대한 비율	통제수준	기록형태
A	고가	10~20%	70~80%	엄격	완벽
B	중가	20~40%	15~20%	보통	정확
C	저가	40~60%	5~10%	대강	단순

요 약

- 재고란 생산이나 고객의 수요에 대비하기 위하여 보유하는 것을 말한다. 재고보유의 목적으로는 수요의 불확실성 및 조달기간의 불확실성에 대비하거나 대량생산 혹은 대량 구매에 따른 규모의 경제, 생산의 원활화 등을 위해서이다.
- 기업 외부의 시장조건에 의하여 수요가 결정되는 품목을 독립수요품목이라 하고, 부분품이나 원자재와 같이 모품목의 수요에 따라 그 수요가 결정되는 품목을 종속수요품목이라 한다.
- 적정수준 이상의 재고유지는 많은 자금이 재고에 묶여 다른 유리한 투자기회를 상실하게 되고, 반대로 적정수준 이하의 재고는 고객의 불만을 초래하고 생산장애를 초래할 수 있다.
- 재고관리란 재고보충을 위한 주문시기 및 주문량을 결정하는 것이다.
- 재고비용에는 주문비용, 재고유지비용, 재고부족비용 등이 포함된다.
- 경제적 주문량은 총재고비용=(주문비용+재고유지비용)을 최소화하도록 1회 주문량을 결정하는 모형이다.
- 경제적 생산량은 1회 생산량 또는 1회 주문량을 결정하는 모형이다.
- 재고통제시스템은 고정주문량시스템(Q), 고정주문주기시스템(P), 절충형시스템(S) 등으로 구분할 수 있다.
- Q모형은 재고수준이 R(재주문점)이 되면 일정한 Q(EOQ) 양을 주문하는 모형이며, P모형은 재고수준이 R(재주문점)이 되면 재고수준이 M(목표재고수준)이 되도록 주문량을 결정하는 모형이다.
- 재주문점은 조달기간, 평균수요, 수요변동, 서비스 수준에 의하여 정해지며 재주문점=(조달기간 동안의 평균수요+안전재고)로 계산된다.
- 안전재고란 실제수요가 예측수요보다 많아질 경우를 대비하여 보유하는 재고를 말하며, 수요의 불확실성의 증가에 따라 요구되는 안전재고의 수준도 높아진다.
- 단일기간재고모형은 일정기간만 판매하고 판매하지 못한 제품은 버리거나 싼값에 처분해야 하는 경우의 주문량을 결정하는 재고모형이다. 주문량의 결정은 성과표를 이용하여 결정한다.

- 품목의 가치나 상대적인 중요도에 따라 A(매우 중요), B(중요), C(중요하지 않음)등급으로 분류하고 등급에 따라 재고관리방법을 달리 하는 방법이 ABC 재고관리이다. 즉, A등급에 속한 품목은 엄격하게, B등급에 속한 품목은 보통으로 그리고 C등급에 속한 품목은 대강으로 하자는 것이다.

학습문제

1. 재고를 보유하는 목적은?
2. 주문비용, 재고유지비용, 재고부족비용을 각각 설명하라.
3. 재고관리모형에는 어떠한 것이 있는지 살펴보라.
4. 경제적 주문량과 생산량은 어떻게 결정되는지 알아보라.
5. 재고통제시스템을 비교 설명하라.
6. 재주문점은 어떻게 계산되는지 알아보라.
7. 단일기간재고모형은 어느 경우에 이용되나?
8. ABC 재고관리란 무엇인가?

연습문제

1. ABC 기업은 부품 A를 매년 8,000개 구입한다. 단위당 가격은 10원이고, 단위당 연간 재고유지비용은 3원이며, 주문비용은 30원이다. 연간 작업일수가 200일이라고 가정하고 최적주문량과 연간 예상주문횟수를 구하라.

2. ABC 문방구의 연간 바인더 수요는 10,000개이다. 본 문방구는 연간 300일 영업을 하며 공급자로부터의 조달기간이 5일 걸린다고 가정하고, 바인더의 재주문점을 구하라.

3. ABC 기업은 연간 수요가 1,000개인 제품을 연간 2,000개 생산할 수 있다. 1회 준비비용이 10원이고, 단위당 연간 재고유지비용이 1원이면 경제적 생산량은 얼마인가?

4. 연간 수요가 500,000원, 단위당 연간 재고유지비용은 단위당 가격의 40%, 1회 주문비용은 59.5원이고, 단위당 가격은 5.5원일 경우 다음 물음에 답하라.
   1) EOQ를 구하라.
   2) EOQ에 의하여 주문할 경우의 연간 총재고비용을 구하라.
   3) 만일 주문량이 최소 6,000 단위가 되어야 하는 경우 총재고비용은 얼마나 증가하는가?

5. 제품 A의 연간 수요는 4,000개이다. 구입단가는 90원이며, 연간 단위당 재고유지비는 단위당 구입가의 10%이다. 1회 주문비용은 25원이며 조달기간은 8일이다. 1주당 수요는 80이며, 연간 영업일수는 200일이라고 가정하고 다음 물음에 답하라.
   1) EOQ를 구하라.
   2) 재주문점을 구하라.
   3) 최적주문횟수를 구하라.

6. 부품 B의 연간 수요는 1,500개이다. 연간 단위당 재고유지비는 45원이며, 1회 주문비용은 150원이다. 조달기간은 6일, 연간 영업일수는 300일이라고 가정하고 다음 물음에 답하라.
   1) EOQ를 구하라.
   2) 재주문점을 구하라.
   3) 연간 재고유지비를 계산하라.
   4) 연간 주문비용을 계산하라.

사례 3D프린팅 혁명

혁명의 시작은 100개 이상의 제조업체를 대상으로 2014년에 실시한 PwC 조사에서 감지됐다. 조사시점에서 대상 기업의 11%가 부품과 완제품의 생산방식을 3D프린팅을 이용한 대량생산으로 교체했다. 시장조사전문업체 가트너(Gartner)의 기준에 따르면 새로운 기술의 채택 비율이 20%에 도달하면 '메인스트림(main-stream)'이라고 볼 수 있다.

생산을 늘리기 위해 3D프린팅을 이용하는 기업에는 GE(제트엔진, 의료장비, 가전부품), 록히드 마틴, 보잉(항공우주 및 방위산업), 오로라 항공기술[aurora flight sciences(무인비행기)], 인비절라인[invisalign(치과용 장비)], 구글(소비자 전자제품), 네덜란드의 룩섹셀[LUXeXcel(LED 렌즈)]이 있다.

경영컨설팅 회사 맥킨지는 최근 보고서에서 3D프린팅이 "특수 기술의 틈새에서 벗어나 지속적으로 응용 분야가 늘어나면서 기존 생산방식을 대체할 준비가 됐다"고 서술했다. 2014년 미국 내 산업용 3D프린터의 매출은 산업자동화기기 및 로봇 매출의 3분의 1에 달했으며 2020년에 이 비율이 42%로 늘어날 것이라는 전망도 있다.

프린터에 사용되는 재료의 범위가 확장되면서 많은 기업이 3D프린팅 기술을 도입할 것이다. 이미 플라스틱과 감광성 합성수지 외에도 세라믹, 시멘트, 유리, 금속 및 금속합금, 탄소 나노튜브와 탄소섬유가 첨가된 열가소성 복합재료가 사용되고 있다. 3D프린팅 기술 도입을 주저하던 기업도 적층가공 생산방식의 뛰어난 경제성 때문에 결국에는 동참하게 될 것이다. 새로운 방법과 재료로 제품을 생산하는 직접비용은 증가할 수도 있지만 적층가공 생산방식의 유연성이 총비용을 크게 낮출 것이다.

이미 혁명적 변화가 진행 중인 가운데 경영자들은 세 가지 전략적 문제와 맞닥

뜨리게 됐다.

첫째, 제품 판매자는 자사나 경쟁자의 유형 제품이 3D프린팅을 이용해 어떻게 개선될 수 있는지 자문해야 한다. 프린터에 다운로드된 디지털 '청사진'에 따라 적층식으로 제품을 만드는 기술을 이용하면 고도의 맞춤형 제품뿐 아니라 매우 복잡한 설계의 제품도 만들 수 있기 때문이다.

둘째, 기업은 운영방식을 재검토해야 한다. 적층가공 생산방식은 완제품과 부품을 언제, 어디서, 어떻게 제작할지에 대한 무수한 옵션을 제공한다. 그러면 최적의 제품 공급 네트워크와 프로세스는 어떤 것인가?

셋째, 경영자는 3D프린팅 기술의 발전에 따라 형성되기 시작한 '커머셜 생태계(commercial ecosystem)'가 시사하는 전략적 의미를 숙고해야 한다. 제조업 분야가 다수의 소규모 생산자로 세분될 가능성이 많이 거론되지만 이런 전망은 보다 확실시되는 발전, 즉 설계자, 생산자, 제품 운송자의 활동을 통합하는 디지털 플랫폼의 중요성을 가릴 수 있다. 디지털 플랫폼은 '설계에서 프린트까지'의 일괄 생산방식과 설계정보 공유 및 신속한 다운로드를 가능하게 할 것이며 프린터 작업의 할당, 품질관리, 프린터 네트워크의 실시간 최적화 등을 조율하는 기능을 맡게 될 것이다. 플랫폼을 공급하는 기업은 시장의 요구에 따라 생태계를 조정하는 표준을 설정하고 무대를 제공함으로써 큰 성공을 거둘 것이며 모든 기업이 이런 플랫폼의 출현에 영향을 받게 된다. 새로운 기술이 창조할 엄청난 가치의 지분을 확보하기 위한 기업 간 경쟁이 치열해질 것이다.

<출처 : 하버드 비즈니스 리뷰 코리아, 2015년 5월>

토의문제

1. 3D 프린팅 기술을 도입하는 A제조업체가 생산부품에 대한 재고관리를 할 경우 우선적으로 고려되어야 할 재고정책은 무엇인지 토의하여라.

2. 제품과 부품 제조에 관한 새로운 옵션이 거의 무한하게 주어질 때 재고관리를 어떻게 재구성할 것인지 토의하여라.

3. 3D 프린팅 기술은 유연적인 맞춤형 제품의 생산을 용이하게 하고, 조립공정과 재고품을 없앨 것이며, 성능개선을 위한 제품의 재설계를 가능하게 할 것이다. 이에 대한 3D 프린팅 기술의 장단점을 재고관리 측면에서 토의하여라.

참고문헌

전영일, 홍관수, 김남영, "전략적 운영관리", 경문사, 2003.

Burnham, J. and Mohanty, B., "Requiem for EOQ-But Unified Order Quantity is Alive and Well," *Production and Inventory Management*, 31:1, pp.80-83, 1990.

Chase, R., Jacobs, F., and Aquilano, N., *Operations and Supply Chain Management*, 13th ed. NY: McGraw-Hill, 2010.

Forgarty, D. and Hoffmann, T., *Production and Inventory Management*. South-Western Publishing Co., Cincinnati, Ohio, 1983.

Green, J., *Production and Inventory Control Handbook*, 2nd ed. New York, McGraw-Hill, 1987.

Love, S., *Inventory Control*. McGraw-Hill, New York, 1979.

Peterson, R. and Silver, E., *Decision Systems for Inventory Management and Production Planning*. Wiley, New York, 1979.

Ronen, D., "Inventory Service Measures — A Comparison of Measures," *International Journal of Operations and Production Management*, 3:2, pp.37-45, 1983.

Schonberger, R. and Schniederjans, M., "Reinventing Inventory Control," *Interfaces*, 14:3, pp.76-83, 1984.

Schroeder, R., *Operations Management*, 3rd ed. McGraw-Hill, New York, 1989.

Silver, E. and Peterson, R., *Decision Systems for Inventory Management and Production Planning*. John Wiley & Sons, New York, 1985.

CHAPTER 13

자재소요계획과 능력소요계획

[도입사례] Digital Equipment Corporation

DEC의 6개 그룹 중의 하나인 CSM(computer systems manufacturing)의 일부인 DSM(distributed systems manufacturing)은 네트워크 및 통신 제품을 생산한다. 미래의 경쟁력 확보를 위해서는 높은 품질의 제품을 생산공급함과 동시에 고객의 요구에 신속하게 대응할 수 있는 능력이 중요함을 인식하고, 사이클타임의 감소와 경쟁력 확보 차원에서 공급자와 고객을 네트워크로 잇는 다공장 컴퓨터통합생산시스템을 갖추는 데 노력을 기울이기로 하였다.

DSM에서는 EndPoint 모델의 실행으로 사이클타임을 단축하는 데 초점을 맞추고 있다. 현재의 생산공정은 네 단계로 구성되며 먼저 공급자로부터 부품공급을 받으면 DSM의 중앙시험소에서 부품테스트(6~8주)를 한 뒤, DSM 공장에서 컴퓨터보드조립(20주)을 하며, 다음으로는 보드와 CPU 등과의 시스템 통합(6~8주)이 이루어지며, 완성품은 유통센터(6주의 재고보유)로 수송된다. DSM 매니저들은 사이클타임을 15일(자재수령 2일, 제품생산 10일, 시스템 통합 및 유통 3일)로 줄일 수 있다고 믿고 있으며 이러한 사이클타임 단축에 있어서 가장 중요한 것이 정보의 정확도와 속도를 개선하는 것이라고 생각한다.

DSM에서는 이러한 목적을 달성하기 위해서 여러 가지를 시도하였는데 그 중에서 중심이 되는 MRP II (manufacturing resource planning) 프로그램을 소개하기로 한다. MRP II 는 'Class A'부터 'Class D'까지 네 단계로 구분하고 Class A기업의 경우 MRP II 를 판매, 재무, 생산, 구매, 기술 등 모든 분야를 포함하는 전사적인 게임계획으로 이용하며, Class D기업은 MRP II 를 자료처리수준에서만 작동하도록 이용한다.

MRP II 의 실행 전에는 각각의 기능분야별로 독립된 시스템을 가지고 있었다. 예를 들어, MC-10이라는 자재소요계획(MRP)시스템을 이용하고 있었으며, Infinet이라는 shop floor 통제시스템을 이용하고 있었다. 그러나 이러한 시스템은 통합이 되지 않았으며 개별적으로 이용되는 데 그치고 있었다. 심지어 다음과 같은 해프닝도 빈번히 일어나고 있었다. 예를 들어, 1,000개의 제품생산이 필요할 경우 생산부서에서는 자재부서에 1,100개를 생산할 분량을 요청한다. 그 이유는 과거에 자재부서로부터 원하는 양을 충분히 받은 적이 없기 때문이다. 한편, 자재부서에서는 생산부서에서 요청한 분량에다 20%를 추가하여 구매부서에 요청한다. 그 이유는 과거의 경험으로 미루어보아 생산부서에서 주문한 것 이상을 요구하는 경우가 많았기 때문이다.

Class A MRP II 를 성취하기 위하여 실행팀을 조직하고 우선적으로 MAXCIM이라는 closed-loop 생산시스템 프로그램을 도입하였다. 이 프로그램은 생산계획 및 주생산일정(MPS) 능력을 갖추고 있으며, 예측, 기술계획, 재무자료를 생산할 수도 있고 또한 경영자들이 스케줄과 계획을 모니터할 수 있는 도구를 제공한다. 성공적인 MRP II 의 실행을 위해서는 공통언어의 창조, 공통자료의 요구 및 이용, 일관되고 통합된 목표, 정확한 수요예측, 생산과 마케팅의 통합, 생산과 사업계획과의 연결, 적극적인 참여 등이 요구된다. DSM에서는 MRP II와 더불어 생산사이클타임의 감축을 위해 공급자와의 파트너십 프로그램, CIM(computer integrated manufacturing), TQC(total quality control), JIT(just in time) 등의 프로그램을 실행하였다.

위의 사례에서 생각해 보아야 할 주요한 포인트는 다음과 같다.

- MRP II는 무엇이며 MRP와 다른 점은?
- 가상통합(virtual integration)이란 무엇인가?
- MRP II의 실행에 요구되는 것은?
- MRP II 이외에 생산사이클타임의 감축에 도움이 되는 프로그램은?
- CIM, TQC, JIT에 대하여 알아보라.

<출처: 전략적 운영관리, pp.220-221, 2003>

주생산일정에 의해 주별로 제품의 생산계획이 수립되면 그 제품을 생산하는데 소요되는 부분품이나 부품에 대한 조달 및 생산계획이 수립되어야 한다. 이러한 부분품이나 부품은 모품목(parent item)의 수요가 결정되면 자동적으로 결정되는 종속수요품목이며 이러한 종속수요품목의 소요량과 소요시기를 결정하는데 도움이 되는 기법이 자재소요계획이다. 본장에서는 MRP 시스템의 원리, 내용, 운영에 대하여 살펴보고 MRP 시스템을 기본으로 수립되는 능력소요계획에 대해서도 알아본다.

본장에서 다룰 내용은 다음과 같다.

- MRP란 무엇인가?
- MRP 수립에 필요한 자료는?
- MRP의 내용은?
- MRP는 어떻게 갱신되나?
- 생산로트의 크기를 결정하는 방법에는 어떠한 것이 있나?
- 안전재고란 무엇인가?
- 능력소요계획은 어떻게 수립되나?

MRP 시스템의 개념 및 목적

독립수요품목은 시장 환경에 직접적인 영향을 받으므로 예측을 통해 그 수요의 변동량을 파악하여 시장의 요구에 대응한다. 그러나 원자재, 부분품, 중간조립품 등과 같은 품목들의 수요는 이들 품목을 구성품으로 이용하는 모품목(parent item)의 수요에 대해 종속적이기 때문에 독립수요품목과는 다르다.

예를 들어, 자전거 1대를 만드는 데 부분품으로 2개의 바퀴와 1개의 샤프트가 소요된다면 이들 부분품의 수요는 완제품인 자전거의 수요가 결정되면 자동적으로 결정된다. 이와 같이 종속수요품목들의 소요량과 소요시기는 최종완제품의 수요가 결정되면 자동적으로 결정되는 특징이 있다. 따라서 각 종속품에 대한 일정계획을 수립하여야 되는데 이것을 자재소요계획(MRP: material requirements planning)이라 한다.

자재소요계획이란 제품을 만드는 데 필요한 부품 및 부분품에 대한 소요량과 소요시기에 대한 계획을 수립하는 것이다. MRP 시스템을 수립하기 위해서는 주생산일정(MPS: master production schedule), 자재명세서(BOM: bill of material), 부품에 대한 재고기록철(inventory record file, 조달기간 포함) 등이 필요하다.

MRP 시스템의 구조 및 내용

MRP 시스템의 기본적인 투입요소는 [그림 13. 1]과 같이 주생산일정, 자재명세서 그리고 재고기록철이다.

MRP 시스템 구조

(1) 주생산일정

주생산일정은 총괄생산계획을 분해하여 개별제품별 생산량과 생산완료시기를 나타내는 생산계획이다. <표 13. 1>은 주생산일정의 한 예이다.

그림 13. 1 | MRP의 기본구조

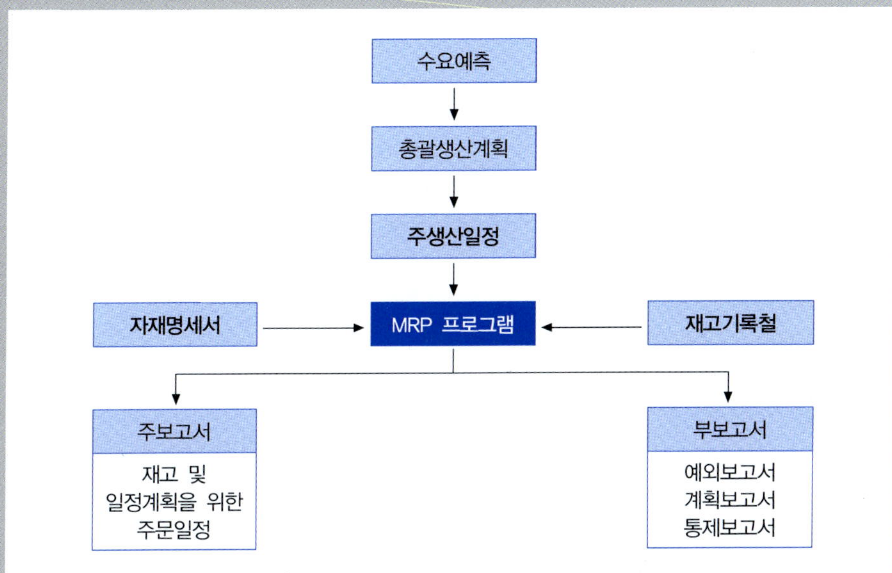

〈표 13.1〉 제품 A의 주생산일정

품목 A	1주	2주	3주	4주	5주	6주	7주	8주
수 량			500			700		

계획기간(planning time horizon) 동안의 최종제품 A에 대한 주생산일정은 3주와 6주에 각각 500단위와 700단위가 필요함을 알 수 있다. 주생산일정은 계획기간을 일련의 단위시간으로 나누어 수립되는 데 주, 월 또는 분기단위로 분리할 수도 있으나 보통 주단위로 분할한다.

(2) 자재명세서

자재명세서는 최종제품을 생산하는 데 필요한 원자재, 부품, 하위조립품 등의 소요량, 자재와 자재의 결합방법 등에 관한 정보를 제시하기 위해 [그림 13. 2]와 같은 제품구조도(product structure tree)를 사용한다.

제품구조도에서는 한 단계 위의 품목 1단위를 완성하기 위해 필요한 하위단계 품목의 수량이 ( ) 안에 표시된다. 따라서 제품구조도는 최종제품을 얻기 위해 필요한 각 품목의 소요량을 결정하는 데 사용된다. [그림 13. 2]에서 최종제품 A는 3단위의 B와 2단위의 C로 구성됨을 알 수 있다. 또한 B의 1단위 생산

그림 13.2 | 최종제품 A의 제품구조도

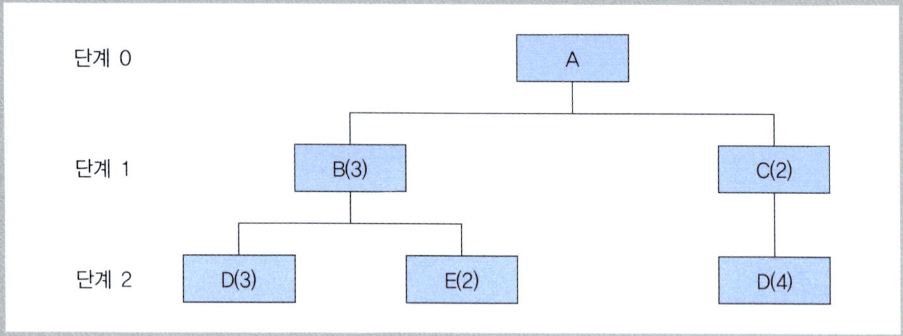

에는 3단위의 D와 2단위의 E가 필요하다. 1단위의 C는 4단위의 D로 구성된다.

[그림 13.2]와 같이 최종제품에 대해서는 단계 0, 바로 하위계층의 품목에 대해서는 단계 1 등과 같이 단계별로 표시된다. 그러므로 매 단계의 품목은 상위단계 품목의 부분품이며 동시에 하위품목의 모품목(parent item)이다. 이러한 제품구조도는 최종제품별로 계층적으로 작성된다.

(3) 재고기록철

재고기록철은 MRP에서 각 품목의 재고상태에 관한 모든 정보를 기록한 것이다. 따라서 품목별로 총소요량, 수령예정량(scheduled receipts), 이용가능한 재고량, 공급자, 조달기간 및 로트 크기뿐만 아니라 부수적인 기록도 포함하고 있다.

(4) 결과보고서

MRP 프로그램은 주생산일정, 자재명세서 및 재고기록철로부터 얻은 정보를 토대로 실행되기 때문에 그 산출자료(output)는 다양한 형식과 내용을 가지고 있으나 일반적으로 다음과 같은 내용에 관한 항목으로 구성된다.

① 미래의 주문시기와 주문량을 표시하는 주문계획(planned order)

② 계획된 주문을 실행하기 위한 발주(order release)

③ 주문의 취소나 연기, 주문량 및 납기일의 정정 등으로 인한 계획된 주문의 변경

MRP 시스템 내용

MRP는 MPS, 자재명세서, 부품에 대한 재고기록철을 이용하여 부품 및 부분품의 발주량 및 발주시기를 결정한다. MRP의 내용을 보면 총소요량, 재고보유량, 순소요량, 발주계획량의 네 가지로 구성된다.

- **총소요량**(gross requirement) : 해당 품목보다 한 단계 위의 품목의 소요량에 대응하여 조달하여야 할 부품의 소요량을 말한다. 즉, 모품목의 주문에 대응하기 위하여 생산 또는 구매해야 할 하위품목의 수량을 말한다.
- **재고보유량**(stock on hand) : 해당 품목의 현재 또는 계획된 재고의 수이다.
- **순소요량**(net requirement) : 총소요량에서 보유 중인 재고를 뺀 실제 소요량이다.
- **발주계획량**(planned order release) : 일반적으로 순소요량과 일치하고 발주시기는 조달기간을 고려하여 실제 필요한 시기보다 조달기간만큼 앞서 발주를 하게 된다.

예제 13.1

자전거를 생산하는 어느 기업의 MPS, 재고자료, 제품구조도가 다음과 같다고 가정하고 MRP계획을 수립하라.

MPS : 자전거

	1	2	3	4	5	6	7	8
총소요량								60

재고보유량과 조달기간

품 목	재고보유량	조달기간(주)
자전거 A	10	2
B	50	2
C	0	1
D	100	3
E	50	2

제품구조도

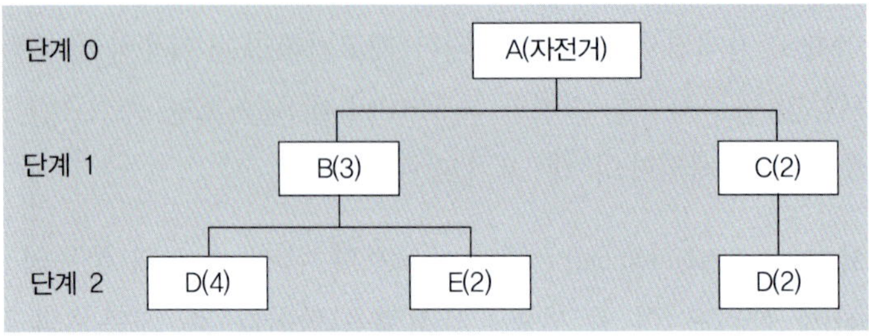

* B(3) : B가 3단위 필요하다는 의미임.

해답

MRP에 의한 계획수립은 <표 13. 2>와 같다.

① **A(자전거)**

자전거의 총소요량은 8주에 60단위이다. 재고자료에 의하여 10단위의 재고가 있음이 확인되므로 순소요량은 50단위(60－10)이다. 자전거의 조달기간(조립에 걸리는 시간)이 2주이므로 2주 앞인 6주에 50단위를 발주해야 한다.

② **B**

자전거 한 단위를 생산하는 데에 부분품 B가 3단위 소요되므로 부분품 B의 총소요량은 자전거의 순소요량(50단위)을 고려하여 150단위(50 · 3)이다. B의 순소요량은 보유재고 50단위를 제외한 100단위가 되며 자전거 조립이 시작되는 6주에 생산완료되어야 하므로 B의 조달기간 2주를 고려하여 4주에 발주한다.

〈표 13. 2〉 MRP

품목 \ 주		1	2	3	4	5	6	7	8
A (LT=2)	총소요량								60
	재고보유량								10
	순소요량								50
	발주계획량						50		
B (LT=2)	총소요량						150		
	재고보유량						50		
	순소요량						100		
	발주계획량				100				
C (LT=1)	총소요량						100		
	재고보유량						0		
	순소요량						100		
	발주계획량					100			

품 목 \ 주		1	2	3	4	5	6	7	8
D (LT=3)	총소요량				400	200			
	재고보유량				100	0			
	순소요량				300	200			
	발주계획량	300	200						
E (LT=2)	총소요량				200				
	재고보유량				50				
	순소요량				150				
	발주계획량		150						

③ **C**

자전거 한 단위를 생산하는 데 부분품 C가 2단위 소요되므로 총소요량은 100단위(50・2)이다. C의 순소요량은 보유재고가 없으므로 그대로 100단위이며, B와 마찬가지로 6주에 생산완료되어야 하므로 조달기간 1주를 고려하여 5주에 발주한다.

④ **D**

D의 상위단계의 품목은 B와 C이며 B 한 단위를 생산하는 데 D가 4단위 소요되고, C 한 단위를 생산하는 데 D가 2단위 소요된다. 따라서 B를 위해 필요한 D의 총소요량은 B의 발주계획량이 100단위이므로 400단위(100・4)이며, C를 위해 필요한 D의 총소요량은 C의 발주계획량이 100단위이므로 200단위(100・2)이다. D의 보유재고는 100단위이며 먼저 이용하는 것이 재고유지비를 절약하므로 B를 위해 이용하는 것이 좋다. 따라서 B를 위한 D의 순소요량은 300단위(400−100)이고, B를 위해 D가 필요한 시기는 4주이므로 조달기간 3주를 고려하여 1주에 발주하고, C를 위한 D의 순소요량은 변함 없이 200이며 C를 위한 D가 필요한 시기는 5주이므로 조달기간 3주를 고려하여 2주에 발주한다.

⑤ **E**

E의 상위단계의 품목은 B이며 B 한 단위를 생산하는 데 E가 2단위 소요되므로 E의 총소요량은 B의 발주계획량이 100단위이므로 200단위(100・2)이다. E의 보유재고가 50단위이므로 순소요량은 150단위(200−50)이며, B를 위해 E가 필요한 시기는 4주이므로 조달기간 2주를 고려하여 2주에 발주한다.

MRP 시스템 운영의 효과

MRP 시스템에서 안전재고가 감소되면서 예기치 않은 공급상의 문제에 의한 생산 지연이나 중단의 잠재적 위험을 내포하고 있다. 하지만 여건 변화에 민감한 자재계획 수립, 생산시간의 단축과 사전 납기 통제, 생산과 재고관리의 유기적 결합 등의 장점이 있기 때문에 MRP 시스템을 효율적으로 이용할 경우에는 일반적으로 다음과 같은 이점을 누릴 수 있다.

① 최종제품에 대한 주일정계획이 확정되면 종속수요품목의 사용량이 정확하게 계산되기 때문에 재고수준을 감소시킬 수 있다.
② 주문지연이나 재고부족의 감소로 인한 고객에 대한 보다 높은 서비스 수준을 유지할 수 있다.
③ 보다 안정적인 계획생산으로 잔업이나 유휴시간을 감소시킬 수 있다.
④ 재고 및 생산비용의 감소로 인한 제품가격의 인하와 매출액의 신장을 기대할 수 있다.
⑤ 주일정계획을 수정할 수 있어 시장변화에 신속하게 대응할 수 있다.

MRP 시스템의 유용성은 다음과 같다.

① 제품의 생산과정이 복잡하고, 여러 개의 조립 단계를 거쳐 제품이 완성될 때 유용하다.
② 제조 및 구매 리드타임이 상대적으로 길 때 유용하다.
③ 제품원가가 높을 때 유용하다.
④ 최종제품의 생산 공정이 길 때 유용하다.
⑤ 다품종 생산의 경우 소요자재를 일괄적으로 계획하여 경제적 주문량을 결정할 때 유용하다.

MRP 운영상의 고려사항

MRP 자료의 갱신

MRP의 입력자료에 변경사항이 발생하면 MRP도 그에 따라 변해야 한다. MRP를 갱신하는 방법에는 변화가 있을 때마다 변화가 있는 부분에 대해서만 갱신하는 방법이 있으나, 그 방법보다는 주기적으로 예를 들어, 매주 새로운 MPS, 재고기록철, 자재명세서 등을 입력하여 MRP를 완전히 새롭게 갱신하는 방법이 좋다.

생산로트 크기결정

MRP에서 발주계획량이 순소요량과 일치하는 경우를 Lot for Lot 방법이라고 하며 앞의 예제에서 본 예가 바로 Lot for Lot에 해당한다. 이러한 방법 이외에 총재고비용(주문비용+재고유지비용)을 최소화하도록 발주량을 결정하는 것을 EOQ 방법이라고 하며, 일정한 주문주기 동안의 순소요량의 합을 발주량으로 정하는 방법을 POQ(period order quantity) 방법이라고 한다.

각 방법을 설명하기 위해 품목 B의 총소요량은 2주째 30개, 3주째 30개, 4주째 40개, 5주째 40개 그리고 6주째 40개이고, 품목 B의 조달기간은 1주이며, 1회 주문비용은 80원 그리고 재고유지비는 1원/주/단위로 가정한다.

① Lot for Lot

이 방법은 정확하게 필요한 양만큼만 주문 혹은 생산하는 것이다. 즉, 순소요량만큼 주문을 하게 된다. 이 방법으로 MRP를 작성하면 다음과 같다.

품목 \ 주		1	2	3	4	5	6
B (LT=1)	총소요량		30	30	40	40	40
	재고보유량						
	순소요량		(30)	30	40	40	40
	발주계획량	(30)	30	40	40	40	

이 경우는 재고가 없으므로 재고유지비용이 없으며, 1회 주문비용이 80원이

므로 주문비용(5회 · 80=400원)만 발생한다.

② EOQ

이 방법은 주문할 때마다 경제적인 주문량만큼 주문을 하는 것이다. 예를 들어, 재고유지비=1원/주/단위, 1회 주문비용=80원, 52주/년일 경우의 EOQ는 다음과 같다.

$$\mathrm{EOQ} = \sqrt{\frac{2 \cdot 1{,}560 \cdot 80}{52}} = 70$$

여기서 연간 수요 1,560은 다음과 같이 계산된다. 주별 평균수요=(6주간의 수요의 합)/6=(30+30+40+40+40)/6=30이므로 연간 수요=30 · 52=1,560이다. 그리고 연간 재고유지비=1 · 52=52이다. EOQ방법으로 MRP를 작성하면 다음과 같다.

품목 \ 주		1	2	3	4	5	6
B (LT=1)	총소요량		30	30	40	40	40
	재고보유량			40	10	40	0
	순소요량		30	0	30	0	40
	발주계획량	70		70		70	

2주에 30단위가 필요하므로 조달기간을 고려하여 1주에 주문을 한다. 그 주문량은 EOQ에 의하여 결정된 70이다. 2주의 기말재고는 70−30=40이고 이것이 3주의 재고보유량이 된다. 3주에는 재고보유량이 총소요량을 능가하므로 순소요량이 0이 된다. 따라서 주문을 할 필요가 없다. 3주의 기말재고는 10(40−30)이 되고, 이것이 4주의 재고보유량이 된다. 4주에는 순소요량이 30(40−10)이 되어 주문을 필요로 한다. 따라서 1주 전에, 즉 3주에 EOQ량인 70단위를 주문한다. 4주의 기말재고는 40(70−30)이 되고, 이것이 5주의 재고보유량이 된다. 5주에는 순소요량이 0(40−40)이 되어 주문이 필요 없다. 마지막으로 6주에는 순소요량이 40이므로 1주 전에 70단위를 주문한다. 이 경우에는 주문비용과 재고유지비용이 모두 발생한다. 주문비용은 240(3회 · 80)원이고, 재고유지비용은 90[(40+10+40)1원]원이다. 따라서 총비용은 330(240+90)원이다.

③ POQ

EOQ를 계산한 뒤 연간 주문횟수(연간 수요/EOQ)를 계산한다. 위의 예의 경우 연간수요가 1,560(30 · 52)이므로 연간 주문횟수는 22.29(1,560/70)이다. 다음으로 주문주기(52주/연간주문횟수)를 계산하여 그 주문주기 동안의 총소요량의 합계를 로트 크기로 정하는 것이다. 위의 예의 경우 주문주기는 2.33(52/22.29)이다. 즉, 주문주기는 약 2주이다. 따라서 2주간의 수요의 합이 로트 크기가 된다. POQ(period order quantity)에 의하여 MRP를 작성하면 다음과 같다.

품목 \ 주		0	1	2	3	4	5	6
B (LT=1)	총소요량		0	30	30	40	40	40
	재고보유량					40	0	40
	순소요량		0	30	30	0	40	0
	발주계획량	30		70		80		

POQ=2이므로 1주와 2주에 필요한 양을 합하여 0+30=30을 1주 전에 주문한다. 3주와 4주에 필요한 양 70(30+40)을 합하여 1주 전인 2주에 주문한다. 5주와 6주에 필요한 양 80(40+40)을 합하여 1주 전인 4주에 주문한다. 이 경우에도 재고유지비 및 주문비용이 존재한다. 주문비용은 240(3회 · 80)원이며, 재고유지비용은 80[(40+40)1원]원이다. 따라서 총비용은 320(240+80)원이다.

앞의 방법 중에서 어느 것을 택할 것인가는 총비용을 비교하여 비용이 작게 드는 방법을 택하면 된다. 앞의 예에서는 POQ 방법의 경우가 비용이 가장 작다.

안전재고

최종제품에 대한 주생산일정이 확정되면 종속수요품목의 사용량이 정확하게 계산되므로 이론상 최종제품(품목)을 제외한 하위단계의 품목에 대해서는 안전재고를 보유할 필요가 없다. 하지만 주문한 자재의 도착지연이나, 제조나 조립시간의 지연 또는 불량품 등의 문제가 있을 수 있다. 이러한 경우를 대비하여 안전재고를 유지하여야 한다.

다단계품목의 경우에 한 종류의 부분품이라도 재고부족이 발생하면 최종조립의 완료시간이 지연된다. 그러나 이러한 상황을 방지할 목적으로 하위단계의 품목에 대해서 안전재고를 보유한다면 MRP 시스템의 주된 이점이 상실된다.

이를 위해 우선 문제가 발생할 가능성이 있는 작업이나 활동을 파악하여 조달기간이 불확실한 경우에는 예상조달기간보다 길게 조달시간을 정하는 안전시간을 이용하는 것이 좋고, 사용될 수량이 불확실한 경우에 안전재고를 보유하는 것이 좋다.

능력소요계획(CRP)의 개념 및 내용

중기생산능력계획에는 주생산일정에 기본을 두고 세워지는 개략적 생산능력계획(rough-cut capacity planning)과 MRP에 기본을 두고 세워지는 능력소요계획(CRP : capacity requirement planning)이 있다. [그림 13. 3]은 CRP 과정을 보여주고 있는데 총괄생산계획과 주생산일정에 의해 결정된 최종제품의 생산량은 MRP 시스템에 의해 구성품들에 대한 임시의 발주계획량으로 전환된다.

개략적 생산능력계획은 MRP를 이용하지 않는 기업이 사용할 수 있는데, 포괄적 요소를 이용한 생산능력계획(CPOF : capacity planning using overall factors), 생산능력계산서(capacity bills), 자원개요(resource profiles) 등의 기법이 이용된다.

CPOF 기법은 제일 간단한 방법으로 주별로 요구되는 MPS량을 노동시간이나 기계시간으로 바꾸고, 과거의 회계자료를 분석하여 작업장별로 할당률을 계산하고 이에 따라 각 작업장별로 소요생산능력을 할당하는 것이다. 생산능력계산서기법은 각 제품의 제품구조를 고려하여 각 작업장별로 각각의 제품을 만드는 데 소요되는 노동시간 혹은 기계시간을 계산하여 생산능력계산서를 만들고 이것과 주별 MPS량을 고려하여 각 작업장별 소요생산능력을 정하는 기법이다. 자원개요기법은 CPOF 기법이나 생산능력계산서기법에서 고려하지 않는 생산리드타임까지 고려하는 기법이다. 위의 세 가지 기법에 대한 상세한 내용은 본서의 범위를 벗어나므로 생략하기로 한다.

MRP에 기반을 둔 CRP의 경우 MRP 자료가 주문량 및 필요시기에 대하여 정확한 정보를 제공하므로 작업장별 소요생산능력의 산출이 정확하다. 특히, 다른 방법과의 차이는 CRP에서는 실제로 필요하지 않은 생산능력은 소요생산능력에 추가되지 않는다는 것이다. 예를 들어, 기초재고나 재공품재고가 이미 있는 경우 이에 해당하는 생산능력은 소요생산능력에서 감해진다.

그림 13. 3 | 능력소요계획의 과정

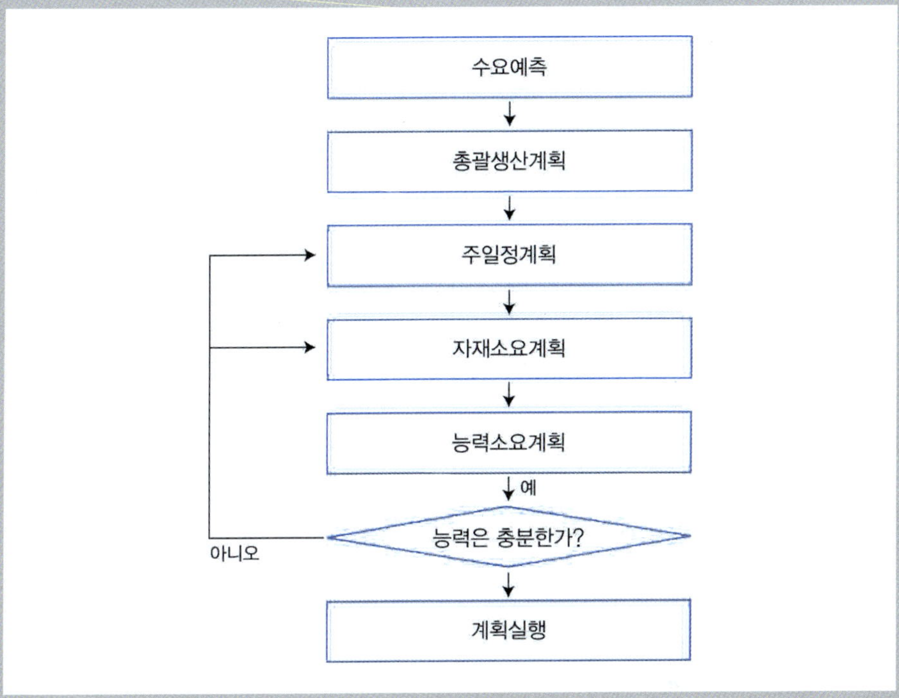

CRP는 MRP의 작업계획과 실제 작업장의 생산능력 간의 균형을 유지하도록 하는 데 이용된다. 예를 들어, CRP시스템은 MRP시스템으로부터 자재소요량을 파악하여 작업장별로 이 품목들을 생산하는 데 필요한 작업부하와 생산능력을 파악하여, 만약 불균형상태에 있다면 가용생산능력을 확장하거나 부여된 자재의 소요량을 조정한다.

다음은 MRP에 의한 CRP 작성의 예를 보여준다. MRP에 의하여 산출된 주문량과 주문시기에 관한 자료를 이용하여 작업장별, 기간별로 요구되는 생산능력이 작성되며 다음과 같은 형식을 가진다. 예를 들어, 다음과 같이 MRP 기록 중에서 특정부품 B에 관한 MRP 기록이 있고, 이 부품은 작업장 1에서 만들어지며, 부품 하나 만드는 데 소요되는 시간은 0.3시간이라 가정한다.

품목 \ 주		1	2	3	4	5
B (LT=2)	총소요량			20	40	35
	재고보유량					
	순소요량			20	40	35
	발주계획량	20	40	35		

작업장 1의 CRP는 아래와 같이 작성된다.

	1	2	3	4	5
소요생산능력(시간)	6*	12	10.5		

* 20 · 0.3=6

만일 이 부품이 여러 작업장에서 생산되는 경우에는 작업장별 분담비율을 이용하여 아래와 같이 작성된다.

소요생산능력						
작업장	1주	2주	3주	4주	5주	작업장 분담
1	2.4	4.8	4.200	0	0	40%
2	2.7	5.4	4.725	0	0	45%
3	0.9	1.8	1.575	0	0	15%
	6.0(시간)	12.0	10.500	0	0	100%

위의 표에서 작업장 분담란은 작업장별로 할당되는 작업량(%)이며, 주별로 필요한 작업시간을 작업장별로 할당할 때 이용된다. 예를 들어, 1주에 필요한 6시간은 작업장 1, 2, 3에 40%, 45%, 15%로 각각 할당된다.

요 약

- MRP 시스템은 주생산일정, 자재명세서, 부품에 대한 재고기록철을 이용하여 부품 및 부분품의 발주량 및 발주시기를 결정한다.
- MRP 시스템은 MRPII로 발전되었는데 MRPII는 운영계획, 재무계획, 분석능력을 통합하는 정보시스템이다.
- MRP 시스템의 내용을 보면 총소요량, 재고보유량, 순소요량, 발주계획량의 네 가지로 구성된다. 총소요량이란 한 단계 위의 품목의 소요량에 대응하여 조달하여야 할 부품의 소요량을 말한다. 순소요량이란 총소요량에서 보유 중인 재고를 뺀 실제 소요량이다. 발주계획량이란 일반적으로 순소요량과 일치하고 발주시기는 조달기간을 고려하여 실제 필요한 시기보다 조달기간만큼 앞서 발주를 하게 된다.
- 발주량이 반드시 순소요량과 일치하는 것은 아니며 다음과 같은 전략이 가능하다. 발주량을 결정하는 방법에는 발주계획량이 순소요량과 일치시키는 Lot for Lot 방법, 총재고비용을 최소화하도록 발주량을 결정하는 EOQ 방법, 일정한 주문주기 동안의 순소요량의 합을 발주량으로 정하는 POQ 방법 등이 있다.
- 주문한 자재의 도착지연이나 제조나 조립시간의 지연 또는 불량품이 있을 경우 등의 문제에 대비하여 안전재고를 유지하여야 한다. 조달기간이 불확실한 경우에는 예상조달기간보다 길게 조달시간을 정하는 안전시간을 이용하는 것이 좋고, 사용될 수량이 불확실한 경우에 안전재고를 보유하는 것이 좋다.
- 중기생산능력계획에는 MPS에 기본을 두고 세워지는 개략적 생산능력계획과 MRP 시스템에 기본을 두고 세워지는 능력소요계획이 있다.
- 개략적 생산능력계획은 MRP 시스템을 이용하지 않는 기업이 사용할 수 있는 것이며 포괄적 요소를 이용한 생산능력계획, 생산능력계산서, 자원개요 등의 기법이 이용된다.
- MRP 시스템에 기반을 둔 CRP의 경우 MRP 자료가 주문량 및 필요시기에 대하여 정확한 정보를 제공하므로 작업장별 소요생산능력의 산출이 정확하며 MRP 시스템의 작업계획과 실제 작업장의 생산능력간의 균형을 유지하도록 하는 데 이용된다.

학습문제

1. MRP 시스템이란 무엇이며 효율적으로 이용할 경우 기대되는 효과는?
2. MRP표를 만드는 데 필요한 자료에는 어떠한 것들이 있는가?
3. MRP표에 포함되는 항목들은 어떠한 것들이 있는가?
4. 순소요량은 어떻게 계산되나?
5. 발주시기는 어떻게 결정되나?
6. 로트의 크기를 결정하는 방법에는 어떠한 것이 있는가?
7. Lot for Lot 방법에 의하면 로트의 크기가 어떻게 결정되나?
8. POQ 방법에 의하면 로트의 크기가 어떻게 결정되나?
9. MRP 시스템 운영상 고려할 사항은 어떠한 것들이 있는가?
10. 능력소요계획이란 무엇인가?

연습문제

1. 다음과 같은 제품구조도를 가지는 제품 A를 10개 만드는 데 필요한 부품별 수를 결정하라(여기서 괄호 안의 숫자는 필요한 부품 수를 나타낸다).

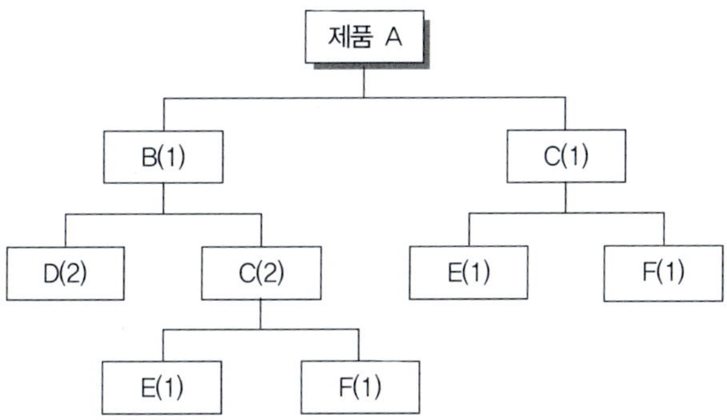

2. [문제 1]의 제품구조도와 아래의 주일정계획 및 조달기간, 재고보유량에 관련된 자료를 가지고 MRP표를 완성하라.

품 목	조달기간(LT)	재고보유량
제품 A	1	10
B	2	20
C	3	0
D	1	100
E	1	10
F	1	50

제품 A의 주일정계획

기 간	6	7	8	9	10	11	12	13
총소요량			50			50		100

※ 다음은 제품 B의 총소요량에 대한 자료이다. 이 자료를 이용하여 문제 3~4의 물음에 답하라.

기간(주)	1	2	3	4	5	6	7	8	9	10	11	12
총소요량	30		40		30	70	20		10	80		50

재고유지비 : 2.5원/단위/주, 준비비용 : 150원, 조달기간 : 1주

3. Lot for Lot에 의한 주별 발주계획량을 정하고, 비용을 계산하라.

4. EOQ에 의한 주문량을 결정하고 비용을 계산하라. 재고부족비용은 단위당 10원이다.

※ 다음은 제품 C의 총소요량에 대한 자료이다. 이 자료를 이용하여 문제 5~7의 물음에 답하라.

기간(주)	1	2	3	4	5	6	7	8
순소요량	300	500	1,000	600	300	300	300	1,500
재고유지비 : 0.5원/단위/주, 준비비용 : 500원, 50주/년								

5. 로트의 크기를 Lot for Lot에 의하여 결정할 경우의 비용은?

6. 로트의 크기를 EOQ에 의하여 결정할 경우의 비용은?

7. 로트의 크기를 POQ에 의하여 결정할 경우의 비용은?

8. 제품 A의 기초재고=600, 안전재고=200, 그리고 6주간의 수요예측치가 355, 800, 910, 500, 600, 500일 경우의 순소요량에 대한 계획을 세우라.

9. 다음은 어느 품목 A의 완성되지 않은 MRP표이다. 로트의 크기=110이라고 가정하고 완성하라.

품목 : A

Lot for Lot=110
조달기간=2주
기초재고=40
안전재고=0

주	1	2	3	4	5	6	7	8	9	10
총소요량	90		85		80		45	90		
예정수주량	110									
재고보유량										
순소요량										
발주계획량										

10. [문제 9]에서 만일 로트의 크기를 Lot for Lot로 할 경우 MRP표를 완성하라.

11. [문제 9]에서 만일 로트의 크기를 POQ=2에 의하여 결정한다고 가정하고 MRP표를 완성하라.

12. 다음은 제품 A와 S의 제품구조도 및 관련된 자료이다. 제품 A와 S 그리고 부품 C의 MRP표를 만들어라(제품구조도에서 괄호 안의 숫자는 필요한 부품 수이다).

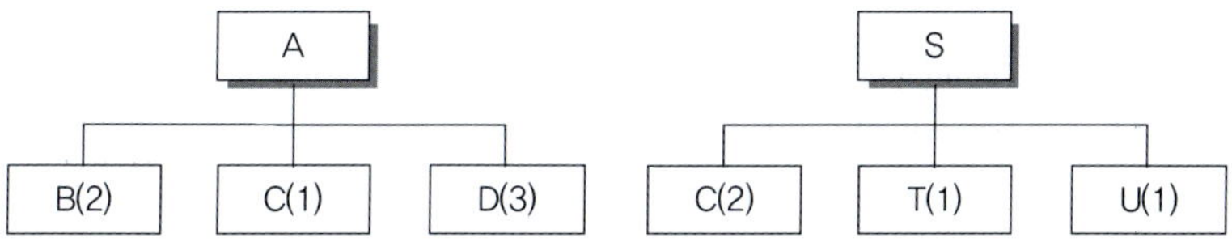

<자료>

1) 주일정계획에 의하면 제품 A의 경우 앞으로 5주간 매주 20단위가 요구되며, 제품 S의 경우 앞으로 5주간 매주 15단위가 요구된다.
2) 기초재고는 제품 A의 경우 20단위, 제품 S의 경우 15단위, 그리고 부품 C의 경우 90단위가 있다.
3) 발주할 때의 로트의 크기는 제품 A의 경우 50, 제품 S의 경우 35, 그리고 부품 C의 경우 100단위이다.
4) 부품 C의 경우 제 1주에 수주예정량 100단위가 있다.
5) 제품 A, 제품 S, 부품 C의 조달기간은 각각 1주이다.

※ 다음 문제 13~15는 아래의 제품구조도와 관련된 자료를 이용하여 답하라(괄호 안의 숫자는 필요한 부품 수이다).

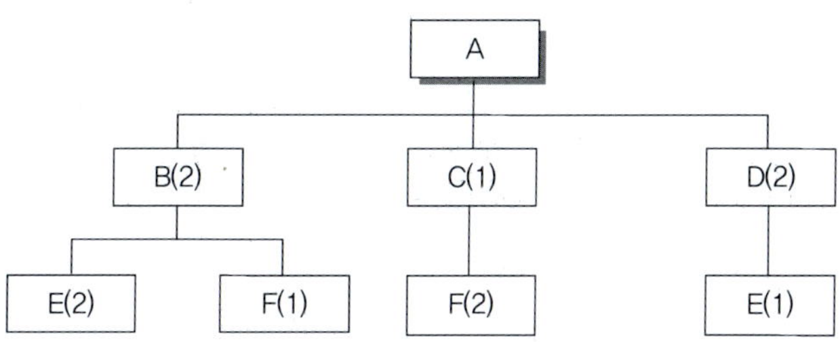

<자료>

1) 주일정계획에 의하면 제품 A의 총소요량은 다음과 같으며 조달기간은 2수 이다.

주	1	2	3	4	5	6	7	8	9	10
총소요량				50			65			80

2) 품목 F와 C의 조달기간은 1주이며, 나머지 품목의 조달기간은 2주이다.
3) 품목 C의 경우 안전재고는 30이 필요하나, 나머지 품목은 안전재고가 필요없다.
4) 기초재고수준은 다음과 같다.

B	C	D	E	F
50	50	120	70	250

5) 품목 B의 경우 2주째에 수주예정량이 50이다.
6) 품목 C의 경우는 제품 A의 생산을 위한 부품으로 만들어지는 것 이외에, 다른 용도에 사용되는 몫으로 매주 20단위 더 생산하여야 한다. 즉, 총소요량 계산시 제품 A의 생산을 위하여 필요한 양에다 매주 20단위를 더하여야 한다.
7) D의 경우 로트 크기는 250단위이다.

13. 로트의 크기를 Lot for Lot으로 결정한다고 가정하고 품목 B의 MRP표를 만들어라.

14. 로트의 크기를 POQ=3으로 결정한다고 가정하고 품목 C의 MRP표를 만들어라.

15. 로트의 크기를 600단위로 했을 때 품목 E의 MRP표를 만들어라.

사례 MRP, MRPⅡ, ERP 비교 및 도입사례

1. MRP, MRPⅡ, ERP 비교

1) MRP(material requirements planning: 자재소요계획)

1970년도에 등장한 MRP는 재고에서 발생되는 과잉재고나 재고 부족현상을 최소화하고 적정량의 품목을 적시에 주문하여 재고수준을 낮게 유지하며, 우선순위계획과 생산계획을 수립하는데 필요한 정보를 제공하는 데 의의가 있다.

따라서, 어느 제품이 언제 생산되며, 어떤 원자재와 부품이 언제 얼마만큼 소요될 것이며, 자재 조달에 얼마 동안의 시간이 필요할 것인가와 관련된 정보의 수립과 분석이 필수항목이다.

초기의 MRP 시스템은 확고한 개념의 미정립, 컴퓨터 기술의 부족 등으로 시스템 구현에는 여러 가지 단점이 많았고, 특히 제조자원의 용량제한을 고려하지 않거나 일정계획의 변동사항을 실시간으로 반영하지 못했기 때문에 실현 불가능한 생산계획을 수립하는 등의 문제점이 대두되었다.

2) MRPⅡ(manufacturing resource planning: 제조자원계획)

1980년대에 이르러 다품종 소량생산의 기업형태가 시장을 주도하고 고객 지향의 업무체계가 각광받기 시작하면서 수주관리, 판매관리, 재무관리의 중요성이 대두되기 시작하였고, 컴퓨터 기술 및 MRP의 문제점 등으로 1972년 MRPⅡ가 등장하게 되었다.

MRP II는 MRP가 확장된 개념으로 '제조자원계획'이라고도 불리며, 시뮬레이션 등 생산 활동의 분석도구가 추가되었다. MRPⅡ는 자재 관련 정보와 더불어, 원가관리, 회계, 재고관리, 수주관리 등의 기능이 추가되었고, 생산, 판매, 물류 등의 연계가 가능하도록 설계된 것이 일반적이다.

3) ERP(enterprise resource planning: 전사적 자원 관리)

1990년대 대두된 ERP 시스템은 생산중심 관점에서 생산뿐만 아니라 전사적인 자원의 효율적인 운영관리를 목적으로 회계, 인사, 재무, 생산, 구매, 재고, 주문 등을 통합한 시스템이다. 생산 및 생산관리 업무는 물론 재무, 회계, 인사 등의 모든 기능부서 부문이 통합된 시스템이다.

ERP 체계도

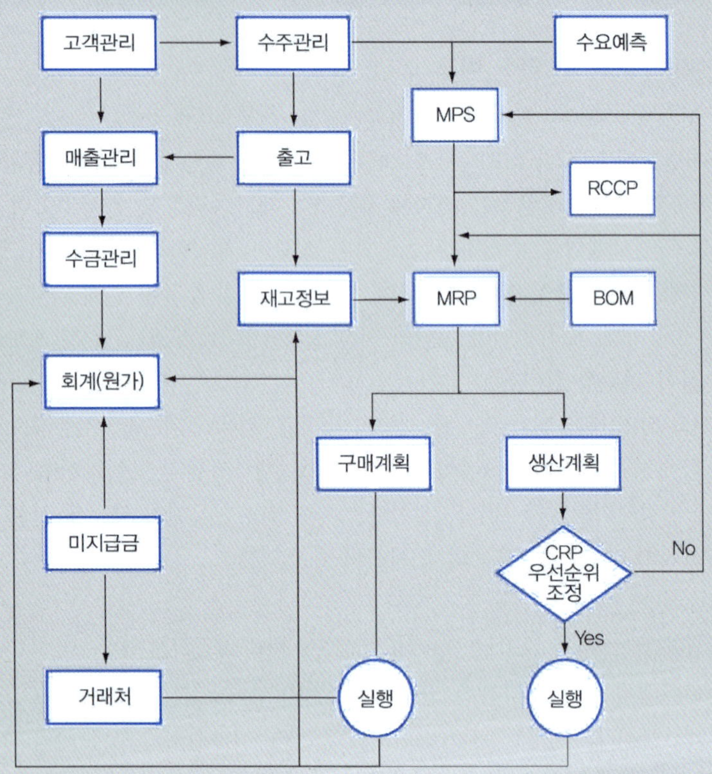

<출처 : http://blog.naver.com/magicbackup/220040902932, 2015>

2. MRP 도입사례

도입기업	도입배경	도입과정
IBM	• 1946년 최초의 컴퓨터 애니악이 발명되었다. • 1950년대 중반 이후 많은 분야에서 컴퓨터를 도입함으로써 새로운 시스템을 구축, 번영 • 그러나 생산관리 분야에서는 진전이 없었음. • 기존 재고 시스템의 진전과 생산관리 분야에 컴퓨터를 활용하기 위해 도입함. • 1968년 IBM사의 어릭키에 의해 MRP 개발	• 1950년 중반 이후 컴퓨터를 이용한 IMPACT(계획단계와 실행단계로 나눈 시스템) 개발 • 계획단계– 예측모델, 주문방침 설정 • 실행단계– 발주시기, 발주량 결정, 수요예측, 재고기록) • 1961년 MOS(management operating system) 표준경영관리방식(컴퓨터에 의해 경영 각 부문의 업무를 종합적으로 관리하는 시스템) • 1967년 PICS (production information and control system) (종속 수요 개념 도

		입 – BOM – 완성품 생산계획 수립 후 그에 따른종속 수요로써 부품의 자재 소요계획을 작성) • 1967년 PICS 기반의 IBM360 컴퓨터의 발표로 MRP 기법 태동
청우공업	• 약 64% 주문의 납기를 제대로 지키지 못함(기업의 신뢰도 하락) • 소요 자재의 재고량 파악에 많은 시간 소비(직접 수량 파악) • 복잡한 중간 작업으로 주문에서 발주까지 약 1주일 이상 소요 • 변화하는 환경에 대처하고 살아남기 위함	• 91년 5월 부서간 전산화 시작(한국 사무전산) • 92년 1월 MRP 시스템 도입, 4년 동안 시행착오, 수정, 재도입 과정을 반복하며 MRP 시스템 정착 • 영업, 생산 전반에 걸친 작업자들에 대한 교육, 견학 • 전표 · 서류 · 장표 양식 통합화(기초 데이터 베이스 구축) • 영업 – 생산까지의 작업 흐름 · 업무 파악(MRP 추진자의 작업 흐름 이해도 상승) • 공정 현장과의 수많은 토의 · 시험 적용(경험을 통한 오류 수정) • 작업 · 관리의 표준화 수행

<출처 : 삼성경제연구소, 2009>

토의문제

1. MRP가 청우공업에 끼친 영향은 무엇이라고 생각하는지 토의하여라.
2. 청우공업의 MRP 성공요인은 무엇인지 토의하여라.
3. 향후 자재소요계획(MRP, MRPII, ERP)과 관련하여 도입될 수 있는 시스템에는 어떤 항목이 포함될 수 있는지 토의하여라.

참고문헌

전영일, 홍관수, 김남영, "전략적 운영관리", 경문사, 2003.

Benton, W. and Whybark, C., "Material Requirements Planning(MRP) and Purchase Discounts," *Journal of Operations Management*, 2:2, pp.137-143, 1982.

Biggs, J., Hahn, C., and Pinto, P., "Performance of Lot-Sizing Rules in and MRP System with Different Operating Condition," *Academy of Management Review*, 5:1, pp.89-96, 1980.

Blackburn, J. and Millen, R., "Improved Heuristics for Multi-Stage Requirements Planning Systems," *Management Science*, 28:1, 1982.

Cerveney, R. and Scott, L., "A Survey of MRP Implementation," *Production and Inventory Management Journal*, 30:3, pp.31-34, 1989.

Chase, R., Jacobs, F., and Aquilano, N., *Operations and Supply Chain Management*, 13th ed. NY: McGraw-Hill, 2010.

Chin, L. and Rafuse, B., "A Small Manufacturer Adds JIT Techniques to MRP," *Production and Inventory Management Journal*, 34:4, pp.18-21, 1993.

Evans, J. and Lindsay, W., *Managing for Quality and Performance Excellence*. South-Western Cengage Learning, 2014.

Flapper, S., Miltenburg, G., and Wijnggaard, J., "Embedding JIT into MRP," *International Journal of Production Research*, 29:2, pp.329-341, 1991.

Gray, C., *The Right Choice : A Computer Guide to Evaluating, Selecting & Installing MRP II Software*. Oliver Wight Ltd., Essex Junction, Vt., 1987.

Haddock, J. and Hubicki, D., "Which Lot-sizing Techniques Are Used in Material Requirements Planning?," *Production and Inventory Management Journal*, 3:3, pp.53-56, 1989.

Hall, R. and Vollmann, T., "Planning Your Material Requirements," *Harvard Business Review*, 56, pp.105-112, 1978.

Lee. C., "A Recent Development of the Integrated Manufacturing System : A Hybrid of MRP and JIT," *International Journal of Operations & Production Management*, 13:4, pp.3-17, 1993.

Miller, J. and Sprague, L., "Behind the Growth in Material Requirements Planning," *Harvard Business Review*, 53, pp.83-91, 1975.

Orlicky, J., *Material Requirements Planning*. McGraw-Hill, New York, 1975.

Rao, A., "A Survey of MRP II Software Supplies' Trends in Support of Just-In-Time,"

Production and Inventory Management Journal, 30:3, pp.14-17, 1989.

Richardson, D., "A Call for Action : Integrating CIM and MRP II," *Production and Inventory Management Journal*, 29:2, pp.32-35, 1988.

Ritzman, L., King, B., Lee J., and Krajewski, "Manufacturing Performance— Pulling the Right Levers," *Harvard Business Review*, 62, pp.143-152, 1984.

Schroeder, R., Anderson, J., Tupy, S., and White, E., "A Study of MRP Benefits and Costs," *Journal of Operations Management*, 2:1, pp.1-9, 1981.

Steinberg, E., Khumawala, B., and Scamell, R., "Requirements Planning Systems in the Health Care Environment," *Journal of Operations Management*, 2:4, pp.251-259, 1982.

Turnipseed, D., Burns, O., and Riggs, W., "An Implementation Analysis of MRP Systems : A Focus on the Human Variable," *Production and Inventory Management Journal*, 33:1, pp.1-6, 1992.

Walker, J. and Hills, F., "The Key to Success or Failure of MRP : Overcoming Human Resistance," *Production and Inventory Management*, 18:4, pp.7-16, 1977.

White, E., Anderson, J., Schroeder, R., and Tupy, S., "A Study of the MRP Implementation Process," *Journal of Operations Management*, 2:3, pp.145-153, 1982.

Wilson, F., Desmond, J., and Roberts, H., "Success and Failure of MRP II Implementations," *British Journal of Management*, 5:3, pp.221-240, 1994.

CHAPTER 14

품질관리

[도입사례] 포스코 터키 냉연공장

동서양 문명이 공존하는 터키 이스탄불, 유럽지역과 아시아지역을 넘나드는 이스탄불의 상징 보스포루스 대교를 지나 동쪽으로 약 90km를 가면 포스코가 유럽지역 최초로 세운 생산공장인 포스코 아산 스테인리스 냉연공장(POSCO ASSAN TST)이 위치해 있다. 건물 외부에 '아시아에서 유럽까지, 녹슬지 않는 우정을(from Asia to Europe, stainless friendship)'이라고 쓰여 있다.

3월 흑자 전환한 터키 공장은 '최대 생산 최대 판매'를 목표로 가동되고 있다. 지난해 4억 8,400만 달러의 매출을 올린 터키 공장은 올해 5억 달러 매출을 목표로 하고 있다. 특히 477명에 달하는 터키 현지인들의 작업숙련도를 올 4/4분기까지 100%로 끌어올리기 위해 생산과 교육을 병행하고 있다. 권종원 포스코아산법인장은 "포스코 해외 공장 가운데 가장 빠른 속도로 국내 공장의 90% 수준까지 작업숙련도를 끌어올린 만큼 올해 안에 최고 품질을 만들어내겠다"고 강조했다.

이곳에서 생산되는 스테인리스는 연간 20만 톤으로 2012년 공장 가동 전 불과 1만 톤가량의 코일을 현지에서 판매하던 것과 비교하면 엄청난 증가폭이다. 터키는 독일・이탈리아와 함께 유럽 3대 가전강국으로 꼽힐 만큼 고급 스테인리스 냉연 제품에 대한 수요가 많다. 하지만 터키 현지에 자체적으로 생산할 수 있는 설비를 갖추지 못해 수입에 의존할 수밖에 없었다.

주방・가전산업을 중심으로 한 스테인리스 수요는 가파르게 성장하고 있다. 4월 이곳을 찾은 권오준 포스코 회장 역시 "포스코 아산 스테인리스 냉연공장은 스테인리스 수요가 빠르게 증가하고 있는 터키와 인접 시장을 선점한다는 측면에서 지리적 중요성이 크고 향후 발전이 기대되는 곳"이라고 강조했다. 1인당 국내 스테인리스 소비량이 17kg인 점을 감안하면 4.7kg에 불과한 터키 시장은 폭발적인 성장 가능성을 지니고 있다.

특히 이곳은 터키 시장을 비롯해 주변 국가로 진출할 수 있는 전략적 거점으로 꼽힌다. 권 법인장은 "터키를 중심으로 중동・러시아・독립국가연합(CIS)・북아프리카 등 인구 10억 명, 국내총생산(GDP) 10조 달러의 거대시장이 형성돼 있다"며 "연평균 6%씩 신흥시장이 성장하고 있어 터키 공장의 역할은 더욱 커질 것"이라고 말했다.

지리적 여건도 뛰어나다. 르노・피아트・포드・닛산・혼다 등 글로벌 자동차사가 다수 진출해 있는데다 공장이 위치한 코자엘리주 이즈미트시 산업공단이 자동차・가전 등 고객사와 인접해 있어 매력적이다. 또 가까운 거리에 데린

제 항구가 있어 한국에서 공급받는 열연코일 운송이 편리하다. 권 법인장은 "동유럽은 8일, CIS나 중동·북아프리카는 각각 15일과 3일이면 납품이 가능해 고객사들의 호응이 뜨겁다"며 "최신 설비를 갖춘 터키 공장에서만 생산 가능한 5피트 폭의 스테인리스는 활용도가 높아 경쟁력이 뛰어나다"고 설명했다.

위의 사례에서 생각해 보아야 할 주요한 포인트는 다음과 같다.

- 최고의 품질을 지향하는 현대에서 품질은 어떻게 정의할 수 있나?
- 터키 현지인들의 작업숙련도를 끌어올리기 위해 병행하는 교육의 효과를 높이기 위해 전략적으로 접근해야 하는 것은?
- 터키 냉연공장의 경우 외부의 고객만족도 측정보다 내부측정시스템, 특히 숙련도에 비중을 더 두는 이유는?
- 더 보완되어야 할 품질전략은 무엇인가?

<출처 : 서울경제, 2015년 6월 1일>

기업은 차별적 능력을 확보하여 고객만족을 실현하는 제품이나 서비스를 생산하여야 생존이 가능하다. 차별적 능력의 확보 차원에서 가장 중요한 위치를 차지하는 것이 품질이며 기업은 품질관리의 실천을 통하여 경쟁우위를 확보할 수 있다. 본장에서는 품질관리의 내용, 실천도구, 지속적인 품질개선을 위한 방법들을 살펴본다.

본장에서 다룰 내용은 다음과 같다.

- 품질의 정의와 속성은?
- 품질비용에는 어떠한 것이 있나?
- 품질관리의 도구에는 어떠한 것이 있나?
- 관리도란 무엇이며 어떻게 이용되나?
- 샘플링검사방식은 어떻게 결정되나?
- 벤치마킹이란 무엇인가?
- 품질분임조란 무엇이며 그 역할은?
- 다구치방법이란 무엇인가?
- 지속적인 품질개선을 위한 방법에는 어떠한 것이 있나?
- 품질기능전개란 무엇인가?
- 서비스품질관리란 무엇인가?

품질의 정의 및 속성

국제화, 시장개방, 경쟁 격화, 수요의 고도화 및 차별화, 소비자 권리의 강화, 환경보호압력 등 현대의 기업환경은 품질을 전략적 및 경쟁적 주요 요소로 만들었다.

품질의 정의

품질이란 제품이 소비자를 만족시키는 정도를 나타내는 상대적인 개념을 가진다. 즉, 품질이란 제품이나 서비스의 사용목적을 달성하기 위하여 생산자가 판단하여 만든 여러 가지 기능에 대한 소비자의 판단 정도이다. 따라서 품질은 접근법에 따라 정의가 다양하다. 그러나 아래와 같은 다양한 정의 중에서 어느 하나에만 집착하는 것은 좋지 않고 다양한 관점을 가지는 것이 좋다.

① 제품에 기반을 둔 정의 : 품질은 제품에 포함된 속성(attributes)의 양(quantity)이다.

② 사용자에 기반을 둔 정의 : 품질은 용도에의 적합성(fitness for use)이다.

③ 제조에 기반을 둔 정의 : 품질은 요구되는 규격(시방서)에의 일치성이다.

④ 가치에 기반을 둔 정의 : 품질은 수용할 수 있는 가격에 비해 우수한 정도이다.

⑤ 선험적 정의 : 품질은 경험을 통해서만 알 수 있는 것이다.

품질의 속성

사람들에게 품질이 무엇인가에 대하여 물어보면 명확히 대답을 하지 못하고 "보면 안다"라고 말하는 경우가 보통이다. 여기서 명확히 품질이 무엇인지에 대하여 알아보기로 한다. 가빈(D. Garvin)은 품질의 속성으로 다음의 8가지를 제시하고 있다.

① 성능(performance) : 제품의 주기능을 말하는 것으로 비행기의 경우 주기능은 승객을 안전하게 그리고 정시에 목적지까지 수송하는 것이므로, 안전성, 정시성 등이 포함된다.

② 기능(features) : 보조기능을 말하는 것으로 비행기의 경우 수송 도중 제공하는 음료서비스는 보조기능으로서의 좋은 예이다.
③ 신뢰성(reliability) : 특정제품이 주어진 기간 동안 고장 없이 고유기능을 수행할 확률을 말한다.
④ 일치성(conformance) : 제품의 디자인 및 운영특성이 사전에 설정된 기준에 일치하는 정도를 말한다.
⑤ 내구성(durability) : 제품을 수리하여 사용하는 것보다 새것으로 교환하는 것이 낫다고 생각될 때까지의 사용 정도를 말한다.
⑥ 서비스(serviceability) : 서비스의 신속성, 서비스의 질 등을 말한다.
⑦ 미(美, aesthetics) : 외관, 느낌, 소리, 맛, 냄새 등을 포함한다.
⑧ 인지된 품질(perceived quality) : 기업의 명성, 이미지, 상품명 등을 의미한다.

품질의 속성이 다양하다는 것은 제품이나 서비스의 차별화가 가능함을 말해주며, 8가지 품질속성의 우수성을 모두 추구하는 것은 비용관계상 문제가 있으므로, 소비자의 기호조사를 통하여 중요한 품질속성을 찾아내는 것이 중요하다.

품질비용

품질활동을 경제성의 측면에서 평가하기 위해 객관적인 화폐척도로 나타낸 것을 품질비용(quality cost)이라 한다. 품질비용은 통제(예방과 평가)비용과 실패(내부실패와 외부실패)비용으로 분류된다. 통제비용은 품질수준과 정(+)의 관계에 있고, 실패비용은 품질수준과 부(−)의 관계에 있다. 이론적으로 최적의 품질수준은 네 가지 품질비용의 합이 최소가 될 때이다. 품질비용을 [그림 14. 1]에서처럼 세부적으로 예방비용, 평가비용, 내부 실패비용, 외부 실패비용 등으로 구분하며 구체적으로 살펴보면 다음과 같다.

그림 14.1 | 품질비용의 구성

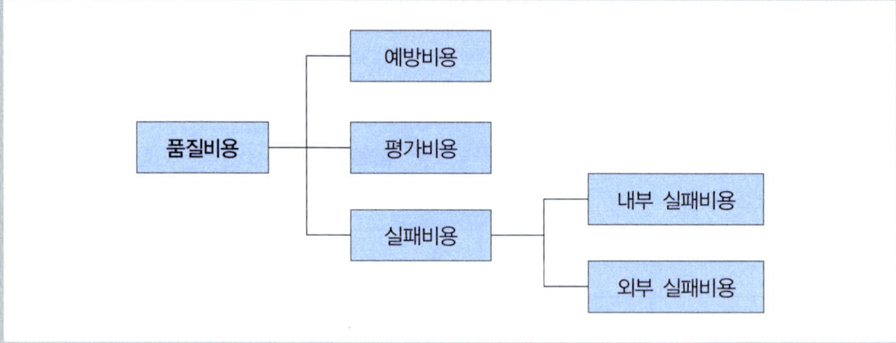

예방비용

예방비용(prevention costs)은 불량품이 발생하지 않도록 사전에 예방하는 데 관련되는 비용이다. 예방비용은 제품생산에 들어가기 전에 품질수준을 향상시키는 데 필요한 여러 가지 활동들에 소요되는 비용으로서 다음과 같은 비용요소가 포함된다.

- 전반적인 품질시스템의 운영계획, 검사계획 등과 같은 품질계획과 관련된 비용
- 품질관리를 효율적으로 계획 및 통제하기 위한 훈련프로그램의 개발 및 운영하는 데 소요되는 비용
- 품질통제설비의 구입, 운영, 개발에 관련된 비용
- 품질계획에 관한 내용을 기업 외에 자문을 구하였을 때 소요된 비용

평가비용

평가비용(appraisal costs)은 실제 생산된 제품, 부품 및 구입원자재가 품질표준에 적합한가를 측정 및 평가하는 활동에 관련된 비용이며 다음과 같은 비용요소가 포함된다.

- 생산준비, 시제품, 재공품, 완성품 및 선적품의 품질적합도를 검사하는 비용
- 공급업자들에 의하여 납품되는 자재에 대한 검사와 시험에 관련된 비용
- 하청공장에서 행하는 검사 및 시험비용

실패비용

실패비용(failure costs)은 품질이 일정한 수준에 미달함으로써 발생하는 불량품, 등외품, 반품, 크레임, 소비자 불만 등에 관련된 비용을 말한다. 이러한 실패비용에는 내부 실패비용과 외부 실패비용이 있다.

① 내부 실패비용

내부 실패비용은 제품이 고객에게 인도되기 전에 품질요건에 충족하지 못함으로써 발생하는 비용이다. 내부 실패비용으로는 재작업비용, 재검사비용, 실패분석비용, 불량부품으로 인한 생산중단비용, 정량초과비용, 불량품의 저가판매 등이 포함된다.

② 외부 실패비용

외부 실패비용은 제품이 고객에게 인도된 후 고객의 욕구를 충분히 만족시켜 주지 못할 때 발생한다. 외부실패비용으로는 불평관리비용, 반품된 제품 및 재료비용, 보증비용, 제품책임비용, 간접적인 비용(명성손실, 시장점유율감소 등) 등이 포함된다.

품질비용의 상호관계

품질비용에 있어 예방비용과 평가비용은 제품이 소비자에게 인도되기 전에 발생되는 비용이므로 경영자가 통제할 수 있는 비용이다. 그러나 실패비용은 경영자의 의사와 관계없이 발생하는 비용이므로 통제불능비용이라 할 수 있다.

실패비용은 예방비용과 평가비용의 수준에 따라 간접적으로 통제할 수 있다. 작업자에게 불량예방을 위한 교육을 실시하는 등 계획적인 품질관리활동을 하고, 생산된 제품을 철저히 검사함으로써 품질수준을 향상시켜 실패비용을 감소시킬 수 있다.

예방비용을 적게 하면 불량품이 많이 발생하여 실패비용은 높아진다. 그러나 평가활동이 증대되므로 평가비용은 증가한다. 그러므로 이와 같은 관계를 고려하여 품질비용이 최소가 되는 수준에서 품질통제를 하여야 한다.

품질관리의 도구

품질관리의 도구 및 기법으로 다음의 7가지가 주로 이용된다.

파레토도(pareto diagram)

[그림 14. 2]와 같이 막대그래프나 선그래프를 그릴 때 x축에 데이터의 수치가 큰 카테고리부터 나열하는 방법이며 중요한 아이템이 어느 것인지 확연하게 볼 수 있다는 장점이 있다.

원인과 결과도(cause and effect diagram)

이시카와(K. Ishikawa)가 개발한 것으로 어떠한 현상에 대한 원인을 체계적으로 규명하는 방법이다. [그림 14. 3]에서와 같이 원인은 우선적으로 인간, 기계, 재료, 방법, 환경 등이 1차적인 원인으로 분류되고, 1차적인 원인은 다시 다양한 2차적인 원인으로 분류된다. 예를 들어, 1차적인 원인 중의 환경은 청결, 온도, 습도, 공기 등의 2차적인 원인으로 분류된다. 이렇게 분류된 원인 중에서 가장 가능성이 높은 원인을 찾는다.

그림 14. 2 | 파레토도

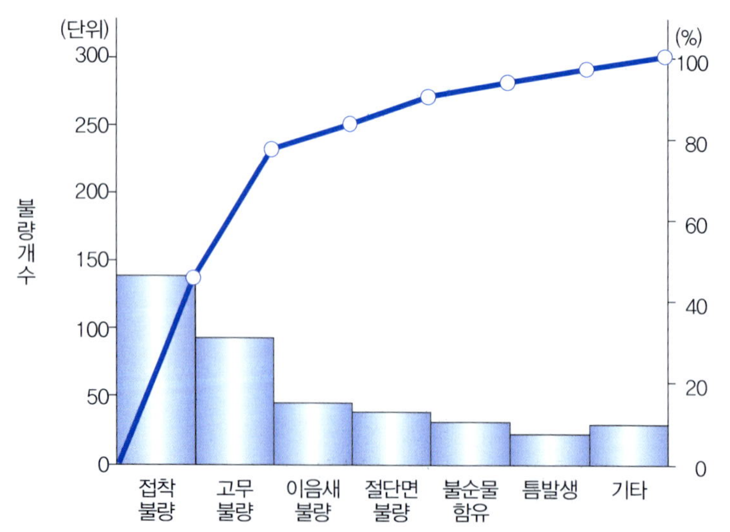

그림 14. 3 | 원인과 결과도

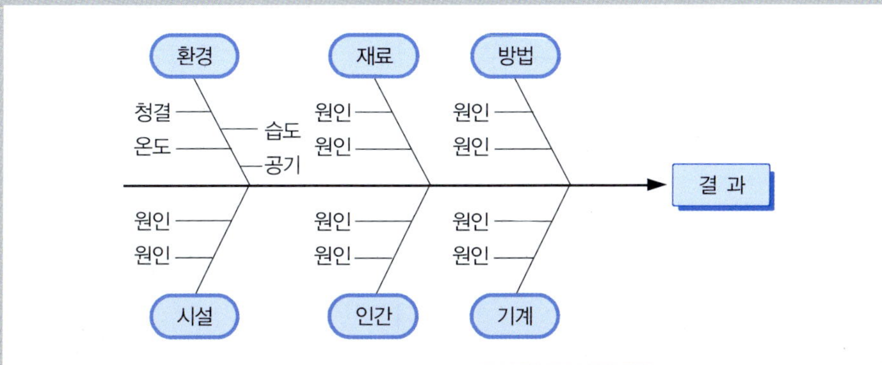

점검표(check sheets)

관찰한 데이터를 체계적으로 기록할 수 있도록 만든 표이다. 횟수를 세어 기록할 수 있는 표, 직접 측정치를 기록할 수 있는 표, 현상이 나타나는지의 여부를 체크하는 표 등 종류는 매우 다양할 수 있다(<표 14. 1> 참조).

〈표 14. 1〉 점검표

일일 품질 이상 발생 현황

구분	NO	발행번호 발생일	MODEL명 BUYER	생산공정 품명	발생 공정	불량명/원인 조치내용	부적합품 조치결정	책임부서 조치담당	조치 완료일	시정조치 경과일	시정책임부서 시정조치내용	비고
수입검사	1											
	2											
	3											
공정	1											
	2											
	3											
출하검사	1											
	2											
	3											
고객반송	1											
	2											

그림 14. 4 | 막대그래프

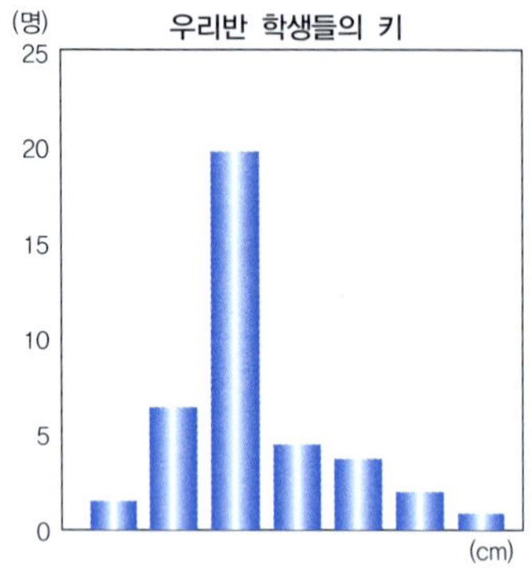

그림 14. 5 | 산점도

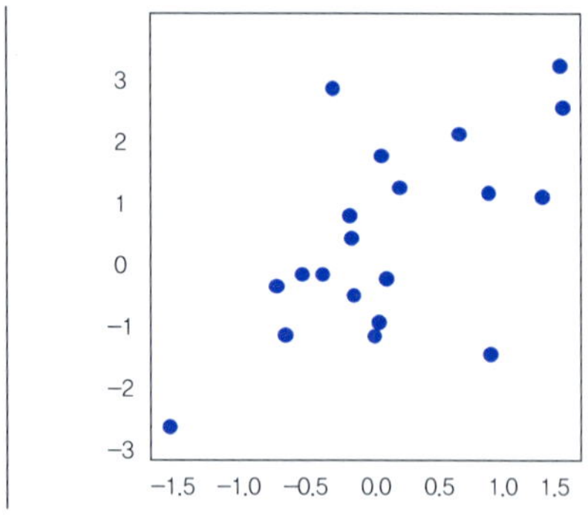

막대그림표(histogram)

[그림 14. 4]와 같이 카테고리별 혹은 계급별 데이터를 막대로 나타내는 그래프이다.

산점도(scatter diagram)

두 변수에 대한 데이터를 좌표로 점을 찍어 두 변수의 상관관계를 알 수 있다. 예를 들어, [그림 14. 5]에서처럼 X축과 Y축에 대해 짝지어진 데이터를 점을 찍어 두 변수의 관계를 조사할 수 있다.

계층화(stratification)

데이터를 종목별로 묶어 문제의 원인을 찾는 방법이다. 예를 들어, [그림 14. 6]과 같이 불량원인별 불량개수, 작업자별 불량개수 등이 계층화의 예이다.

관리도(control charts)

다음 절(관리도 부분) 참조.

그림 14. 6 | 계층화

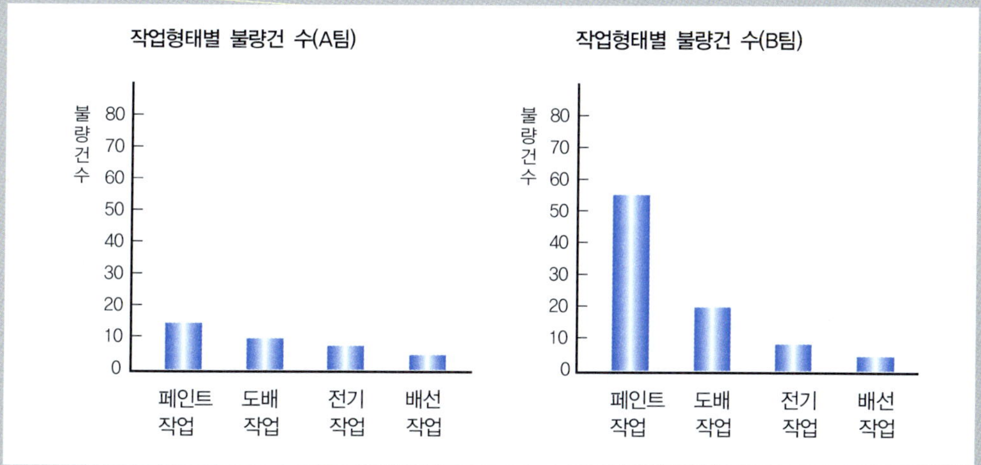

관리도(control charts)

공정관리가 제대로 되고 있는지를 파악하기 위하여 생산되는 제품이나 부품의 표본을 뽑아 측정하고 그 측정치를 타점한 후 타점한 측정치들이 관리선을 벗어나는지 혹은 특이한 패턴을 가지는지 등을 조사하여 이상이 있다고 생각되는 경우 그 원인을 찾아 해결하고자 하는 기법이다. 관리선은 일반적으로 [그림 14. 7]과 같이 $\pm 3\sigma$ 규칙을 이용하는데 평균$+3\sigma$를 관리상한선(UCL : upper control limit), 그리고 평균-3σ를 관리하한선(LCL : lower control limit)이라고 한다. 측정치들이 평균 $\pm 3\sigma$ 범위 내에 있으면 변동이 우연적인 것으로 간주하고 그 범위 밖에 벗어나면 공정에 이상이 있는 것으로 간주한다.

관리도에는 계량치관리도와 계수치관리도의 두 가지가 있다. 계량치관리도는 길이, 무게 등 양적인 측정이 가능한 경우에 이용되며, 계수치관리도는 불량률, 불량개수 등을 관리하는 데 이용된다.

계량치관리도

대표적인 계량치관리도에는 $\bar{X}$-관리도와 R-관리도가 있다. $\bar{X}$-관리도는 평균치의 변화를 관리하기 위한 관리도이며, R-관리도는 산포를 관리하기 위한 관

그림 14.7 | 정규분포와 관리도

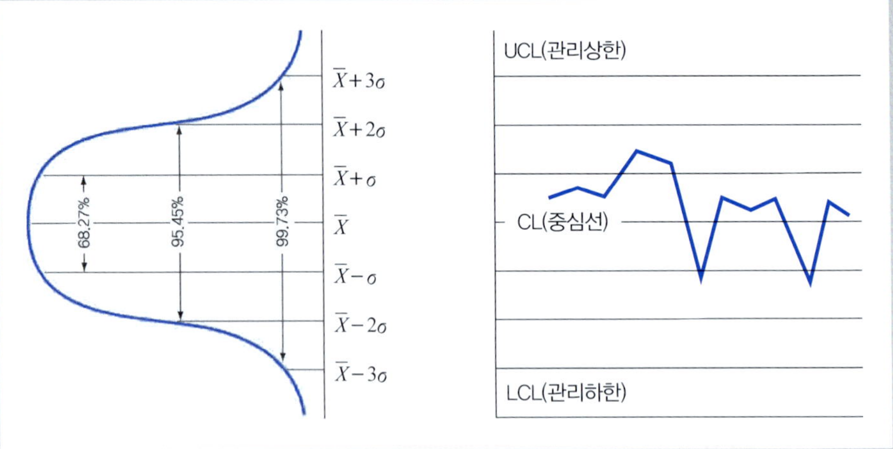

리도이다.

❑ $\bar{X}$-관리도와 R-관리도의 작성법

① 단계 1 : 각 표본마다 표본평균($\bar{X}$)과 범위(R)를 구한다. $R=X$의 최고값$-X$의 최저값이다.

② 단계 2 : 단계 1에서 구한 $\bar{X}$들의 평균($\bar{\bar{X}}$)과 R들의 평균 $\bar{R}$을 구한다.

③ 단계 3 : 관리선을 결정한다.

- $\bar{X}$-관리도의 관리선 :

  중 심 선 $= \bar{\bar{X}}$

  관리상한선 $= \bar{\bar{X}} + A_2 \cdot \bar{R}$

  관리하한선 $= \bar{\bar{X}} - A_2 \cdot \bar{R}$

- R-관리도의 관리선 :

  중 심 선 $= \bar{R}$

  관리상한선 $= D_4 \cdot \bar{R}$

  관리하한선 $= D_3 \cdot \bar{R}$

Note A_2, A_2, D_3, D_4 값은 샘플의 크기에 따라 달라지는 관리계수이며 부록의 표에서 찾으면 된다.

④ 단계 4 : 관리도상에 중심선, 관리상한선, 관리하한선을 긋고 그리고 표본별 $\bar{X}$와 R값을 순서대로 타점한다.

예제 14.1

XYZ사는 베어링의 무게를 관리하기 위해 생산공정으로부터 표본의 크기를 4개로 하여 30회 측정하였다. <표 14. 2>는 측정결과와 표본평균과 표본범위를 보여주고 있다. 이들 정보를 가지고 $\bar{X}-R$-관리도를 작성하라.

〈표 14. 2〉 XYZ사의 베어링무게 측정결과

포본번호	날짜	측정 X_1	X_2	X_3	X_4	합계	평균	범위	비고
1	6/5	27	31	20	38	116	29.00	18	
2		18	26	41	30	115	28.75	23	
3		22	17	22	29	90	22.50	12	
4	6/6	34	51	47	50	182	45.50	17	
5		54	30	36	40	160	40.00	24	
6		41	50	37	44	172	43.00	13	
7	6/7	26	38	40	45	149	37.25	19	
8		35	10	34	53	132	33.00	43	부품결함
9		47	20	24	27	118	29.50	27	
10	6/8	18	27	21	30	96	24.00	12	
11		30	37	16	25	108	27.00	21	
12		46	40	52	50	188	47.00	12	원인 못 밝힘
13	6/9	24	35	19	20	98	24.50	16	
14		35	41	42	46	164	41.00	11	
15		47	37	18	26	128	32.00	29	
16	6/12	35	38	20	27	120	30.00	18	
17		40	40	31	48	159	39.75	17	
18		31	28	39	18	116	29.00	21	
19	6/13	22	41	32	40	135	33.75	19	
20		17	27	30	30	104	26.00	13	
21		45	48	21	35	149	37.25	27	
22	6/14	50	41	49	38	178	44.50	12	
23		44	36	30	26	136	34.00	18	
24		15	19	17	22	73	18.25	7	기계조정 실수
25	6/15	35	18	26	30	109	27.25	17	
26		26	38	40	30	134	33.50	14	
27		31	19	25	27	102	25.50	12	
28	6/16	34	37	46	28	145	36.25	18	
29		47	29	33	39	148	37.00	18	
30		28	19	37	34	118	29.50	18	
합계							985.50	546	

해답

표본평균의 평균 $\overline{\overline{X}}$와 표본범위의 평균 $\overline{R}$은 다음과 같다.

$$\overline{\overline{X}} = \frac{985.50}{30} = 32.85$$

$$\overline{R} = \frac{546}{30} = 18.2$$

따라서 $\overline{X}$-관리도의 CL, LCL, UCL은 다음과 같다.

$$\begin{aligned} CL &= \overline{\overline{X}} = 32.85 \\ UCL &= \overline{\overline{X}} + A_2\overline{R} = 32.85 + (0.729)(18.2) = 46.12 \approx 46.1 \\ LCL &= \overline{\overline{X}} - A_2\overline{R} = 32.85 - (0.729)(18.2) = 19.58 \approx 19.6 \end{aligned}$$

R-관리도의 CL, LCL, UCL은 다음과 같다.

$$\begin{aligned} CL &= \overline{R} = 18.2 \\ UCL &= D_4\overline{R} = (2.282)(18.2) = 41.5 \\ LCL &= D_3\overline{R} = 0 \end{aligned}$$

30개의 표본평균과 표본범위를 $\overline{X}$-관리도와 R-관리도에 나타내면 [그림 14.8]과 같다.

[그림 14.8] XYZ사의 $\overline{X}$-관리도와 R-관리도

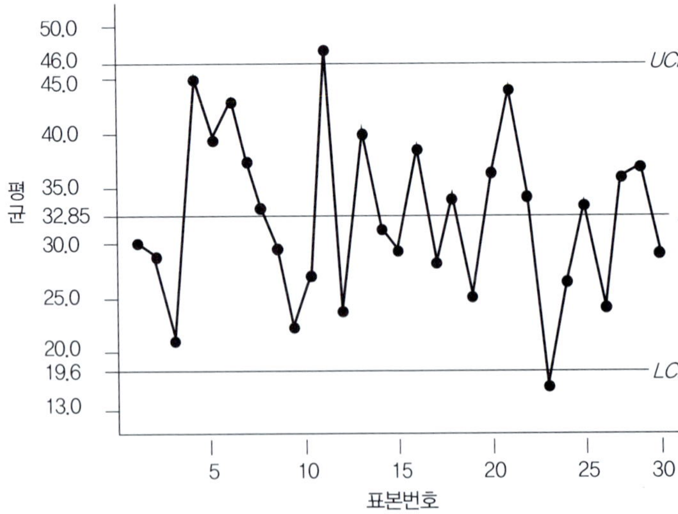

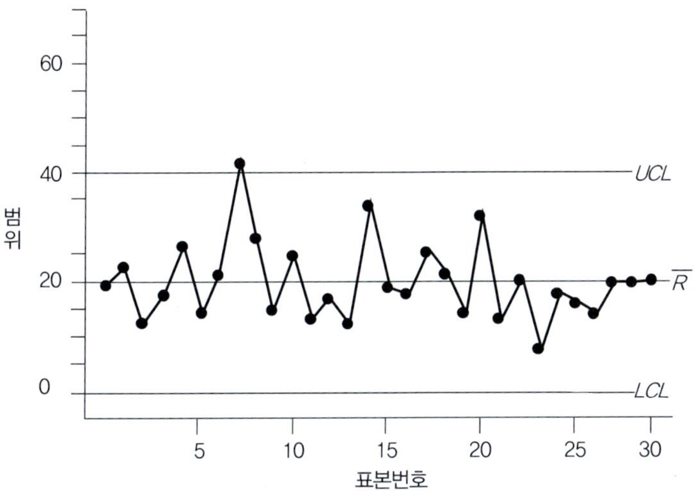

계수치관리도

계수치관리도에는 불량률관리도(p-관리도), 불량개수관리도(np-관리도), 결점수관리도(c-관리도), 단위당 결점수관리도(u-관리도) 등이 있다.

① 불량률관리도(p–관리도)

불량률이란 총검사개수에서 불량개수가 차지하는 비율($p = \frac{\text{불량개수}}{\text{총검사개수}}$)을 말하며, 각 표본의 불량률을 타점하여 점들이 관리한계선 내에 있는지, 특정 패턴은 없는지 등을 조사하는 데 이용되는 것이 불량률관리도이다. 표본의 크기는 n으로 하고, 표본을 k번 추출했을 경우, 불량률 관리도에 이용되는 관리한계선은 다음과 같이 계산된다.

$$CL = \overline{p} = \frac{\sum_{i=1}^{k} p_i}{nk}$$

$$UCL = \overline{p} + 3\sqrt{\frac{\overline{p}(1-\overline{p})}{n}}$$

$$LCL = \overline{p} - 3\sqrt{\frac{\overline{p}(1-\overline{p})}{n}}$$

만일 표본의 크기가 다르다면 그 때의 관리한계선은 다음과 같이 계산되며 관리상한선과 하한선이 일직선이 아니고 변하게 된다.

$$CL = \bar{p} = \frac{\sum_{i=1}^{k} p_i}{\sum_{i=1}^{k} n_i}$$

$$UCL = \bar{p} + 3\sqrt{\frac{\bar{p}(1-\bar{p})}{n_i}}$$

$$LCL = \bar{p} - 3\sqrt{\frac{\bar{p}(1-\bar{p})}{n_i}}$$

예제 14.2

ABC 기업에서 생산된 전구 중에서 시간대별로 100개씩을 무작위로 추출하여 불량 여부를 조사한 결과는 <표 14. 3>과 같다. 이 자료를 가지고 p-관리도를 작성하라.

〈표 14. 3〉 ABC 기업의 전구불량 측정결과

표본번호	날짜	시간	표본개수	불량품의 개수	불량비율
1	2/4	8 : 30	100	3	0.03
2	2/4	9 : 30	100	5	0.05
3	2/4	10 : 30	100	4	0.04
4	2/4	11 : 30	100	10	0.10
5	2/4	12 : 30	100	14	0.14
6	2/4	1 : 30	100	2	0.02
7	2/4	2 : 30	100	7	0.07
8	2/4	3 : 30	100	8	0.08
9	2/5	8 : 30	100	11	0.11
10	2/5	9 : 30	100	9	0.09
11	2/5	10 : 30	100	16	0.16
12	2/5	11 : 30	100	3	0.03
13	2/5	12 : 30	100	7	0.07
14	2/5	1 : 30	100	10	0.10
15	2/5	2 : 30	100	2	0.02
16	2/5	3 : 30	100	2	0.02
17	2/6	8 : 30	100	1	0.01
18	2/6	9 : 30	100	9	0.09
19	2/6	10 : 30	100	3	0.03
20	2/6	11 : 30	100	11	0.11
21	2/6	12 : 30	100	15	0.15

22	2/6	1 : 30	100	10	0.10
23	2/6	2 : 30	100	6	0.06
24	2/6	3 : 30	100	5	0.05
25	2/7	8 : 30	100	6	0.06
26	2/7	9 : 30	100	4	0.04
27	2/7	10 : 30	100	9	0.09
28	2/7	11 : 30	100	3	0.03
29	2/7	12 : 30	100	11	0.11
30	2/7	1 : 30	100	4	0.04
합계			3,000	210	

해답

평균불량률 $\bar{p}$와 표본불량률의 표준편차 σ_p는 다음과 같다.

$$\bar{p} = \frac{\sum p}{\sum n} = \frac{210}{3,000} = 0.07$$

$$\sigma_p = \sqrt{\frac{\bar{p}(1-\bar{p})}{n}} = \sqrt{\frac{(0.07)(0.93)}{100}} = 0.026$$

[그림 14.9] ABC 기업의 p-관리도

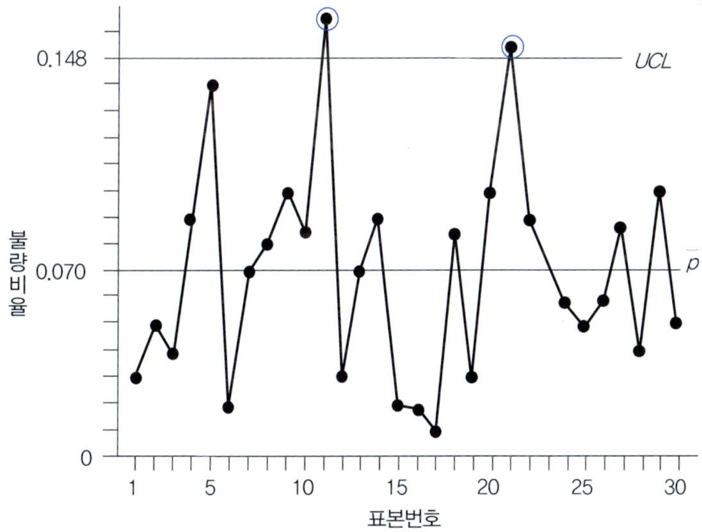

따라서 p-관리도의 CL, LCL, UCL은 다음과 같다.

$$CL = \bar{p} = 0.07$$
$$UCL = \bar{p} + 3\sigma_p = 0.07 + (3)(0.026) = 0.148$$
$$LCL = \bar{p} - 3\sigma_p = 0.07 - (3)(0.026) = -0.008$$

그림 14. 10 | ABC 기업의 np-관리도

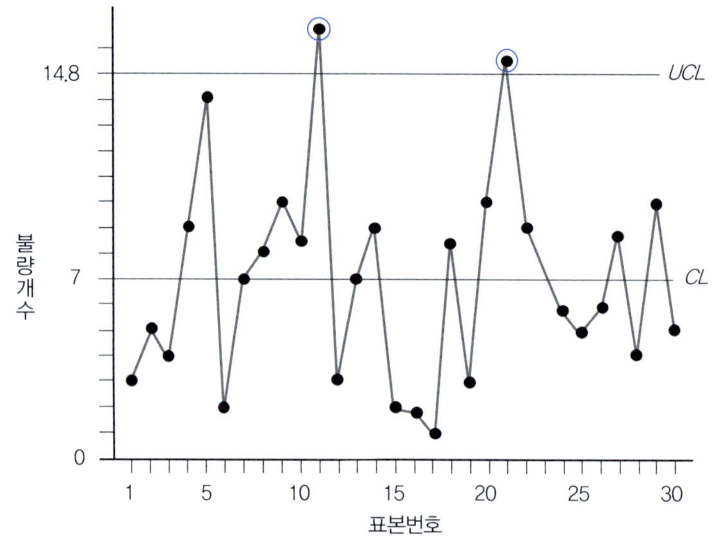

② 불량개수관리도(np- 관리도)

불량률 대신 불량개수를 타점하여 공정의 상태를 관리하는 것이며 표본의 크기는 n으로 하고, 표본을 k번 추출했을 경우, 불량개수관리도에 이용되는 관리한계선은 다음과 같이 계산된다.

$$CL = n\overline{p}$$

$$UCL = n\overline{p} + 3\sqrt{n\overline{p}(1-\overline{p})}$$

$$LCL = n\overline{p} - 3\sqrt{n\overline{p}(1-\overline{p})}$$

여기서

$$\overline{p} = \frac{\sum_{i=1}^{k} p_i}{nk}$$

앞의 예제의 자료를 이용하면, $CL = 100(0.07) = 7$, $UCL = 14.8$, $LCL = 0$이 되고 np관리도를 작성하면 [그림 14. 10]과 같다.

③ 결점수관리도

결점수관리도는 두 가지로 분류되는데, 하나는 표본크기가 하나이거나 일정한 경우(c-관리도)이고 또 하나는 표본의 크기가 다수이거나 일정하지 않은 경우(u-관리도)이다. 결점수관리도는 일정한 길이의 섬유원단에 발생한 결점수, 일정한 면적의 유리에 발생한 결점수 등과 같이 발생하는 결점의 수를 관리하는 관리도를 말한다. 검사단위가 표본횟수에 관계없이 하나이고 일정한 경우에 c-관리도를 이용하고 다수이거나 단위가 달라지면 u-관리도를 이용한다.

예를 들어, 섬유원단의 결점수관리를 위해 표본검사를 시행할 때에 매번 일정하게 100야드의 원단을 검사하는 경우라면 c관리도를 이용하고, 표본검사를 할 때마다 표본의 검사단위가 50야드, 100야드, 70야드 등과 같이 변한다면 u-관리도를 이용한다. c-관리도의 관리한계선은 다음과 같이 계산된다.

$$CL = \overline{c} = \frac{\sum_{i=1}^{k} c_i}{k} \quad (c_i = i\text{번째 표본에서 발견된 결점수})$$

$$UCL = \overline{c} + 3\sqrt{\overline{c}}$$

$$LCL = \overline{c} - 3\sqrt{\overline{c}}$$

u-관리도의 관리한계선은 다음과 같이 계산된다.

$$u_i = \frac{c_i}{n_i} \quad (c_i = i\text{번째 표본의 결점수, } n_i = i\text{번째 표본의 크기})$$

$$CL = \overline{u} = \frac{\sum_{i=1}^{k} u_i}{k} \quad (k = \text{표본횟수})$$

$$UCL = \overline{u} + 3\sqrt{\frac{\overline{u}}{n_i}}$$

$$LCL = \overline{u} - 3\sqrt{\frac{\overline{u}}{n_i}}$$

예제 14.3

어느 직물공장에서 직물 100야드당 결점수를 조사하기 위해 30개의 표본을 추출하여 결점수를 조사한 결과는 <표 14. 4>와 같다. 이 자료를 가지고 결점수를 관리하기 위한 c-관리도를 작성하고자 한다.

〈표 14. 4〉 직물공장의 100야드당 결점수

검사번호	불량품의 개수	검사번호	불량품의 개수
1	5	16	10
2	1	17	2
3	0	18	1
4	7	19	5
5	3	20	4
6	6	21	7
7	0	22	0
8	4	23	6
9	2	24	1
10	1	25	1
11	5	26	5
12	8	27	3
13	6	28	0
14	4	29	5
15	1	30	2

해답

평균단위당 결점수 $\bar{c}$와 단위당 결점수의 표준편차 σ_c는 다음과 같다.

$$\bar{c} = \frac{\sum_{i=1}^{n} c_i}{n} = \frac{105}{30} = 3.5$$

$$\sigma_c = \sqrt{\bar{c}} = \sqrt{3.5} = 1.87$$

따라서 c-관리도의 CL, LCL, UCL은 다음과 같다.

$$\text{CL} = \bar{c} = 3.5$$

$$\text{UCL} = 3.5 + (3)(1.87) = 9.11$$

$$\text{LCL} = 3.5 - (3)(1.87) = -2.11 \rightarrow 0$$

이에 따라 c-관리도를 그리면 [그림 14. 11]과 같다.

[그림 14.11] 직물공장의 c－관리도

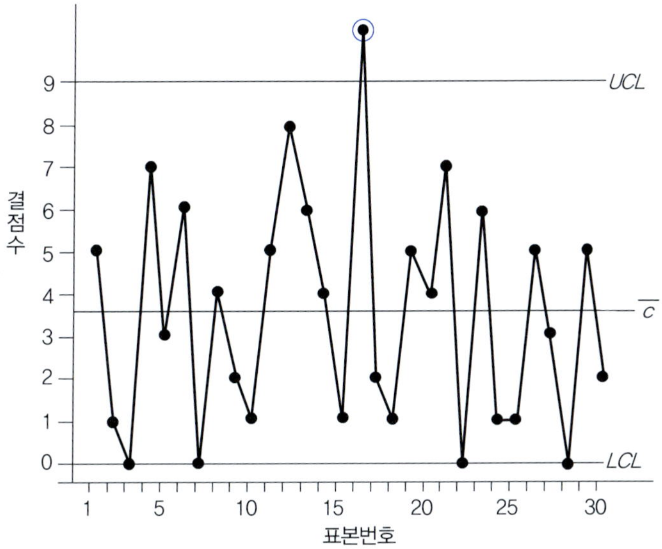

16번째의 표본이 관리한계선 밖에 있으므로 앞의 예제에서와 같이 이상에 대한 원인조사를 한 다음 원인이 밝혀지면 이 표본을 제외한 다음 새로운 관리도를 작성하여 공정이 안정상태에 있는가를 살펴보아야 한다.

관리도의 판단

관리도상의 관리한계선 밖에 점이 나타나면 공정에 이상이 있는 것으로 판단하고 조치를 취해야 한다. 그러나 관리한계선 밖에 점이 있지는 않더라도 공정에 이상이 있는 것으로 간주해야 하는 경우가 있는데 그것은 점들이 다음과 같은 패턴을 보이는 경우이다.

- 런(run) : 점들이 중심선의 한쪽에만 연속해서 나타나는 경우
- 추세(trend) : 점들이 계속해서 상향 또는 하향 추세인 경우
- 주기(cycle) : 점들이 수기적으로 사이클을 나타내는 경우
- 편근(gathered in the middle) : 점들이 거의 모두 관리한계선 가까이 나타나는 경우

검 사

검사(inspection)라는 것은 먼저 검사표준을 정한 다음 물품의 품질을 측정하여 그 결과를 표준과 비교하여 개개 물품의 양 · 불량 또는 로트의 합격 · 불합격의 판정을 내리는 것이다. 검사의 방법에는 크게 전수검사와 샘플링검사로 나눈다. 전수검사란 검사의 대상이 되는 물품 전체에 대하여 검사하는 것이고, 샘플링검사란 로트로부터 샘플을 발췌하여 측정하고 그 결과를 로트의 판정기준과 비교하여 그 로트의 합격 · 불합격을 판정하는 것이다. 샘플링검사의 유형을 살펴보면 다음과 같다.

샘플링검사의 유형

① 1회 샘플링검사

1회 샘플링검사(single sampling inspection)는 두 개의 파라미터, 즉 n(샘플크기)과 c(허용 불량품수)에 의하여 정의된다. 로트로부터 1회의 샘플(n개의 샘플)을 조사하여 불량품수가 c보다 작거나 같은 경우 그 로트가 합격된다.

② 2회 샘플링검사

2회 샘플링검사(double sampling inspection)는 다음과 같은 모두 네 개의 파라미터에 의하여 정의된다.

- n_1 : 1회 샘플의 샘플크기
- c_1 : 1회 샘플에서 허용된 불량품 수
- n_2 : 2회 샘플의 샘플크기
- c_2 : 허용된 불량품 수의 합(1회 샘플의 불량품 수와 2회 샘플의 불량품 수의 합)

1회의 샘플링(n_1개의 샘플)을 하여 불량품 수가 c_1보다 작거나 같을 경우 그 로트를 합격시키고 만일 불량품수가 c_2보다 클 경우 그 로트를 불합격시킨다. 만일 불량품 수가 c_1과 c_2 사이일 경우는 2회의 샘플링(n_2개의 샘플)을 하여 불량품수를 알아본 뒤, 1회 샘플의 불량품 수와 2회 샘플의 불량품 수의 합이 c_2보다 작거나 같을 경우는 로트를 합격시키고, c_2보다 클 경우는 로트를 불합격시킨다.

③ 다회 샘플링검사

다회 샘플링검사(multiple sampling inspection)는 2회 샘플링검사의 연장이다. 아래와 같은 5단계 샘플링의 경우를 가지고 설명하면 다음과 같다.

누적 샘플크기	합격 불량품 수	불합격 불량품 수
20	0	3
40	1	4
60	3	5
80	5	7
100	8	9

각 단계에서 누적불량품 수가 합격 불량품 수보다 작거나 같을 경우 로트를 합격시키고, 누적불량품 수가 불합격 불량품 수보다 클 경우는 로트를 불합격시킨다. 만일 불량품 수가 사이값인 경우는 다음 샘플링을 한다.

이 이외에도 다회 샘플링검사의 연장으로서 축차 샘플링검사(sequential sampling inspection)가 있다.

샘플링검사 방식의 결정

샘플링검사 방식의 결정이란 샘플 크기(n)와 허용불량품 수(c)를 결정하는 것을 말한다. 1회 샘플링검사의 n과 c를 결정하는 방법을 알아보기로 한다. 이를 위하여 다음의 개념을 먼저 설명하기로 한다.

① OC곡선

샘플링방식이 결정된 후 로트의 불량률에 따른 로트가 합격하는 확률을 그래프로 나타낸 것을 검사특성곡선, 즉 OC(operating characteristics)곡선이라 한다. 즉, 이 곡선으로 어느 정도의 불량률을 가진 로트가 합격하는지에 관한 확률을 일 수 있다. 예를 들어, [그림 14. 12]에서 샘플링검사방식이 $n=89$, $c=2$일 경우에, 2%의 불량률을 가지는 로트의 경우 합격확률이 0.74 정도이다.

② AQL과 LTPD

샘플링방식을 결정하는 데 있어 종종 AQL(acceptable quality level)과 LTPD(lot tolerance percentage defectives)를 정할 수 있다. AQL은 흔히 합격품질수준이라고

그림 14. 12 | OC곡선

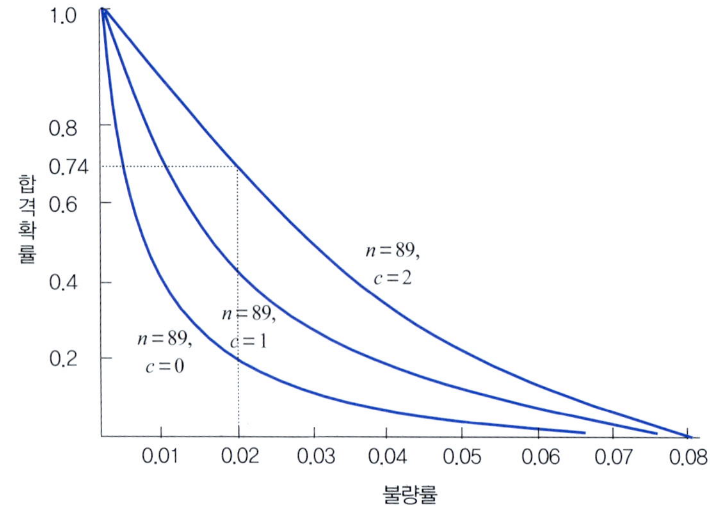

부르는 것으로 구매자가 만족할 수 있는 최대한의 불량률을 의미하며, LTPD는 구매자의 입장에서 불합격시키고 싶은 불합격품질수준을 말한다.

③ 생산자위험과 소비자위험

생산자위험(α : producer's risk)이란 AQL수준 이상의 품질을 갖는 로트가 불합격 판정을 받을 확률을 말하며, 소비자위험(β : consumer's risk)이란 LTPD 이하의 품질을 갖는 로트가 합격판정을 받을 확률을 말한다.

생산자위험(α), 소비자위험(β), AQL, LTPD가 정해졌을 경우 샘플링검사표(부록 참조)나 누적이항분포도를 이용하여 샘플링방식(n과 c)을 결정한다. 예를 들어, $\alpha=0.05$, $\beta=0.1$, AQL$=0.01$, LTPD$=0.06$일 경우, 샘플링 검사표(부록 참조)에서 LTPD$=0.06(6\%)$이 속한 (5.61∼7.10)열과 AQL$=0.01(1\%)$이 속한 (0.901∼1.12)행이 만나는 곳의 값이 (80, 2)이므로 $n=80$, $c=2$가 된다.

품질기능전개(QFD)

QFD의 개념 및 작성방법

품질기능전개(QFD : quality function deployment)는 소비자의 요구에 맞는 제품의 개발을 위해 이용되는 기법이다. QFD는 다음과 같은 단계를 거쳐 작성된다.

▸ 단계 1 : 소비자의 요구를 파악한다(What). 소비자가 1차적으로 원하는 것을 파악하고 그 요구를 2차적인 항목으로 세분화한다.

▸ 단계 2 : 소비자의 요구에 영향을 미치는 공학적 · 기술적 특성을 파악한다(How). 1차적인 공학적 · 기술적인 특성을 파악하고 2차적인 기술적 특성으로 세분화한다.

▸ 단계 3 : What과 How의 관계에 대한 강도를 다음의 기호를 이용하여 표시한다.

◎ : 강한 관계, ○ : 중간, △ : 약한 관계, 빈칸 : 관련성 없음

▸ 단계 4 : How 간의 관계를 다음의 기호를 이용하여 표시한다.

◎ : 강한 양의 관계, ○ : 양의 관계, * : 강한 음의 관계, × : 음의 관계

▸ 단계 5 : 경쟁사 제품과의 비교를 한다. 단계 1에서 파악된 항목별로 자사제품과 경쟁자 제품에 대한 소비자의 평가를 받아 기록하고 단계 2에서 파악된 항목별로 자사제품과 경쟁자 제품에 대한 소비자의 평가를 받아 기록한다.

▸ 단계 6 : 소비자 요구항목과 기술적 항목의 우선순위를 결정한다. 소비자 요구항목의 우선순위 결정은 항목별로 중요도, 개선의 가치, 판매가능성 등의 점수를 부여하고 중요도×개선가치×판매가능성의 값이 클수록 우선적으로 고려해야 할 항목이다. 기술적 항목의 우선순위 결정은 항목별로 기술적 난이도, 목표치를 부여하고 절대적 가중치와 상대적 가중치(계산과정은 생략)를 계산하여 두 값이 모두 큰 경우 우선적으로 고려해야 할 항목이다.

[그림 14. 13]은 QFD의 예를 보여준다. QFD는 제품 개발기간의 단축, 팀워크의 지향, 자료의 문서화, 소비자중심, 시작비용의 감소, 디자인 변경의 최소화 등의 효과가 있다.

그림 14.13 | QFD의 예

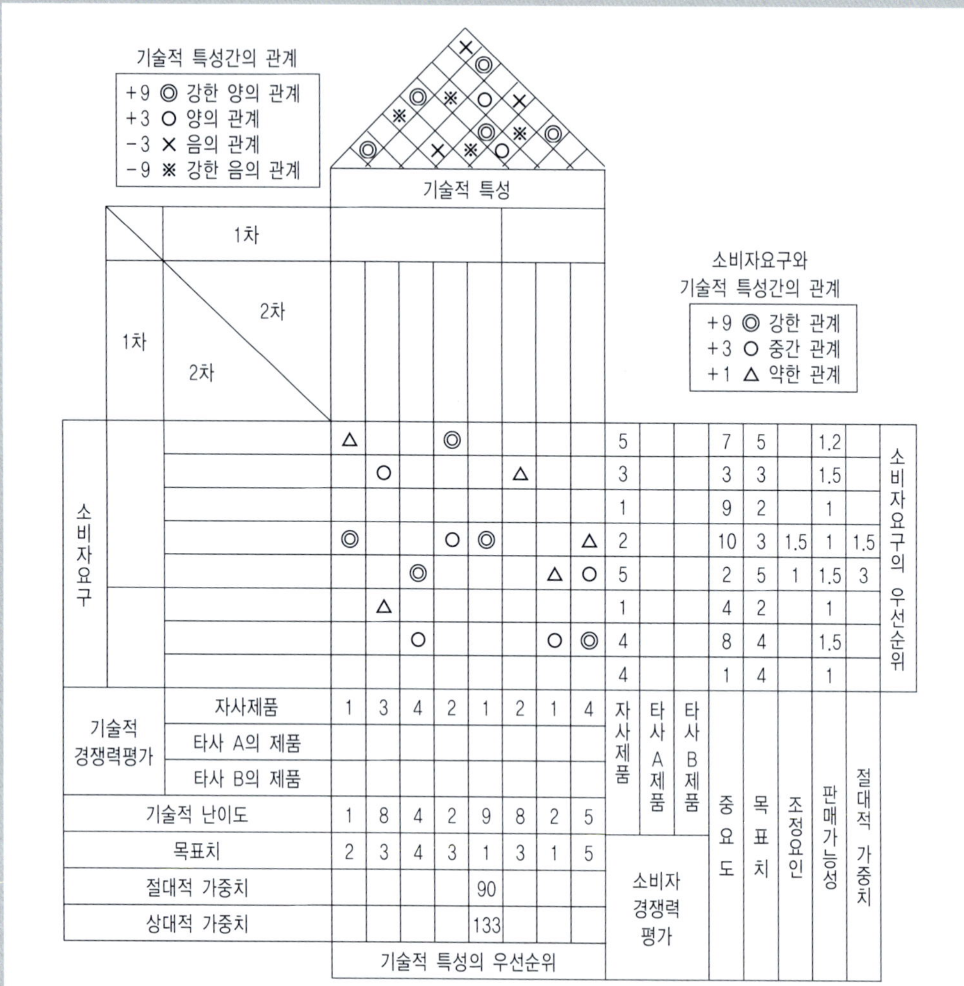

벤치마킹

벤치마킹(benchmarking)이란 자사의 운영상태 및 성과를 우수기업의 그것과 비교하고 분석하여 얻은 정보를 자사의 목표 및 전략의 수립과 실행에 반영하는 것을 말한다.

벤치마킹을 해야 하는 이유로는 첫째, 경쟁의 심화로 점차적인 개선을 도모할 시간적인 여유가 없으며, 둘째, 최고와 비교하여 자신의 위치를 알 수 있고 또한 자신이 고쳐야 할 것에 대한 정보를 얻을 수 있으며, 셋째, 점차적으로 최고가 아니면 살아남기가 어려워지고, 마지막으로 지속적인 개선의 수단으로 이용되고 또한 TQM을 지원하기 때문이다.

벤치마킹은 벤치마킹할 분야를 결정하고, 벤치마킹 대상기업의 선정 및 자료를 수집하며, 자료의 분석을 통한 차이를 확인하고, 마지막으로 분석결과를 이용하여 목표의 설정, 실행계획의 수립, 실행을 하는 순서로 진행한다.

품질분임조

품질분임조(QC: quality circle)란 같은 작업장에서 자율적으로 품질관리활동을 수행하는 소규모의 그룹을 말하며, 작업자의 자율성, 인간성, 창조성을 강조한다. 같은 작업장에 속한 작업자들끼리 10명 이하로 품질분임조를 조직하고 등록하며 정기적인 모임을 통하여 연간 활동계획을 수립하고, 연간 2~5개의 테마를 선정하여 문제해결을 위한 노력을 하며, 활동에 대한 평가 및 결과의 발표 등을 한다.

품질분임조활동은 자율학습, 자율성, 그룹활동, 전사원 참여, 품질관리기법의 적용, 작업장과 밀접한 연결, 장기적 운용, 상호교육, 품질개선에 대한 노력 및 제안 등의 특성을 가진다.

다구치방법

제품의 품질을 평가할 때에 규격목표치를 기준으로 공차(tolerance)를 고려한 규격상한(upper specification limit)과 규격하한(lower specification limit)이 있어 그 한계를 벗어나는 경우에 품질손실이 발생한다고 보는 일반적인 견해와는 달리 다구치(Taguchi)는 품질은 비록 공차 범위 내에 있더라도 규격목표치를 조금이라고 벗어나게 되면 품질손실이 발생한다고 보고 다음과 같은 2차의 손실함수를 제시하였다.

$$L = k(y-T)^2, \quad (L=\text{손실},\ y=\text{측정치},\ T=\text{목표치},\ k=\text{품질손실계수})$$

이 손실함수는 측정치(y)가 목표치(T)를 약간만 벗어나도 손실이 발생함을 반영한다.

다구치는 제품의 개발과정을 다음과 같이 세 단계로 나눈다.

① **시스템설계** : 적절한 기본구조의 선택
② **파라미터설계** : 제품의 구조를 결정하는 각종 파라미터, 예를 들어, 길이, 무게 등의 최적치 도출
③ **공차(tolerance)설계** : 파라미터의 최적치를 목표치로 하여 각 파라미터의 규격상한과 하한을 결정

다구치는 제품이 외부변동요인에 대하여 강하도록 디자인되어야 한다고 주장하며 이를 위해서는 파라미터와 공차설계시에 실험계획법의 이용을 제안하였다.

제품에 영향을 미치는 외부변동요인(예를 들어, 온도, 습도 등의 통제 불가능 변수)이 제품에 미치는 영향을 실험을 통하여 검토하고 이를 바탕으로 제품의 파라미터(예를 들어, 길이, 무게, 두께 등의 통제가능 변수)의 최적치를 결정하려고 하는 경우에 실험해 보아야 할 상황의 조합은 무수히 많다. 이러한 경우에 실험계획법을 이용하면 소규모의 실험만으로도 원하는 결과를 얻을 수 있다. 실험계획법을 통하여 선택된 실험상황별로 실험을 하여 얻어진 측정치를 이용하여 SN(signal to noise)값을 구하고 이를 바탕으로 파라미터의 최적치를 구한다. SN은 세 가지 종류가 있으며 아래와 같이 계산된다.

$$SN_N = 10\log(\bar{y}^2/s^2)$$

$$SN_L = -10\log\left(\frac{1}{n}\sum_{i=1}^{n}\frac{1}{y_i^2}\right) \quad (y_i=\text{실험측정치},\ s=y_i\text{의 표준편차})$$

$$SN_S = -10\log\left(\frac{1}{n}\sum_{i=1}^{n}y_i^2\right)$$

SN_N은 목표치를 기준으로 변동을 감소시키기를 원할 경우 이용되며, SN_L은 리터당 주행거리, 배터리 수명 등과 같이 반응이 클수록 좋은 경우에 이용되며, SN_S는 자동차 배기가스, 컴퓨터 반응시간 등과 같이 반응이 작을수록 좋은 경우에 이용된다. 위의 세 경우 모두 SN비율을 최대화하는 파라미터수준이 최적치가 된다.

지속적인 품질개선

품질향상 프로그램은 한 번으로 끝나는 것이 아니며 1년 내내 실행되어야 한다. 일반적으로 이용되는 품질개선의 방법으로서 다음을 고려할 수 있다.

① **프로세스 분석** : 프로세스에 대한 분석을 통하여 프로세스의 흐름 및 경계를 명확히 한다.

② **프로세스의 표준화** : 모든 종업원들이 최상의 효율적이고 동일한 프로세스를 이용하도록 표준화한다.

③ **프로세스상의 문제점 제거** : 프로세스상의 문제점을 확인하고 제거하도록 한다.

④ **프로세스의 간명화** : 재고의 감축, 사이클타임의 단축, 불필요한 단계의 제거 등을 통하여 프로세스를 간명화한다.

⑤ **변동의 원인 감축** : 변동의 원인이 사람에 의한 것인지, 기계에 의한 것인지, 원자재에 의한 것인지, 방법에 의한 것인지 등에 대한 원인을 파악하고 개선하도록 노력한다.

⑥ **프로세스의 통계적 관리** : 관리를 보다 과학적으로 할 수 있도록 통계적 관리방식을 도입한다.

⑦ **프로세스의 디자인 개선** : 실험 등을 통한 디자인 개선을 시도한다.

품질개선과 관련하여 구체적으로 리드타임의 감축, 생산흐름의 원활화, 그룹테크놀로지의 실행, 생산의 평준화, JIT 생산시스템의 도입(재고감축, pull 시스템, 시각적 관리, 불량품발생방지 장치, 준비시간의 단축), 일정계획의 유연성 확보, 공급자와의 파트너십 등을 위한 노력을 기울여야 한다.

서비스품질관리

서비스는 무형인 경우가 많아 품질을 결정하는데 어려움이 있고, 서비스품질은 소비자가 주관적으로 결정한다는 것을 유의해야 한다. 서비스산업에서는 서비스제공자들과 소비자들 사이에는 밀접한 접촉이 있으므로 서비스제공자의 지속적인 교육과 훈련이 중요하다. 또한 소비자들에게 호감이 가는 환경을 조성하는 것도 도움이 된다. 품질관리를 위하여 소비자에 대한 설문조사, 피드백 등이 이용하기도 한다. 서비스품질관리에 있어서 특히 다음과 같은 것을 고려해야 한다.

1. 서비스 전달의 안정성과 정확성
2. 우수한 시설, 장비, 서비스제공자, 의사소통
3. 신속한 서비스 제공
4. 신뢰와 자신감을 줄 수 있는 서비스제공자의 지식과 능력
5. 소비자 개개인의 요구에의 대응 정도

위의 사항을 고려하여 서비스 품질을 향상시키고자 할 때 우선적으로 고려되어야 할 것이 각 기업의 서비스 비전이다.

헤스켓(J. Haskett, 1986)은 서비스 비전을 크게 네 가지 단계로 구성하였다. 첫째, 공통된 욕구에서 차별화된 욕구를 추구하는 시장 세분화를 전제로 한 표적시장의 분할 및 선택(예, 인구통계, 심리통계, 행동, 지리적 변수 등을 분석), 둘째, 고객의 욕구 및 경쟁자의 서비스 특징을 감안한 차별화된 핵심서비스 요소의 개념 도출, 셋째, 핵심서비스 요소들의 실현을 위한 운영상의 특징을 위한 운영전략, 마지막으로 운영전략을 실현하기 위한 서비스 흐름 설계에 해당되는 서비스 전달시스템 구축 등이다. 세부적인 구성단계 및 내용은 <그림 14. 14>에 나타나 있다.

헤스켓, 새서, 슐레신저(J. Heskett, W. Sasser, and L. Schlesinger)는 '서비스수익체인(The service profit chain)'모델에서 내부종업원의 만족이 내부 서비스품질을 향상시켜 외부서비스 품질에 대한 평가가 높아지게 되어 고객만족이 향상되어 궁극적으로, 고객충성도의 증가를 거쳐 수익증가로 이어진다고 설명하고 있다.

다음의 예는 서비스품질향상은 고객만족도 향상에 있음을 강조한 것으로 서비스품질을 중요한 전략적 요소로 보고 있다.

> "메이요클리닉은 매일 모든 환자에게 최고의 보살핌을 제공한다. 메이요의 최우선 가치는 환자의 니즈이다"
>
> <출처: www.mayoclinic.org/about/missionvalues.html>

그림 14. 14 | 전략적 서비스 비전의 구성

목표시장	– 시장의 세분화(인구통계학, 심리통계학) – 각각의 표적시장에서의 고객욕구 조사 및 분석 – 표적시장의 선택
서비스 개념	– 중요한 서비스 개념의 도출 – 어떻게 이러한 개념이 고객에게 인지되는지 분석 – 서비스가 전달 판매될 경우 서비스 개념이 제시하고자 하는 노력은 무엇인가?
운영전략	– 서비스 개념의 운영상의 특징은 무엇이며 어떻게 표현되는가? – 중요한 운영상의 특징들에 대한 중요성 우선순위는 어떠한가? (예: 매력품질요소, 당연품질요소 등) – 어떤 성과가 기대되는가? (서비스 품질, 비용, 생산성 등)
서비스 전달시스템	– 서비스 전달시스템의 특징은 무엇인가? (입지, 배치, 기술, 인적자원, 장비, 절차 등) – 서비스 능력의 수준과 관련된 의사결정 – 전달시스템 내의 운영을 위한 표준은 무엇인가? (서비스 품질수준, 서비스 전달시간 등)

출처: Haskett, J. I., *Managing ion the Service Economy*. Harvard Business School Press, pp.5~43, 1986.

한편, 2009년도 NCQA(National Committee for Quality Assurance)가 미국 최고의 의료경영기업으로 선정된 하버드 필그림 헬스케어의 경우도 미션에 '개선'이라는 단어를 강조함으로써 서비스품질을 강조하고 있다.

> "우리의 미션은 우리가 봉사하는 인류 및 사회의 건강을 개선하는 것이다."
> <출처: www.harvardpilgrim.org/portal/page?_pageid=213,49561_dad=portal&_schema=PORTAL>

이러한 사례는 서비스품질을 전략적 핵심의 하나로 포함시킴으로써 기업은 운영관리 및 재무적 성과 측면에서 선두그룹을 형성하게 될 것이라는 관점을 제시한다.

따라서 서비스품질관리는 고객의 요구 파악을 중심으로 설계되어야 하기 때문에 기업의 비전과 목표에 맞는 표적시장의 고객요구사항을 수집하는 것을 시작으로 고객 요구사항의 운영시스템적 특성으로의 변환과정, 그리고 운영시스템적 특성을 바탕으로 한 서비스 전달시스템의 설계 및 개선의 절차를 거쳐야 된다.

요 약

- 품질은 접근법에 따라 다양한 정의가 있으나 어느 하나에만 집착하는 것은 좋지 않고 다양한 관점을 가지는 것이 좋다. 품질의 속성에는 성능, 기능, 신뢰성, 일치성, 내구성, 서비스, 미, 인지된 품질 등이 포함된다.
- 품질비용은 예방비용, 평가비용, 내부실패비용, 외부실패비용으로 분류된다. 예방비용은 품질수준과 정의 관계에 있고, 평가비용과 실패비용은 품질수준과 부의 관계에 있다. 이론적으로 최적의 품질수준은 네 가지 품질비용의 합이 최소가 될 때의 품질수준이 된다.
- 품질관리의 도구 및 기법으로는 파레토도, 원인과 결과도, 점검표, 막대그림표, 산점도, 계층화, 관리도 등이 이용된다.
- 관리도란 공정관리가 제대로 되고 있는지를 파악하기 위하여 생산되는 제품이나 부품의 표본을 뽑아 측정하고 그 측정치를 타점한 후 타점한 측정치들이 관리선을 벗어나는지 혹은 특이한 패턴을 가지는지 등을 조사하여 이상이 있다고 생각되는 경우 그 원인을 찾아 해결하고자 하는 기법이다.
- 관리도에는 계량치관리도와 계수치관리도 두 가지가 있다. 계량치관리도는 길이, 무게 등 양적인 측정이 가능한 경우에 이용되며, 계수치관리도는 불량률, 불량개수 등을 관리하는 데 이용된다.
- 관리도상의 관리한계선 밖에 점이 나타나면 공정에 이상이 있는 것으로 판단하고 조치를 취해야 한다. 그러나 관리한계선 밖에 점이 있지는 않더라도 런, 추세, 주기, 편근 등과 같은 패턴을 보이는 경우에는 이상이 있는 것으로 간주해야 한다.
- 검사라는 것은 먼저 검사표준을 정한 다음 물품의 품질을 측정하고 그 결과를 표준과 비교하여 개개 물품의 양·불량 또는 로트의 합격·불합격의 판정을 내리는 것이다. 검사의 방법에는 크게 전수검사와 샘플링검사로 나눈다. 샘플링검사의 유형으로는 1회 샘플링검사, 2회 샘플링검사, 다회 샘플링검사, 축차 샘플링검사 등이 있다.
- 샘플링검사방식의 결정이란 샘플 크기(n)와 허용불량품 수(c)를 결정하는 것을 말한다. 샘플링방식이 결정된 후 로트의 불량률에 따른 로트가 합격하는 확률을 그래프로 나타낸 것을 검사특성곡선, 즉 OC곡선이라 한다. 샘플링방식을 결정하는 데 있어 종종 AQL과 LTPD를 정할 수 있다.

- AQL은 흔히 합격품질수준이라고 부르는 것으로 구매자가 만족할 수 있는 최대한의 불량률을 의미하며, LTPD는 구매자의 입장에서 불합격시키고 싶은 불합격 품질수준을 말한다.
- QFD는 소비자의 요구에 맞는 제품의 개발을 위해 이용되는 기법이며, QFD의 효과로 QFD는 제품 개발기간의 단축, 팀워크의 지향, 자료의 문서화, 소비자중심, 시작비용의 감소, 디자인 변경의 최소화 등을 기대할 수 있다.
- 벤치마킹이란 자사의 운영상태 및 성과를 우수기업의 그것과 비교하고 분석하여 얻은 정보를 목표 및 전략의 수립과 실행에 반영하는 것을 말한다.
- 품질분임조란 같은 작업장에서 자율적으로 품질관리활동을 수행하는 소규모의 그룹을 말한다. 품질분임조활동의 특성으로는 자율학습, 자율성, 그룹활동, 전사원 참여, 품질관리기법의 적용, 작업장과 밀접한 연결, 장기적 운용, 상호교육, 품질개선에 대한 노력 및 제안 등이 포함된다.
- 다구치는 제품이 외부변동요인에 대하여 강하도록 디자인되어야 한다고 주장하며 이를 위해서는 파라미터와 공차설계시에 실험계획법의 이용을 제의한다.
- 품질향상 프로그램은 한 번으로 끝나는 것이 아니며 1년 내내 지속적으로 실행되어야 한다.
- 서비스품질관리는 고객의 요구 파악을 중심으로 설계되어야 하며, 서비스품질향상은 고객만족도 향상을 위한 전략적 요소 중의 하나이다.

학습문제

1. 품질은 어떻게 정의할 수 있나?
2. 품질의 특성에는 어떠한 것이 포함되나?
3. 품질관리의 도구나 기법에는 어떠한 것이 있나?
4. 관리도란 무엇이며 어떻게 사용되나?
5. 관리도의 종류를 살펴보라.
6. 관리도를 보고 판단을 할 때에 어떠한 경우에 생산공정이 불안정하다고 결론을 내릴 수 있나?
7. 샘플링검사방식의 결정은 어떻게 하나?
8. 품질비용이란 무엇이며 품질수준과의 관계는?
9. QFD가 무엇인지 설명하고 그 효과에 대하여 알아보라.
10. 벤치마킹을 해야 하는 이유는?
11. 품질분임조란 무엇이며 품질분임조활동의 특성은?
12. 다구치방법이 무엇인지 알아보라.
13. 서비스품질향상이 왜 중요한지 예를 들어 설명하라.

연습문제

1. 다음은 베어링을 제작하는 공정에서 베어링의 직경을 샘플크기 5로 24회 측정한 값의 $\bar{x}$와 R값을 나타낸 자료이다. $\bar{X}$-관리도와 R-관리도의 UCL, LCL을 구하라.

표본번호	$\bar{x}$	R	표본번호	$\bar{x}$	R
1	34.5	3	13	35.4	8
2	34.2	4	14	34.0	6
3	31.6	4	15	37.1	5
4	31.5	4	16	34.9	7
5	35.0	5	17	33.5	4
6	34.1	6	18	31.7	3
7	32.6	4	19	34.0	8
8	33.8	3	20	35.1	4
9	34.8	7	21	33.7	2
10	33.6	8	22	32.8	1
11	31.9	3	23	33.5	3
12	38.6	9	24	34.2	2

2. 어느 공정에서 생산되는 부품의 길이를 샘플크기 7로 35회 측정한 값의 자료가 다음과 같을 때, $\bar{X}$-관리도와 R-관리도의 UCL, LCL을 구하라.

$$\sum_{i=1}^{35} x_i = 7805, \qquad \sum_{i=1}^{35} R_i = 1200$$

3. 다음은 커피를 병에 담는 공정에서 병의 무게를 샘플크기 6으로 8회 측정한 자료이다.

(단위: 온즈)

표본번호	$\bar{x}$	R
1	4.00	0.41
2	4.16	0.55
3	3.99	0.44
4	4.00	0.48
5	4.17	0.56
6	3.93	0.62
7	3.98	0.54
8	4.01	0.44

1) $\bar{X}$-관리도와 R-관리도의 UCL, LCL을 구하라.

2) 만일 병무게가 4온즈여야 정상이라고 한다면, 위의 공정은 제대로 통제된다고 말할 수 있는가?

4. 어느 공정에서 생산되는 부품의 무게를 샘플크기 5로 30회 측정한 값의 자료가 다음과 같을 때, $\overline{X}$-관리도와 R-관리도의 UCL, LCL을 구하라.

$$\sum_{i=1}^{30} x_i = 607.8, \qquad \sum_{i=1}^{30} R_i = 144$$

5. 어느 공정에서 매시간 샘플크기 5로 표본을 뽑아 $\bar{x}$와 R을 기록한다. 이와 같은 방법으로 25회의 표본을 추출하여 기록한 결과 $\bar{\bar{x}}=20$, $\bar{R}=4.56$이다. $\bar{x}$와 R의 3－시그마 한계를 구하라.

6. 콘프레이크 시리얼을 만드는 공정에서 매시간 표본크기 4로 표본을 추출하여 시리얼이 담긴 상자의 무게를 측정한다. 5시간 동안의 무게자료가 다음과 같을 경우 $\overline{X}$-관리도와 R-관리도의 UCL, LCL을 구하라.

시간	상자 1(온즈)	상자 2(온즈)	상자 3(온즈)	상자 4(온즈)
9시	9.8	10.4	9.9	10.3
10시	10.1	10.2	9.9	9.8
11시	9.9	10.5	10.3	10.1
12시	9.7	9.8	10.3	10.2
1시	9.7	10.1	9.9	9.9

7. 로트당 2,500개의 고무줄을 생산하는 공정이 있다. 20개의 로트를 검사하여 다음과 같은 불량품 자료를 얻었을 경우 p-관리도의 p, UCL, LCL을 구하라.

로트번호	불량품수	로트번호	불량품수
1	230	11	456
2	435	12	394
3	221	13	285
4	346	14	331
5	230	15	198
6	327	16	414
7	285	17	131
8	311	18	269
9	342	19	221
10	308	20	407

8. 다음은 플라스틱제품을 생산하는 공정에서 표본크기 100개로 10회 추출하여 불량품수를 조사한 결과이다. *np*-관리도의 UCL, LCL을 구하라.

표본번호	표본크기	불량품수
1	100	10
2	100	15
3	100	31
4	100	18
5	100	26
6	100	12
7	100	25
8	100	15
9	100	8
10	100	8

9. 표본크기 400으로 30회의 표본을 추출하여 불량품을 조사한 결과 $\sum_{i=1}^{30} D_i = 1{,}200$ 이다($D_i = i$번째 표본의 불량품수). *np*-관리도의 UCL과 LCL을 구하라.

10. 표본의 크기가 100일 때, *p*-관리도의 CL=0.01, UCL=0.0399, LCL=0이다. 3-시그마 한계를 사용할 때, LCL을 양으로(positive) 만드는 최소의 표본크기는?

11. 표본의 크기가 400일 때, *p*-관리도의 UCL=0.0809, CL=0.05, LCL= 0.0191이다. 통제한계의 폭을 시그마단위로 나타내라.

12. [문제 11]의 관리도를 그에 상응하는 *np*-관리도로 나타낸다면 그 때의 CL, UCL, LCL은?

13. 다음은 컴퓨터에 사용되는 SVGA카드를 표본크기 50으로 22회 추출하여 결점수를 조사한 결과이다. *c*-관리도의 CL, UCL, LCL을 구하라.

표본번호	결점수	표본번호	결점수
1	12	12	28
2	6	13	14
3	14	14	15
4	11	15	13
5	16	16	2
6	9	17	9
7	11	18	10
8	17	19	14
9	8	20	11
10	13	21	13
11	21	22	16

14. 다음은 컴퓨터를 표본크기 5로 20회 추출하여 결점수를 조사한 결과이다. u-관리도의 CL, UCL, LCL을 구하라.

표본번호	표본크기	결점수	단위당 결점수	표본번호	표본크기	결점수	단위당 결점수
1	5	10	2.0	11	5	9	1.8
2	5	12	2.4	12	5	5	1.0
3	5	8	1.6	13	5	7	1.4
4	5	14	2.8	14	5	11	2.2
5	5	10	2.0	15	5	12	2.4
6	5	16	3.2	16	5	6	1.2
7	5	11	2.2	17	5	8	1.6
8	5	7	1.4	18	5	10	2.0
9	5	10	2.0	19	5	7	1.4
10	5	15	3.0	20	5	5	1.0

15. 다음의 경우에 3-시그마 한계를 구하라.

1) $\bar{c}=4$일 경우, c-관리도의 UCL과 LCL

2) $c=4$, n=4일 경우의 u-관리도의 UCL과 LCL

사례 삼익악기

인도네시아 질릉시 삼익악기 공장에서 직원들의 기타 조립 작업 모습

인도네시아 수도인 자카르타에서 동남쪽으로 30km가량 떨어진 질릉시는 삼익악기 글로벌 전략의 '심장'과 같은 곳이다. 축구장 11개 크기인 10만8,000㎡ 규모 공장에서 직원 3,100여 명이 한 해 동안 업라이트 피아노 3만 대와 그랜드(연주용) 피아노 3,000대, 기타 44만여 대를 생산한다. 인근 항구를 통해 중국, 미국 등 200여 개국에 수출한다. 지난해 매출 1,551억 1,000만 원 중 한국 매출 비중은 8.7%(135억 원)에 불과하다.

삼익악기는 1980~90년대 국내 시장에서 승승장구했지만 시장이 정체된 데다 값싼 디지털 피아노가 쏟아지면서 1997년 법정관리에 들어갔다. 반전의 계기를 마련한 때는 2002년 김종섭 삼익악기 회장이 회사를 인수하면서 글로벌화가 본격적으로 추진됐다. 국내와 중국 공장을 폐쇄하고 인도네시아로 생산기지를 일원화했다. 피아노용 고품질 목재를 구하기 쉽고, 저렴한 임금에 숙련공을 쉽게 확보할 수 있어서다.

해외 브랜드 인수합병(M&A)에도 적극 뛰어들었다. 2008년 독일 명품 피아노 제조사인 자일러를 인수한 것이 대표적이다. 삼익악기는 "브랜드 가치를 높이고, 우수한 제조 기술을 확보하는 데 큰 도움이 됐다"고 설명했다. 중국 수출 물량의 80% 이상이 자일러 제품이다. 중국은 독일 브랜드를 선호하는 데다 독일 현지 생산품보다 저렴해 인기를 끌고 있다.

지난해 중국 매출은 476억 2,000여만 원으로 2년 전 대비 70%가량 급증했다. 중국 피아노 시장은 36만 대 규모로 매년 30% 이상 커지고 있다. 권 법인장은 "중국 피아노 보급률은 3%가량으로, 국내 및 선진국의 20%대에 크게 못 미쳐 한동안 성장세를 이어갈 것"이라고 말했다. 올해 중국 매출 목표를 540억 원으로 잡았다. 올 들어 지난달까지 매출은 전년 대비 30% 이상 늘며 순항하고 있다. 2년 전부터 공장 증설 작업도 진행 중이다. 내년까지 업라이트 피아노 4만여 대,

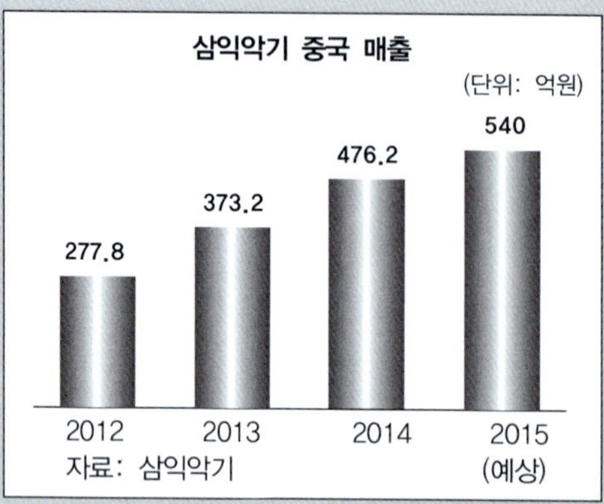

그랜드 피아노 6,000대, 기타 60여만 대로 생산능력을 확대할 계획이다. 도장공정 등 노후화된 생산설비도 바꾸고 있다. 2017년에는 고급 기타 공장도 새로 짓는다. 지금은 주문자상표부착생산(OEM) 방식으로 저가형 모델을 공급하고 있지만 앞으로 고급 제품을 만들어 해외 유명 브랜드와 경쟁하기 위해서다. 중국 내 대리점 수는 400여 개로 2년 전보다 약 2배 늘어난 것이다.

<출처 : 한국경제신문, 2015년 6월 2일>

토의문제

1. 삼익악기가 생산기지를 인도네시아로 옮기게 된 배경은 무엇인지 그 이유에 대해 토의하여라.
2. 삼익악기가 중국시장에서 성공하게 된 배경을 2가지만 꼽는다면 무엇인지 그 이유에 대해 토의하여라.
3. 삼익악기가 글로벌 시장에서 지속적인 경쟁우위를 유지하기 위해 접근해야 될 차별화전략은 무엇인지 토의하여라.

참고문헌

전영일, 홍관수, 김남영, "전략적 운영관리", 경문사, 2003.

Chase, R., Jacobs, F., and Aquilano, N., *Operations and Supply Chain Management*, 13th ed. NY: McGraw-Hill, 2010.

Evans, J. and Lindsay, W., *Managing for Quality and Performance Excellence*. South-Western Cengage Learning, 2014

Denton, D., "Lessons on Competitiveness : Motorola's Approach," *Production and Inventory Management Journal*, 32:3, pp.22-25, 1991.

Duncan, A., *Quality Control and Industrial Statistics*, 4th ed. Irwin, Homewood, Ill., 1974.

Farmer, J., "A Conceptual Model of Service Quality," *International Journal of Operations and Production Management*, 8:6, pp.19-29, 1988.

Feigenbaum, A., *Total Quality Control*. McGraw-Hill, New York, 1983.

Groocock, R., *The Chain of Quality*. John Wiley & Sons, New York, 1986.

Gryna, F. Jr., "Quality Costs : User vs. Manufacturer," *Quality Progress*, pp.10-13, 1977.

Juran, J., Gryna F. Jr., and Bingham, R. Jr.(eds.), *Quality Control Handbook*, 4th ed. McGraw-Hill, New York, 1988.

Kackar, R., "Off-Line Quality Control, Parameter Design, and the Taguchi Method," Journal of Quality Technology, 17:4, pp.176-209, October 1985.

Lee, S., "The Age of Quality Innovation," *International Journal of Quality Innovation*, 1:1, pp.1-7, 2015.

Schonberger, R., *World Class Manufacturing*. The Free Press, New York, 1986.

Stein, R., "Beyond Statistical Process Control," *Production and Inventory Management Journal*, 32:1, pp.7-10, 1991.

Taguchi, G. and Wu, Y., *Introduction to Off-Line Quality Control*. Central Japan Quality Control Association, Nagoya, 1985.

Thomas, S., "Six Sigma : Motorola's Quest for Zero Defects," *APICS-The Performance Advantage*, 1:1, pp.36-41, 1991.

Production · Operations · Management

제4부

생산시스템의 개선 및 통합

CHAPTER 15

공급사슬관리

공급사슬관리의 의의

공급사슬관리의 주요 이슈

공급사슬 형태

로지스틱스 네트워크

채찍효과의 원인 및 대처방법

공급사슬의 통합

유통전략

전략적 제휴

대량맞춤

e-business와 SCM

[도입사례] HP 데스크젯 프린트 공급사슬

HP의 밴쿠버공장에서는 데스크젯(deskjet) 프린터를 제작하여 미국, 유럽, 아시아의 유통센터로 보낸다. 데스크젯 제품은 성공적이어서 지속적으로 매출은 늘어나고 있었으나 그와 함께 보유재고수준도 늘어나고 있었다.

프린터를 다른 나라에 팔기 위해서는 현지화(localization)라는 것이 필요하다[예 특정국가의 언어로 된 설명서와 전력공급방식(110V 혹은 220V)에 맞는 플러그 등]. 데스크젯 제품은 전원공급장치를 최종조립단계에서 하도록 되어 있어 현지화가 밴쿠버공장에서 이루어진다.

생산된 제품은(생산리드타임은 1주) 미국, 유럽, 아시아에 있는 세 개의 유통센터로 보내어지는데 미국의 경우는 하루 만에 수송이 가능하지만 유럽과 아시아에 보내는 제품은 그 수송기간이 4주에서 5주가 걸린다. 유통센터에서는 프린터를 유통업자나 소매상으로 공급한다. HP 데스크젯 판매자들은 자신들의 점포에 재고를 많이 보유하지 않기를 바라며 대신 유통센터가 제품을 충분히 보유하기를 원한다. 게다가 HP의 경우 수요의 불확실성과 긴 수송기간으로 인하여 HP 밴쿠버공장에서 수요의 변동에 대처하기가 어려우므로 제품의 가용성을 높이기 위해서는 유통센터에서 안전재고를 많이 보유해야 한다. 일반적으로 보유재고수준은 수요예측치에 안전재고를 더하여 결정한다.

밴쿠버공장에서는 칸반(Kanban) 시스템의 도입으로 생산리드타임을 현격히 감축했으며 유통센터의 목표재고수준 유지를 위해 JIT(just in time) 차원에서 재고보충이 될 수 있도록 생산계획을 수립한다.

그러나 항상 불확실성으로 인한 문제가 발생하는데 원자재의 공급지연이나 공정상의 지연은 생산리드타임의 증가로 인한 유통센터의 재고보충문제를 초래하며, 수요의 불확실성은 유통센터의 재고증가나 혹은 이월주문(back-order)을 초래한다. 유럽과 아시아의 경우는 제품이 선박으로 수송되므로 리드타임이 길어 유통센터가 수요변동에 대응할 수 있는 능력이 제한적이다. 따라서 안전재고를 많이 보유해야 한다.

수요의 불확실성으로 인한 문제는 유럽의 경우가 특히 심한데 유럽의 경우에는 특정국가에서 선호하는 모델의 경우에는 재고부족이 일어나는 반면에 또 다른 나라에서 선호하는 모델의 경우는 재고과잉이 발생하는 등의 예측오류문제가 발생한다. 이러한 문제에 직면한 HP의 경우 수송기간 단축을 위한 프린터의 항공수송, 유럽에 공장 설립, 유럽 유통센터의 보유재고수준 높임, 수요예측 향상 등을 생각해 볼 수 있다.

재고수준을 감소시키면서 제품의 가용성을 높이기 위한 전략으로 HP는 차별화지연전략

(postponement)을 이용하여 현지화를 하지 않은 상태로 프린터를 유럽의 유통센터로 보내고 유통센터에서 현지의 수요를 관찰한 후에 현지화를 하는 방법을 채택하였으며 그 결과는 매우 성공적이었다.

위의 사례에서 생각해 보아야 할 주요한 포인트는 다음과 같다.

- 차별화지연전략이란 무엇이며 혜택과 문제점은?
- 차별화지연전략을 위해 필요한 것은(제품디자인 관련)?
- 차별화지연전략이 어떻게 하여 보유재고수준을 낮추는가?
- 대량맞춤전략(mass customization)과 차별화지연전략과의 관계는?

<출처 : 전략적 운영관리, pp.382-383, 2003>

기업의 비용절감 대상으로 관심을 많이 받는 항목은 물류비용이다. 물류비용이란 원자재 공급자에서부터 기업을 거쳐 도·소매상, 고객까지 연결되는 공급사슬상에서 발생하는 비용을 일컫는 것으로 기업의 경쟁력과 직결되어 있다. 많은 기업들이 효과적인 공급사슬관리를 통하여 물류비용을 절감하고 있으며 이는 경쟁우위 확보에도 도움이 된다. 본장에서는 공급사슬관리에서 이용되는 여러 기법들을 살펴본다.

본장에서 다룰 내용은 다음과 같다.

- 공급사슬관리란?
- 효율적 공급사슬과 시장대응적 공급사슬의 차이는?
- 채찍효과의 원인 및 대처방법은?
- 유통전략에는 어떠한 것이 있나?
- 크로스도킹이란 무엇인가?
- 3PL이란 무엇인가?
- 대량맞춤이란 무엇인가?

공급사슬관리의 의의

공급사슬관리(SCM : supply chain management)란 요구되는 서비스 수준을 만족시키면서 시스템 전체의 비용을 최소화하기 위하여 제품을 적기, 적소에 적량을 생산 및 유통하도록 공급자, 생산자, 창고, 소매상을 효율적으로 통합하는 데 이용되는 일련의 접근법을 말한다. 이러한 SCM은 경쟁심화, 제품수명주기의 단축, 소비자의 기대치 향상 등으로 특징지어지는 현대의 경영환경을 고려할 때에 더욱 관심이 높아지는 분야이다.

특히, JIT, Lean 생산방식, TQM 등을 통한 생산비용감소는 이제 한계에 도달했다고 보는 상황에서 SCM을 통한 비용감소 노력이 절대적으로 필요한 시점이며 실제로 많은 기업들이 효과적인 SCM을 통하여 비용절감을 실현하고 있다. 우리나라의 경우 매출액 대비 물류비가 선진국에 비하여 높아 — 일본 및 미국의 두 배, 유럽의 3배 — 국제경쟁력이 낮으며 이러한 통계는 SCM을 통한 개선의 여지가 많음을 보여주는 것이다.

공급사슬관리의 주요 이슈

SCM에서 중요한 것은 공급사슬상의 모든 개체들의 통합을 통한 시스템 전체의 효율성 향상 및 비용 최소화이다. 이러한 목표를 달성하기 위하여 다음 사항들이 주요 이슈로 등장한다.

① **유통네트워크 구성** : 요구되는 서비스 수준을 만족시키면서 생산, 재고, 수송비용을 최소화하기 위한 유통네트워크의 구성문제, 즉 창고입지 및 능력의 결정, 각 공장의 생산량 결정, 수송흐름 결정 등

② **재고관리** : 재고비용을 최소화하기 위한 주문시기 및 주문량의 결정

③ **유통전략** : 크로스도킹(cross-docking), 전통적인 유통전략, 직출하전략 중 어느 것을 이용할 것인가?

④ **SC 통합 및 전략적 파트너십** : 성공적인 통합방법은? 정보공유의 수준은? 파트너십형태는?

⑤ **제품디자인** : 디자인과 물류의 관계? 재설계시점은?

⑥ **정보기술 및 의사결정지원시스템** : 정보기술은 효과적인 SCM에 있어서 중요한 요소이다. 정보기술의 발전으로 얻어지는 방대한 데이터의 분석 및 활용을 통한 경쟁우위 확보 및 비용절감방법은?

⑦ **고객가치** : 현대에는 품질이나 고객만족보다 고객가치개념이 더 중요하다. SCM이 고객가치에 기여하는 방법은?

공급사슬 형태

제품의 형태는 수요패턴에 따라 예측이 가능한 수요를 가지는 기능성(functional) 제품과 수요가 불확실한 혁신적(innovative) 제품으로 나눌 수 있다. 공급사슬의 형태는 효율적 공급사슬과 시장대응적 공급사슬로 나눌 수 있다. 두 공급사슬을 비교하면 다음 <표 15. 1>과 같다.

일반적으로 확정적 수요를 가지는 제품의 경우에는 효율적 공급사슬이 더 효과적이며 수요의 불확실성이 높은 경우에는 시장대응적 공급사슬이 더 효과적이다. 그리고 어느 제품에 대해 수명주기 내내 동일한 공급사슬 형태를 가지는 것보다는 제품의 수명주기상 시장진입 시에는 시장대응적 공급사슬이 효과적이며 쇠퇴기에는 효율적 공급사슬이 더 효과적이다.

〈표 15. 1〉 공급사슬 형태의 비교

구분	효율적 공급사슬	시장대응적 공급사슬
주목적	가장 저렴한 비용으로 예측가능한 수요를 효율적으로 공급	재고부족, 가격인하, 시기가 지난 재고를 최소화하기 위하여 예측가능하지 않은 수요에 신속하게 대응
생산 초점	높은 평균 가동률을 유지	여분의 완충 생산능력 보유
재고전략	높은 회전율 생성 및 사슬상의 재고 최소화	부품과 완성품의 상당량의 완충재고 보유
리드타임 초점	비용증가가 없는 한 리드타임 단축	리드타임 단축을 위해 적극적인 투자
공급자선택 접근법	비용과 품질을 고려한 선택	스피드, 유연성, 품질을 고려한 선택
제품디자인전략	성능 최대화 및 비용 최소화	제품의 차별화를 될 수 있으면 뒤로 미루기 위한 모듈러 디자인

로지스틱스 네트워크

로지스틱스 네트워크는 공급자, 보관창고, 물류센터, 소매점 등의 개체와 개체 간에 이동되는 원자재, 재공품재고, 완제품으로 구성된다. 네트워크 디자인의 목적은 요구되는 다양한 서비스 수준에 부응하면서 생산 및 구매비용, 재고유지비용, 수송비용, 시설비용(저장, 취급, 고정비용) 등을 포함하는 시스템 전체 비용을 최소화하는 데 있다.

공장 및 소매상 입지는 불변이라고 가정하고 네트워크 디자인의 주요 전략적 결정사항으로는 보관창고의 수, 각 창고의 입지, 각 창고의 규모, 각 창고별로 제품별 보관공간 할당, 창고별 제품별 거래처 할당 등을 생각할 수 있다.

네트워크와 관련된 의사결정문제로는 생산지에서 유통센터로, 유통센터에서 소비지로 최소의 비용으로 수송하는 문제와 더불어, 출발지에서 도착지까지 최소의 비용으로 혹은 최단시간에 갈 수 있는 경로를 찾는 최단경로(shortest path) 문제, A지점에서 B지점까지 최대로 보낼 수 있는 양을 결정하는 최대수송량(maximal flow) 문제, 모든 지점들을 최소의 비용이나 최소의 길이로 연결하는 방법을 찾는 최단연결(minimal spanning tree) 문제 등의 유형이 있다.

채찍효과의 원인 및 대처방법

주문량의 변동이 공급사슬상의 상위로 올라갈수록 커지는 현상을 채찍효과(bullwhip effect)라고 하는데 그 원인을 살펴보면 다음과 같다.

① **수요예측** : 실제 판매자료의 획득으로 인한 일일평균수요, 표준편차 등의 변화로 인한 재주문점, 안전재고, 주문량 변동으로 인하여 채찍효과가 나타난다.

② **긴 리드타임** : 수요변동이 작더라도 리드타임이 길면 안전재고수준, 재주문점, 주문량의 변동을 크게 하므로 채찍효과는 크게 나타난다.

③ **배치주문** : 대량주문 후에 한동안 주문이 없다가 다시 대량주문이 있고 다시 한동안 주문이 없는 식의 패턴은 정상적이 아닌 패턴이며 소매상의

이러한 주문패턴은 도매상의 입장에서 보면 매우 변동이 심한 패턴이며 이러한 현상이 채찍효과를 초래한다.

④ **가격변동** : 가격이 낮을 때에 제품을 대량구입하려는 동기와 대량구입시에 할인 혹은 판촉할인시에 대량구입이 일어나는 것은 실질적인 수요변동을 반영하는 주문량이 아니며 이것이 채찍효과를 초래한다.

⑤ **부풀려진 주문** : 제품품귀를 예상한 주문량도 실질적인 수요변동을 반영하는 주문량이 아니므로 채찍효과를 초래한다.

[그림 15. 1]은 채찍효과를 공급사슬 하류에서부터 상위까지의 주문량(발주량) 변동폭이 상위로 갈수록 커지는 현상을 설명하고 있다. 즉, 공급사슬의 하류(downstream)에 위치한 소매업체의 판매량은 거의 일정한 반면, 소매업체가 P&G에 발주하는 주문량은 판매량에 비해 그 변동이 크게 나타났다. 제조업체가 공급업체들에 발주하는 주문량의 변동은 소매업체가 제조업체에 발주하는 주문량보다 더 크게 나타났다. 최종소비자가 발주하는 주간 주문량(물류센터의 주간 출고량)은 3배 이내의 범위에서 변동이 발생하고, 지역 물류센터(local DC)에 의해 발주되는 주간 주문량은 일 년 동안 약 70배까지 변동이 발생하게 된다.

채찍효과는 안전재고의 증가, 서비스 수준의 감소, 자원의 비효율적 배분, 수송비 증가 등을 초래한다. 이러한 채찍효과를 줄일 수 있는 방법으로는 다음을 생각해 볼 수 있다.

그림 15. 1 | 채찍효과

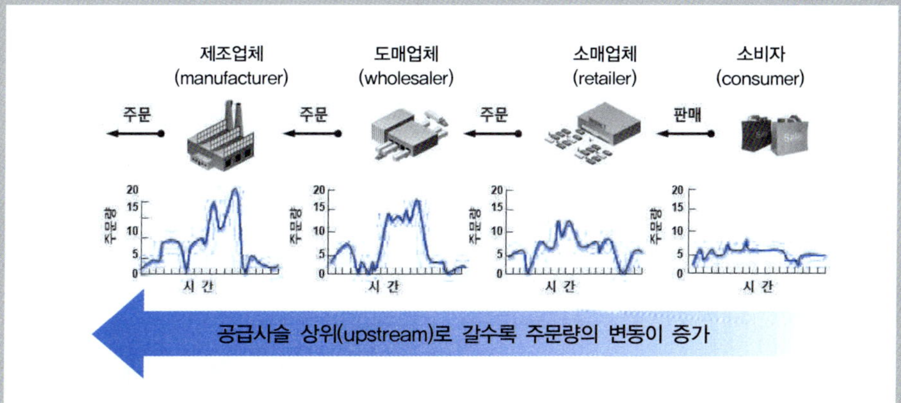

출처 : Chopra, S. and Meindl, P. "Supply Chain Management : Strategy, Planning and Operation," 4th ed. Prentice Hall, p.466, 2009.

① **불확실성 감소** : 실제수요 정보의 중앙집중화와 공유를 통하여 불확실성을 감소할 수 있다.

② **수요변동 감축** : 가끔씩 판매 인센티브를 주어 수요변동이 발생하게 하는 전략보다는 항시저가정책(everyday low price)을 이용하면 수요변동이 작다.

③ **리드타임 감소** : 정보의 리드타임 감축을 위한 전자데이터교환(electronic data interchange) 및 주문 리드타임 감축을 위한 크로스도킹(cross-docking: 창고나 물류센터로 입고되는 제품을 곧바로 소매점에 배송하는 방법) 등을 통하여 리드타임을 감축할 수 있다.

④ **전략적 제휴** : 공급자에게 재고관리를 맡긴다든지(vendor managed inventory system) 혹은 공급자의 직원을 현장에 파견하는 등의 전략적 제휴를 통하여 소매상의 수요정보가 공급사슬상의 다른 개체에게 제공되도록 한다. 한 가지 유의할 것은 수요정보가 공유된다고 해서 채찍효과가 없어지는 것은 아니라는 사실이다. 예를 들어, 공급사슬상의 개체들이 모두 서로 다른 예측기법을 이용한다면 서로 다른 예측치를 가지게 되는 것이며 이는 채찍효과의 감축에 도움이 되지 않는다. 따라서 효과적인 예측을 위해 공급사슬상의 참여자들이 모두 같은 예측도구를 사용함으로써 결과적으로 참여자들이 모두 동의하는 예측에 도달하여 채찍효과를 줄일 수 있다.

공급사슬의 통합

가장 확실하게 공급사슬을 관리할 수 있는 방법은 [그림 15. 2]와 같은 모델을 이용하여 공급사슬을 통합시키는 것이다. 그러나 공급사슬상의 개체들이 상충되는 목표를 가지고 있어 통합은 쉽지 않다. 공급사슬상의 개체 간의 목표의 상충을 완화할 수 있는 방법들을 살펴보면 다음과 같다.

① **재고-수송비** : FTL(full truckload)은 수송비는 감소하나 FTL을 만들기 위해서는 수송 전까지 오래 기다려야 한다. 따라서 재고비용은 증가한다. 이 상충관계는 완전히 제거하지는 못하지만 FTL을 위해 생산을 지연시키는 방법과 크로스도킹과 같은 유통통제시스템을 통하여 일부 실현가

그림 15. 2 | 공급사슬의 통합 모델

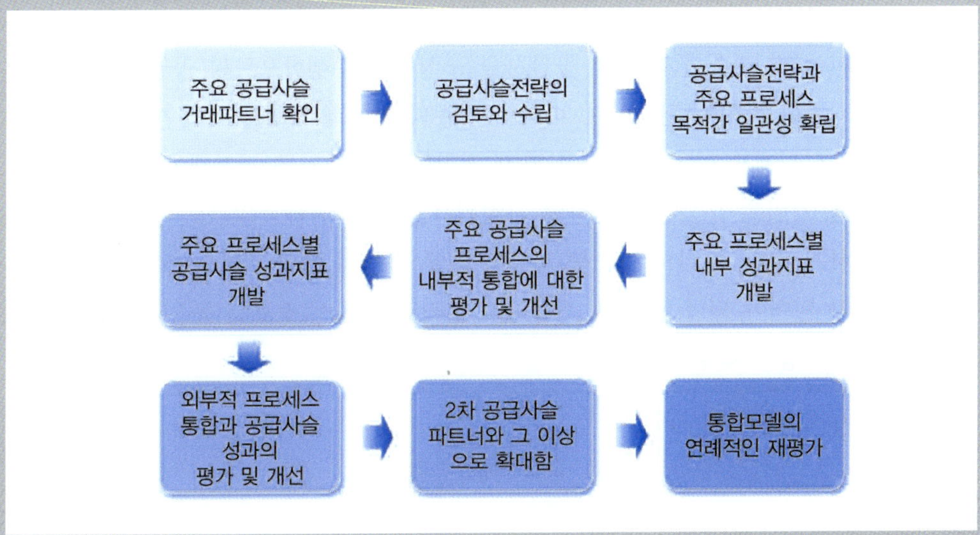

출처 : Wisner, J., Tan, K., and Leong, G. "Supply Chain Management: a balanced approach". CENGAGE Learing, p.451, 2012.

능하다.

② 리드타임–수송비 : 수송비의 절감을 위하여 제품이 모아질 때까지 수송을 지연시키면 즉시 수송하는 것에 비하여 리드타임이 증가한다. 예측기법과 정보시스템의 발전으로 이러한 효과를 줄일 수 있다.

③ 제품다양성–재고 : 제품다양성은 수송비와 보관비를 증대시키며 또한 정확한 수요예측의 어려움과 경쟁으로 인하여 서비스 수준 향상 차원에서 재고수준도 높아진다. 수요가 불확실한 상황에서 효율적으로 수요와 공급을 일치시키는 방법으로 차별화 연기(delayed differentiation : 다양성이 부여되기 전 포괄적인 제품(generic product) 등을 될 수 있는 한 공급사슬상의 하단부까지 수송하는 방법)를 생각해 볼 수 있다. 이 방법은 위험분산(risk pooling) 개념과도 통하는데 그것은 제품 간의 수요통합을 통하여 보다 정확한 예측이 가능하며 그만큼 안전재고의 수준도 낮출 수 있다.

④ 비용–소비자 서비스 : 재고감축, 생산비용감축, 수송비용감축 등은 고객서비스의 희생을 강요하지만 적합한 정보 및 공급사슬 디자인(예를 들면, 경유수송(transshipment)과 같이 공장에서 창고, 그리고 창고에서 소비자에게 직접배송 등)을 통하여 고객서비스 수준을 유지하면서 비용을 절감할 수 있다.

성공적인 공급사슬 통합을 위한 조건으로는 조직 간 프로세스 통합과 정보시스템 지원이 대표적이다. 프로세스 통합은 기존의 역할이나 책임에 관계없이 해당 활동을 최적의 공급사슬 구성원이 수행함으로써 공급사슬 효율성을 최적화 하려는 전략이다. 따라서 기존의 역할과 책임들이 과연 어떤 공급사슬 구성원에게 이전되는 것이 가장 적합한 대안인지를 결정해야 된다. 정보시스템 지원은 분산된 공급사슬 구성원들을 하나의 네트워크로 연결하는 역할을 하게 된다. 따라서 정보를 공유할 경우 구성원 간의 관계와 신뢰에 대한 의지가 있어야 되며, 적시에 정확하고 신뢰도를 가진 정보를 공유할 수 있는 정보시스템을 갖추어야 된다.

유통전략

유통전략은 다음의 세 가지로 구분할 수 있으며 각각의 장단점을 살펴보면 다음과 같다.

① **직접배송**(direct shipment) : 유통센터를 거치지 않고 공장에서 소매상에게 직접 배송하는 전략이다. 장점은 물류센터를 운영하지 않아도 되므로 비용이 절감되고, 리드타임이 감축된다는 것이며, 단점은 위험분산 효과를 기대할 수 없으며 수송비용이 증가된다는 것이다.

② **창고보관**(warehousing) : 창고에 재고를 보관하고 필요할 때마다 소비자에게 제공하는 전략이다. 장점은 위험분산 효과를 얻을 수 있어 재고수준이 감소한다는 것이고, 단점은 직접배송에 비하여 분류 및 배분이 지연되고 타전략에 비하여 창고보관비용이 많다는 것이다.

③ **크로스도킹**(cross-docking) : [그림 15. 3]에서와 같이 물류센터가 재고저장 장소가 아닌 재고조정 장소의 역할을 하는 것으로, 생산자에서 창고로 창고에서 소비자에게까지 연속적으로 유통되는 전략이다. 장점은 재고비용과 리드타임이 감축된다는 것이며, 단점은 높은 초기투자비용과 관리가 어렵다는 것이다.

그림 15.3 | 크로스도킹

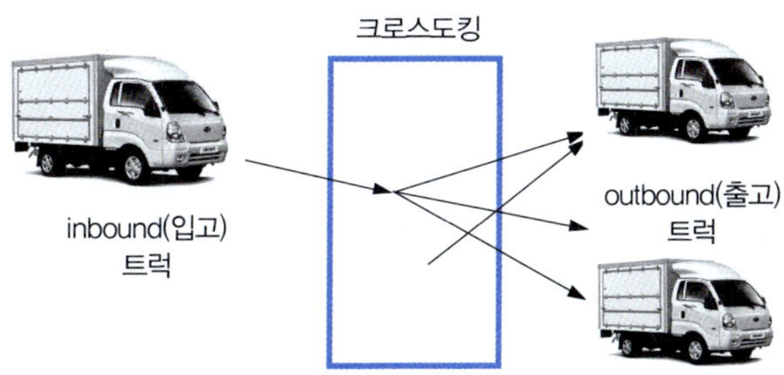

유통전략의 선택에 영향을 미치는 요소들로는 수요, 고객위치, 서비스 수준, 수송비용, 재고비용, 수요변동성 등이 있다. 특히, 중앙집중시설과 분산시설의 장단점을 고려하여 결정해야 한다. 요즈음 유행하고 있는 물류전략 중의 하나인 경유수송(transshipment)은 공급사슬상의 같은 수준에 있는 개체 간의 수송을 말하는 것으로, 예를 들어, 소매상이 자신의 재고부족을 다른 소매상으로부터 제품을 빌려 소비자의 수요를 만족시키는 경우가 포함된다.

중앙집중시설과 분산시설의 차이점을 살펴보면 다음과 같다.

① **안전재고** : 중압집중이 될수록 위험분산을 이용할 수 있어 요구되는 안전재고수준은 낮아진다.

② **경상비** : 여러 개의 작은 창고를 운영하는 것보다 소수의 대형 창고를 운영하는 것이 경상비가 적게 든다.

③ **규모의 경제** : 소수의 대형 생산설비를 운영하는 것이 여러 개의 작은 생산설비를 운영하는 것보다 비용면에서 유리하다.

④ **리드타임** : 여러 개의 창고를 운영하는 것이 리드타임을 줄일 수 있어 유리하다.

⑤ **재고수준** : 중앙집중적 창고를 운영하는 것은 위험분산을 이용할 수 있어 재고수준은 감소하나 창고로부터 고객까지의 배송시간은 길어진다.

⑥ **수송비** : 여러 개의 창고를 운영하면 공장에서 창고까지의 수송비는 증가하나 창고에서 고객까지의 수송비는 감소한다.

Wal-mart의 크로스도킹 시스템 효과

1. 상품을 다음과 같이 분류

- fast moving item: 즉시배송
- distributed item: 24시간 내 공급물품
- staple item: 48시간 내 공급물품

재고를 최소한으로 유지하면서 계속적으로 물품을 재보충하였음.

Walmart

2. 상호 연결 지원체제에 집중:

창고, 물류센터, 판매점 등의 공급자 간의 실시간 접촉을 위해

- 회사전용 위성통신체제를 운영하였으며,
- 판매현장에서 수집되는 자료를 당일 공급자들에게 전송하고,
- 상품 수송관계를 추적하여
- 정확한 도착시간을 파악함으로써
- 주문 – 운송 – 분류에 소요되는 시간을 단축하였다

전략적 제휴

전략적 제휴는 공급사슬 통합의 일환으로 이용되며 다음과 같은 효과가 있다.

① 제품의 가치 제고 : 제품라인의 증가, 명성 및 인지도의 증가로 인한 제품의 가치가 제고될 수 있다.

② 시장접근 개선 : 새로운 시장의 진입효과를 얻을 수 있다.

③ 운영능력 강화 : 설비이용의 효율성 증가와 같은 운영상의 능력이 강화될 수 있다.

④ 기술적인 힘의 제고 : 기술의 통합 및 퓨전을 통한 기술적인 힘이 제고될 수 있다.

⑤ 전략적 성장 향상 : 새로운 기회의 창출 및 진입장벽의 제거효과 등을 누릴 수 있다.

⑥ 조직적 능력의 향상 : 조직학습의 효과를 얻을 수 있다.

⑦ 재정적인 힘의 제고 : 수입의 증가, 비용의 감소, 위험의 분산 등의 효과를 기대할 수 있다.

전략적 제휴의 방법으로 3PL(third party logistics), 소매상과 공급자와의 파트너십(RSP: retailer supplier partnership), 유통업자 통합(distributor integration) 등이 있다.

1) 3PL

기업의 자재관리나 상품유통기능의 일부 또는 전부를 수행하는데 외부기업을 이용하는 것이다. 장점은 핵심역량에 초점을 맞출 수 있다는 것과, 기술적 유연성, 지리적 입지의 유연성, 서비스제공의 유연성, 자원 및 인력의 유연성 등을 제공한다는 것이다. 반면에 단점은 통제의 상실과 만일 물류가 기업의 핵심역량이라면 이것을 역량이 떨어지는 제3자에게 맡기는 것은 의미가 없다는 것이다.

2) 공급자와의 파트너십의 형태

단순히 정보를 공유하는 파트너십 형태에서부터 시작하여 소매상이 판매를 할 때까지 공급자가 모든 재고를 보유하고 관리하는 파트너십 형태까지 다양한 종류의 파트너십 형태를 생각할 수 있다. 이러한 파트너십의 형태는 구체적으로 다음 세 가지로 구분할 수 있다.

① 신속대응전략(quick response strategy) : 공급자는 소매상으로부터 판매시점(POS : point of sale) 데이터를 공급받고 이 정보를 이용하여 생산 및 재고계획을 소매상의 실제 판매와 일치시킨다. 소매상은 주문서를 작성한다.

② 지속적인 보충전략(continuous replenishment strategy) : 공급자가 POS 데이터를 받고 이를 바탕으로 정해진 간격에 따라 일정한 재고수준을 유지하도록 배송한다.

③ 공급자 재고관리시스템(vendor managed inventory system) : 공급자가 POS 데이터를 받고 공급자가 재고수준을 결정한다.

공급자와의 파트너십의 장점은 정보공유를 통하여 예측 불확실성이 감소되고 이로 인해 안전재고수준이 감소되며 결국 서비스 수준 향상으로 이어진다. 공급자와의 파트너십의 단점은 고가의 기술도입이 필요하며, 신뢰형성에 어려움이 있고, 공급자의 책임이 더 무거워지는 경향이 있으며, 공급자의 재고비용이 증가한다는 것이다.

3) 유통업자 통합

유통업자들이 네트워크를 형성하여 전문성이나 재고에 대한 정보를 공유하고 또한 서로 부품이나 제품을 교환할 수 있도록 하여 시스템 전체의 재고보유수준을 낮춘다. 일부 대형 유통업자들은 상대적으로 손해를 본다는 생각을 가질 수 있으며 어떤 경우에는 자신이 가지고 있는 전문성이나 책임을 박탈당하는 경우도 있을 수 있다.

대량맞춤

대량맞춤(mass customization)이란 다양한 맞춤 제품 혹은 서비스를 신속하고 효율적으로 저렴한 가격에 제공하는 것을 말한다. 대량맞춤의 대표적인 기업의 예가 델(Dell)이다. 델의 경우 소비자 개개인이 원하는 사양에 맞는 컴퓨터를 신속하고 저렴하게 조립하여 제공하고 있다. 대량맞춤이 성공하기 위해서는 특정소비자의 요청 및 수요에 맞추어 서로 다른 경영 모듈들을 조정하고 연결하는 것이 중요하다. 이러한 모듈이 종종 기업 간의 역동적인 네트워크상에 존재하므로 전략적 파트너십과 공급자 통합이 대량맞춤에 있어서 중요하다.

지연(postponement) 혹은 차별화의 연기(delayed differentiation) 또한 대량맞춤에 중요한 역할을 하는데, 그것은 제품이 지역유통센터에 도달할 때까지 차별화를 지연하는 것이 지역의 실정에 맞는 맞춤을 촉진시킬 수 있기 때문이다. 여기서 지연 혹은 차별화의 연기란 베네통(Benetton)은 일단 회색실로 옷을 만든 뒤 시장상황에 따라 최종적으로 옷의 색깔을 결정하는 것과 같이 어떠한 특정한 최종제품이 만들어질지에 대한 결정이 될 수 있으면 뒤로 미루어지도록 하는 것을 말한다.

e-business와 SCM

인터넷의 발달로 공급사슬과 관련된 업무를 인터넷을 통하여 수행하게 되었으며, 이로 인한 효과를 보면 짧아진 공급사슬로 상품처리 간소화, 주문이 접수될 때까지 상품차별화 연기, 다운로드받을 수 있는 상품(예 소프트웨어 프로그램)의 배달비용과 시간의 감소, 집중화를 통한 재고비용 감소, 정보공유를 통한 공급사슬 협력강화 등의 효과가 있다.

대표적으로 델의 e-business의 효과를 보면 이윤 증가, 재고비용 감소(재고의 지리적 통합으로 인하여), 시설비용 감소(물리적인 유통과 소매 시설 없음), 수송비용 증가(도매와 소매를 통한 판매보다 수송비용이 높음) 등이 있다.

요 약

- 공급사슬관리란 요구되는 서비스 수준을 만족시키면서 시스템 전체의 비용을 최소화하기 위하여 제품을 적기, 적소에 적량을 생산 및 유통하도록 공급자, 생산자, 창고, 소매상을 효율적으로 통합하는 데 이용되는 일련의 접근법을 말한다.
- 공급사슬관리의 주요 이슈로는 유통네트워크 구성, 재고관리, 유통전략, 공급사슬 통합 및 전략적 파트너십, 제품디자인, 정보기술 및 의사결정지원시스템, 고객가치 등이 포함된다.
- 공급사슬의 형태는 효율적 공급사슬과 시장대응적 공급사슬로 나눌 수 있다. 확정적 수요를 가지는 제품의 경우에는 효율적 공급사슬이 더 효과적이며 수요의 불확실성이 높은 경우에는 시장대응적 공급사슬이 더 효과적이다. 그리고 제품의 수명주기상 시장진입시에는 시장대응적 공급사슬이 효과적이며 쇠퇴기에는 효율적 공급사슬이 더 효과적이다.
- 네트워크 디자인의 목적은 요구되는 다양한 서비스 수준에 부응하면서 생산 및 구매비용, 재고유지비용, 수송비용, 시설비용(저장, 취급, 고정비용) 등을 포함하는 시스템 전체 비용을 최소화하는 데 있다.
- 채찍효과란 주문량의 변동이 공급사슬상의 상위로 올라갈수록 커지는 현상을 말하며, 안전재고의 증가, 서비스 수준의 감소, 자원의 비효율적 배분, 수송비의 증가 등을 초래한다. 이러한 채찍효과를 줄일 수 있는 방법으로는 수요의 불확실성의 감소, 수요변동의 감축, 리드타임의 감소, 전략적 제휴 등이 있다.
- 유통전략은 직접배송, 창고보관, 크로스도킹의 세 가지로 구분할 수 있다. 유통전략의 선택에 영향을 미치는 요소들로는 수요, 고객위치, 서비스 수준, 수송비용, 재고비용, 수요변동성 등이 있으며, 특히 중앙집중적 시설과 분산된 시설의 장단점을 고려하여 결정해야 한다.
- 중앙집중적 시설의 경우 분산된 시설에 비하여 안전재고수준은 낮고, 경상비가 적게 들며, 규모의 경제효과가 있고, 리드타임을 줄일 수 있어 유리하다. 반대로 창고로부터 고객까지의 배송시간은 길어지고 창고에서 고객까지의 수송비는 증가한다.
- 전략적 제휴의 방법으로 3PL, 소매상과 공급자와의 파트너십, 유통업자 통합 등이 있다.

- 대량맞춤이란 다양한 맞춤 제품 혹은 서비스를 신속하고 효율적으로 저렴한 가격에 제공하는 것을 말한다. 전략적 파트너십, 공급자 통합, 지연 혹은 차별화의 연기 등이 대량맞춤에 중요한 역할을 한다.
- 인터넷의 발달로 공급사슬과 관련된 업무를 인터넷을 통하여 수행하게 되었으며 공급사슬관리상의 효과를 보면 짧아진 공급사슬로 상품처리 간소화, 주문이 접수될 때까지 상품차별화 연기, 다운로드받을 수 있는 상품의 배달비용과 시간의 감소, 집중화를 통한 재고비용 감소, 정보공유를 통한 공급사슬 협력강화 등의 효과가 있다.

학습문제

1. 공급사슬이란 무엇이며 왜 기업들이 관심을 가지게 되었는가?
2. 효율적 공급사슬과 시장대응적 공급사슬을 비교설명하라.
3. 채찍효과의 정의, 원인, 대처방법에 대하여 살펴보라.
4. 유통전략에는 어떠한 것이 있는지 알아보라.
5. 크로스도킹이란 무엇인가?
6. 중앙집중시설과 분산된 시설의 차이점에 대하여 살펴보라.
7. 전략적 제휴의 형태에 대하여 알아보라.
8. 3PL이란 무엇인가?
9. RSP의 유형에는 어떠한 것이 있나?
10. 대량맞춤이란 무엇이며 지연 혹은 차별화의 연기 등이 대량맞춤에 중요한 역할을 하는 이유는?

사례 아웃소싱(Outsourcing)

신디 앤더슨(Cindy Anderson)은 이제 막 MBA 졸업자로서 고용되었다. 그녀의 새 고용주인 레드 마운틴 랩 연구소는 제약회사와 FDA를 위한 독립적인 실험테스트 서비스를 하고 있다. 레드 마운틴 랩(Red Mountain Lab)의 사업은 제약품의 순도가 엄격한 FDA 기준을 따르는지를 테스트하는 것이다. 레드 마운틴 랩은 지금 자신들의 모든 활동들을 분석하여 그들의 가치 포지션을 더 잘 이해하기 위한 프로세스를 시작하려 하고 있다.

신디에게 맡겨진 것은 MBA 프로그램에서 얻은 지식 등을 활용하여 레드 마운틴 랩의 활동들을 분석하여 체계화하고, 올바른 질문을 유도하고, 자료를 분석하여 변화를 이루는 것이다. 이 분석결과를 통해 연구소는 아웃소싱을 포함한 광범위한 구조조정을 결정하게 될 것이다. 현재 레드 마운틴 랩은 대부분의 일을 내부적으로 수행하고 있다. 제약회사 고객들이 자신들의 제품 테스트를 위해 보낼 수 있는 독립적인 연구소들이 많이 있다. 레드 마운틴 랩은 FDA의 규제를 받고 있다. 따라서 레드 마운틴 랩의 테스트 결과는 제약회사와 FDA 양쪽 모두에게 보내진다. 그 테스트의 정확성은 처방전을 받게 되는 환자의 생명을 위해서도 중요하다. 하지만 약품이 시장에 출시되기 위해 테스트결과를 적기에 제출해야 하는 압박도 상당히 받고 있다. 레드 마운틴 랩은 건실한 고객 기반을 갖고 있으며, 그 명성은 다음에 기인한다.

- ✓ 테스트 결과의 신속한 제출
- ✓ 정확한 테스트 결과
- ✓ 모든 종류의 항생제 테스트에 있어서의 전문성
- ✓ 자료에의 신속한 접근성과 함께 고객과의 뛰어난 컴퓨터 인터페이스
- ✓ FDA와의 좋은 관계

레드 마운틴 랩은 낮은 비용으로 서비스를 제공하지 않는 것으로 인식되어 있다. 사실 레드 마운틴 랩의 서비스가격은 경쟁사보다 높은 편이다. 하지만, 현재 많은 제약회사들이 FDA로 하여금 더 많은 독립 테스트 연구소를 인증해 줄 것을 요구하고 있다. 제약회사들은 더 많은 경쟁을 통해 가격인하를 가져올 수 있고, 신약을 시장에 더욱 빨리 출시할 수 있을 섯이라고 주장하고 있다. 신속한 테스트는 약품의 재고 수준을 크게 낮추고 따라서 재고비용을 낮출 것이다. 그러면 제약회사들은 더 낮은 가격으로 공급할 수 있을 것이다.

<출처 : Fawcett, S., Ellram, L., and Ogden, J., "Supply Chain Management: From Vision to Implementation", Pearson Prentice Hall, p.302, 2006>

토의문제

1. 만약 여러분이 신디(Cindy)라면 어디서부터 시작할 것인가? 주요 단계를 토의하여라.
2. 어떤 유형의 아웃소싱 협정이 가장 적합한지 토의하여라.
3. 향후 레드 마운틴 랩이 타 경쟁업체로부터의 경재우위를 유지하기 위한 공급사슬전략은 무엇인지 토의하여라.

참고문헌

전영일, 홍관수, 김남영, "전략적 운영관리", 경문사, 2003.

Ballou, R., *Business Logistics Management*, 3rd ed. Prentice Hall, Englewood Cliffs, NJ, 1992.

Chase, R., Jacobs, F., and Aquilano, N., *Operations and Supply Chain Management*, 13th ed. NY: McGraw-Hill, 2010.

Chopra, S. and Meindl, P., *Supply Chain Management : Strategy, Planning and Operation*, 4th ed. Prentice Hall, INC., 2009.

Fawcett, S., Ellram, L., and Ogden, J., *Supply Chain Management: From Vision to Implementation*. Pearson Prentice Hall, 2006.

Silver, E. and Peterson, R., *Decision Systems for Inventory Management and Production Planning*, 2nd ed. John Wiley & Sons, New York, NY, 1985.

Simchi-Levi, D., Kaminsky, P., and Sinchi-Levi, E., *Designing and Managing the Supply Chain : Concepts, Strategies, and Case Studies*. McGraw-Hill, 2000.

Wisner, J., Tan, K., and Leong, G., *Supply Chain Management: A Balanced Approach*. CENGAGE Learing, 2012.

CHAPTER 16

6-시그마와 ERP

[도입사례] GE(General Electric company)

GE는 2014년 포춘이 매출액 기준으로 선정한 세계 500대 기업 순위에서 27위, 미국 500대 기업순위에서 9위를 차지했으며, 가장 존경받는 기업 순위에서는 10위에 이름을 올렸다. 그리고 세계 최대 브랜드컨설팅 회사인 인터브랜드가 선정한 세계 100대 브랜드 순위에서 6위를 기록했다.

모토롤라(Motorola)가 10년간에 걸쳐 노력한 결과 백만 개당 3.4개의 불량이 발생하는 6-시그마 품질수준을 달성한 데 비하여, 1995년 GE의 경우 전형적인 공정이 백만 개에 35,000개의 불량이 발생하는 3.5시그마 품질수준을 유지하고 있었다. 만일 2000년까지 6-시그마 품질수준을 달성하려면 5년 동안 연속적으로 매년 84%씩 불량률을 낮추어야 한다. 6-시그마 수준 달성을 위해서는 프로세스 중심의 프로젝트팀을 만들고 MAIC(measure, analyze, improve, control)라 불리는 다음과 같은 네 단계의 프로세스를 통하여 가능하다.

① 측정(measure) : CTQ(critical to quality) 특성에 영향을 미치는 프로세스를 확인하고 결점을 측정한다.

② 분석(analyze) : 결점이 발생한 원인을 파악한다.

③ 개선(improve) : 주요 변수의 CTQ에의 효과를 계량화하고, 주요 변수의 변동이 최대허용범위 내에 있도록 프로세스를 변화시킨다.

④ 관리(control) : 통계적 도구를 이용하여 주요 변수가 허용범위 내에 있도록 변화된 프로세스를 관리한다.

6-시그마 프로그램을 실행하기 위해서는 6-시그마 철학에 대한 매니저와 종업원의 훈련, 6-시그마에 이용되는 분석기법에 대한 교육, 검토할 프로세스의 확인, 경영층의 후원, 각 프로세스 검토를 위한 팀조직, 측정, 바람직한 결과가 얻어졌는지에 대한 검토 등이 필요하다.

이러한 6-시그마 프로그램에 대하여 많은 회의적인 시각이 있었다. 예를 들어, 6-시그마 프로그램 없이도 성공적으로 품질개선이 있어왔다는 것, GE의 다양한 사업분야를 고려했을 때에 6-시그마 프로그램이 모두 효과적으로 적용이 가능하겠느냐는 것, top-down식 실행이 요구되는 6-시그마 프로그램이 GE의 기업문화에 적합하지 않다는 것 등이다. 그러나 품질결여가 생산성을 저하시킨다는 사실이 명확해지고 결국 6-시그마 프로그램을 도입하게 된다.

6-시그마의 도입과정을 살펴보면 다음과 같다. 우선 다음의 네 가지 역할을 할 사람을 선정한다.

① 챔피언 역할(프로젝트를 확인하고 후원할 선임 매니저)

② 마스터 블랙벨트 역할(리더십 능력을 지닌 전임강사)

③ 블랙벨트 역할(팀을 이끌 품질 간부)

④ 그린벨트 역할(비상근 팀원)

다음으로 프로젝트의 확인, CTQ 특성에 대한 정의, 6-시그마 실행이 이어진다. 앞에서 언급했듯이 6-시그마 실행은 다음의 네 단계, 즉 측정, 분석, 개선, 관리로 구성되며 각 단계는 1개월이 소요된다. 6-시그마 노력에 대한 성과는 고객만족, 낮은 품질에 대한 비용, 공급자품질, 내적 성과(불량률), 디자인의 생산가능성(design for manufacturability) 등에 대한 측정치를 이용하여 평가된다.

6-시그마의 실행은 GE방식으로 진행되었다. GE의 최고경영자 잭 웰치(J. Welch)는 1998년 1월부터 승진을 하기 위해서는 블랙벨트 역할이나 그린벨트 역할에 대한 훈련을 받아야 함을 지시했다. 3,000명의 사원을 추가적으로 고용해야 했으며, GE의 제품과 공정의 시작부터 6-시그마에 대한 생각을 불어넣기 위하여, 즉 6-시그마 생산을 촉진하도록 제품을 디자인하도록 하기 위하여 20,000명이나 되는 기술자들이 모두 훈련을 받도록 하였다.

위의 사례에서 생각해 보아야 할 주요한 포인트는 다음과 같다.

- 통계적 측면에서 6-시그마 프로그램은 무엇을 의미하는가?
- GE가 6-시그마 프로그램을 도입해야 하는 이유는?
- 6-시그마 실행시의 최고경영자의 역할은?
- 6-시그마의 실행에 있어서 'GE식'은 무엇을 의미하는가?
- 6-시그마 프로그램은 제조업 품질관리에만 적용되는가?

<출처: 1) 전략적 운영관리, pp.400-401, 2003
2) GE 홈페이지>

6-시그마와 ERP는 기업경영에 있어서 각광받는 프로그램이라 볼 수 있다. 6-시그마의 경우 품질 및 수익성 향상의 도구로서 도입되는 프로그램이며, ERP 역시 기업의 효율적 관리 및 경쟁력 강화 차원에서 많은 기업들이 도입하고 있는 프로그램이다. 본장에서는 6-시그마의 개념, 실천내용 및 방법 등과 ERP의 도입목적, 구축방법 등에 대하여 살펴본다.

본장에서 다룰 내용은 다음과 같다.

- 6-시그마의 개념은?
- 6-시그마와 TQM의 차이점은?
- 6-시그마에서 벨트시스템이란 무엇인가?
- ERP란 무엇인가?
- ERP 도입의 효과는?
- ERP 구축방법은?

6-시그마

6-시그마의 개념

6-시그마는 1980년대에 모토롤라(Motorola)에서 창안되었으며, GE(General Electric), 시게이트 테크놀러지(Seagate Technology), 봄바디어(Bombardier), 얼라이드 시그널(Allied Signal), 다우 캐미컬(Dow Chemical), LG, 삼성(Samsung) 등을 비롯한 유수 기업들이 6-시그마를 도입했다. GE의 경우 6-시그마의 도입으로 1998년에 6억 달러의 수익이 증가했으며, 다우 캐미컬의 경우 2년 동안 1억3천만 달러의 비용절감효과를 본 것으로 보고되었다.

시그마는 통계학에서 자료의 흩어진 정도를 측정하는 단위이다. 이것이 사업 프로세스에 적용되면 백만 번 중에 불량이나 실패가 몇 번이나 일어나는지를 측정하는 단위이며 시그마가 커질수록 불량은 적음을 의미한다. 대부분의 주요 기업의 경우 불량률은 약 4-시그마 정도이며, 이는 백만 개에 6,000개 정도의 불량이 생기는 것을 의미한다. 6-시그마는 프로세스가 시간이 지남에 따라 공구의 마모 등의 원인으로 중앙값이 이동하게 되는 센터링 에러를 고려할 경우 백만 개에 3.4(3.4ppm : parts per million)개의 불량이 생기는 것을 의미하므로 6-시그마 목표를 수립하는 것은 기업으로서는 상당한 도약을 의미한다. 6-시그마는 그 수준면에서 TQM이나 품질분임조와 같은 접근법을 능가한다.

예를 들어, 과거의 접근법에서는 100개당 혹은 1,000개당 불량수에 관심을 두었으나 6-시그마에서는 백만 개당 불량수에 초점을 맞춘다. 6-시그마는 조직의 상당한 변화를 요구하고 최고경영층의 적극적인 참여가 요구된다. 6-시그마에 도달하기 위해서 단순히 기존의 시스템을 세밀하게 조율하거나 사람들이 그들의 직무를 어떻게 더 잘할 수 있는지에 대하여 교육하는 것으로는 되지 않는다. 오히려 기존의 절차나 방법을 완전히 버리고 새로운 것으로 대체하지 않으면 달성할 수 없다.

6-시그마는 원래 생산분야에서 적용되는 기법이지만, 이 기법은 점차 판매, 인적자원관리, 고객서비스 등의 다른 분야에도 적용되고 있다. 물론 불량에 대한 해석은 상황에 따라 달라져야 한다. 6-시그마는 단순한 목표 이상이며 그 목표를 달성하기 위한 4단계의 프로세스이다. 4단계는 측정, 분석, 개선, 관리이며 각 단계에 대하여 살펴보면 다음과 같다.

① 측정

측정(measure)이란 제조업의 경우 생산된 제품 중에서 불량제품이 몇 개인지 세는 것이다. 비제조업의 경우에도 측정은 가능하다. 예를 들어, 인사분야에서 빈자리를 채우는 데 걸리는 시간에 영향을 미치는 변수들을 측정한다든지, 반품된 제품에 대한 수리시간, 하루에 영업사원이 영업을 위해 이용한 전화통화 수, 얼마나 신속하게 고객의 주문이 처리되는지 등도 측정이 가능하다.

② 분석

분석(analyze)은 특정 프로세스에 대한 성과목표를 결정하는 데 이용된다. 매니저들은 최적결과를 검토하고 어떻게 그러한 결과를 얻을 수 있는지를 이해하려고 하며 그러한 결과가 일상적이 되도록 절차를 수립한다. 이를 위해 통계적인 측정도구를 이용하여 주요 품질특성[6-시그마 용어로 CTQ(critical to quality) 혹은 CTX(critical to cost)]가 분석대상인 프로세스에 미치는 효과를 측정 및 평가한다.

③ 개선

6-시그마 품질수준을 성취하기 위해서는 과거의 방법, 절차, 도구를 모두 버릴 각오가 필요하다. 이러한 각오로부터 개선(improve)을 이루어야 한다.

④ 관리

새로운 프로세스가 안착되면 높은 품질수준을 유지하도록 모니터링을 해야 하고 정상적인 궤도를 벗어나게 되면 즉각적인 조처를 해야 한다. 이러한 활동을 관리(control)라 한다.

6-시그마의 효과적인 실행을 위해서는 최고경영층의 절대적인 참여가 필요하다. 수주 동안 교육훈련을 받은 6-시그마 유단자가 조심스럽게 선정한 개선프로젝트를 이끈다. 모토롤라가 6-시그마를 통하여 10년 동안 총 15억 달러의 비용절감의 효과를 보기는 했지만 모토롤라의 전분야가 백만 개에 3.4개의 불량수준을 성취한 것은 아니며 6-시그마는 일종의 지속적인 품질개선운동인 것이다.

서비스분야에의 적용

6-시그마는 전통적으로 제조업분야의 품질개선 프로그램이다. 그러나 서비스업이나 서비스기능에도 6-시그마 프로그램을 도입하고 있다. 예를 들어, 다우캐미컬(Dow Chemical)의 경우 환경, 건강, 안전과 관련하여 6-시그마를 적용한 결과 2년간 1억3천만 달러의 절감효과가 있음이 보고되었다. 6-시그마가 적용되는 분야는 R & D, 재무, 정보시스템, 마케팅, 법률, 인사관리, 공무 등을 포함한다. 현재는 6-시그마를 적용할 것인지에 대한 의사결정보다는 언제 어떻게 적용할 것인지에 대한 것이 중요하다. 서비스분야에 어떻게 적용할지에 대하여 살펴보면 다음과 같다.

첫째, 서비스 프로세스 중에서 6-시그마를 도입하기에 가장 좋은 후보를 결정한다. 프로세스는 일반적으로 고도의 맞춤프로세스, 대량맞춤프로세스, 표준화된 프로세스의 세 가지로 구분할 수 있다. 복잡한 정보기술시스템의 실행과 같은 고도의 맞춤프로세스는 6-시그마를 적용하는 데 드는 비용이 혜택을 능가하는 경향이 있어 6-시그마의 적용후보로 부적합하고, 대량맞춤프로세스는 양(volume)이 충분히 큰 경우 혹은 효율성이 증가하면 상당한 비용절감의 효과가 있는 경우에 6-시그마의 훌륭한 적용후보가 된다. 패스트푸드 서비스나 신용카드 서비스와 같은 표준화된 프로세스의 경우는 6-시그마를 도입하게 되면 상당한 효과를 볼 수 있다.

둘째, 서비스 불량이란 무엇을 의미하는지에 대하여 정의하고 어떻게 측정할지를 결정해야 한다. 일반적으로 품질이라는 것은 고객이 결정하는 것이므로 서비스 불량이란 고객을 잃거나 낮은 수준의 고객만족을 초래하는 프로세스의 결점을 말한다. 서비스 불량에 대한 측정치로서 다음의 세 가지를 생각할 수 있다.

① 서비스 탈퇴(service defection : lost customers) : 비록 서비스 불량이 항시 고객을 잃어버리게 하는 것은 아니지만 만족하지 않은 고객은 대체적으로 서비스제공자를 바꾸는 경향이 있다.

② 고객만족도(customer satisfaction ratings) : 고객만족은 고객의 충성도와 기업의 장기수익성을 높인다.

③ 서비스 처리 소요시간(service turnaround times) : 경쟁사와 비교하여 얼마

나 신속하게 고객의 요구가 처리되고 있는지에 대한 측정치이다.

셋째, 근본원인을 철저하게 규명하라. 고객 불만족이나 탈퇴의 원인을 규명해야 한다. 원인이 규명되면 더 좋은 서비스를 위한 시스템을 만들 수 있다.

넷째, 6-시그마 프로그램을 위해서는 장기적인 노력이 필요하다.

6-시그마의 특성과 TQM과의 차이

6-시그마의 목적은 프로세스의 품질향상을 통한 수익성의 향상에 있으며, 6-시그마의 성공을 위해서는 객관적인 자료에 의한 의사결정이 중요하므로 자료분석을 위한 통계적인 기법이 광범위하게 이용된다. 또한 최고경영층의 강력한 리더십이 요구되고, 전종업원의 교육 및 훈련을 중시함과 동시에 전도사 역할을 할 수 있는 전문인력의 양성에도 힘을 기울이며, 각자의 벨트(belt)등급에 따라 6-시그마에 대한 책임과 임무가 명확히 정해진다. 6-시그마는 단순한 품질향상 운동이 아닌 경영혁신운동이므로 통합적인 업무개선을 위해 6-시그마의 범위는 기업활동 전체를 포함하며, 이론보다는 실습을 중시하여 프로젝트중심으로 운영되고, 성과를 거둔 사람에게는 보상을 하고 개선이 미미한 사람에게는 벌을 주는 보상체제가 명확하다. 6-시그마는 측정할 수 없으면 개선이 가능하지 않으므로 모든 문제점을 계량화하여 측정이 가능하도록 한다.

6-시그마와 TQM은 여러 가지 면에서 비슷하여 별 차이가 없다고 주장하는 학자가 많이 있을 정도로 유사하다. 그러나 차이는 있으며, 그 차이점을 살펴보면 다음과 같다. 6-시그마는 통합적인 업무개선을 중시하는 반면에 TQM은 개별업무의 개선에 주로 초점을 맞추고, TQM은 6-시그마와 달리 목적달성을 위한 명확한 방법이나 도구를 제공하지 않는다. 또한 TQM이나 6-시그마나 지속적인 개선을 중시한다는 면에서는 공통점이 있지만 TQM은 6-시그마와 달리 급격한 혁신을 추구하지는 않는다.

6-시그마의 벨트(belt) 시스템

6-시그마가 성공하기 위해서는 최고경영층의 적극적 참여가 절대적이다. 예를 들어, GE의 경우 잭 웰치(Jack Welch) 회장의 강력한 리더십으로 인하여 6-시그마를 성공적으로 실천한 대표적인 사례이다. 최고경영층의 참여와 더불어 성

Jack Welch

공적인 6-시그마의 도입 및 실행을 위해 다음과 같이 5가지의 자격증 혹은 역할을 명확히 하고 그에 상응하는 교육 및 훈련을 한다.

- **챔피언(champion)** : 6-시그마를 총괄적으로 지휘하는 역할을 한다.
- **마스터 블랙벨트(master black belts)** : 6-시그마를 수행하는 새로운 방법의 개발 및 활용, 종업원교육 등을 담당하며 6-시그마를 조직에 전파하는 역할을 한다.
- **블랙벨트(black belts)** : 프로젝트를 수행하는 등의 실질적인 활동을 담당한다.
- **그린벨트(green belts)** : 프로젝트에 파트타임으로 참여하여 6-시그마의 추진을 돕고 소규모의 프로젝트를 완수한다.
- **화이트벨트(white belts)** : 6-시그마를 이해하는 입문단계이다. 기업에서는 보통 모든 임직원이 이 자격증을 따도록 하고 있다.

ERP

ERP의 개념 및 도입 목적

기업의 경영혁신의 수단으로 각광받고 있는 전사적 자원관리(ERP: enterprise resource planning)는 기업활동에 필요한 기업 내의 모든 인적·물적 자원을 효율적으로 관리하여 기업의 경쟁력을 강화시켜 주는 통합정보시스템이다. 이러한 ERP 시스템의 주요 목적은 다음과 같다.

- **업무 통합** : 기업의 영업, 구매, 자재, 회계, 인사, 생산 등 기업의 모든 업무를 정보기술(information technology)로 통합처리하여 실시간으로 필요한 정보를 필요한 사람에게 공급할 수 있도록 한다.
- **선진 프로세스** : 첨단경영기법을 연구하고 세계 일류기업의 선진 프로세스를 벤치마킹한 프로세스를 ERP 패키지에 구현하였기 때문에 ERP 패키지에 내장된 프로세스 자체가 세계 일류의 표준업무 프로세스라고 할 수 있다. 이러한 표준업무 프로세스의 도입을 통해 기업들은 별도의 투자 없이 비즈니스 프로세스 리엔지니어링(BPR: business process reengineer-

ing)을 하게 되는 효과를 얻을 수 있도록 한다.

ERP는 제조업체의 생산관리를 위한 시스템인 자재소요계획(MRP: material requirements planning)에서 출발되었다. 1970년도에 등장한 MRP는 기업의 재고관리를 위한 단순한 자재소요관리를 위한 시스템이었다. 반면에 1980년도에 출현한 MRPⅡ는 자재뿐만 아니라 생산에 필요한 모든 자원을 효율적으로 관리하기 위한 것으로 MRP가 확대된 개념이다. MRPⅡ에서 확장된 ERP시스템은 생산뿐만 아니라 인사, 회계, 영업, 정보 등 기업의 모든 자원의 효율적인 관리가 주목적이다.

통합정보시스템

ERP 시스템은 기업 내의 영업, 생산, 구매, 자재, 회계 등 기업의 모든 업무가 마치 하나의 톱니바퀴처럼 하나로 통합되어 서로 긴밀하게 실시간으로 업무를 처리할 수 있게 해준다. 기존의 경영정보시스템(management information systems)은 업무별로 개발되었기 때문에 업무별 최적화는 고려하지만 기업 전체의 최적화는 고려하지 못하였다.

기업의 실질적인 경쟁력은 각 부문이 개별적으로 얼마나 일을 잘하는가가 아니라, 각 부문이 얼마나 잘 연계되어 전체가 한 방향으로 움직여 고객에게 최대의 가치를 부여하는가에 달려 있다. 즉, 각 부문의 최적화보다는 각 부문 간의 통합에 의한 전체의 최적화가 중요하다. 이런 측면에서 ERP 시스템은 정보기술을 활용하여 기업 내의 모든 업무를 하나로 통합시켜 실시간으로 모든 업무를 동시에 처리함으로써 기업 전체의 최적화를 달성할 수 있도록 설계되어 있다.

예를 들어, 영업사원이 고객으로부터 주문요청을 받으면 영업사원은 ERP 시스템을 통해 고객이 요청한 제품에 대한 재고여부를 파악하여 고객에게 배송날짜를 알려줄 수 있게 된다. 이러한 영업부서의 업무내용이 생산부서로 전달되면 생산부서는 생산계획을 수립하고 이러한 계획은 다시 자재부서로 전달되어 필요한 자재에 대한 재고사항을 파악한 후 부족한 자재는 구매부서를 통해 발주된다. 자재가 들어오게 되면 창고에 입고되고 동시에 총계정원장에 처리된다. 이러한 일련의 업무프로세스가 동시에 처리된다는 것이 ERP 시스템의 장점이라 할 수 있다. 통합정보시스템으로 얻을 수 있는 이점들은 다음과 같은 것들이 있다.

① 통합적 관리

최근 생산 및 물류의 거점이 글로벌화되면서 통합적인 업무활동의 관리가 필요하게 되었다. 글로벌하게 통합된 ERP는 각 분야의 기업활동과 데이터를 통합적으로 관리하여 데이터의 변경내용을 실시간에 반영해 주기 때문에 정확한 정보를 가지고 경영의사결정을 내릴 수 있도록 지원해 준다.

② 신속대응

고객의 요구에 신속히 대응을 하지 않으면 고객은 다른 기업을 선택하게 된다. ERP 시스템 이전에는 영업사원이 고객으로부터의 주문요청에 대한 수용여부를 결정하기 위해서는 상당한 시간이 소요되었다. 이는 서로 통합되지 못하고 분리되어 있는 생산, 재고, 구매, 자재 등 모든 관련된 부서의 결정이 있을 때까지 판단을 유보해야만 했기 때문이다. 그러나 ERP 시스템을 활용하면 영업사원이 고객으로부터 주문요청을 받았을 경우 해당 제품에 대한 재고 및 생산에 대한 정보를 적시에 알 수 있기 때문에 고객의 주문요청과 동시에 주문의 수용 여부를 결정할 수 있게 되므로 신속한 대응이 가능하다.

선진 프로세스

현재와 같이 경영환경이 불확실하고 무한경쟁하에서 세계수준의 외국기업들과 경쟁하기 위해서는 세계일류기업의 경영방식과 업무프로세스를 연구하여야 한다. 이를 위해 기존에는 막대한 비용을 투자하여 BPR 등과 같은 경영혁신운동을 도입하여야 했다. 그러나 ERP 패키지 내에는 각 업종별로 세계일류기업의 프로세스를 벤치마킹한 선진 프로세스(best practice)가 내장되어 있기 때문에 별도의 BPR 등과 같은 경영혁신운동을 하지 않아도 ERP 패키지를 활용한다면 세계 일류기업의 경영방식과 업무프로세스를 도입할 수 있게 된다.

기존의 경영정보시스템은 기업에서 현재 수행되고 있는 업무 그 자체를 정보기술을 활용하여 업무처리의 자동화 또는 전산화를 실현하였다고 할 수 있다. 그러나 ERP 시스템은 전산화 측면보다는 업무개선에 초점을 두고 있다.

ERP 구축

ERP 시스템을 구축하기 위해서는 다음의 세 가지 방법을 생각할 수 있다. 첫째, 컨설팅회사에 의뢰하여 BPR을 수행하고 BPR 결과가 도출되면 BPR 결과를 전산시스템으로 개발을 하든지, 둘째, BPR 결과에 적합한 ERP 패키지를 도입하든지, 셋째, 별도의 BPR을 수행하지 않고 ERP 패키지를 도입하는 경우이다. 현재는 세 번째 방법인 별도의 BPR을 수행하지 않고 자사의 실정에 맞는 ERP 패키지를 선정한다. 왜냐하면 ERP 패키지 내에는 각 산업별 특성에 맞는 선진프로세스를 자체적으로 갖고 있기 때문이다.

기업에서 필요한 업무처리 기능을 전부 내장하고 있는 ERP 패키지를 파라미터 지정(parameter setting)을 통해 해당 기업의 경영환경에 맞도록 필요한 기능을 취사선택하여 조정하는 것을 커스터마이징(customizing)이라 한다. 이러한 커스터마이징이 필요한 이유는 다음과 같다.

기업들은 업종, 규모, 업무처리방식 등 여러 가지 면에서 서로 다르다. 그러나 많은 기업에서 구입하여 사용하도록 하기 위해 ERP 패키지 개발회사는 ERP 패키지를 개발할 때 해당 업무프로세스와 관련하여 예상할 수 있는 대부분의 거래유형을 포함시켜 놓고 있다. 따라서 ERP 패키지를 도입하여 그대로 사용하는 데는 문제가 있다. 특히, 외국에서 개발된 ERP 패키지에 내장된 선진프로세스는 국내 기업의 업무처리방식이나 상거래관행 등 맞지 않은 부분이 있어 문제를 야기하는 경우도 있다. 그러므로 해당기업에 맞도록 파라미터 지정을 통한 ERP 패키지의 조정이 필요로 하는 것이다. 이러한 커스터마이징을 통한 ERP 구축방법에는 다음과 같은 것들이 있다.

첫째, 기존업무처리 관행에 따라 ERP 패키지를 커스터마이징하는 것이다. 이 방안은 도입에 따른 교육훈련을 최소화시킬 수는 있으나, 커스터마이징이 많아지고 BPR의 효과는 거의 찾아볼 수 없다.

둘째, BPR을 실시한 후에 이에 맞도록 ERP 패키지를 커스터마이징하는 것이다. 이 방법은 기업의 요구사항이 명확해지기 때문에 ERP 도입효과는 증대하나, ERP 패키지가 BPR을 지원하지 못하는 경우에는 추가적으로 모듈을 개발해야 하는 문제점이 있다.

셋째, ERP 패키지에 맞추어 BPR을 실시하는 방안으로 단기적으로는 가시적인 효과를 거둘 수 있으나 조직구성원들의 저항 등과 같은 위험에 처할 수도 있다.

넷째, BPR과 ERP 커스터마이징을 병행하여 추진하는 방안으로 시너지효과를 극대화할 수는 있으나 많은 비용이 추가된다는 단점이 있다.

요 약

- 6-시그마는 1980년대에 모토롤라에서 창안되었으며, GE를 비롯한 많은 기업들이 6-시그마를 도입했다. 6-시그마는 센터링 에러를 고려할 경우 백만 개에 3.4개의 불량이 생기는 것을 의미한다.
- 6-시그마는 측정, 분석, 개선, 관리의 4단계 프로세스이며 6-시그마의 효과적인 실행을 위해서는 최고경영층의 절대적인 참여가 필요하고, 기존의 절차나 방법을 완전히 버리고 새로운 것으로 대체하지 않으면 달성할 수 없다.
- 6-시그마는 전통적으로 제조업분야의 품질개선 프로그램이었으나 이제는 R&D, 재무, 정보시스템, 마케팅, 법률, 인사관리, 공무 등에도 적용된다.
- 6-시그마의 목적은 프로세스의 품질향상을 통한 수익성의 향상에 있으며, 6-시그마의 성공을 위해서는 객관적인 자료에 의한 의사결정이 중요하므로 자료분석을 위한 통계적인 기법이 광범위하게 이용된다.
- 6-시그마는 단순한 품질향상운동이 아닌 경영혁신운동이므로 통합적인 업무개선을 위해 6-시그마의 범위는 기업활동 전체를 포함하며, 이론보다는 실습을 중시하여 프로젝트 중심으로 운영되고, 성과를 거둔 사람에게는 보상을 하고 개선이 미미한 사람에게는 벌을 주는 보상체제가 명확하다.
- 6-시그마는 통합적인 업무개선을 중시하는 반면에 TQM은 개별업무의 개선에 주로 초점을 맞추며, TQM은 6-시그마와 달리 목적달성을 위한 명확한 방법이나 도구를 제공하지 않는다. 또한 TQM이나 6-시그마나 지속적인 개선을 중시한다는 면에서는 공통점이 있지만 TQM은 6-시그마와 달리 급격한 혁신을 추구하지는 않는다.
- 6-시그마가 성공하기 위해서는 최고경영층의 참여와 더불어 성공적인 6-시그마의 도입 및 실행을 위해 챔피언, 마스트 블랙벨트, 블랙벨트, 그린벨트 등 4가지의 자격증 혹은 역할을 명확히 하고 그에 상응하는 교육 및 훈련을 한다.
- 전사적 자원관리(ERP)는 기업활동에 필요한 기업 내의 모든 인적·물적 자원을 효율적으로 관리하여 기업의 경쟁력을 강화시켜 주는 통합정보시스템이다. ERP의 도입으로 얻을 수 있는 효과는 통합적 관리 및 신속대응이 가능하다는 것이다.

- ERP 패키지 내에는 각 업종별로 세계 일류기업의 프로세스를 벤치마킹한 선진 프로세스가 내장되어 있기 때문에 별도의 BPR 등과 같은 경영혁신운동을 하지 않아도 ERP 패키지를 활용한다면 세계 일류기업의 경영방식과 업무프로세스를 도입할 수 있게 된다.
- 기업에서 필요한 업무처리기능을 전부 내장하고 있는 ERP 패키지를 파라미터 지정을 통해 해당 기업의 경영환경에 맞도록 필요한 기능을 취사선택하여 조정하는 것을 커스터마이징이라 한다.

학습문제

1. 6-시그마란 무엇인가?
2. 6-시그마는 제조업분야의 품질관리에만 적용되는가?
3. 6-시그마는 단순히 품질향상 프로그램이 아닌 경영혁신프로그램이라는 의미는 무엇인가?
4. 6-시그마의 도입에 있어서 최고경영층의 역할에 대하여 살펴보라.
5. 6-시그마와 TQM의 공통점과 차이점은 무엇인가?
6. 6-시그마의 벨트시스템에 대하여 살펴보라.
7. 전사적 자원관리란 무엇인가?
8. ERP를 도입할 때 어떠한 효과를 기대할 수 있는가?

사례 신성엔지니어링

신성엔지니어링(대표 남임우)은 1977년 창립 이래 38년간 냉동공조시스템 분야에서 독보적인 기술력과 서비스를 바탕으로 냉동공조산업을 선도하고 있는 대표 기업이다. 고효율 터보냉동기, 흡수식 냉온수·중온수 유닛, GHP 등의 개발을 주도하여 왔다. 특히 일본 히타치(HITACHI)사 등 냉동공조 분야에서 세계적 수준의 기술을 보유한 해외 기업과의 기술협약 및 독점공급계약 체결로 흡수식 냉온수기와 터보냉동기를 국산화 하면서 제2의 성장동력을 마련했다.

▲(왼쪽에서부터) UL인증 취득에 이어 미국시장 진출의 쾌거를 이룬 신성엔지니어링의 흡수식냉동기 모델, COP 1.76의 고효율을 달성한 신성엔지니어링의 미래지향적 제품 'ECO-GEN', 신성엔지니어링 2중 효용 흡수식 냉온수기 대표 모델

신성엔지니어링은 전사적 사내관리 시스템 구축을 통한 생산성 향상 및 업무효율 증대에도 만전을 기하고 있다. 사업 초기부터 추진하고 있는 '6-시그마' 운동 등을 통해 사내 품질관리 시스템을 강화하고 있으며, 자원관리(ERP: enterprise resource planning) 시스템을 도입해 영업, 구매, 생산, A/S를 통합 운영하고 있다. 또한 서울(중앙CS), 대전(중부CS), 대구(대구CS), 부산(부산CS), 광주(호남CS) 등 대도시 직영 사무소 산하의 대리점망을 확충해 전국규모의 영업망을 구축, 영업력뿐만 아니라 만족도 높은 서비스체계도 갖추었다. 또한 기술연구소를 통해 독자적 기술력을 확보한 것도 또 다른 경쟁력이다.

신성엔지니어링 기술연구소는 각종 냉동기, GHP, 공조시스템 등 모든 사업아이템에 대한 제품 기술개발은 물론 수출을 위한 해외인증 부합화 프로세스, 기술문제 개선, 냉동공조 기술 국산화 등 R&D 업무 영역을 점차 넓혀가고 있다. 친환경·고효율 제품 보급을 통해 지난해 매출 1,284억원(당기순이익 63억 원)을 달성하며 명실공히 국내 공조업계 '빅3' 기업으로 거듭난 신성엔지니어링은 2020년까지 수출 비중을 50%까지 늘려 매출을 크게 확대한다는 방침이다.

<출처: 가스신문, 2015년 5월 15일>

토의문제

1. 신성엔지니어링사가 사업 초기 추진하였던 '6-시그마' 운동 등을 통해 사내 품질관리 시스템을 강화하였다고 제시되고 있다. 이 운동이 정착하기까지의 배경에 대하여 토의하여라.
2. 선도적인 조직문화를 구축할 때 선행적으로 고려되어야 할 점과 지속적으로 지원되어야 할 점은 무엇인지 토의하여라.
3. 지속적인 경쟁우위를 유지하기 위하여 신성엔지니어링사가 차별화해야 될 전략은 무엇인지 토의하여라.

참고문헌

안영진, "경영품질론 : 6-시그마와 TQM", 박영사, 2002.

안영진, "6-시그마 혁신전략", 김영사, 2000.

전영일, 홍관수, 김남영, "전략적 운영관리", 경문사, 2003.

한국능률협회 6-시그마 추진센터, "6-시그마 도입전략", 21세기북스, 1998.

Blakeslee, J., "Implementing the Six Sigma Solution," *Quality Progress*, pp.77-85, 1999,

Biolos, J., "Six Sigma Meets the Service Economy," *Harvard Management Update*, Harvard Business School Publishing, 7:12, pp.3-5, 2002.

Chase, R., Jacobs, F., and Aquilano, N., *Operations and Supply Chain Management*, 13th ed. NY: McGraw-Hill, 2010.

Evans, J. and Lindsay, W., *Managing for Quality and Performance Excellence*. South-Western Cengage Learning, 2014.

Lee, D., Rho, B., and Yoon, S., "Effect of investments in manufacturing practices on process efficiency and organizational performance," *International Journal of Production Economics*, 162, pp.45-54, 2015.

Lee, S., "The Age of Quality Innovation," *International Journal of Quality Innovation*, 1:1, pp.1-7, 2015.

Plotkin, H., "Six Sigma : What it is and How to use it," *Harvard Management Update*, Harvard Business School Publishing, 4:6, pp.6-7, 1999.

Perez-Wilson, M., *Understanding the Concept, Implications, and Challenges*. Advanced Systems Consultants Press, 1999.

Pande, P., Neuman, R., and Cavanagh, R., *The Six Sigma Way : How GE, Motorola, and Other Top Companies Are Honing Their Performance*. McGraw-Hill, 2000.

Pearson, T., "Measure for Six Sigma Success," *Quality Progress*, pp.35-40, 2001.

Appendix

부 록

1. 표준정규분포표

아래 표의 값들은 표준정규분포의 확률을 의미하며 다음 그림에서 평균값과 z 사이의 면적으로 표시된다.

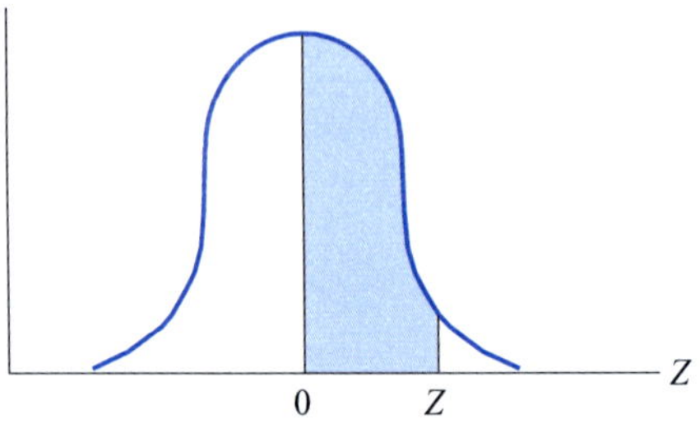

Z	.00	.01	.02	.03	.04	.05	.06	.07	.08	.09
.00	.0000	.0040	.0080	.0120	.0160	.0199	.0239	.0279	.0319	.0359
.10	.0398	.0438	.0478	.0517	.0557	.0596	.0636	.0675	.0714	.0753
.20	.0793	.0832	.0871	.0910	.0948	.0987	.1026	.1064	.1103	.1141
.30	.1179	.1217	.1255	.1293	.1331	.1368	.1406	.1443	.1480	.1517
.40	.1554	.1591	.1628	.1664	.1700	.1736	.1772	.1808	.1844	.1879
.50	.1915	.1950	.1985	.2019	.2054	.2088	.2133	.2157	.2190	.2224
.60	.2257	.2291	.2324	.2357	.2389	.2422	.2454	.2486	.2517	.2549
.70	.2580	.2611	.2642	.2673	.2703	.2734	.2764	.2793	.2823	.2852
.80	.2881	.2910	.2939	.2967	.2995	.3023	.3051	.3078	.3106	.3133
.90	.3159	.3186	.3212	.3238	.3264	.3289	.3315	.3340	.3365	.3389
1.00	.3413	.3438	.3461	.3485	.3508	.3531	.3554	.3577	.3599	.3621
1.10	.3643	.3665	.3686	.3708	.3729	.3749	.3770	.3790	.3810	.3830
1.20	.3849	.3869	.3888	.3907	.3925	.3944	.3962	.3980	.3997	.4015
1.30	.4032	.4049	.4066	.4082	.4099	.4115	.4132	.4147	.4162	.4177
1.40	.4192	.4207	.4222	.4236	.4251	.4265	.4279	.4292	.4306	.4319
1.50	.4332	.4345	.4357	.4370	.4382	.4394	.4406	.4418	.4429	.4441
1.60	.4452	.4463	.4474	.4474	.4495	.4505	.4515	.4525	.4535	.4545
1.70	.4554	.4564	.4573	.4582	.4591	.4599	.4608	.4616	.4625	.4633
1.80	.4641	.4649	.4656	.4664	.4671	.4678	.4686	.4693	.4699	.4706
1.90	.4713	.4719	.4726	.4732	.4738	.4744	.4750	.4756	.4761	.4767
2.00	.4772	.4778	.4783	.4788	.4793	.4798	.4803	.4808	.4812	.4817

Z	.00	.01	.02	.03	.04	.05	.06	.07	.08	.09
2.10	.4821	.4826	.4830	.4834	.4838	.4842	.4846	.4850	.4854	.4857
2.20	.4861	.4864	.4868	.4871	.4875	.4878	.4881	.4884	.4887	.4890
2.30	.4893	.4896	.4898	.4901	.4904	.4906	.4909	.4911	.4913	.4916
2.40	.4918	.4920	.4922	.4925	.4927	.4929	.4931	.4932	.4934	.4936
2.50	.4938	.4940	.4941	.4943	.4945	.4946	.4948	.4949	.4951	.4952
2.60	.4953	.4955	.4956	.4957	.4959	.4960	.4961	.4962	.4963	.4964
2.70	.4965	.4966	.4967	.4968	.4969	.4970	.4971	.4972	.4973	.4974
2.80	.4974	.4975	.4976	.4977	.4977	.4978	.4979	.4979	.4980	.4981
2.90	.4981	.4982	.4982	.4983	.4984	.4984	.4985	.4985	.4986	.4986
3.00	.4987	.4987	.4987	.4988	.4988	.4989	.4989	.4989	.4990	.4990
3.10	.4990	.4991	.4991	.4991	.4992	.4992	.4992	.4992	.4993	.4993
3.20	.4993	.4993	.4994	.4994	.4994	.4994	.4994	.4995	.4995	.4995
3.30	.4995	.4995	.4995	.4996	.4996	.4996	.4996	.4996	.4996	.4997
3.40	.4997	.4997	.4997	.4997	.4997	.4997	.4997	.4997	.4997	.4998
3.50	.4998	.4998	.4998	.4998	.4998	.4998	.4998	.4998	.4998	.4998
3.60	.4998	.4998	.4999	.4999	.4999	.4999	.4999	.4999	.4999	.4999
3.70	.4999	.4999	.4999	.4999	.4999	.4999	.4999	.4999	.4999	.4999
3.80	.4999	.4999	.4999	.4999	.4999	.4999	.4999	.4999	.4999	.4999

예 $0 \le Z \le 1.96$ 사이의 확률을 알려면 표의 첫 번째 열에서 Z=1.90을 찾은 다음 다시 첫 번째 행에서 0.06을 찾아(Z=1.90+0.06=1.96) 두 숫자가 교차하는 지점에 위치한 0.4750을 읽으면 된다.

2. 관리도계수

n	A_2	A_3	c_4	B_3	B_4	d_2	d_3	D_3	D_4	m_3
2	1.880	2.659	0.798	0.000	3.267	1.128	0.853	0.000	3.267	1.000
3	1.023	1.954	0.886	0.000	2.568	1.693	0.888	0.000	2.575	1.160
4	0.729	1.628	0.921	0.000	2.266	2.059	0.880	0.000	2.282	1.092
5	0.577	1.427	0.940	0.000	2.089	2.326	0.864	0.000	2.114	1.198
6	0.483	1.287	0.952	0.030	1.970	2.534	0.848	0.000	2.004	1.135
7	0.419	1.182	0.959	0.118	1.882	2.704	0.833	0.076	1.924	1.214
8	0.373	1.099	0.965	0.185	1.815	2.847	0.820	0.136	1.864	1.160
9	0.337	1.032	0.969	0.239	1.761	2.970	0.808	0.184	1.816	1.223
10	0.308	0.975	0.973	0.284	1.716	3.078	0.797	0.223	1.777	1.176
11	0.285	0.927	0.975	0.321	1.679	3.173	0.787	0.256	1.744	1.228
12	0.266	0.886	0.978	0.354	1.646	3.258	0.778	0.283	1.717	1.188
13	0.249	0.850	0.979	0.382	1.618	3.336	0.770	0.307	1.693	1.232
14	0.235	0.817	0.981	0.406	1.594	3.407	0.763	0.328	1.672	1.196
15	0.223	0.789	0.982	0.428	1.572	3.472	0.756	0.347	1.653	1.235
16	0.212	0.763	0.983	0.448	1.552	3.532	0.750	0.363	1.637	1.203
17	0.203	0.739	0.985	0.466	1.534	3.588	0.744	0.378	1.622	1.237
18	0.194	0.718	0.985	0.482	1.518	3.640	0.739	0.391	1.609	1.208
19	0.187	0.698	0.986	0.497	1.503	3.689	0.733	0.404	1.596	1.239
20	0.180	0.680	0.987	0.510	1.490	3.735	0.729	0.415	1.585	1.212
21	0.173	0.663	0.988	0.523	1.477	3.778	0.724	0.425	1.575	1.240
22	0.167	0.647	0.988	0.534	1.466	3.819	0.720	0.435	1.565	1.215
23	0.162	0.633	0.989	0.545	1.455	3.858	0.716	0.443	1.557	1.241
24	0.157	0.619	0.989	0.555	1.445	3.895	0.712	0.452	1.548	1.218
25	0.153	0.606	0.990	0.565	1.435	3.931	0.708	0.459	1.541	1.242

3. 난 수 표

10480	15011	01536	02011	81647	91646	69179	14194	62590
22368	74657	25595	85393	30995	89198	27982	53402	93965
24130	48360	22527	97265	76393	64809	15179	24830	49340
42167	93093	06243	61680	07856	16376	39440	53537	71341
37570	39975	81837	16656	06121	91782	60468	81305	49684
77921	06907	11008	42751	27756	53498	18602	70659	90655
99562	72905	56420	69994	98872	31016	71194	18738	44013
96301	91977	05463	07972	18876	20922	94595	56869	69014
89579	14342	63661	10281	17453	18103	57740	84378	25331
85475	36857	53342	53988	53060	59533	38867	62300	08158
28918	69578	88231	33276	70997	79936	56865	05859	90106
63553	40961	48235	03427	49626	69445	18663	72695	52180
09429	93969	52636	92737	88974	33488	36320	17617	30015
10365	61129	87529	85689	48237	52267	67689	93394	01511
07119	97336	71048	08178	77233	13916	47564	81056	29773
51085	12765	51821	51259	77452	16308	60756	92144	54944
02368	21382	52404	60268	89368	19885	55322	44819	01188
01011	54092	33362	94904	31273	04146	18594	29852	57158
52162	53916	46369	58586	23216	14513	83149	98736	23495
07056	97628	33787	09998	42698	06691	76988	13602	51854
48663	91245	85828	14346	09172	30168	90229	04734	59193
54164	58492	22421	74103	47070	25306	76468	26384	58151
32639	32363	05597	24200	13363	38005	94342	28728	35806
29334	27001	87637	87308	58731	00256	45834	15398	46557
02488	33062	28834	07351	19731	92420	60952	61280	50001
81525	72295	04839	96423	24878	82654	66566	14778	76797
29676	20591	68086	26432	46901	20849	89768	81536	86645
00742	57392	39064	66432	84673	40027	32832	61362	98947
05366	04213	25669	26422	44407	44048	37937	63904	45766
91921	26418	64117	94305	26766	25940	39972	22209	71500

00582	04711	87917	77341	42206	35126	74087	99547	81817
00725	69884	62797	56170	86324	88072	76222	36086	84637
69011	65795	95876	55293	18988	27354	26575	08625	40801
25976	57948	29888	88604	67917	48708	18912	82271	65424
09763	83473	73577	12908	30883	18317	28290	35797	05998
91567	42595	27958	30134	04024	86385	29980	99730	55536
17955	56349	90999	49127	20044	59931	06115	20542	18059
46503	18584	18845	49618	02304	51038	20655	58727	28168
92157	89634	94824	78171	84610	82834	09922	25417	44137
14577	62765	35605	81263	39667	47358	56873	56307	06160
98427	07523	33362	64270	01638	92477	66969	98420	70488
34914	63976	88720	82765	34476	17032	87589	40836	32427
70060	28277	39475	46473	23219	53416	94970	25832	69975
53976	54914	06990	67245	68350	82948	11398	42878	80287
76072	29515	40980	07391	58745	25774	22987	80059	39911
90725	52210	83974	29992	36583	38857	50490	83765	55657
64364	67412	33339	31926	01488	24413	59744	92351	97473
08962	00358	31662	25388	61642	34072	81249	35648	56891
95012	68379	93526	70765	10592	04542	76463	54328	02349
15664	10493	20492	38391	91132	21999	59516	81652	27195

4. 샘플링검사표

p_1(%) / p_0(%)	0.71 ~ 0.90	0.91 ~ 1.12	1.13 ~ 1.40	1.41 ~ 1.80	1.81 ~ 2.24	2.25 ~ 2.80	2.81 ~ 3.55	3.56 ~ 4.50	4.51 ~ 5.60	5.61 ~ 7.10	7.11 ~ 9.00	9.01 ~ 11.2	11.3 ~ 14.0	14.1 ~ 18.0	18.1 ~ 22.4	22.5 ~ 28.0	28.1 ~ 35.5	p_1(%) / p_0(%)
0.090~0.112	*	400 1	↓	←	↓	→	60 0	50 0	←	↓	↓							0.090~0.112
0.113~0.140	*	↓	300 ↑	↓	←	↓	→	↑	40 0	←	↓							0.113~0.140
0.141~0.180	*	500 2	↓	250 ↑	↓	←	↓	→	↑	30 0								0.141~0.180
0.181~0.224	*	*	400 2	↓	200 ↑	↓	←	↓	→	↑	25 0							0.181~0.224
0.225~0.280	*	*	500 3	300 2	↓	150 ↑	↓	←	↓	→	↑	20 0						0.225~0.280
0.281~0.355	*	*	*	400 3	250 2	↓	120 1	↓	←	↓	→	↑	15 0					0.281~0.355
0.356~0.450	*	*	*	500 4	300 3	200 2	↓	100 1	↓	←	↓	→	↑	15 0				0.356~0.450
0.451~0.560	*	*	*	*	400 4	250 3	150 2	↓	80 1	↓	←	↓	→	↑	10 0			0.451~0.560
0.561~0.710	*	*	*	*	500 6	300 4	200 3	120 3	↓	60 1	↓	←	↓	→	↑	7 0		0.561~0.710
0.711~0.900	*	*	*	*	*	400 6	250 4	150 4	100 2	↓	50 1	↓	←	↓	→	↑	5 0	0.711~0.900
0.901~1.12		*	*	*	*	*	300 6	200 6	120 3	80 2	↓	40 1	↓	←	↓	↓	↑	0.901~1.12
1.13~1.40			*	*	*	*	500 10	250 6	150 4	100 3	60 2	↓	30 1	↓	←	↓	↑	1.13~1.40
1.41~1.80				*	*	*	*	400 10	200 6	120 4	80 3	50 2	↓	25 1	↓	←	↓	1.41~1.80
1.81~2.24					*	*	*	*	300 10	150 6	100 4	60 3	40 2	↓	20 1	↓	←	1.81~2.24
2.25~2.80						*	*	*	*	250 10	120 6	70 4	50 3	30 2	↓	15 1	↓	2.25~2.80
2.81~3.55							*	*	*	*	200 10	100 6	60 4	40 3	25 2	↓	10 1	2.81~3.55
3.56~4.50								*	*	*	*	150 10	80 6	50 4	30 3	20 2	↓	3.56~4.50
4.51~5.60								*	*	*	*	120 10	60 6	40 4	25 3	15 2		4.51~5.60
5.61~7.10									*	*	*	*	100 10	50 6	30 4	20 3		5.61~7.10
7.11~9.00										*	*	*	*	70 10	40 6	25 4		7.11~9.00
9.01~11.2											*	*	*	*	60 10	30 6		9.01~11.2
p_0(%) / p_1(%)	0.71 ~ 0.90	0.91 ~ 1.12	1.13 ~ 1.40	1.41 ~ 1.80	1.81 ~ 2.24	2.25 ~ 2.80	2.81 ~ 3.55	3.56 ~ 4.50	4.51 ~ 5.60	5.61 ~ 7.10	7.11 ~ 9.00	9.01 ~ 11.2	11.3 ~ 14.0	14.1 ~ 18.0	18.1 ~ 22.4	22.5 ~ 28.0	28.1 ~ 35.5	p_1(%) / p_0(%)

(비고) → 표는 그 방향의 최초한의 n, c를 사용한다. 공란에 대한 샘플링검사방식은 없음.
단, $p_0 = AQL$, $p_1 = LTPD$.

찾아보기

INDEX

S

T

U

V

W

Z

저자소개

홍관수
현, 계명대학교 경영학부 교수
University of Nebraska-Lincoln 경영학 박사
University of Nebraska-Lincoln 경영학 석사
영남대학교 상학사

김남영
현, 계명대학교 경영학부 교수
Pennsylvania State University 경영학 박사
Pennsylvania State University 경영학 석사
성균관대학교 경영학사

이돈희
현, 계명대학교 경영학부 조교수
University of Nebraska-Lincoln 경영학 박사
한성대학교 경영학 박사

저자와의 협의로 인지생략

생산운영관리

저 자 홍관수 · 김남영 · 이돈희
발행자 한헌주
발행처 도서출판 **경문사**
서울특별시 서대문구 독립문로 21-9
전화 738-7035 FAX. 722-4678
E-mail : kmsp@korea.com
홈페이지 : http://www.kmsp.co.kr
등 록 1995년 11월 9일 제300-1995-138호

2015년 9월 7일 초 판 1쇄 발행
2022년 8월 20일 초 판 5쇄 발행

정가 25,000원

ISBN 978 89-420-0839-1 93320